CUBA:
HISTORIA DE LA
EDUCACIÓN CATÓLICA
1582-1961

II

COLECCIÓN FÉLIX VARELA ❷

EDICIONES UNIVERSAL, Miami, Florida, 1997

Teresa Fernández Soneira

CUBA:
HISTORIA DE LA
EDUCACIÓN CATÓLICA
1582-1961

II

EDICIONES UNIVERSAL

Primera edición, 1997

EDICIONES UNIVERSAL
P.O. Box 450353 (Shenandoah Station)
Miami, FL 33245-0353. USA
Tel: (305) 642-3234   Fax: (305) 642-7978

Library of Congress Catalog Card No.: 97-60442
I.S.B.N.: 0-89729-833-0 (obra completa)
0-89729-835-7 (tomo II)

Composición de textos: María Cristina Zarraluqui
Diseño de la cubierta: Bernardo Álvarez López
Foto de la cubierta " La Virgen de la Escuela" tomada por
Dr. Antonio García Madrid

Índice

30

Misioneras Corazón de María

1911

El fundador y su obra

Joaquín Mastmijá de Puig, fundador de la Congregación de Misioneras "Corazón de María", nació en Olot, España, en 1808, y fue ordenado sacerdote en 1834. En la diócesis de Gerona ejerció el ministerio parroquial y desempeñó los cargos de Canónigo Penitenciario, Arcipreste de la Catedral y Vicario Capitular. Falleció en Gerona el 26 de Agosto de 1886.

El Padre Masmitjá, atento a la voz del Espíritu y a las necesidades de la Iglesia, concibe la idea de una institución para la conversión de los pecadores por medio de la oración y el sacrificio, y la cristianización de la sociedad mediante la catequesis y la enseñanza. El 15 de Octubre de 1847 el P. Masmitjá manifiesta su pensamiento a una joven, Teresa Terrada, su hija espiritual, la cual acoge la idea con entusiasmo y se ofrece a colaborar con el en la obra. Comienza así Teresa enseñando a las niñas la Doctrina Cristiana. En una reducida habitación del tercer piso de la casa donde sus padres tenían una tienda, Teresa la transforma en aula catequística, y allí marcha progresivamente la enseñanza. Trata Masmitjá de reclutar más jóvenes, y logra interesar a otras seis colocadas bajo su dirección espiritual.

Continuaba la enseñanza del catecismo a buen ritmo, con aumento de alumnas en las aulas, mientras se efectuaban los trámites para llevar a cabo la fundación. Pasaban presurosos los días y el celoso e infatigable fundador no cejaba, venciendo con tesón los obstáculos que a otro hubieran parecido casi insuperables. Por entonces ya comenzaba a prestarle servicios una distinguida dama Olotense, dirigida por él: la Sra. Eudalda Ferrer Vda. Brugats, que iba a quedar unida al reciente Instituto como la mejor y más incondicional colaboradora.

El 1ro. de Julio del 1848 las tres primeras hermanas: Teresa Terrada, Magdalena Mirambell y Manuela Massegú, daban comienzo a la obra en la Casa de Orot, Calle del Patio No. 1, 2do. Quedaba así inaugurado el Instituto. A ellas se unirían progresivamente las cuatro restantes: María Ribas, Francisca Pagés, Mariángela Rovira y Margarita Teixidor.

Expansión de la Congregación. España y Estados Unidos

Afianzada ya la obra con la aprobación de Madrid en Mayo de 1849, pensó el Fundador en establecer una nueva fundación en la villa de La Bisbal. Después abrieron otra en Gerona, donde comenzó a funcionar también un Noviciado, hasta en que 1867 contando en Olot con un edificio propiedad del Instituto, fue trasladada para allí la Casa Madre y el Noviciado. Se sucedieron las fundaciones en otras ciudades y diócesis españolas.

Mientras tanto, un prelado español, Mons. Tadeo Amat, ocupaba la sede episcopal de Monterrey y la de Los Ángeles en California, Estados Unidos. Camino de Roma para asistir al Concilio Vaticano I convocado por Pío IX, Monseñor Amat se detuvo en España y visitó Cataluña. Entabló entonces relaciones con el P. Masmitjá y enseguida le pidió cinco o seis religiosas para que fundaran en la ciudad de Los Ángeles en California. Así, el 22 de Julio de 1871 salían diez religiosas para Estados Unidos. Monseñor Amat situó cinco religiosas en Gilroy y cinco en San Juan Bautista; y en Agosto de 1876 realizaron otra fundación en San Luis Obispo. Cuatro años más tarde se fundó también en San Bernardino.

En 1886, siendo Obispo Francisco Mora, la ciudad de Los Ángeles recibía con entusiasmo una comunidad de "Sisters of the Inmaculate Heart of Mary" en un buen edificio junto a la catedral. Con esta se cierran las fundaciones en California en tiempos del Fundador. Pero la escasa relación que debido a la distancia podía mantener al Gobierno general con las hermanas de aquellas apartadas regiones, en su mayoría americanas, empezó a iniciar un enfriamiento de relaciones, que creciendo paulatinamente las condujo a mostrarse indiferentes a los superiores mayores de España. Más tarde apoyadas por el Prelado, se hicieron independientes y formaron una rama aparte.

Nuevas fundaciones en España y división en provincias

Entre 1866 y 1875 se renovaron las fundaciones en España, pero la Revolución de 1868 obligó a cerrar la Casa de Lladó. Por entonces el Instituto tenía 13 casas en España y cinco en California.

En el verano de 1907 se celebró el Segundo Capítulo en Mataró, España, en el que el Instituto contaría con tres provincias: Cataluña, Aragón y California con la Casa Provincial en Olot, Mataró y Hollywood respectivamente.

Fundaciones en Cuba y México

Las casas de América seguían satisfactoriamente su marcha. En Mayo de 1910 la Madre Josefa Vila salió para California donde permaneció por dos años. Durante aquella estancia en Estados Unidos preparó dos fundaciones: la de Pinar del Río, en Cuba, y la de Mazatlán, en México. Para ponerlas en marcha buscó a religiosas españolas que en 1911 comenzaron su misión en ambos países con gran satisfacción de la Madre Vila. Regresó esta a España contenta con los resultados de su estancia en California.

Aprobaciones pontificias

El Papa León XIII concedió a la Congregación el Decreto de Alabanza el 20 de Febrero de 1893, y la aprobó como Congregación de votos simples de derecho pontificio el 14 de Diciembre de 1901. La Santa Sede dio la aprobación (sin condiciones) a las Constituciones del Instituto el 21 de Enero de 1907 bajo el pontificado de Pío X.

Títulos de la Congregación

Con el correr de los años el nombre de la Congregación tuvo sus variaciones hasta celebrarse el Capítulo General de Renovación celebrado en 1969, en el que se tomó el acuerdo de adoptar como título de la Congregación el de Misioneras "Corazón de María", decreto G-24, 1/71.

Carisma

Desde el carisma del Fundador, la vida de la Congregación tiene una dimensión plenamente apostólica que se manifiesta en la actividad apostólica y en la propia oración y sacrificio, proyectados hacia el hermano, y en el amor filial al Corazón de María, fuente de eficacia apostólica.

Llegada del Instituto a Cuba

Las fundadoras se embarcan para Cuba el 24 de septiembre de 1911 en el Puerto de Barcelona en el vapor "Antonio López". Van diez religiosas, cinco para la fundación de Mazatlán, y cinco para la de Pinar del Río. Estas eran: Pilar Burch, Amparo Freixa, Pilar Faura, Benignidad Ferrer y Sor Josefina Amat, todas españolas. Se les unieron dos procedentes de California, Sr. Brendan para la enseñanza del inglés, y Sr. Agnes. En el Puerto de la Habana las esperaba el P. Fábregas, Escolapio. Un año más tarde va Sor Ana Figueras que murió en el barco el 23 de Junio de 1961.

Es el Obispo de Pinar del Río, Manuel Ruíz Rodríguez, quien pide a la M. General le envíe Misioneras "Corazón de María" para ocuparse de la formación cristiana de la infancia y de la juventud."[1]

Los párrocos y los mismos obispos se encuentran con una población sin ningún tipo de educación religiosa pero muy crédula. Las diferentes confesiones protestantes de Estados Unidos tienen establecidas diferentes misiones subvencionadas con abundantes medios económicos. Lo primero que hacen al establecerse es abrir una escuela, preferentemente de niños para darles formación, cultural y religiosa. Los domingos y días festivos también organizan veladas con los mayores, combinando las explicaciones de la Biblia con la merienda y algunos medios audiovisuales.

Para contrarrestar la influencia protestante, la jerarquía quiere formar a las chicas en la religión católica para poderla implantar en el mismo corazón de la familia, ya que hasta ahora eran los chicos los que la llevaban hacia el protestantismo. Monseñor Pérez Serantes pide a las religiosas que se encarguen

---

[1] del Rincón, Hna. Consuelo, Apuntes, Datos y Crónicas-Testimonios para una Historia, Religiosas Corazón de María, Roma, 1995.

también de la enseñanza de los niños en escuelas mixtas. Así parece más fácil el matrimonio entre católicos que asegure la supervivencia y propagación de la religión.La primera casa que se inaugura en Cuba es en Pinar del Río en 1911, a la que seguirán seis más. Las primeras fundaciones se llevan a cabo con religiosas "Corazón de María", españolas que la M. Josefa Vila y Pilar Burch envían. Las siguientes las realiza la M. Mercedes Armengol con participación de vocaciones autóctonas que ingresan en la Congregación.

La tarea educativa de las religiosas sale del ámbito puramente escolar. Los sábados y domingos organizan escuelas rurales de catequesis en núcleos aislados que no tienen acceso a la escuela, y a los que la acción sacerdotal no llega por falta de personal. Ellas les instruyen en las verdades esenciales de la fe y les preparan para la recepción de los sacramentos.

Colegio Inmaculado Corazón de María (1911)
Pinar del Río

Inaugurado el 21 de Octubre de 1911, la iniciativa de esta fundación es del Obispo de la ciudad, Mons. Manuel Ruiz Rodríguez. Pide a la M. Josefa Vila que le envíe las religiosas para poder fundar lo que será la primera escuela religiosa para niñas y la primera casa en Cuba de las Misioneras "Corazón de María". El edificio es propiedad de la Congregación.

En el mes de agosto de 1937 se restauró la fachada del colegio y el patio de entrada donde se colocó la imagen de la Virgen de Lourdes, regalada por las alumnas el día 12 de Octubre, y se bendijo con toda solemnidad.

En 1946 elige el Gobierno General el primer Gobierno Provincial en sesión del 24 de marzo de 1946. Es el siguiente:

Superiora Principal: MRM Ma. Dolores Illa
Consiliaria 1ra.: M. Joaquina Oset
Consiliaria 2da. y secretaria: M. Mercedes Landaburu
Consiliaria 3ra., M Ma. Josefa Ruiz
Consiliaria 4a., M. Antonia Suárez
Maestra de Novicias: RM María Jubert

El 5 de septiembre de 1946 llega de España la M. Josefa Pla destinada a sustituir a la Superiora M.Josefa Oset que marcha al Colegio de Colón con el mismo cargo.

En 1948 se hundió el presbiterio lo que motivó la reparación que dio como resultado la ampliación de la capilla con la construcción de un coro para la comunidad. En el mes de Mayo de aquel mismo año las alumnas del sexto, séptimo y octavo grados visitaron el Observatorio de los Padres Jesuitas de Belén, el famoso museo de los Padres Escolapios de Guanabacoa, y el Parque Zoológico de La Habana, para ampliar sus conocimientos.

Para celebrarse el Centenario de la Fundación de la Congregación el 2 de Julio, se bendijo y colocó una imagen de piedra del Inmaculado Corazón de María en el patio central del Colegio, se celebró una solemne Misa Pontifical en la catedral y al final un acto literario-musical con un cuadro plástico de la fundación. También se adquirió un ómnibus para transporte de las externas y se fundaron dos grupos de Acción Católica cuyos efectos fueron notables por el aumento de piedad e instrucción religiosa.

La tarea educativa de las religiosas sale del ámbito puramente escolar. Los sábados y domingos organizan "escuelas rurales" de catequesis en núcleos aislados que no tienen acceso a la escuela, y a los que la acción sacerdotal no llega por falta de personal. Ellas les instruyen en las verdades esenciales de la fe y les preparan para la recepción de los sacramentos.Por estas fechas las Hermanas atendían varios lugares de Misión: San Diego, El Cangre, La Flora, El Sábalo y Cortés.

En el 1950 se amplia el dormitorio, entra una postulante, visten tres postulantes y toma posesión del cargo de Maestra de Novicias la M. Caridad Calleja quien había venido de España.

En el 1951 aumenta el alumnado a 290 alumnas y compra la comunidad una finca colindante con dos casitas y gran patio.

En el 1952 se establece el Secretariado. En 1953 se hace una campaña para recolectar fondos para ampliar la capilla que ya resulta pequeña para las primeras comuniones y actos en general.

En el 1954 se estableció el Bachillerato empezando con 12 alumnas. Se celebró el Año Mariano con devoción, y se dio mayor relieve a la Novena de la Inmaculada. En el 1955 se inauguró la nueva capilla, un salón de actos y demás dependencias ampliadas. Con los donativos de las alumnas y amistades se adquirió un crucifijo de tamaño natural, un Via Crucis y una imagen de San José. También fue restaurado el Sagrario con un diseño moderno. Visita ese año la Madre General al colegio de Pinar y manda construir un pabellón de dos plantas para dormitorio y enfermería de la comunidad, que por el constante crecimiento del colegio ha debido ceder sus antiguos dormitorios para aulas.

En 1957 se compró un terreno para deportes y se amplió el Colegio con dos aulas para segunda enseñanza, laboratorio de química, salón de estudio y terraza para recreos. Se adquirió un ómnibus y una guagüita para el transporte entre los colegios de Pinar y San Juan y Martínez.

Ya en 1958 el curso se desenvuelve con mucha anormalidad por los disturbios políticos en el país. Casi todo el alumnado dejó de asistir a clases durante los meses de Marzo y Abril dándose de baja bastantes alumnos para el resto del curso. El 1959 sigue con circunstancias anormales por las que atraviesa el país con la agitación política. En el 1960 se continuó con los retiros, primeras comuniones, repartición de premios y fin de cursos muy lucidos. En ese momento la comunidad la componían 17 hermanas de coro, 5 hermanas de obediencia y 2 de votos temporales. Existía verdadera comunión con el pastor del pueblo de Dios, el Sr. Obispo. También Monseñor Cayetano Martínez cooperaba grandemente con la Comunidad. Había especial devoción a la Virgen en su advocación del Corazón de María, y era notable la participación de los padres y familiares en actividades colegiales.

El 4 de Mayo de 1961 el gobierno cubano interviene el colegio a través del Departamento de Educación de Pinar del Río, que por Resolución No. 00586 de 1961 nombra Delegado Interventor del Colegio a la Dra. Urania Rivera Montalvo.[2]

En resumen, las actividades de esta comunidad educativa fueron: la comunidad se sentía muy de la Congregación; se cooperó en la fundación de otras casas; existía verdadera comunión con el Sr. Obispo; la funcionalidad de los bienes económicos para la obra apostólica, sin el mínimo ánimo de lucro; la devoción a la Virgen en su advocación del Corazón de María; inquietud por la vida cristiana del alumnado y de sus familias; la calidad de la enseñanza y la participación de los padres y familiares en las actividades colegiales.

Noviciado de Pinar del Río (1944)

El permiso del Dicasterio romano de erección de Noviciado en esta casa es de fecha 23 de Enero de 1945. Es inaugurado el postulantado en 1944. Se acuerda dar el nombre de Sagrada Familia a la nueva provincia erigida en 1946, formada por las tres comunidades de Cuba: Pinar del Río, La Habana y Colón.

Colegio Corazón de María – La Habana (1920)

Comienza la comunidad de La Habana el 7 de Diciembre de 1920. Cuando llegan las religiosas españolas destinadas a hacer la fundación se instalan en un piso y después pasan al edificio destinado a colegio de Marianao-La Sierra, entre Novena y 28. Allí se les unen dos religiosas españolas que eran profesoras en el de Pinar del Río. Son las religiosas fundadoras: Benignidad Ferrer, Asunción Fluviá y Visitación Badía y Visitación Selma.

Es una escuela para niñas exclusivamente, que abarca los siguientes niveles: Jardín de la infancia; pre-primaria; Primaria (del 1ro al 6to grados); Secundaria (7to y 8to grados).

Los programas escolares y las materias docentes vienen dadas por las normas del Ministerio de Educación Cubano, propuestos por igual a todas las escuelas públicas y privadas, y el colegio está sometido a un riguroso control de los inspectores. Ya para Diciembre de 1936 forman la comunidad 13 religiosas: Asunción Petit, Superiora; Benignidad Ferrer es la 1ra. Consiliaria; Concepción Burch, Consiliaria y profesora de dibujo; Teresa Madrigal, procuradora y

---

[2] Archivo General, Misioneras Corazón de María, Roma.

profesora de Labor; Máxima Soto, sacristana, enseñanza; Luisa Arévalo; Ma. Loreto Cortés; Rafaela Navarro; Ancilla Aguirre; Loyola Cruz; Antonia Suárez, Directora; Gertrudis Gratacós, trabajos domésticos; Rosa Ayats, cocinera.

En el 1942 se establece el Bachillerato con 3 alumnas y un cuadro completo de profesores. En 1946 se celebran las Bodas de Plata del Colegio, y se comparten bienes con 25 niños pobres. En 1947 hacen retiro 33 muchachas de la Acción Católica, y se bendice el nuevo sagrario. Para 1948 se entroniza el Corazón de Jesús, en el recibidor del colegio y se celebra el Centenario de la Congregación.

En 1953 se inicia el movimiento de Acción Católica con un grupo de alumnas en la iglesia y se bendice el altar de mármol. En 1954 se celebra el Año Mariano con peregrinación a la Iglesia de Ntra Sra. de Regla y al Santuario del Corazón de María en el Cerro. En 1955 se hace una peregrinación al Cobre; en el 1959 se organiza y preparan las alumnas para el Congreso Católico.

Colegio Hispano Americano – Colón, Matanzas (1926)

El 12 de Agosto de 1926 salieron de Tucson para Cuba las Madres Pilar Farrás, Asunción Fluviá, Montserrat López, Ma. Luisa Arévalo y Guadalupe García quienes fundan el colegio el 30 de Agosto de 1926. Las clases comienzan el 16 de Septiembre. La casa es de alquiler.

Diez años mas tarde, el 31 de Diciembre de 1936, componen la comunidad 9 religiosas: Pilar Farrás, Superiora y Directora; Amalia Mirassou 1ra. Consiliaria; Asunción Mas, 2da. Consiliaria; Montserrat López estudiante; Angélica Muñoz estudiante; Inés Aguirre Rincón, sacristana y portera; Imelda Sáenz profesora de inglés; Carolina Godó, ropera; Ma. de Guadalupe García, cocinera.

Por los años 50 el Obispo tiene amistad con unas religiosas canadienses que se establecen en el seminario y fundan una escuela para niños seminaristas pequeños. Las malas condiciones del edificio del Corazón de María y la protección del Obispo a la nueva congregación hace que las religiosas cierre la casa en Agosto de 1953. Para terminar el curso escolar 1953 se hizo un entretenimiento escolar en el Teatro Averhoff con un rotundo éxito.

Colegio Nuestra Señora de la Caridad del Cobre
Banes (1947)

Esta fundación se hace por el interés del párroco, Carlos Riú, quien más tarde será Obispo de Camagüey. Este alega que en su parroquia hay una mayoría protestante que practica un proselitismo muy activo. Los cuáqueros han fundado una escuela mixta para atraer adeptos entre los habitantes de la población, y el quiere hacer frente a esta influencia creando una escuela católica para niñas. Pide por tanto a la Congregación que se haga cargo de la escuela.

Accediendo a su petición, la M. Superiora General, Mercedes Armengol, le envía desde España una pequeña comunidad para la enseñanza primaria, nada más de niñas, a pesar de que el pre-escolar es mixto. Más adelante, y debido a la urgente necesidad de escuelas católicas, Mons. Pérez Serantes les pide convertir la escuela en mixta. Fundadoras de Banes fueron las Madres: Leonor Terán, Josefina García, Ma. de los Ángeles Sánchez y Lourdes Aldana. Al año siguiente la M. Catalina Vigo se incorpora y sustituye a la Madre Leonor Terán.

Desde el primer momento la comunidad de Pinar del Río ha prestado espontánea y generosa cooperación para la organización y establecimiento de esta nueva casa. Empieza con 150 y termina el curso con 175 alumnas.

Se abrió el Colegio Nuestra Sra. de la Caridad, o como familiarmente se le llamaba "Colegio Católico", el 6 de Septiembre de 1947, con buena acogida, y le promete que será de provecho pues es el único colegio católico que hay en esta ciudad. El contrato con el Arzobispado de Santiago de Cuba tiene fecha de 1ro de Febrero de 1948, y lo firman el Arzobispo de Santiago de Cuba, Valentín Zubizarreta, y la Madre Ma. Dolores Illa.[3]

En 1949 se celebran las fiestas del Centenario de la fundación de la Congregación con la asistencia del Excmo. Sr. Arzobispo de Santiago de Cuba, el Obispo de Camagüey y Mons. Jolgar, quienes predican en el Tríduo y la celebración de la Santa Misa. El 8 de Diciembre de 1950 se celebra con solemnidad la bendición del nuevo altar y algunos objetos religiosos regalados por benefactores. En el 1951 se incorpora el colegio al Instituto de Segunda Enseñanza de Holguín para impartir estudios de Bachillerato. También se ha incorporado a la Institución Nacional Bonachea para impartir los estudios correspondientes al Secretariado y a la vez poder otorgar títulos de mecanografía y taquigrafía. En el 1953, y como fruto de la labor catequística en los barrios que rodean la escuela, recibieron la comunión 90 niños. En el 1954 se inauguran 8 aulas nuevas y se clausura el Año Mariano con gran solemnidad.

En Febrero de 1955, se celebró la Semana del Niño con una excursión a Manzanillo y a "La Demajagua".

Durante el generalato de la M. Mercedes Armengol crecía también la provincia de la Sagrada Familia al establecerse nuevas casas en Cabaiguán y Pina, y las Misiones de San Juan y Martínez y Guayos.

Colegio Inmaculado Corazón de María – Cabaiguán (1951)

La fundación es solicitada para hacerse cargo del colegio "Divina Providencia". Este ya existía, primero dirigido por religiosas mejicanas de la Divina Providencia, y después lo habían continuado como colegio católico las

---

[3] Archivo Congregación Corazón de María, Roma.

hermanas Oria y las señoras Teresa Gómez y Estrella González, pero ya no podían continuar porque dos se casaban y la directora tenía que atender una escuela pública del Estado.

Con fecha 26 de Febrero de 1951 recibe la M. General Mercedes Armengol una carta del P. José Amadeo, C.D., pidiéndole vengan a Cabaiguán a trabajar, ya que la Congregación tiene merecida reputación de educadoras. Insiste Fray Isaías de la Virgen del Carmen a la M. Provincial en largas cartas del 24 de Febrero de 1951 y 18 de Junio de 1951 para que vayan, y les dice que tiene esperanzas en la respuestas de otras congregaciones, pero que prefiere la de Misioneras Corazón de María.

Para la comunidad de Pinar del Río constituyó un memorable acontecimiento la fundación de la casa de Cabaiguán ya que de esta comunidad salieron las tres fundadoras: la Directora M. Mercedes Landaburu, y dos madres recién profesas: la M. Martha Valdés, profesora de música, y M. Florentina Baña, para la enseñanza. El traslado tuvo lugar el 25 de agosto de 1951.

Se enseñaba desde Kindergarten hasta octavo grado; Bachillerato (Ciencias y Letras) y años más tarde también Comercio.

1951. En unas hojas de un cuaderno escrito a mano, sin firma, se encuentra este testimonio:[4]

"Llegamos a Cabaiguán el sábado 25 de Agosto de 1951 a las 7.30. Comulgamos en la iglesia de manos del P. Isaías. Lo que hicimos al entrar en la casa fue cantar el himno al Corazón de María que lo tocó la M. Martha. Sábado y domingo comimos en casa de Luz Oria. El lunes 27 a Misa; el martes volvimos a tener Misa.

El miércoles 29 visita al Vicario General en Cienfuegos, la M. Provincial, y M. Martha. El jueves 30 se quedó el Señor reservado. El Padre regaló el incensario. La M. Provincial se fue el jueves con la M. Ocilia.

El 10 de septiembre comenzaron las clases con 170 alumnos. Problemas con la poca disposición de las maestras seglares. Problema del agua. El primer alumno matriculado, Vicente Pérez. Alumnas de piano 17.

El 30 de septiembre, retiro. Visita del P. Prov. de los Carmelitas. Regaló cáliz, Niño Jesús, tela raso para palo de hombros, candelero, P. Isaías. Misal, armonium. Regala lámpara del Santísimo.

Del 10 al 13 visita de la MRM Provincial. Estuvo muy contenta y nos dijo que Ntro. Señor está muy contento. El día 15 tocó la M. Martha en la iglesia por primera vez.

El 18 de Septiembre inauguración de la Iglesia parroquial y visita al pueblo de la Virgen de la Caridad. El 20 visita de la Stma. Virgen al Colegio. Los presbiterianos tomaron parte. Fiesta hermosísima. El 25 de Octubre capellán fijo.

---

[4] Archivo Congregación Corazón de María, Roma.

El primer sábado de Noviembre comunión del Bachillerato Católico. Problema de criadas. No se encuentran o no saben porque se dedican al trabajo del tabaco.

Arreglos en la casa dormitorio, cuarto de aseo; otras mejoras que han dado mayor comodidad. Día 5 Diciembre, se ofrece la posibilidad de adquirir una casa y Luz les acompaña a ver a los dueños que ponen dificultades pero al fin la venden. Se habla de un solar regalado. Los niños no caben ya en esa casa. Los protestantes (presbiterianos) trabajan mucho."[5]

En 1952 se han realizado ya las obras de adaptación del colegio las que han dado al mismo muy buen aspecto dotándolo de aulas amplias y ventiladas, lo que ha despertado enorme entusiasmo en los alumnos y sus padres. La comunidad ha sido aumentada con dos hermanas: M. Carmen David procedente de España, y Sor Paz Chasira de Pinar del Río. Se realizó la bendición del nuevo colegio con mucho lucimiento y se alquiló un ómnibus para el transporte de los alumnos.

Para el curso 53-54 se abrió una sucursal en Guayos con 116 alumnos que unidos a los 280 de Cabaiguán forman un total de 398 mas 6 internas. Han venido dos religiosas mas: Ester Mijares (Claudina) y Asunción Mas.

En 1954, el 25 de Agosto son trasladadas al Central Morón en Pina, las Madres Asunción Mas y Esther Mijares. Vienen las Madres Ángeles Sánchez y Concepción Fontelo. La M. Fontelo es directora del Colegio de Guayos. A Guayos va una sola madre y la acompaña una maestra.

Durante los años 55, 56 y 57 se celebran Primeras Comuniones, fiestas de Navidad, retiros y entregas de premios, todo con gran animación y éxito. Ya para 1958 no se puede celebrar la fiesta de fin de curso, ni asisten los niños a la Santa Misa a causa de la difícil situación que confronta la provincia de Las Villas y especialmente esa población debido a los efectos de la guerra.

En 1960 la comunidad está formada por: Joaquina Oset, Amada Luisa Martínez-Malo, Martha Valdés, Florentina Baña, Celina Varela y Caridad Jiménez.

Colegio Inmaculado Corazón de María – Guayos (1953)

Se bendijo el nuevo colegio de Guayos el 18 de noviembre de 1953 y al final los alumnos ofrecieron una pequeña fiesta. La Congregación atiende una escuela mixta de enseñanza primaria. Los locales son alquilados y las religiosas acuden diariamente desde la comunidad de Cabaiguán. Las fundadoras son las Madres Esther Mijares y Asunción Más, impulsadas por la M. Mercedes Landaburu. Más tarde asumieron responsabilidades en distintos cursos las Madres Concepción

---

[5] Del Rincón, Hna. Consuelo, o.c.

Fontelo, Amada Luisa Martínez Malo, Onelia Herrera y Florentina Baña. Según nos narra la M. Martha Valdés[6]

"La labor en este colegio de Guayos era realmente apostólica, económicamente solo alcanzaba para pagar a las maestras seglares. La comunidad de Cabaiguán cubría los gastos de las Hermanas que atendían el colegio, así como el transporte en auto de Cabaiguán a Guayos, y el teléfono. El edificio fue alquilado, su costo era donación de una familia acomodada del pueblo. Más tarde se trasladó a un edificio en desuso que dicha familia (los hermanos Adriano y Manuel del Valle) poseían en el pueblo. La escuela era mixta."

Colegio Inmaculado Corazón de María
San Juan y Martínez (1954)

Se lleva a cabo la fundación de San Juan y Martínez a petición del Obispo de Pinar del Río, por Mons. Evelio Díaz Cía, quien ya conocía la Congregación por medio de la tarea catequética que realizaban en los diferentes pueblos de su obispado.

Empezó el colegio a funcionar el 1ro de Octubre de 1953 con una matrícula de 75 niños, que sumados a los 370 de Pinar, dan un total de 445 alumnos. Es un colegio mixto. Cercano a Pinar del Río, San Juan y Martínez es un pueblo dedicado al cultivo del tabaco, del comercio, la pequeña industria y el ejercicio de profesiones liberales.

Se inauguró el nuevo colegio de San Juan y Martínez en un edificio moderno y amplio con los avances de fabricación y pedagógicos. Las Madres fundadoras: Leonor Terán, Ramona Saleta, María Aumatell y Carmen Baña. "...estuvieron 4 o 5 años yendo y viniendo diariamente de Pinar del Río, dando clases en un local alquilado, hasta que el Sr. Obispo, Mons. Evelio Díaz, adquirió un terreno y se fabricó el colegio, capilla y una pequeña casa-convento para las religiosas que lo atendían."[7]

Más adelante, el Obispo compra los terrenos, y las Misioneras Corazón de María se cuidan del equipamiento. Con los ahorros y fondos obtenidos de la organización de festivales benéficos, se llega a construir un nuevo edificio de dos plantas en el que tiene cabida una escuela mixta, capilla y dependencias para las religiosas. El nuevo colegio se inauguró en 1957, y tenía entonces unos 135 alumnos.

---

[6] Valdés, Hna. Marta, Testimonio - Comunidad de Clewiston, Florida, 1993.

[7] Pla, M. Josefa, Correspondencia con la autora, Olot, Gerona, 1993.

Colegio Inmaculado Corazón de María
Pina – Morón (1954)

El párroco de la iglesia Nuestra Señora de la Caridad, A. Guzmán, había organizado una pequeña escuela en Pina (Morón) barrio de Simón Reyes, dirigida por maestras católicas, pero deseaba tener religiosas. La escuela "San Juan Bosco" situada en la carretera de Naranja, era un pequeño edificio con capacidad para 100 alumnos.

Se entera el P. Guzmán que las Religiosas Corazón de María enseñaban ya en un colegio de Cabaiguán, y acude al Obispo de Camagüey, Monseñor Riú, para que éstas vinieran a Pina. El Obispo escribe entonces a la M. Provincial, Josefa Pla, pidiéndole religiosas para llevar la escuela y le ofrece los terrenos donde edificarla.

La Congregación no puede aceptar la propuesta por falta de personal pero, ante la insistencia del párroco y los deseos de la Madre General, se realiza la fundación. Llega la Congregación a Pina el 25 de agosto de 1954. Va la Rvda. M. Remedios Badosa, Superiora de Pinar del Río provisionalmente al frente de la fundación. La acompañan las Madres Asunción Mas, y Esther Mijares como Directora, y la Rvda. M. Provincial Josefa Pla quien permanece allí algunos días hasta dejar instalada a la nueva comunidad.

Van al Central Morón para hacerse cargo del colegio. La Compañía Azucarera cedió algunas habitaciones del hotel completamente incomunicadas con el mismo, para residencia de las madres en esperas de que se consiga un nuevo local para aulas y residencia. Dio comienzo el curso escolar con mucho entusiasmo y muy buena acogida de las madres con un total de 160 alumnos.

En 1957 se inauguró un nuevo edificio para el colegio que fue bendecido por el Obispo de Camagüey, Monseñor Riú. "El nuevo edificio es amplio, en forma de U. Un bonito jardín ocupa todo el frente del edificio. En la parte de enfrente y a la izquierda de la entrada están las clases, en el ala de la derecha las oficinas del colegio, y las estancias de las religiosas. El colegio tiene desde Kinder hasta sexto de primaria elemental, y hasta el octavo de la primaria Superior; Bachillerato incorporado al Instituto de Morón."[8]

Al año siguiente va la M. Ma. de los Ángeles Sánchez, y en Diciembre de 1960 ya hay seis religiosas en la comunidad porque se ha incorporado Sor Rosa Ayats de 75 años. "Como la congregación tiene por carisma la evangelización a través de la enseñanza", nos dice la M. Fontelo, quien fue directora del colegio, "nuestra primera preocupación fue dar una sólida formación cristiana a nuestros alumnos de acuerdo a sus capacidades...para ello el colegio contaba con un cuadro de profesores bien capacitados pedagógica y técnicamente con un alto espíritu de abnegación y gran vocación de educadores en sus respectivas competencias. Esto

---

[8] Fontelo, M. Concepción, Testimonio a la M. Consuelo del Rincón, 1993.

hizo que nuestro colegio fuera reconocido como uno de los mejores del interior de la provincia, que le ganó el reconocimiento oficial otorgado por la Superintendencia Provincial de Educación."

"Pero esto duró poco",— prosigue la Madre Fontelo— "pues como no se aceptaba el adoctrinamiento a que querían se sometieran los alumnos mayores. Algún infiltrado de los alumnos nuevos que hubo que recibir ese curso, se encargaba de tomar nota sobre lo que ellos decían era "contra-revolucionario" y no tardó en ser denunciada la hermana directora quien tenía a su cargo las clases de ciencias sociales: Geografía, Historia y Cívica. Los infiltrados no podían aceptar la enseñanza moral de nuestro colegio y tres de estos organizaron un mitin relámpago para "acusar" y "desenmascarar" como ellos decían, y así se diera un enfrentamiento entre el alumnado y dar lugar a dividir la comunidad escolar. No se logró el objetivo porque la directora fue avisada por las mismas autoridades oficiales del pueblo que no estaban de acuerdo con el proceder de los nuevos organismos del gobierno y las llamadas "milicias revolucionarias". Fue necesario adelantar la hora de la salida del colegio para que no coincidiera con el mitin relámpago y evitar así el enfrentamiento de los dos bandos, simpatizantes del nuevo régimen y los que ellos llamaban contra-revolucionarios."

Prosigue su relato la M. Fontelo: "Continuó el curso con bastante tensión entre profesores y alumnos pues había que tener mucho cuidado con los alumnos mayores de bachillerato y secretariado; debíamos medir las palabras pues podía ser mal interpretado. Se recibió una orden del Ministerio de Educación de apresurar el curso que debía terminarse a fines de Abril porque habría nuevas instrucciones para el mes entrante sobre el proceso de cambios exigidos por la revolución: alfabetización en general, donde debían tomar parte profesores y alumnos del octavo curso en adelante hasta los universitarios; lo que no era más que adoctrinamientos comunistas. El 1 de Mayo de 1961 sucede lo conocido por todos: se declara el gobierno socialista y se decreta la intervención simultánea de todos los colegios privados del país, sean o no confesionales y a una hora concreta, a las 12:00 a.m.

Se recibe la orden de nuestros superiores mayores de abandonar las casas, pues no hay seguridad para quienes no aceptan lo que el gobierno exige, ni hay a quien reclamar. con grandísimo dolor y pesar hay que ultimar detalles y viene la intervención. Registran el colegio y todas las dependencias de la casa; hasta los lugares más íntimos son registrados por milicianos y milicianas; éstas eran más déspotas que los hombres. Lo que era todavía más doloroso era ver tantos padres de familia que con sus hijos iban al colegio a suplicarnos: 'Madrecitas, no nos abandonen por favor, es ahora cuando más necesitamos de ustedes'...Ese clamor, a pesar de la distancia de 32 años lo llevo grabado en mi mente y corazón. Todavía me hace humedecer los ojos el recuerdo de aquellos momentos que serán imborrables mientras viva."

Resumen de la primera parte

Durante los cincuenta años que separan la primera fundación de la revolución de Fidel Castro (1911-1961), las religiosas "Corazón de María" compaginan la enseñanza en las escuelas con la catequesis rural, en una auténtica labor misionera. Hacia los últimos años previos a la revolución castrista, además de la tarea realizada en los colegios de La Habana y de Pina, otros tres eran los focos desde donde la obra misional se realizaba: el Colegio del Pinar en la provincia de Pinar del Río; el de Cabaiguán, en la provincia de Las Villas, y el de Banes, en la provincia de Oriente.

Además del colegio, en Pinar del Río se realizó una labor misional casa por casa. En el año 1958 las Hermanas atendían el centro catequístico establecido en el barrio obrero y el de la catedral. Además se crean pequeños centros que funcionaban durante el tiempo necesario para la obra misional, como el de Ovas, y ayudaban también al colegio de San Juan y Martínez.

En Banes la labor misional se realizaban por medio de centros catequísticos bien organizados y dirigidos de los que se obtenían óptimos frutos.

En Cabaiguán el colegio impartió la coeducación para formar jóvenes en católico puesto que existía un buen colegio protestante que era mixto. Eminentemente misional era la tarea del colegio anexo de Guayos.

En Mayo de 1961 sus actividades quedan interrumpidas cuando todas las escuelas son clausuradas por decreto del Ministerio de Educación de la República de Cuba (3.V.1961). Dice textualmente:

"El pueblo de Cuba a través del máximo líder de la Revolución Cubana, Dr. Fidel Castro Ruz, ha proclamado el derecho a la libre enseñanza, basado en el principio de la política socialista, que garantiza la enseñanza gratuita que debe impartir el Estado siendo promulgada la abolición de la escuela privada como órgano de enseñanza de nuestro país..." (el Sr. Ministro de Educación) "procederá a asumir la dirección de la escuela...".

Por una resolución adjunta al decreto, se nombra a la Dra. Nuria Nuiry y a Ma. Luisa Rodríguez Columbe para que se hagan cargo de la dirección de la escuela de La Habana.

"En virtud de este decreto, se hace inventario físico de los valores y propiedades de la escuela, se precinta todo el material que contienen y se sellan todas las clases, con amenaza de expulsión inmediata si las religiosas rompen los precintos. Las escuelas son objeto de diferentes registros de parte de cuadrillas de hombres armados y vestidos de militares, que destrozan los libros y el material escolar. Las religiosas piden protección al Departamento de Educación: los inspectores prometen enviar una protección que no llega nunca."[9]

---

[9] del Rincón, Hna. Consuelo, o.c.

Las religiosas se van manteniendo en los edificios escolares para protegerlos del saqueo pero la inestabilidad social hace temer por sus vidas y la M. Mercedes Armengol, Superiora General, decreta que salgan del país. "La Revolución de Castro se abatió sobre la Perla de las Antillas y en Junio de 1961 las religiosas de Cuba tuvieron que abandonar con harta pena sus florecientes apostolados y expatriarse. Se establecen en las casas de la congregación de Estados Unidos y de España donde encontraron cálida y fraterna acogida."[10]

Provincia de la Sagrada Familia

En 1946 las casas de Cuba formaron provincia aparte, que tomó el nombre de Provincia de la Sagrada Familia, con Curia Provincial y Noviciado en Pinar del Río. La provincia de St. Joseph continuó con la Casa Provincial y Noviciado en Tucson. Ambas provincias fueron incrementando sus efectivos de personal con vocaciones autóctonas. Durante su generalato, Sister Mary Evelyn, Superiora General, primera general americana, trabajó entre 1977-78 en la reorganización de la Provincia de la Sagrada Familia de Cuba, ahora ubicada en la Florida, Estados Unidos y una comunidad ya en Cuba.

"La Congregación, con el auxilio del Señor y apoyada en el Corazón Inmaculado de María, nuestra Madre" —nos dice la Hna. Consuelo del Rincón, Secretaria General— "espera seguir colaborando en la Nueva Evangelización a la que el Papa Juan Pablo II nos llama y apremia, en las diversas formas de nuestro amplio carisma: educación integral de la infancia y adolescencia en los colegios, con la educación de la fe y amor a la Virgen, catequesis y pastoral en los diversos niveles y formas, abierta a la actualización y nuevas necesidades de catequesis y evangelización que el Espíritu inspira hoy a la Iglesia."[11]

Himno al Inmaculado Corazón de María

Por la *Hna. Asunción Mas*

Corazón Inmaculado de las jóvenes
guía y luz nido de castos amores
con tus divinos fulgores
llévanos Madre a Jesús.

Hoy a tus plantas divinas
nos postramos con fervor
queremos Madre abrasarnos
en tu purísimo amor.

---

[10] Testimonio de la M. Antonia Suárez Pino.

[11] Rincón, Hna. Consuelo del, "Breve Estudio Histórico de la Congregación Misioneras Corazón de María", Roma, 1993.

En nuestros pechos enciende
celo ardiente y eficaz
que luchando por tu gloria
logre a las gentes salvar.

Concédenos Virgen pura
tu protección santa y fiel
que nuestro colegio sea
tu predilecto vergel.

Bendícenos tierna Madre,

míranos con compasión
y guárdanos escondidas
en tu amante Corazón.

Preparando el retorno a Cuba

El Obispo de Holguín había pedido una fundación en Cuba. Recuerda de pequeño la presencia en Banes de las Misioneras "Corazón de María". Las Consultoras Generales, Madres Consuelo del Rincón y Constantina Fernández, son designadas para realizar un viaje a la Isla en 1992. En Cuba Monseñor Peña les propone fundar en Banes y Antilla para prestar a toda la comunidad un trabajo de misión. El trabajo pastoral parroquial a desarrollar sería de todo tipo, de acuerdo a las aptitudes y carismas de las hermanas. En esas regiones no hay religiosas y hay un único sacerdote para 60,000 personas. El Sr. Nuncio les pide que por lo menos vayan cuatro religiosas.

Testimonio de un viaje a Cuba – 1992

por la *Madre Consuelo del Rincón*

"...hemos visitado familiares de hermanas que han estado muy contentos: recorrido dependencias de nuestros colegios de La Habana, y Banes, visitado a sacerdotes amigos que han demostrado serlo de verdad, y escuchado a tantas personas que necesitan hablar con quien les inspira confianza...

La experiencia vivida ha sido tan profunda e intensa que es muy difícil comunicarla desde estas páginas.

Lo vamos a intentar:

- las distintas comunidades cristianas con las que hemos concelebrado eucaristías y vivido otros distintos momentos, veían como un gesto muy positivo de solidaridad, el hecho de que nosotras y otras comunidades de religiosas, quieran compartir con ellos estos momentos delicados y de tanta escasez y penuria material. Esto les emocionaba y lo agradecían; les resultaba incomprensible y muy consolador, de modo que querían que nos quedáramos allí ya. No nos dejaban marchar. Fue muy emocionante el encuentro con la comunidad cristiana de Banes. Nos esperaban en la parroquia, con nuestro Corazón de María, más de sesenta personas y no faltaban muchachos y hombres. Por supuesto había niños.

Rezamos y cantamos mucho tiempo, no se cansaban. Nos pedían que les habláramos, y explicáramos nuestros planes. Nos acompañaron muy felices y enseñaron todo lo de "tiempos pasados" pero tenemos que pensar que ahora son otros. La situación es nueva y requiere nuevas respuestas.

- La Iglesia en Cuba vive hoy bajo el signo de la esperanza y la conversión a Cristo, queriendo ser sacramento de salvación para TODO el pueblo cubano. Ha afrontado, día a día, el reto de una situación nueva, difícil y cambiante. Poco a poco, la Iglesia, nos sigue diciendo el Sr. Obispo, ha ido asumiendo su vocación de servidora del pueblo, se siente llamada a encarnar una actitud de reconciliación, amor y diálogo, sosteniendo por otra parte la fe del pueblo más sencillo.

- La vida para los cristianos en Cuba desde el triunfo de la revolución comunista en el año 1961, ha sido y es todavía difícil, teniendo que soportar tensiones, limitaciones y exigencias como nos contaban los propios jóvenes en una reunión que tuvimos con ellos.

- El anuncio de Jesucristo, de su Buena Nueva, se realiza principalmente en la catequesis, en la Liturgia, en las homilías, con el testimonio de vida; pero hay cristianos que también lo realizan explícitamente en el ambiente concreto donde viven, trabajan o estudian, según el testimonio que nos dieron también algunos jóvenes y familiares de religiosas.

- Hemos visitado cinco comunidades de Religiosas y llegamos a la conclusión de que si la presencia de la comunidad en cualquier sitio tiene ya una significación de anuncio y profecía, aquí en este lugar en situación difícil, se hace más expresiva. La vida sencilla y realmente pobre de las Religiosas les acerca a la gente que las quiere muchísimo. Todas las comunidades nos animan a que enviemos Hermanas porque el Señor no se deja ganar en generosidad y les llena de gozo y satisfacción viendo aumentar los niños, los jóvenes y adultos en sus grupos de catequesis, en las Eucaristías, en los catecumenados de sacramentos. También les surgen vocaciones.

Sabíamos que había algunas religiosas disponibles para esta fundación. Con todo, el Gobierno General hizo una "llamada" a fin de que más hermanas se ofrecieran para esta "misión" un poco especial. Las designadas deben sentirse "enviadas" por la Congregación. El Corazón de la Madre, la tan querida para los cubanos, la Virgen Ntra. Sra. de la Caridad del Cobre, es quien alimenta su fe en

Jesús, mientras esperan y confían. Que ella, también, sea quien anime y guíe nuestros pasos en esta nueva etapa."[12]

Camino de fundación en Cuba, Banes – Antilla 1995

El 10 de Marzo de 1995 salieron para Cuba las cuatro fundadoras: Rosa Delfina Cruz, Ana Ma. Avilés, Celina Varela y Concepción Fontelo. Llegan las viajeras a Holguín el día 16. La acogida de todo el presbiterio, de las comunidades religiosas y de todo el Pueblo de Dios, ha sido muy gratificante. Expresan constantemente su alegría y satisfacción por la presencia de las Misioneras "Corazón de María" para colaborar en la pastoral. El Obispo de Holguín hace gestiones y espera se pueda conseguir pronto la casa en Banes. Las Hermanas en Holguín ya colaboraban en la pastoral. Ellas quedan entusiasmadas y contentas, aunque son conscientes que entre muchas satisfacciones también quizás van a pasar penas, humillaciones...

Damos gracias a Dios por toda la experiencia positiva, por las personas que han hecho posible el viaje, por todo el pueblo cubano que se abre al Señor. Pidamos a la Virgen de la Caridad que las hermanas puedan integrarse y cooperar en la misión evangelizadora de la iglesia local.[13]

Carta abierta a las Hermanas[14]

Queridas hermanas:

Después de un éxodo de casi dos años, peregrinando de Provincia en Provincia, de Comunidad en Comunidad, vemos cercana — DM vamos mañana día 10-3-1995— a la maravillosa Isla, porción de la Iglesia, en la cual a través de nosotras volverán a tener presencia las Misioneras "Corazón de María" aportando con nuestro carisma masmitjano a la construcción del Reino entre esos queridos hermanos, llevando el amor del Corazón de la Madre para animar con nuestra propia vida la fe de ese pueblo ya que la mies es mucha y los operarios son pocos.

Al cortar las amarras de nuestra barca para remar mar adentro en la búsqueda de los hermanos que vamos a servir, queremos hacerlo con las palabras de San Pedro: "En tu nombre, Señor, echaré las redes" (Juan 21,6). Es el Señor

---

[12] del Rincón, Hna. Consuelo, Extracto tomado del Boletin de Comunicación MCM No. 115, Roma, 1993.

[13] Testimonios y vivencias del viaje Madrid-La Habana-Holguín, y estancia en Holguín (extractos de dos extensos y detallados diarios realizados, uno por la Madre Ma. Pilar Lascorz y otro por las Hermanas fundadoras).

[14] Extracto de la transcripción de la carta que desde Madrid dirigieron las Hermanas fundadoras el 9 de Marzo de 1995 a todas las Hermanas del Instituto.

quien nos anima y acompaña. Confiamos en El plenamente. El será nuestra seguridad, nuestra fortaleza y El hará crecer en nosotras el entusiasmo para ser fieles testigos a pesar de las dificultades que allí encontraremos.

Al dejar el suelo de la cuna de la Congregación, les decimos con cierto afecto que la estadía, el trabajo evangelizador y nuestra propia vida religiosa, comunitaria, fraterna y apostólica no dependerá solo de nosotras sino también de cada una de ustedes que nos acompañan con la oración, sus ocultas penalidades, su cariño y su cercanía a pesar de la distancia.

DIOS EN EL CORAZÓN Y BUEN HUMOR
Siempre unidas en el Corazón de la Madre,

Concepción Fontelo, Celina Varela, Ana Ma. Avilés, Rosa Delfina Cruz.

Cuba: Misión compartida

"...llegó el momento de partir; el despedirnos de la M. Casilda Bustillo era como dejar tras nosotras la civilización con sus adelantos, con su bienestar y seguridades: era como sentir, muy profundamente una voz que nos decía: "Ve a una nueva tierra que yo te mostraré." Quedó bajo nosotras la querida tierra de España que nos albergó...cuna de la Congregación...donde crecimos en el amor a cada hermana, en el amor a la Congregación y donde tuvimos la fuerte experiencia de vivenciar la identidad de Misioneras "Corazón de María". El viaje duró 9.30 h. Cuando empezamos a ver agua y tierra cubana tanta fue nuestra alegría que empezamos a gritar...En nosotras había emoción, gozo, alegría, lágrimas contenidas, temores ocultos; pero felices. Al posarse el avión en el aeropuerto de La Habana eran las 2.25 de la tarde, hora cubana. Aplaudimos muy fuertemente como queriendo mostrar al mundo que por "Amor al Reino" hay que traspasar "las alambradas" cueste lo que cueste..."[15]

El Gobierno General erige canónicamente la Comunidad de Antilla y Banes (Cuba) con la fecha del 20 de Marzo de 1995. Las Hermanas llegan a Antilla el 23 de Junio de 1995. En los dos lugares realizan trabajo de misiones: catequesis, orientación a laicos, preparación de ornamentos litúrgicos, apoyo, formación, asesoramiento para que no se sientan solos.   En Julio celebran en Antilla "Vacaciones con Jesús". "Todas las tardes, de martes a viernes, durante tres semanas, tuvimos juegos, canciones, trabajos y catequesis en el patio, debajo de los árboles de mangos. Acudieron entre 40 y 50 niños. La fiesta de la clausura fue un éxito..." En Banes celebraron una jornada juvenil. El Sr. Obispo nos quiere como una comunidad misionera ambulante, con sede en Banes y sucursal en Antilla para atender a toda la zona. Nos aprecia mucho y nos ha visitado ya varias veces....Cuando se solucione lo del agua pondremos semillas en el huerto. Ya tenemos una persona que limpia y se preocupa de los árboles. Hasta finales de

---

[15] Nueva Presencia en Banes-Antilla, testimonio firmado por las cuatro fundadoras, 1995.

Julio hemos comido siempre mangos del huerto. Después las naranjas y los plátanos."[16]

En sus comunicaciones las Hermanas reiteran frases como éstas: "No nos falta nada. Estamos muy bien. Somos muy felices. La gente nos quiere mucho y comparte con nosotras lo poco que tiene."

Testimonios

Madre Josefa Pla, (Colegio de Pinar del Río)
Testimonio – Olot, Gerona, España, 1992 y 1993.

"Mi estancia en esta hermosa y desventurada isla duró 13 años, y en los 10 años que fui Provincial, se fundaron las comunidades y colegios de Banes, Cabaiguán, San Juan y Martínez y Pina.

Desde muy jovencita me sentí muy atraída a la vida religiosa y de un modo especial a las Misiones por el deseo de dar a conocer las verdades de nuestra religión. A los 18 años ya estaba segura de mi vocación y comprendí que en la enseñanza también podría dar a conocer a Jesús. Desde mi más tierna infancia había sido educada en los colegios de las Misioneras Corazón de María, en cuyo contacto fue desarrollándose y fortaleciendo mi temprana vocación. A los 19 años ya estaba decidida a entrar. Pude empezar mi Noviciado en Olot el 2 de febrero de 1932 y terminado hice los votos el 24 de septiembre de 1933.

Llegué a Cuba el día 5 de septiembre de 1946 destinada a Pinar del Río con el cargo de Superiora de aquella comunidad. En los dos primeros años de adaptación, enseñé labores y dibujo, pero en 1948 fui designada suplente de la M. Provincial por su traslado a Estados Unidos, y al año siguiente, confirmada en este cargo, de modo que ya no pude ejercer más la enseñanza en este colegio.

Durante el resto de mi tiempo en Cuba, se realizaron las fundaciones de los colegios en Banes, Cabaiguán y Guayos, San Juan y Martínez y Pina. Todas estas actividades me impidieron dedicarme personalmente a la enseñanza, pero, no fueron obstáculo para ocuparme siempre que me fue posible de la catequesis.

La única superviviente de las primeras fundadoras en Cuba la encontré en la comunidad de Pinar del Río. Era la M. Ana Figueras, de origen catalán, que estaba allí desde el año 1912, un año después de la fundación de nuestra congregación en Cuba, sin haber salido jamás de allí. Ya muy anciana, exiliada con las demás hermanas, por la revolución de Fidel Castro, embarcaron rumbo a España en el vapor "Virginia de Churruca" en Junio del 1961, meta que no pudo alcanzar, pues, navegando en aguas de Tenerife, falleció de un paro cardíaco el 23 de Junio de 1961 siendo enterrada en Las Palmas de Gran Canaria. Justamente en este mismo año se cumplían 50 de permanencia de nuestra congregación en la Isla.

---

[16] Carta a la Madre General, Agosto de 1995.

Yo permanecí en Cuba 13 años desde 1946 al 1959 y puedo decir que han sido los más felices de mi ya larga vida. Con toda verdad puedo asegurar que en los 34 años transcurridos desde que dejé para siempre, con grande pesar, mi "Cuba bella", ni un solo día he dejado de recordarla y rezar por ella.

Durante estos años, por razón de mi cargo y por las cinco fundaciones que se realizaron, tuve ocasión de recorrer la isla varias veces de un extremo a otro, y la hermosura de sus paisajes, la sencillez y simpatía de sus gentes y el cariño y comprensión de mis hermanas, penetraron tanto en mi corazón que su recuerdo y nostalgia ocuparan mi mente hasta el fin de mi vida.

Quiero dejar constancia de que también me ayudó a sentirme tan satisfecha de mi estancia en Cuba, el ver cumplidas mis ansias misioneras dedicándome siempre que me fue posible, a la enseñanza de catecismo en distintos pueblos de la provincia de Pinar del Río, donde nos trasladábamos con otras hermanas los sábados y domingos preparando grupos de niños guajiros para la Primera Comunión, extendiendo la fe y verdades de nuestra Santa Religión a niños y mayores, ávidos de conocer las cosas de Dios."

Hna. Catalina Vigo, (Colegio de Banes)
En la actual comunidad de Miami, Florida
Entrevista - Miami, 1993

"En el Colegio de Banes viví 13 años, del 1948 al 1961, quizás los mejores de mi vida, sin que los otros no hayan sido buenos.

En Agosto de 1948, que fue el 2do. curso de la presencia de la Congregación en Banes, fui designada a aquella comunidad para hacerme cargo de la dirección del colegio, el que dirigí hasta la intervención castrista en 1961. La comunidad estaba compuesta por las madres Remedios Badosa y Mercedes Saumell que llegaron a Banes en Enero de 1949 ya avanzado el 2do. curso después de la fundación.

Recuerdo una excursión que hicimos en Febrero de 1955 en la Semana del Niño a La Demajagua y a Cabaiguán. Fuimos la M. Martha, recién profesa, la M. Mercedes Landaburu y la M. Florentina. La M. Asunción Más era la religiosa más antigua de la Congregación que había estado en Cuba. Yo viví con ella en Colón. Era pianista pero ya en sus últimos años estaba sorda y medio ciega, la pobrecita, pero la cabeza la tenía muy clara. La última vez que fui a España, conversé un gran rato con ella. Ella pasó cuarenta años en Cuba, fue una de las fundadoras de Guayos. Abnegada, caritativa, una excelente persona. ¡Ella vivió más tiempo en Cuba que yo!

En Cuba los años fueron maravillosos para mí, no quiere decir que no hubiera dificultades. Pero se luchaba con ilusión por vencer todas las dificultades y gracias a Dios se vencieron. En Banes además de la Primaria, teníamos Secretariado y Bachillerato también. No era un alumnado muy numeroso, pues era un pueblo pequeño, pero era el único colegio católico en aquella zona. El otro era el colegio "Los Amigos" que era protestante. Para mi todos los años fueron profundos porque todos los viví con intensidad. Cuando yo llegué ya estaba puesta la primera piedra del colegio nuevo, así que lo viví todo, lo vi subir y lo vi crecer. Eso era lo mío, vi crecer a mis muchachos, algunos los tenía como mis hijos y ellos me consideraban como su segunda madre.

En Abril del 1961 se dio por terminado el curso, pero yo dije, 'empezaremos el curso de verano el 2 de Mayo', pero 3 de Mayo en la tarde fue la intervención del colegio. Cuando intervinieron el colegio pasamos muchos trabajos por tratar de sacar las cosas del colegio. Muchas se las llevaron las alumnas para sus casas. En cada clase había un Corazón de Jesús, el Corazón de María y un crucifijo. La interventora nos dijo que eso nos lo podíamos llevar pues no tenían uso para ello, y entonces se lo dimos a los alumnos. Lo mismo con los libros, el órgano, el reloj, y muchas otras cosas. El colegio estaba rodeado de milicianos día y noche, con sus metralletas. Observaban todos nuestros movimientos. Después vino la interventora y selló las clases.

Recuerdo que un día, un tiempo antes de todo esto, venía yo del campo, de una clase de catecismo, y estaba en la carretera esperando a ver si alguien me llevaba para Banes. Pasó una muchacha en su carro y me dejó en el colegio. Pues esa misma muchacha fue una de las milicianas que vino a hacer el registro final el día que nos marchábamos para La Habana. Enseguida nos reconocimos, y esa miliciana no se atrevió a revisar nada del equipaje de las Hermanas... Dejamos el Colegio en Mayo y a fines de Junio nos embarcamos en diferentes buques: las que habían venido de Tucson, Arizona, volvieron allá, y todas las demás nos fuimos a España y nos incorporamos a las diferentes comunidades según las necesidades."

Georgina Fernández Giménez
A.A. Colegio de Pinar del Río 1948-1955

"Yo entré en el colegio de Pinar del Río a los cuatro años. Por la mañana era el Pre-Primario y en la tarde el Kinder. Me recuerdo de las maestras laicas Celeste y Berta Echevarría, muy buenas maestras. Creo que entonces estaban aún solteras, las recuerdo muy jóvenes aún. Tenían un uniforme muy bonito: una blusa de rayitas azules y una falda azul. Celeste tocaba el piano y Berta enseñaba a leer. Eran muy divertidas.

El colegio era mixto pero había muchas más muchachas que muchachos. La entrada era por la calle Maceo, la misma calle de la Catedral, pero como a una cuadra de separación. La fachada tenía un portal, después había un pasillo y un patio interior con una imagen de la Virgen de la Inmaculada que los comunistas derribaron a hachazos en cuanto llegaron a intervenir el colegio...

No recuerdo mucho más del colegio físicamente, pero con el tiempo y los donativos fue modificándose, se hizo una capilla muy grande y se puso mucho mas bonito. Había una imagen de la Virgen y el corazón se abría. Dentro estaban los nombres de las personas que habían dado donaciones para el colegio. La imagen estaba en la capilla. Recuerdo que el colegio tenía pupilas y medio pupilas y que también había Bachillerato y Comercio.

Mi maestra de cuarto grado era una magnífica maestra, la Madre María que era cubana. Las Madres vivían en el colegio, en clausura. Recuerdo también a la Madre Josefa Pla y a la M. Celina. También estaban las Madres María de Jesús Páez y la Madre Amada Luisa Martínez Malo.

El uniforme era un vestido blanco con pliegues delante y un cinto blanco. El de gala era blanco igual y con una corbata o lazo grande de gasa, y se llevaba el escudo de la Virgen en un pedacito de fieltro que se colocaba en el cuello. También teníamos un sombrero de paja prusia con un borde blanco. El uniforme de educación física era una blusa blanca de manga corta, una falda azul y un pantalón azul debajo de la falda.

Terminé en el colegio a los 11 años en el 1955, o sea que acabé en el 7to. grado para ir a estudiar a la Normal de Maestros.

Cuando intervinieron el colegio en el 1961, aunque ya yo no estaba allá, recuerdo que me llamaron para ver si quería ir a ayudar a llevarme los libros religiosos y dije que sí. Ya las Madres se había ido de Cuba. Llevamos un carro al colegio y fuimos cargándolo de libros y de los misales de las Madres, pues ni eso les habían dejado sacar del colegio. Las imágenes religiosas fueron trasladadas a la Catedral. Hubo una gran misa de despedida cuando las Madres partieron, y recuerdo que todo el mundo lloraba, incluso las milicianas..."

Joaquín Masmitjá
fundador de la Congregación

Las Madres en camino al catecismo
dominical, Pinar del Rio

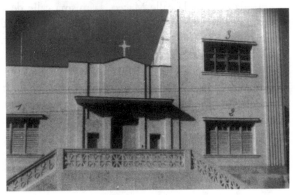

Colegio de Banes

ALUMNADO DEL COLEGIO "CORAZON DE MARIA"
- LA HABANA -
CURSOS 1933-34 HASTA 1959-60

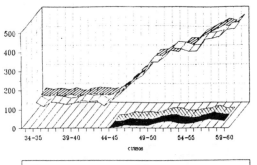

COMIENZO INTERNAS   FINAL INTERNAS
COMIENZO EXTERNAS   FINAL EXTERNAS

Colegio de La Habana

ALUMNADO DEL COLEGIO "CORAZON DE MARIA"
- PINAR DEL RIO -
CURSOS 1933-34 HASTA 1959-60

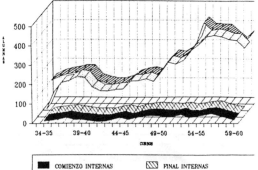

COMIENZO INTERNAS   FINAL INTERNAS
COMIENZO EXTERNAS   FINAL EXTERNAS

Colegio Inmaculado Corazón de María
Pinar del Río

ALUMNADO DEL COLEGIO "CORAZON DE MARIA"
- BANES -
CURSOS 1947-48 HASTA 1959-60

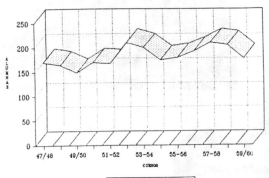

ALUMNADO TOTAL

Colegio de Guayos (1953)

31

Fundadoras de Pina: Madres Asunción Mas
Esther Mijaes, Remedios Badosa y la
Srta. Montserrat Roca

ALUMNADO DEL COLEGIO "CORAZON DE MARIA"
- PINA -
CURSO 1954-55 HASTA 1960-61

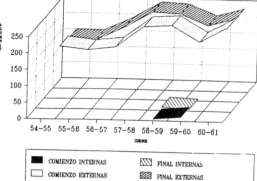

ALUMNADO DEL COLEGIO "CORAZON DE MARIA"
- CABAIGUAN -
CURSO 1951-52 HASTA 1960-61

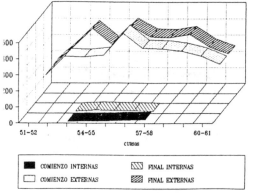

Cabaiguán, 1951 - Las fundadoras en el patio
del Colegio: Madres Florenteina Baña,
Mercedes Landaburu, Martha Valdés, con la
Madre Provincial

Colegio San Juan y Martínez, 1957

Colegio de Cabaiguán (1954)

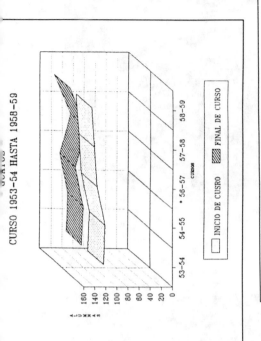

CURSO 1953-54 HASTA 1958-59

INICIO DE CUSRO   FINAL DE CURSO

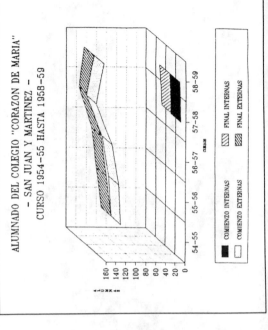

ALUMNADO DEL COLEGIO "CORAZON DE MARIA"
– SAN JUAN Y MARTINEZ –
CURSO 1954-55 HASTA 1958-59

COMIENZO INTERNAS   FINAL INTERNAS
COMIENZO EXTERNAS   FINAL EXTERNAS

Excursión a
La Demajagua

La Flora, Catequesis prebautismal

33

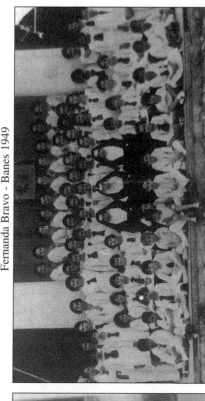

Madres Mercedes Saumell, María de los Angeles Sánchez, Remedios Badosa, Catalina Vigo, Josefina García, Dolores Illa y Fernanda Bravo - Banes 1949

Colón, 1934 - Religiosas: Asunción Mas, Pilar Farrás, Amalia Mirassou, y las maestras: Josefina Gorín, Elvira Fernández, Carmela Orozco, Alicia Martínez, Esperanza Martínez, Ana Ortiz, Rosa Martínez, Teresa Perez, Emelina González y Carmen Ríos.

Comunidad de La Habana, 1953
Madres Ma. Rafaela Novo, Concepción Burch, Ancila Aguirre, Teresa Madrigal, Ma. Guadalupe García, Benignidad Ferrer, Concepción Arroyo, Mercedes Armengol, Antonia Suarez, Gertrudis Gratacós, Dorothy Bauman, Luisa Arévalo y Luisa Deseuras

Comunidad de Pinar del Río en 1945: Mercedes Landaburu, Teresa Peral, Gloria Bravo, Leonor Terán, Esther Mijares, Celina Gutiérrez, Amada Luisa (novicia), Catalina Vigo (postulante).

31

Madres Benedictinas de Pennsylvania

1911

Llegada de las Madres Benedictinas a Isla de Pinos

El Padre Benedictino, John Schlicht, quien había llegado a Isla de Pinos en el 1901, hizo gestiones para traer a Cuba a las Madres Benedictinas de Pennsylvania. Este había fabricado una escuela en Nueva Gerona, una iglesia en McKinley, y convirtió la capilla provisional en la Iglesia de Santa Fe. Todo estaba listo para la llegada de las Madres Benedictinas.

El 30 de Octubre de 1911 el Obispo de la Habana, Monseñor Pedro González Estrada escribía al Obispo de Pittsburgh, Pennsylvania, Rev. J.F. Regis Canevin:

> "Estimado Reverendo: De acuerdo a mis deseos expresados a los Padres Benedictinos que están a cargo de las necesidades espirituales de la Isla de Pinos, que corresponde a esta diócesis, doy por este medio mi autorización y permiso para que se establezca una comunidad de religiosas de madres Benedictinas para que puedan darle educación cristiana a las niñas de la mencionada Isla. Esta autorización, por supuesto, es dada con el entendimiento de que esta comunidad se mantendrá con el aporte de las familias de los niños que ellas enseñaren.
>
> Tomo la oportunidad para ofrecer a su Señoría mi expresión de sincero aprecio, quedando, Su hermano en Cristo Jesús..."[17]

Vemos así como en el 1911 el pequeño y valiente grupo de pioneras iba rumbo a la Isla de Pinos, en el buque "Saratoga". En el viajaban la Madre Lidwina Weber junto con las Hermanas Leocadia Weisbecker y Josephine Watson, (todas del convento de la ciudad de Allegheny en Pennsylvania); la Hermana Ambrose, del Convento Benedictino de Elizabeth, New Jersey, y la Hermana Sophie Bradley, de la ciudad de Jeanette, en Pennsylvania.

Convento y Academia St. Joseph's

Llegaron las Madres a Cuba el 7 de Diciembre de 1911. En el puerto de La Habana las esperaba el P. Schlicht. Pronto comenzaron a trabajar con los Benedictinos de Isla de Pinos. No sabemos exactamente cuando empezaron a dar clases en "St. Joseph's Academy", se cree fue alrededor del 1912, pero sí sabemos que en Mayo de 1919 terminó el último curso escolar en aquella región cubana.

En Marzo de 1913 se puso la primera piedra para un convento, y en Agosto de ese año las madres ya se habían mudado para el nuevo edificio. El 24 de Enero de 1914 la Hermana Mary Gertrude Walsh tomó los hábitos, siendo ésta la primera postulante de la Congregación en la Isla de Pinos. La Hermana Mary Theresa Walsh, quien había llegado de Filadelfia en ese mismo mes, recibió el hábito benedictino el 30 de Septiembre de aquel mismo año.

---

[17] Mary Robert, Sister, OSB, Archivos de la Congregación, Pittsburgh, Pa., 1996.

Hacia finales del 1914 el Sr. T.F. McGrath obsequió al convento con una campana que muy pronto fue bautizada como "Thomas Benedict" en honor a su donante. Se instaló y tocó por primera vez el 23 de Octubre de 1914.

Actividades de las Madres en Cuba

La Madre.Lidwina padecía de asma, siendo esta una de las razones por la que había ido a residir a Cuba. En Junio de 1915, y por razones de salud, viajó la Madre Lidwina con la Hna. Theresa a Ashville, Pennsylvania. Regresaron a Cuba en Agosto.

Mientras tanto, las clases en la Academia St. Joseph's continuaban. Los Padres Benedictinos las ayudaban en la administración de los sacramentos y como guías espirituales. Durante 1916-17 las Hermanas Mary Agnes Ferry y Mary Rita O'Connell entraron de postulantes. La Madre Lidwina tuvo la oportunidad de viajar a Ohio en Mayo de 1917 para abrir una nueva casa en aquella localidad, pero al no darse las condiciones necesarias, regresó a Isla de Pinos el 26 de Octubre.

El 25 de Septiembre de 1917 pasó por la Isla el peor ciclón de los últimos 80 años, haciendo grandes estragos y dejando gran destrucción en aquella área de la región cubana. Tres de las hermanas por poco perecen, y la propiedad sufrió inmensos daños. En este mismo año los Padres Benedictinos, se marcharon de Cuba.

El 5 de Junio de 1918 la Madre Lidwina y la Hna. Rita viajaron a Nueva Orleans, en la Luisiana. El 21 de Junio se embarcaron en el buque "Comanche" de la United Fruit Line y llegaron a Nueva Orleans el 24. La Hna. Rita permaneció en Nueva Orleans y la Madre Lidwina continuó a San Antonio, Texas donde encontró hospitalidad entre las Madres Ursulinas.

El 18 de Junio de 1919 la Madre Lidwina pidió al Rev. Obispo Drossaerts para que le autorizara establecer una comunidad Benedictina en la diócesis de San Antonio.

Adiós a Cuba

En los archivos de la Congregación se encuentran algunos documentos sobre este nuevo establecimiento en Texas: "El 12 de Junio de 1919, se cerró el Convento y la Academia de St. Joseph en la Isla de Pinos después de haber trabajado allí las Hermanas con mucho éxito por siete y medio años...las Hermanas se retiraron yendo a realizar su trabajo misionero en el Estado de Texas. Se abandonó la Academia por las siguientes razones:

1) la falta de salud de algunas de las Hermanas;
2) pocos prospectos de aumentar el alumnado en la Academia;
3) falta de dirección espiritual al retirarse de Isla de Pinos los Padres Benedictinos (que pertenecían a la provincia de St. Leo en la Florida)."[18]

---

[18] El Poder de las Lomas, The Benedictine Sisters, Boerne, Texas, Volume 2, Marzo, 1991.

Así, las Hermanas Benedictinas de Cuba dejaron Isla de Pinos en Junio de 1919 para unirse a la Madre Lidwina en Texas. A Texas también fue la Hna. Angela, quien había entrado de postulante un poco antes de dejar Cuba. Allá en Texas permaneció aquella comunidad dedicándose al trabajo de enseñanza en diferentes colegios. La famosa campana "Benedict Thomas" que había sonado en el convento de las Madres de Isla de Pinos por primera vez en 1914, sonó nuevamente en Texas, en la escuela Inmaculado Corazón de María, a las 6 de la mañana del 15 de Agosto de 1934.

32

Instituto de Hijas de María Religiosas de las Escuelas Pías

1911

"Piedad y Letras"

El Instituto

El Instituto de Hijas de María, Religiosas de las Escuelas Pías, conocido como Escolapias, fue fundado por Paula Montal Fornés en Figueras, Gerona, España, para la educación de la niñez y la juventud femenina, con preferencia a las clases más necesitadas. Es una Congregación de derecho pontificio, aprobada por el Papa Pío IX el 9 de Mayo de 1860.

Es esta la primera Congregación española del siglo XIX exclusivamente dedicada a la educación. Desde el principio de la fundación, a la profesión religiosa de los tres votos tradicionales, se le añadió el 4º de enseñanza, hasta el año 1870 en que fue suprimido por la Iglesia, con pesar de la fundadora y de las demás hermanas.

La Congregación fue reconocida civilmente por la Reina Isabel II, por Real Decreto del 19 de Junio de 1865. Pío IX aprobó las Constituciones "ad experimentum", el 18 de Julio de 1870, y León XIII "definitivamente", el 7 de Enero de 1887.

La fundadora

Paula Montal nació en Arenys de Mar, Barcelona, en el 1799 procedente de una familia sencilla de artesanos. Tuvo una larga vida, 90 años, en los que trabajó sin descanso. Junto con Inés Busquets abre una escuela en Figueras en el 1829. Allí realiza una intensa labor educativa. Más adelante fundan otras escuelas: la de Arenys de Mar en el 1842, y otra en 1846, en Sabadell. La de Sabadell tenía como objetivo conectar con los Padres Escolapios. Estos ayudan a Paula Montal a injertar su obra en la Escuela Pía con el carisma con que se sentía identificada desde 1837.

Allí en Sabadell, Paula Montal estructuró la Congregación, con la espiritualidad y reglas de San José de Calasanz, y el 2 de Febrero de 1847 se consagró como religiosa iniciando así un largo camino de amor, obediencia, pobreza y humildad. En el decenio 1849-59 la Congregación se expansionó realizándose 8 fundaciones.

De 1852-59 la M. Montal fue Maestra de Novicias en Sabadell. En este período profesaron nada menos que 90 novicias. Finalmente, el período de 1859-89 fue muy rico para la Madre Montal ya que fue Directora y Superiora. Creó en la escuela un auténtico clima de familia donde se hermanaban la alegría, el trabajo, y la formación cristiana. Los últimos años, retirada ya de las clases y de su misión de superiora, fueron de oración y de comunicación con Dios rodeada de las niñas que buscaban siempre su compañía.

Después de una penosa enfermedad entregó su alma al Señor el 26 de Febrero de 1889. El 28 de Noviembre de 1988 fue declarada Venerable por Juan Pablo I, y Beata en el 1993 por SS Juan Pablo II en la Basílica de San Pedro en

Roma. La M. Paula vivió, junto a María, un camino de fe, netamente Escolapio. Eso nos dicen sus huellas.

La Pedagogía Escolapia

Ya en tiempos de la fundadora y hasta nuestros tiempos, en las Constituciones de las Madres Escolapias se definen los términos de la misión pedagógica de la Congregación. En ellas se formula lo siguiente: "Esta misión educadora tiene como fin que nuestras alumnas amen y busquen la verdad, se formen para llegar a ser fermento salvador de la familia —fundamento de la sociedad — y, como auténticas colaboradoras del reino de Dios, participen en la construcción de un mundo más justo y más humano."[19]

Pero la cultura sólo puede ser transformante si está informada por la fe. De esta manera llegan a otro aspecto esencial de la pedagogía Escolapia, perfilado ya de manera más explícita en la fundación de Arenys de Mar: la educación en la fe. "Nuestro principal objeto es infudir la piedad en el corazón de las niñas. Se procurará con mucha caridad y paciencia adornar de toda virtud, así a las pobres como a las más acomodadas."[20]

Y una Congregación de enseñanza, con objetivos trascendentales, exige de las maestras auténtica vocación, dedicación plena y preparación profesional altamente cualificada y permanente. Así lo exponen las Constituciones de 1853:

"En cuanto al voto de enseñanza (...) es muy grosero error pensar que se cumple exactamente con él (...) con tal que se pasen en clase las horas señaladas (...) por lo tanto, es de rigurosa obligación que la maestra se habilite en todas las materias de la enseñanza (...), así que ninguna se persuada que acabadas las horas de clase ya nada tiene que hacer respecto de ellas: débese estudiar, débese escribir, débese procurar la mayor perfección y destreza en las labores de mano para hacerse en todo hábiles y desempeñar con honor y mérito la propia incumbencia."[21]

En síntesis, podemos agrupar en dos palabras llenas de contenido la pedagogía de la Escuela Pía: **Piedad y Letras**. Este es el lema que define la educación en las escuelas de las Madres Escolapias en todo el mundo, a la que felizmente están convocadas estas y los que colaboran con ellas en tan trascendental misión.

---

[19] Constituciones, 1881, No. 80, pág. 45.

[20] Constituciones, 1853, pág. 15.

[21] Constituciones, 1853, prólogo, págs. 15 y 16.

Las Madres Escolapias en Cuba

En los primeros 66 años de la Congregación, el Instituto se extendió por Cataluña, Valencia, Baleares, Andalucía y Zaragoza, con un total de 20 colegios y 3,786 alumnos. En el 1891 la Congregación contaba con 332 religiosas, 20 novicias y 9 postulantes. En este dinamismo se encontraba cuando se expande a Cuba, Argentina y Brasil.

La fundación de Cuba es de gran importancia ya que es la primera vez que sale de España la Congregación. Esta ocurrió el 4 de Diciembre de 1911 en que llegaron las tres primeras fundadoras Escolapias a La Habana.

En la "Crónica de Carabanchel" del Instituto leemos:

"El tercer domingo de Septiembre, festividad de los Dolores, se empezó a tratar con la Excma. Sra. Dª. María Díaz de Ulzurrum, Vda. de Gámiz, de la fundación que quería hacer en Cuba. Esta virtuosa señora, vino a pasar una temporada en Carabanchel, a la preciosa finca llamada "Vila de San Pablo". La Providencia hizo, que por no tener capellán, viniera a oír Misa todos los días a nuestra iglesia. Ntra Rda. Madre Provincial fue uno de los días a saludarla y la señora comenzó a hablar de Cuba, donde tenía muchas fincas y solía pasar los inviernos. Doña Carmen Alcaraz, amiga de confianza de Doña María, contribuyó notablemente a que se arreglase la fundación. El domingo del Rosario se trató en serio el asunto y, el día de Santa Teresa, se comunicó a la señora el asentimiento del Consejo General y empezó a disponerse el viaje."[22]

Siendo General del Instituto la M. Amparo Hernández de San José y Provincial de Castilla la M. Purificación Echeto de Santa Teresa, salen del Colegio de Madrid para la fundación de la primera casa en Cuba. Eran ellas las Madres: Pilar Albín Llobet de Santa Teresa, M. Paz Parody Rodríguez del Stmo. Sacramento, y la Hna. Jacinta Saralegui Arrasti de la Madre de Dios. Se embarcan en el vapor "Navarre" el 22 de Noviembre de 1911 y llegan a la Habana el 4 de Diciembre de ese mismo año.

Los primeros días se hospedan, como tantas otras congregaciones religiosas al llegar a la Isla, en el convento de las Hermanas de la Caridad de San Vicente de Paúl. Estas las atienden con todas clases de bondades y como verdaderas hermanas. Enseguida saben que el Sr. Obispo no permite una fundación en La Habana hasta que las religiosas no tengan casa propia. Como la Sra. Ulzurrum sólo había prometido a las tres fundadoras "pagarles un año de alquiler, o algo más de tiempo", aceptan el ofrecimiento del P. Luis Fábregas, Sch.P., Visitador de las Escuelas Pías de Cuba, ya que el había hablado con el Obispo de Pinar del Río, Mons. Manuel Ruíz, muy amigo de las Escuelas Pías, manifestando grandes deseos de que se establecieran en Guanajay.

---

[22] Instituto M. Escolapias, "Crónica de Carabanchel", Libro 1º, Madrid, 1911.

Colegio Nuestra Señora de los Dolores
Guanajay (1912)

Era Guanajay por aquella época una población importante en la Diócesis pinareña, con unos 10,000 habitantes y sin colegio de religiosas. El 16 de Diciembre de aquel año de 1911 hace la M. Paz Parody la solicitud al Superintendente de Instrucción, pidiendo "licencia" para abrir el colegio. Consintió la Excma Sra. Marquesa de Montes Claros, que fue la iniciadora del viaje, y siempre generosa mecenas de las Escolapias.

Mientras les llega el permiso, que es costoso de conseguir, buscan casa. "Las Madres vieron 'el caserón', un almacén de tabacos propiedad de la Sra. Gloria Calderón de Cinta, el 11 de diciembre. 'Vimos la casa y nos pareció muy bien... en lo que cabe. Lo que no nos gustó fue el precio que nos piden: 10 centenes o sea, 53 pesos mensuales, y 10 más mensuales también durante un año por el arreglo que hay que hacer, cocina, hornillo y escalera para la azotea...'[23] El día 30 de Diciembre llegaron las tres religiosas a la casa que según narran está "destartalada, no tiene luz eléctrica...por esto, encienden una vela y luego un mal quinqué, y así durmieron las tres primeras fundadoras."[24] No encontraron ni luz, ni capilla ni sagrario.

El 8 de Enero de 1912 se celebra el Santo Sacrificio en la reducida, pobre y humilde capilla de la casa de Guanajay: calle de los Mártires, 24. A la bendición va el Rdo. P. Esteban Terrades, Sch.P., autorizado por el Sr. Obispo de Pinar del Río, acompañado solamente por el pobre sacristán de la parroquia y las tres fundadoras.

El 5 de Enero comenzó la Madre Pilar Albín su labor catequética con dos secciones de niñas llenas de buena voluntad, pero nulas en nociones religiosas. La sección de la mañana tenía 27 alumnas, entre ellas siete negras y algunas mulatas. Por la tarde son doce 'que han formar las clases el pensionado y externas de paga'.[25]

Esperaban con ansiedad carta de España que anunciara la llegada de la próximas religiosas para poder dar comienzo a las clases, y el 2 de Febrero la Virgen regaló a las tres fundadoras un refuerzo providencial: las Madres Carmen Valdivia, Sor Lucía Angulo, Sor Catalina Alzada (cubana), la Hna. Asunción Mendizábal y la Hna. Rafaela Echevarri. Con la M. Paz y la Hna. Jacinta formarían la comunidad definitiva. Fue la M. Paz la primera Superiora y la M. Carmen Valdivia la primera Vicesuperiora.

---

[23] Impresiones de la M. Pilar Albin de Santa Teresa en su viaje a Cuba para la fundación de la primera casa del Instituto en aquella Isla. Noviembre de 1911-Abril de 1912.

[24] Llobet, P. Albin, "Impresiones del Viaje a Cuba", sin fecha.

[25] Llobet, P. Albin, Impresiones..., o.c.

Compraron entonces varias casas limítrofes, y el conjunto se adaptó, lo mejor posible, para colegio y casa de Noviciado, que abriría más adelante. El edificio daba a tres calles y era bastante el terreno que comprendía. La entrada principal era por la calle Aramburu N° 25. Todo resultaba agradable, aunque ofrecía muchos inconvenientes y cada día resultaba más incómodo dados los avances. Las puertas del Noviciado siempre estaban cerradas, porque tenían otras que daban a un patio y se comunicaban con el Colegio.

El colegio se llamó Nuestra Señora de los Dolores y las clases comenzaron oficialmente el 5 de Febrero de 1912 con 3 alumnas internas, 3 mediointernas, 7 externas y en la clase de pobres, 24 niñas 'pertenecientes a las razas blanca, mulata y negra'. Ya para Abril las alumnas eran 50. El número máximo de alumnas lo tuvo el colegio en el último curso de su historia, en 1960: 240 alumnas.

La portería era bastante grande; la dividía en dos partes una reja fuerte, y estaba bien amueblada. Tenía dos recibidores: uno a cada lado. A continuación una gran nave que fue dividida por biombos en tres partes: la central, donde estaba el despacho de la Superiora, y después las aulas y el comedor de las niñas. La presidía un crucifijo muy grande. La segunda era para la capilla y la sacristía, y la tercera para dormitorio de las niñas y sanitario.

Había tres patios, uno grande para las niñas, otro para separar la comunidad del colegio, y otro entre el Noviciado y el colegio. "A un lado teníamos como un corralito", relata la Madre Adoración Tovar, "porque en Navidades, como había muchas niñas de fincas y del ingenio "San Ramón" del Mariel, nos regalaban guineos, guanajos y cochinitos. En un mes no teníamos que comprar carne. Decían las Madres más antiguas y yo también lo viví, que la gente cubana era muy generosa. Lo confirmo."[26]

En este colegio se implantan métodos activos en la Enseñanza Primaria y el Secretariado Comercial, y se dan clases especiales de música, idiomas, dibujo y pintura, y por ello vemos que las Madres supieron acomodarse, desde el principio, a las necesidades intelectuales y religiosas de la población. Siempre pudieron contar con su acción los padres de familia, las ex-alumnas, el párroco y el Sr. Obispo. Las clases de música eran impartidas por las Madres Carmen Ruíz de Velasco; y los de arte por la M. Amparo Ratia. Esta última pintó todos los estandartes para la parroquia de San Hilarión.

Contaba el colegio con Asociaciones de Hijas de María y de Antiguas Alumnas. Fue particularmente viva la Acción Católica, integrada a la actividad parroquial. Entre los años 1947-50 se transformó completamente el colegio con la edificación de tres nuevas plantas. Algo más tarde, entre 1953 y 1959, se construyeron aulas nuevas, un nuevo patio y una hermosa capilla.

Ya al final, la comunidad de Guanajay estaba compuesta por diez religiosas, la maestra de Novicias, quien para entonces era la M. Ma. Trinidad Moro, y una

---

[26] Tovar, M. Adoración, Sch.P., correspondencia con la autora.

novicia, Sor Rosario, de Holguín que entró ya maestra, o por lo menos con estudios de pedagogía.

"Pero la gloria sucede con frecuencia al dolor, y al dolor el silencio" relata la Madre Menéndez. "La hora de cerrar puertas y partir se produjo ya entre Agosto y Septiembre de 1960, y se completó en 1961. Contraseñas telefónicas, vestidos civiles, cuidado de las ancianas, amenazas de milicianas, aviones y barcos, Continente Americano y España...La salida de las religiosas de Guanajay sucedió el 3 de Mayo de 1961, entre amenazas y registro de piquetes milicianos." Y continúa, "Alumnas y ex-alumnas en gran número las despidieron llorando, y a pesar de los obstáculos que les ponían los milicianos, no se retiraron de allí. Llegaron a disparar un tiro al aire para asustarlas, pero todo fue inútil, y no sólo estuvo un gran número de personas allí hasta el momento de la partida, sino que algunas siguieron en máquinas detrás de las monjas..."[27] Era como alargar un poco más el agradecimiento y la esperanza. Para las que partían, éste era el consuelo. Un consuelo que suavizaba el desgarrón brutal de la despedida.

Superioras de este Colegio

1912 Rda. M. Paz Parody del Santísimo Sacramento
1915 Rda. M. Carmen Valdivia de la Sagrada Familia
1929 Rda. M. Angeles Ibáñez de Santa Gertrudis
1941 Rda. M. Carmen Ruiz de Velasco de la Cruz
1946 Rda. M. Purificación Fernández de S. José de Calasanz
1947 Rda. M. Calasanz Vilata de los Dolores
1950 Rda. M. María Luisa López de San Faustino
1955 Rda. M. Angeles Ibáñez de Santa Gertrudis

Noviciado de Guanajay

En el colegio de Guanajay funcionó muy pronto el Noviciado de las Madres Escolapias de Cuba, casi que desde 1913. Al principio completaban allí el noviciado y hacían su profesión novicias mandadas de España.

La primera maestra de novicias fue la M. Purificación Fernández de San José de Calasanz, y después las Madres María Moro de la Stma. Trinidad y Angeles Gutiéz de S. José de Calasanz. Las primeras novicias fueron las Madres Caridad Ortega (natural de Artemisa y discípula de Guanajay) y Teresa Moreno (natural y discípula de Guanajay). También las tres hermanas Araoz, que eran de Guanabacoa, y que en realidad fueron las primeras novicias, fueron a España a hacer el noviciado.

---

[27] Menéndez, M. Laura, "Informe sobre los principales hechos ocurridos en nuestros Colegios de Cuba desde Septiembre de 1960 hasta Junio de 1961, pág. 27

La última novicia fue la actual M. Isaura Doménech, en 1955.

En total, hicieron su noviciado en Cuba, profesaron y fueron o son Escolapias, 18 religiosas. A estas hay que añadir las tres hermanas Aráoz y Catalina Alzada, nacidas en Cuba, quienes, como hemos dicho, hicieron su noviciado en España.[28]

Comunidad de Guanajay en 1937

M. Lucía Angulo (Superiora y fundadora)
M. Carmen Ruiz de Velasco
M. Trinidad Moro
M. Providencia (Directora)
M. Amparo Ratia
M. Caridad Ortega
M. Ma. Angeles Serrano
Hna. Rafaela Echavarría
Hna. Pilar
Hna. Ma. Luisa
Hna. Jacinta (fundadora)
Sor Rosario Tallés (novicia cubana)

Comunidad de Guanajay en 1960

M. Angeles Ibañez (última Superiora del Colegio y 3ra Vicaria de Cuba)
M. Adoración Manuel
M. Felisa Rodríguez
M. Manuela Compostizo
M. Paula Alfonso
M. Pilar de la Rosa
M. Inés Alonso
M. Angela Hoyos
M. Esperanza Vadillo
M. Mercedes Onieva
M. Rafaela Echavarría
M. Escolástica Fernández
M. Agueda Barea
M. Valentina Reinoso
M. Patrocinio Iglesias
M. Isabel Bea

---

[28] Datos de la Casa Madre, recopilados de informes y catálogos de los diferentes Capítulos del Instituto.

Colegio Nuestra Señora del Sagrado Corazón
Artemisa (1913)

El Sr. Obispo de Pinar del Río expone sus deseos de fundar en Artemisa y pide a la M. Purificación Echeto, Provincial, quien pasaba visita en Guanajay, y a la M. Paz Parody del Stmo. Sacramento, que se trasladen a la villa de Artemisa. Allí comprueban la necesidad de una fundación y el interés del Sr. Obispo quien las ayuda contribuyendo con el pago del alquiler de la casa por una temporada. La visita del Sr. Obispo se repite el día 7, acompañado esta vez por el párroco, D. Guillermo González Arocha. Ambos ofrecen todo su apoyo a la nueva fundación.

El 1º de Febrero de 1913 se trasladan definitivamente a Artemisa la M. Paz y la Hna. Josefa Santacilia de Santa Teresa. Se les unen el día 3 la M. Provincial, Purificación Echeto, y Sor Catalina Alzada dando comienzo a las clases.

Ya funcionaba en Artemisa el colegio privado "La Inmaculada" que había dirigido Doña Ramona Rabell de Arús. Una seria enfermedad de la directora hacía que el colegio estuviese momentáneamente cerrado. Al llegar las Escolapias, la Sra. de Arús les traspasó su colegio gozosa y gratuitamente. Comenzó este a funcionar con todas las alumnas externas del colegio La Inmaculada, más tres alumnas internas. El día 4 de Febrero se bendijo la casa y se celebró la primera misa en su capilla, poniéndose el colegio bajo el patrocinio de Nuestra Señora del Sagrado Corazón. También aquí la Sra. Marquesa de Montes Claros se hizo presente con su generosa ayuda, y su hijo, don Pablo, asignó a esta fundación una cantidad suficiente para cinco becas de niñas externas. Tampoco faltaron la ayuda moral y material de los Padres Escolapios Luis Fábregas, Francisco Fábregas y José Sirés.

El permiso gubernamental para el funcionamiento del colegio llegó el 22 de Junio de 1913. Pronto comenzaron las religiosas a modificar, ampliar y embellecer el edificio. Las principales familias de Artemisa se honraron mandando a sus hijas al colegio. En el 1913, año de la fundación, el alumnado terminó con 40 alumnas. En el 1925 tenían ya 90, y para el 1948 eran 200. Este número se vuelve a repetir en 1957 que fue el mayor alcanzado. Antes de su confiscación, en 1960, las alumnas eran 166. Siempre hubo en el colegio un grupo de internas, pero por otra parte, la capacidad del colegio no podía superar un número mayor de alumnas.

Desde el principio de su fundación se impartió la Primera Enseñanza. Vino luego el Secretariado Comercial y las clases particulares de idiomas y música; de dibujo, pintura y repujado. A partir del 1953 funcionaba en el colegio el Instituto Musical San José de Calasanz, y con las alumnas más capacitadas se formó una banda de música de auténtica calidad y continuamente solicitada para dar solemnidad a los principales acontecimientos religiosos y patrióticos de la ciudad.[29]

---

[29] Estado de la casa de Artemisa, Capítulo local, Mayo de 1959.

Desde Septiembre de 1956 asistían niños y niñas al Kinder. El 9 de Noviembre de 1956 se establece la Asociación de Padres de Familia.

La graduación de 8° grado se transformó en un acto solemne y social realizado en los últimos años en el Casino Hispano-Cubano. Al acto asistían ordinariamente el Sr. Obispo y el Inspector Provincial de Enseñanza. El primero imponía a las alumnas la medalla de graduadas, y el segundo entregaba a cada una el correspondiente certificado oficial de estudios.

Actividades de apostolado en Artemisa

Según la cronista del colegio de Artemisa, cuando llegaron las religiosas a esa ciudad sólo cuatro personas asistían a Misa los domingos, pero para 1948 la parroquia se llenaba. Los misioneros no dudaron en reconocer, que con el correr de los años la acción espiritual del colegio había obrado el milagro.

En el 1914 la M. Dolores Ernest estableció la Asociación de Hijas de María, y el 27 de Diciembre se creó la Asociación de Antiguas Alumnas que luego trabajaría con tesón junto con la Asociación de Padres de Familia.

En el terreno apostólico, la acción penetrante y contínua de un centro de Acción Católica era verdaderamente pujante. La celebración de la Fiesta de la Lata conmovía al colegio, a la ciudad entera y a los pobres que recibían sus beneficios. "La catequesis era floreciente, en una atención permanente a los niños de los barrios marginados. Constantemente encontramos números altos relacionados con limosnas, con primeras comuniones y con bautismos."[30]

Pero quizás la labor mas importante del colegio era la labor misional. Existían las asociaciones misionales de la Santa Infancia, San Pedro Apóstol y la Propagación de la Fe. Se realizaban anualmente concursos filatélicos misionales y la proclamación de la Reina de las Misiones tenía lugar en el Casino Hispano-Cubano, en acto solamente presidido por el Sr. Obispo. El fervor misional de las alumnas de Artemisa y Guanajay le hizo decir al P. Lombó, S.J., encargado de las misiones de Anking: "Hay dos colegios gemelos, porque están en la misma Provincia, uno en Artemisa y otro en Guanajay; son gemelos porque están dirigidos por religiosas de la misma Congregación, RR.MM. Escolapias; y gemelos por el espíritu y entusiasmo por las Misiones de que se ven animadas las jóvenes colegialas."

El cierre del colegio

A partir de 1950 la fortuna sonreía al colegio. Con el aumento de las entradas, se había ido mejorado el mobiliario en 1955, se había comprado un ómnibus para llevar a las niñas a sus casas, y se había arreglado la fachada. Pensaban las religiosas en un embellecimiento total de su colegio. Pensaban, soñaban...

---

[30] Crónica de la Casa de Artemisa.

48

La tragedia se desencadenó el 3 de Mayo de 1961. Las milicias entraron en el colegio dando orden a las religiosas de que se fuesen con lo puesto, sin poder sacar nada de casa. Y el pueblo, "al enterarse que teníamos que irnos, invadió el colegio tratando de evitarlo, pero al ver que no conseguían esto, trataron por lo menos de lograr que permitieran a nuestras monjas sacar las cosas más personales, y gracias a Dios lo consiguieron y pudieron sacar también lo de la capilla."[31]

Quedó el colegio definitivamente en poder de los milicianos el 4 de Mayo de 1961.

Colegio – Asilo La Milagrosa
Casablanca (1913)

En el mismo año de las fundaciones de Artemisa y Guanajay, 1913, se realiza la fundación del Colegio-Asilo "La Milagrosa" en Casablanca, La Habana. Es una fundación de marcado carácter benéfico y social, totalmente patrocinada por la Sra. María Díaz de Ulzurrum, Marquesa de Montes Claros.[32] La fundación, además de motivación apostólica, tenía un noble sentido práctico para las religiosas cuando partían o llegaban a la Habana, cuando tenían que tramitar asuntos o asistir a cursillos de perfeccionamiento pedagógico, y cuando tenían que cambiar impresiones con los Padres Escolapios.

Los primeros años fueron de abnegación y sacrificios constantes. Había en el colegio alumnas internas, medio internas y externas, con un porcentaje elevado de gratuitas. Durante el gobierno de la M. Pilar Polo, en 1929, se componía la Comunidad de 19 religiosas y había inscritas 311 alumnas. De las seis casas cubanas, la de Casablanca era la más nutrida en religiosas y alumnado, sobre todo en el 1929, al cumplirse el centenario de la fundación del Instituto. En 1931 se celebró en este Colegio el Capítulo Vicarial.

Bodas de Plata

Las Bodas de Plata del colegio de Casablanca se celebraron solemnemente los días 13, 26, 27 y 28 de Agosto de 1938, aunque ya se empezaban a dejar sentir las dificultades reales: menos alumnas, menos religiosas, menos ingresos. El 11 de Febrero de 1939 escribieron las religiosas una carta al "Director de la Corporación Nacional de Asistencia Pública pidiendo informes de lo que se necesitaba

---

[31] Menéndez, M. Laura, Informe sobre los principales hechos..., o.c.

[32] Estado de la Casa de la Milagrosa, 1941, folio 29.

para ser admitidas en ella, porque los ingresos no cubrían los gastos."[33] Se podía haber añadido que la casa estaba ruinosa y no había con qué arreglarla.

A finales de Diciembre de 1939 el Colegio-Asilo Escolapio quedó definitivamente incorporado y unido a la Corporación Nacional de Asistencia Pública. Parecía una solución oportuna esta sencilla estatización del colegio, pero en realidad fue el principio del fin de su vida. El Centro pasó a ser un "Comité del Gobierno que concede becas a niñas pobres en los colegios privados que lo solicitan, si es que ellos lo creen conveniente después de haber inspeccionado dichos colegios."[34] Una beca equivalía a 7.00 dólares mensuales. Pero con las becas llegan la dependencia, las inspecciones mortificantes, los retrasos en los pagos, los libros controlados y todo lo demás.

De ahí en adelante el alumnado va descendiendo en picada. En 1939 hay 131 alumnos, de ellos 26 varones. En 1940, los alumnos son 119 en el primer semestre y 96 en el segundo. En 1941 suben a 100. La comunidad, compuesta por trece religiosas, estaba dirigida por la M. Purificación Fernández de San José de Calasanz. [35]

En 1941 la situación pareció insostenible. Realmente se había tocado fondo. Se consultó, se buscaron y probaron fórmulas, pero todo inútil. Por fin, en Marzo de 1942 se entregaron las llaves del Colegio "La Milagrosa" de Casablanca. Mucho se luchó hasta dar este paso, pero no había medios de poder sostener a la Comunidad. Se expuso la situación a la Rdma. M. General y Provincial, y por medio de un cable dieron la orden de que se cerrase. La casa más vigorosa y fuerte era la primera en morir. Regía los destinos del Instituto la M. Pilar de Mingo. Al frente de la Provincia de Castilla estaba la M. Pilar Utrera, y gobernaba el Vicariato de Cuba "con tesón y corazón magnánimo" la M. Angeles Ibáñez.[36]

En este colegio se impartió solamente la Primera Enseñanza.

Superioras de este Plantel

1915 Rda. M. Dolores Ernest del Sagrado Corazón
1929 Rda. M. Pilar Polo de la Cruz
1941 Rda. M. Purificación Fernández de San José de Calasanz

---

[33] Documentos para el Capítulo General de 1932. Vicariato de la Isla de Cuba, Folio 3.

[34] Balances Casa Blanca, 1941.

[35] Archivos Escolapios. Balances desde 1939 hasta 1941 inclusive.

[36] Historia del Colegio de Artemisa: Crónica, Nota número 7.

Colegio Nuestra Señora del Buen Consejo
La Habana (1917)

La fundación del colegio de La Habana se realizó en 1917 gracias, una vez más, a la generosidad de la Marquesa de Montes Claros. Así lo asegura la M. Pilar Albín, quien nos da los dos primeros domicilios de la nueva fundación. Estaba la M. Albín ajustando las bases de la fundación de Morón en 1921, cuando llegó a pensar que abrir en Morón suponía cerrar en La Habana por dificultades con el local. Y aunque este cierre le parecía providencial, no era pequeña dificultad comunicar la noticia a la fundadora. Citamos textualmente las palabras de la Madre Albín:

"La Casa del Buen Consejo de La Habana había sido fundada por la Sra. Marquesa de Montes Claros (pero había que comunicarle) la precisión en que estábamos de tener que dejar la casa de Acosta, 43, y no encontrar otra."[37]

Más adelante leemos:

"Los primeros días de Marzo de 1921 se había presentado en el colegio de Casablanca una joven conocida, la Srta. Adelina Carricaburo, (quien luego sería Religiosa del Apostolado), diciendo que en la Calzada del Monte, 342, quedaba pronto libre una casa que seguramente nos convendría por ser espaciosa y muy ventilada...Vieron las Madres la casa y les gustó, como a mí que fui a la Habana para verla el día 12."[38]

Pudo entonces abrirse en Morón sin tener que cerrar La Habana. La única novedad estuvo en que del primer domicilio habanero, Acosta, 43, el colegio emigró buscando mejores aires y se instaló en la Calzada de Máximo Gómez 342.

Colegio del Cerro (1929)

Por aquello de que a la tercera va la vencida, el tercero y definitivo domicilio en La Habana se logró el 6 de Mayo de 1929, cuando la M. Vicaria, Carmen Valdivia, compró una casa propiedad de la Sra. Mercedes de Armas de Lawton, en el Cerro, en la calle Domínguez número 12, al precio de 48,000 pesos. El colegio, que en adelante se llamaría con frecuencia el "Colegio del Cerro", se trasladó a la nueva propiedad inmediatamente.

El edificio fue notablemente modificado y ampliado en Febrero de 1953, levantándose un nuevo piso, y más tarde, del 1957 al 1959, se fue dotando de mejor material didáctico. A partir del cierre del colegio de Casablanca, este

---

[37] Albín, Pilar, Crónica de la Casa de Morón, pág. 7.

[38] Albín, Pilar, Crónica..., pág. 9.

colegio del Cerro se constituyó automáticamente en la casa principal de las Madres Escolapias en Cuba: en ella residía la sede social del Instituto Escolapio y en ella vivía ordinariamente la M. Vicaria Provincial. Para allí se trasladaría también el Noviciado.

Colegio Nuestra Señora del Buen Pastor

Se llamó así desde su fundación. Funcionó al principio con una comunidad reducida y pocas alumnas. Pero ya en 1929, el Colegio, dirigido sabiamente por la M. Agustina Tornaría de la Sagrada Familia, se componía de trece religiosas y tenía 110 alumnas. La matrícula fue creciendo sin pausa, hasta llegar en 1959 al número máximo de 305 alumnas, bajo la dirección de la M. María Jesús Jurado de la Inmaculada. Las alumnas eran medio internas y externas. Se impartía la Primera Enseñanza completa y se daban además clases particulares de música e inglés; de mecanografía, taquigrafía y teneduría de libros. En 1953 se puso oficialmente el Secretariado Comercial.

La vida académica fue perfeccionándose día a día, tanto en material, textos, distribución de grados, planificación escolar, etc., como en la preparación y titulación del personal docente. En Primaria el camino resultó sencillo y aún en los momentos duros se vencieron fácilmente las dificultades. En la Segunda Enseñanza la fórmula acertada consistió en la implantación de los estudios comerciales, primero de manera provisional, y más tarde con la oficialización del Secretariado Comercial. Cuando en 1943 el Ministerio de Educación introduce el método provisional de los cursillos regularizadores, las Madres no se descuidan, van perfeccionando sus estudios y adquiriendo títulos oficiales. Más adelante, las más valientes entrarán en los claustros de la Universidad de Santo Tomás de Villanueva, y no hay duda de que este noble empeño de perfección cultural y didáctica fue la mejor razón para el crecimiento y prestigio del Colegio del Cerro.

Actividades del Colegio

Se realizaban Ejercicios Espirituales en la Casa Pío XII o en la Residencia Universitaria "Regina Inmaculata". También existían las asociaciones juveniles de Acción Católica, Hijas de María y Misioneras, así como la de Antiguas Alumnas. Especial interés se dio siempre al apostolado catequético, teniendo en el colegio una catequesis de 140 niños y niñas todos los sábados.

El Noviciado del Cerro (1955)

En el 1955 pasó el Noviciado de Guanajay al Colegio de La Habana. La M. Angeles Gutiéz hizo de puente, siendo Maestra de Guanajay y de La Habana. Aquí estuvo esta poco tiempo, pues ya en el mes de Septiembre figura como

Maestra de Novicias la M. María Antonia Sánchez del Sagrado Corazón. También hizo de puente la novicia Isaura Doménech, que tuvo por maestra a la M. Gutiéz y profesó con la M. María Antonia Sánchez.

El cambio en todo sentido pudo ser bueno, pero los resultados no correspondieron a las esperanzas puestas en el cambio, y ya en 1957 el Noviciado estaba cerrado. En 1959 la comunidad de Cárdenas propone en su Capítulo local: "Que se abra nuevamente el Noviciado en Cuba por considerarlo un estímulo necesario a las religiosas, en su labor de apostolado."[39] La propuesta era excelente y excelente también el razonamiento. Pero el "clima" (político) de Cuba entonces no era el más a propósito para abrir Noviciados.

La intervención del colegio

El 2 de Septiembre de 1960, las religiosas ancianas del Colegio del Cerro debieron pasar al Asilo Santovenia de las Hermanitas de los Ancianos. Eran momentos duros, pero el buen temple Escolapio supo sobreponerse con santa alegría. Sobre todo aquella viejecita ejemplar que poseía el don del júbilo risueño y contagioso y que se llamó M. Angeles Suescum.

El primer grupo de exiliadas abandonó el colegio el 24 de Septiembre, saliendo de Cuba el 30 de Septiembre. Las ancianas y enfermas estaban, pues, a salvo. Los milicianos del G-2 invadieron el colegio a fines de Enero de 1961. El desembarco de las fuerzas anticastristas en la Bahía de Cochinos el 17 de Abril, empeoró más la situación. Ese mismo día los milicianos ocuparon el colegio, lo sometieron a un minucioso registro y las Madres convivieron con grupos de milicianas hasta el día 23 por la tarde. Ocurrió una nueva ocupación el día 2 de Mayo.

El día 11 las religiosas que aún quedaban en el colegio, lo abandonaron definitivamente, al ser intervenido por el Estado. Y el 13, en el vapor "Covadonga", se encaminaban las Escolapias a España como repatriadas. Al puerto las habían llevado en sus coches numerosas ex-alumnas agradecidas.[40]

Superioras de este Colegio

1929 Rda. M. Agustina Tornaría de la Sagrada Familia
1941 Rda. M. Matilde Araoz de la Virgen de la Esperanza
1947 Rda. M. Agustina Tornaría de la Sagrada Familia
1947 Rda. M. Angeles Ibáñez de Santa Gertrudis
1956 Rda. M. Carmen Ruiz de Velasco de la Cruz
1958 Rda. M. María Jesús Jurado de la Inmaculada
1959 Rda. M. Asunción del Prado de Santa Ana

---

[39] Casa de Cárdenas, Actas del Capítulo Local de 1959, fol. 3

[40] Menéndez, Laura, Informe sobre los principales hechos... o.c., pp. 16-18.

Colegio María Encarnación
Cárdenas (1920)

Esta fundación tuvo lugar el 1º de Septiembre de 1920 gracias a una serie de felices y providenciales circunstancias. Había llegado a Cuba en Abril la M. Cándida León de la Virgen del Carmen, primera Consultora Provincial de Castilla. Vino a visitar a la Madre en La Habana, el P. Modesto Roca, Rector del Colegio de las Escuelas Pías de Cárdenas, y le animó a que fundara en aquella ciudad un colegio de segunda enseñanza, para contrarrestar la acción del colegio protestante "La Progresiva". El mismo P. Roca le habló de la posible compra de una quinta muy a propósito que ponía en venta el Sr. Reguero. Eran buenas razones que comprendieron tanto la M. Cándida León como la M. Paz Parody. Pero faltaba el dinero para la compra de la quinta.

El dinero salió una vez más de las manos generosas de la gran benefactora de las obras Escolapias en Cuba, la Marquesa de Montes Claros. Le hablaron las Madres. Escuchó ella, al parecer sin apariencia siquiera de entusiasmo. Y al día siguiente su capellán, el R.P. Flores, se presentó en el colegio de Casablanca para comunicar que la Sra. Marquesa se comprometía a financiar la fundación de Cárdenas, con una sola condición: "que el colegio se llamase "Colegio de María Encarnación". Así se llamaban ella y su nietecita, en cuyo nombre hacía aquella fundación.

La Quinta del Sr. Reguero costó 38,000 pesos. Era una quinta amplia, colmada de frutales, un bello jardín, una casa lujosa, un lugar sano, bueno para la enseñanza y para restaurar la salud quebrantada. Vuelta a España con tan buena noticias la M. Consultora, tanto la M. General como la Provincial de Castilla, procuraron mandar cuanto antes el personal necesario para la nueva fundación.

El 25 de Julio, bajo el patrocinio del Apóstol Santiago, se embarcaron en Barcelona en el vapor "Montevideo": Sor Matilde Aráoz de la Virgen de la Esperanza, Sor Angeles Gutiéz de San José de Calasanz y la Hna. Encarnación Martínez de San José. Cinco días después se les unieron en Cádiz Sor Antonia Morán de San José, la Hna. Daniela Ibarrola de la Cruz y la M. Provincial, Pilar Albín de Santa Teresa. Los pasajes, integros, más todos los ornamentos y objetos sagrados para la capilla, corrieron a cargo de la nueva fundadora. La expedición llegó felizmente a la Habana el 26 de Agosto, pasando antes por Nueva York.Aún pagó la Sra. Marquesa los gastos de una segunda expedición de cuatro religiosas que partieron de Barcelona el 15 de Agosto. También la benefactora pagó todos los gastos de instalación de la primera Comunidad en el colegio de Cárdenas.[41]

La comunidad fundadora llegó a Cárdenas desde la Habana el 31 de Agosto, y estaba compuesta por la M. Pilar Albín, como Provincial y Sor Matilde Aráoz, Sor Angeles Gutiéz, Sor Antonia Morán y las Hnas. Daniela y Encarnación Martínez. El 9 de Septiembre se les unían las Madres Eduvigis Angulo de S. José

---

[41] Albín, Pilar, Apuntes para la Crónica de la Casa "María Encarnación", Enero 9 de 1920.

de Calasanz, Sor Resurrección Anguita de la Virgen de los Dolores, y la Hna. Justa Angulo de la Inmaculada.

El 7 de Octubre se sumó a la comunidad Sor Consuelo Orden de Santa Teresa, destinada para las clases de párvulos y música. Añadamos que una de las pro fesoras, Sor Matilde Aráoz, era cubana. La primera Superiora de este colegio, la M. Eduvigis Angulo, tomó posesión de su cargo el 20 de Octubre.

Bendijo la capilla y celebró la primera misa el P. Modesto Roca el día 10 de Septiembre de· 1920. El 15 del mismo mes se abrieron las clases de Primera Enseñanza, y el 1º de Octubre las de Segunda Enseñanza, con cuatro alumnas. En Primera Enseñanza funcionó también desde el principio, una clase de varones, a cargo de Sor Resurrección Anguita.

Escuela nocturna

El día 1º de Diciembre se abrió la Escuela Nocturna para jóvenes obreras. Empezaron a venir algunas que se reunian a las siete de la tarde en la capilla para rezar el santo Rosario. Luego pasaban a la clase, donde se les daba clase de escritura, lectura y cuentas. La última media hora se dedicaba al catecismo, principalmente para preparar a las que no habían confesado nunca, que eran bastantes. La distancia que separaba el colegio de la ciudad y la falta de luz eléctrica, remediada más tarde, hicieron que el entusiasmo inicial fuera disminuyendo poco a poco. Es lástima que una obra social tan ejemplar y práctica y tan en el corazón de la Sra. Marquesa, no prosperara.

La Benefactora: La Marquesa de Montes Claros

La Señora Marquesa daba mensualmente una notable cantidad en metálico a las religiosas. Les regaló el altar de mármol del colegio, les mandó las estatuas y el Via-Crucis para la capilla, las estatuas del jardín y el material escolar para las escuelas. Se comprende que la M. Pilar Albín, siempre agradecida, escribiese el 6 de Abril de 1922: "¡Cuanto y cuanto debemos a tan digna fundadora! Ella nos trajo a Cuba, fundando a costa suya la Casa de Guanajay, la primera aquí; ayudó también con la casa de Artemisa, que fue la segunda; nos hizo luego cooperadoras de sus grandes obras de caridad en Casablanca. Fundó también y sostuvo en sus principios la casa del Buen Consejo de la Habana. Como conclusión, y remate de tan repetidas buenas obras, compró y nos cedió esta casa que para nosotras es como un palacio, para que en ella podamos practicar la caridad ejerciendo la enseñanza, según nuestra Santa Regla."[42]

La vida escolar

Al comienzo, el número de alumnas era reducido. Nueve años más tarde eran 65. El mayor numero que alcanzó el colegio en 1956 fue con una matrícula

---

[42] Libro de Visitas: Cárdenas, fols. 4-5.

de 293. Tenía el colegio secciones de internas, externas, medio internas y un grado de veintitrés alumnos varones. Las clases eran de Primera y Segunda Enseñanza, además del Secretariado Comercial y las clases particulares de música.

El crecimiento del alumnado fue unido a las modificaciones introducidas en el edificio, que le hicieron más funcional. Y sobre todo, a la construcción de un pabellón de Segunda Enseñanza, y un hermoso y capaz salón de actos.

Asociaciones

El colegio fue semillero de vocaciones Escolapias. Allí se tenían tandas de Ejercicios Espirituales con la ayuda de los Padres Escolapios. Existían las Asociaciones de Hijas de María y Antiguas Alumnas, y una catequesis bien organizada, siempre en conección con la parroquia. La Pía Unión de Hijas de María se fundó solemnemente bajo la presidencia de la Srta. Carmen Castro y la dirección del P. Escolapio, Jesús Sascorts. En Junta privada se nombró Directora honoraria a la M. Pilar Albín.

La intervención

Llegaron a intervenir el colegio, como a todos los colegios de Cuba, con el advenimiento de la revolución comunista. Inútil repetir cosas tristes. Ya el 21 de septiembre de 1960, a través de los carros amplificadores, las Madres pudieron oír como las llamaban traidoras, falangistas, siquitrilladas, vende patrias y otras lindezas, con fondo bronco de '¡paredón, paredón!'.[43] El 4 de Marzo de 1961 les amanazan con la intervención del colegio. El 3 de Mayo, a las 3 de la tarde, todo quedaba concluido con la firma del acta y la entrega de las llaves a los milicianos. Las alumnas y ex-alumnas acompañaron constantemente en aquel día aciago a sus Madres Escolapias, hasta que éstas, en el autobus del colegio, fueron a reunirse con sus hermanas de La Habana.

Vicariato Nuestra Señora de La Caridad

En el 1919 la Superiora General, M. Purificación Echeto y César de Santa Teresa, solicita a la Sagrada Congregación la erección de un Vicariato, nombrando Vicaria Provincial a la M. Paz Parody, siendo Provincial de Castilla la Madre Pilar Albín Llobet de Santa Teresa, primera fundadora de la Isla. Se erige el Vicariato bajo la protección de Nuestra Señora de la Caridad, patrona de Cuba. La M. Paz Parody da gran impulso al Vicariato y funda las casas de Cárdenas y Morón.

El 4 de Mayo de 1920 acuerda el Consejo Vicarial, ajustándose a la vigente Ley de Asociaciones, formar legalmente la Asociación del Pío Instituto de Hijas

---

[43] Menéndez, Hna. Laura, Informe..., o.c.

de María Religiosas Escolapias de Cuba, y poder obtener su inscripción en el Registro especial de Asociaciones de la Isla. Esta asociación estaba formada por religiosas escolapias exclusivamente. "El Objeto de esta Comunidad es principalmente la educación religiosa, literaria y científica de niñas y señoritas, pero podrá dedicarse además a cualquier trabajo científico y obra de educación católica popular por los medios lícitos; pudiendo abrir y edificar centros docentes de educación, dentro y fuera de las poblaciones donde tenga su domicilio y, en general, podrá dedicarse a toda obra de celo apostólico."[44]

El domicilio de la asociación sería en La Habana, en la Calzada de Máximo Gómez, número 342. La Presidenta de la Asociación sería siempre la Vicaria Provincial.

Documentos

Extracto del artículo

"El Colegio de las Reverendas Madres Escolapias es un orgullo para la Ciudad de Cárdenas"

por *Francisco González Bacallao*
Diario "El Comercio"
Cárdenas, Miércoles 23 de Marzo de 1955

"Una crónica por entero a un centro educacional modelo. Así una deuda que tengo pendiente y que tengo que saldar con verdadero gusto a ese gran Colegio de las Rvdas. Madres Escolapias, que recientemente celebraron solemnes y brillantes ceremoniales con motivo de la bendición e inauguración oficial del nuevo Pabellón de Segunda Enseñanza y otros departamentos anexos ofreciendo un 'Open House' al cual concurrieron nuestras mejores familias.

No pude estar en esos actos. Causas ajenas me lo impidieron. Pero, no obstante ello, había ofrecido una visita al gran colegio del Paseo de las Quintas y fue en una mañana de luz y sol cuando nos tocó estar allá para ser recibidos por dos de las Madres que honran y prestigian la facultad de ese centro educacional: la Rda. Superiora Carmen Ruiz de Velasco y la Vice Superiora, y Directora, Rda. M. Margarita Rodríguez, y fueron ellas las que sirviendo al cronista de cicerone, nos llevaron por todos aquellos ámbitos de lo que puede decirse es hoy un colegio famoso que honra no sólo a Cárdenas, sino que prestigia a Cuba, porque puede parangonearse con los mejores de nuestra Patria en todos los ordenes.

Me hablaron ellas primero de la fiesta celebrada en días pasados con éxito. Hubo primero una misa de acción de gracias oficiando Monseñor Alberto

---

[44] Libro de Actas de la Asociación del Pío Instituto de Hijas de María de Cuba, folio 2º, artículo 3º.

Martín, que bendijo las nuevas obras, y actuando el Coro de los Caballeros de Colón así como oficiando en la misa el P. Severino Vitelo, Capellán del colegio, estando presente el Alcalde Municipal, Sr. Bathuel Posada. A las diez fue el Acto Cívico. Desfile al Monumento a la Bandera. Resultó magnífico, grandioso. Interminables filas de alumnas abrían el desfile con las banderas cubanas y del colegio, luego muchos globos con los colores distintivos de cada grado y cerrando la marcha un gran banderín que conducían las antiguas alumnas que acudieron en gran número, estando el discurso central en el momento de la Bandera a cargo del querido amigo y compañero, Sr. Néstor Herrera de la Arena que estuvo como siempre muy inspirado. No faltó la banda del Colegio...

Por la noche a las ocho, estaba señalado el Open House y con gran puntualidad fue invadido el colegio de las mejores familias cardenenses, mostrándoseles todos los pabellones y departamentos del Colegio por algunas jovencitas antiguas alumnas, todo fue digno de los mejores elogios sobre todo la parte nueva de la Segunda Enseñanza, siendo la Cafetería atendida por alumnas de Bachillerato y Secretariado ofreciendo a los visitantes ricos bocaditos y exquisito ponche, este último obsequio de la siempre gentil Casa de Arechabala, firma que dirige la excelsa figura del noble y sencillo caballero que se llama José Fermín Iturrioz.

Las dos Madres Escolapias que atendían al cronista explicaron sobre las nuevas construcciones modernas; estas últimas obras acabadas y bellas del arquitecto Sr. Julio César Pérez Maribona y del admirado constructor de Obras, Sr. Pablo de la Cantera, que merecen el elogio que no les escatimo. Aquel colegio es algo maravilloso.

Funciona en el Colegio desde 1950 un Club de Inglés que está hoy bajo la dirección de la competente profesora Olga Díaz Haro y que tiene por Presidenta a la alumna de Secretariado, Rina Ojeda....Mensualmente cada curso de Bachillerato y Secretariado respectivamente publica un periódico escolar que es presentado en los cuadros informativos... Una bien provista Biblioteca circulante pone a la disposición de las alumnas y por la módica cuota de un peso anual, las principales obras de la Literatura Universal, diccionarios, libros de consulta, de formación, novelas, revistas, etc...Por último, el Club de Arte y de la Cultura. La finalidad de este Club es hacer conocer a las alumnas las principales manifestaciones artísticas de las artes y las letras de manera que estas puedan enriquecer sus conocimientos...

Es el nuestro, un colegio Católico, innecesario por tanto insistir en el interés con que trata de infiltrar en sus alumnas una piedad fuerte y sincera tan próxima a un profundo conocimiento de los dogmas católicos cuanto alejada de toda llana religiosidad. Como ayuda poderosa para este fin primordial, se ha establecido en el colegio el Centro Interno de Acción Católica María Inmaculada, dividido en tres secciones Federadas, Aspirantes y Pequeñas contando cada una de ellas con una directiva...Las tres asociaciones se reúnen semanalmente y por separado en juntas denominadas "Círculos de Estudios" donde ellas mismas, bajo la dirección de una Madre Asistenta, aprenden a defender su fe exponiendo, valorando y discutiendo temas de religión y moral adaptados a circunstancias y edades."

Colegio Sagrado Corazón de Jesús
Morón (1921)

Los primeros trámites para la fundación de la casa de Morón comenzaron en Septiembre de 1920. La M. Pilar Albín, recién llegada por segunda vez a Cuba, recibió una carta de la M. General, Purificación Echeto de Santa Teresa, en la que le decía: "Ha estado aquí el Sr Obispo de Camagüey, al cual tantas fundaciones hemos rehusado, y desea hagamos una en Morón, población de su Diócesis; véalo por si conviene."[45]

A la Madre Albín no le agradó el encargo, entre otras cosas porque mirando el mapa, el pequeño Morón distaba muchos kilómetros de las casas anteriormente fundadas. Pero todas las dificultades las venció la obediencia, una obediencia fiel y ciertamente sacrificada a su Superiora General. Morón pertenecía a la diócesis de Camagüey, de la que era Obispo Mons. Valentín Zubizarreta. Para el Señor Obispo la posibilidad de un colegio de religiosas en Morón era una verdadera lotería. Procuró entusiasmar a la Madre Provincial, sin lograrlo del todo. Se habló en concreto de la compra de un edificio fabricado para colegio que valía 25,000 pesos y tal vez podría conseguirse por 15,000. Para los gastos de instalación prometió el los primeros 1,000 pesos.

La visita a Morón se fue retrasando hasta Enero de 1921. La casa era amplia, sólida y de cemento, y la finca amplia y bien cubierta de maleza. Don Antonio Betancourt se comprometió a comprar y ceder luego el alquiler de la casa a las Madres con un pago del cinco por ciento de intereses. A finales de Febrero un cable de la Reverendísima Madre General decía: "Aceptamos la fundación de Morón."

Ahora había que pensar en el ajuar de la casa y en las personas que habían de habitarla. Todo fue llegando, los objetos antes que las personas. La M. Pilar Albín hace en su Crónica un recuento agradecido de los abundantes regalos que para la nueva fundación le llegaron de España y de la Isla. Tantos fueron, tan variados y lindos que le sobraron, y aún pudo ser generosa con el Colegio del Buen Consejo de La Habana.

El 20 de Agosto llegaron a La Habana procedentes de España: Sor Patrocinio Rodríguez de San José, Sor Remedios Etayo del Sagrado Corazón, Sor Mercedes Tajá y la Hna. Casilda. El 29 de Agosto de 1921 estaban en Morón la M. Pilar Albín, Sor Remedios Etayo y las Hnas. Lucía Zudaire y Justa Agudo. Se

---

[45] Albín, Pilar, Crónica de la Casa de Morón, pág. 1

encontraron sin casa y sin sacerdote en el lugar que les dijese Misa y diese la comunión. El edificio no había podido ser comprado todavía y en él vivía un maestro. Se hospedaron en casa del Sr. Betancourt hasta el 19 de Septiembre aunque la escritura de compra se firmó el 31 de Agosto y el maestro abandonó su vivienda el 4 de Septiembre. Se pagaron por la casa y la finca 12,000 pesos. El 13 de Septiembre llegaron desde La Habana para constituir la definitiva comunidad de Morón la nueva superiora, la M. Agustina Tornaría junto con Sor Patrocinio Rodríguez y Sor Carmen Álvarez de Soto Mayor.

Se abrieron las clases el 3 de Octubre y las primeras alumnas inscritas fueron una interna y doce externas, entre ellas tres pobrecitas, admitidas en memoria de las tres insignias de la Pasión: cruz, corona y herida de la lanza.

El 7 de Octubre bendijo la capilla y celebró en ella la primera misa el Párroco, P. José Piñán. En el mes de Noviembre se admitieron en el colegio niños menores de diez años, con autorización de la Madre General. En Enero de 1922, según testimonio de la Madre Pilar Albín, el colegio tenía 33 alumnas, tres de ellas pupilas, y siete varoncitos.

Las clases de música comenzaron el 3 de Febrero con doce alumnas, y el 17 del mismo se firmó la escritura en la que el Sr. Betancourt se comprometía a vender la casa a las madres en el plazo máximo de diez años. La compra se realizó en el tiempo previsto, y poco a poco se fue hermoseando el edificio. Las mejoras introducidas en él fueron notables en el trienio de 1957-59.

En 1929 las alumnas ascendían a 100 y estaban bajo el cuidado de doce religiosas. La línea ascendente pasa por 112 alumnas en 1939; 186 en 1949; 196 en 1959, y 206 en el primer semestre de 1960. Las alumnas son internas, medio internas, y externas. Hay en el colegio Primera Enseñanza, Bachillerato y Secretariado Comercial. Se dan además clases de música y corte y confección.

Contó siempre este colegio de Morón con un grupo de religiosas educadoras de primera categoría, empeñadas en perfeccionarse culturalmente y sacar sus correspondientes títulos didácticos. Las primeras en asistir a cursillos oficiales fueron las Madres Remedios Etayo y Obdulia Martín. Para éste y para todos los demás colegios fue además altamente beneficioso el nombramiento de Examinadora que la Academia de Música del Conservatorio del Sr. Fernando Carnicer otorgó el 26 de Julio de 1956, a la M. Vicaria Provincial, Carmen Valdivia.

Asociaciones y Actividades en el Colegio

La Asociación de Hijas de María funcionó casi desde la fundación del colegio. Las colegialas eran admitidas primeramente como aspirantes y se les imponía la medalla de Angeles. Gran importancia se dio más adelante a la catequesis que comenzó en el colegio el 10 de Agosto de 1930. El 30 de Enero de 1932 fueron por primera vez las religiosas a dirigir la catequesis de la parroquia, satisfaciendo así los nobles deseos del Párroco y del Sr. Obispo.

El 30 de Enero de 1932 moría la Hna. Ignacia Arrizabalaga de la Virgen de las Escuelas Pías. Había nacido en Legazpi, Guipúzcoa en el 1890. "Era joven, y era el primer grano de trigo enterrado en las fértiles tierras de Cuba."[46]

La hora final

"El 3 de Marzo de 1961 fue un día de sólo y puro miedo, que tal vez remedió el fiel jardinero Rogelio Valero con su machete. Algunos días más tarde salvó al colegio la reacción firme de las alumnas, de sus padres y de las antiguas alumnas. Nuevas y violentas amenazas en la noche del 17 de Abril. La tragedia llegó, finalmente, en la noche del 2 al 3 de Mayo, entre lágrimas y abrazos de las alumnas, empeñadas en no dejar marchar a sus monjas. Luces de catacumba cuando en la mañana del día 3, la M. Vicesuperiora, María Socorro García, comulgó y dio con su mano temblorosa la comunión a sus Hermanas. Por la tarde llegaron a La Habana. Eran las primeras exiliadas en masa que llegaban a nuestro refugio", dice la Madre Laura Menéndez.

Residencia Universitaria – La Habana (1957)

Las Madres de Cuba abrigaban el deseo de fundar una residencia universitaria en La Habana. En Noviembre de 1956 se empezó a buscar un terreno apropiado, cerca de la Universidad Católica de Santo Tomás de Villanueva. Apareció el terreno deseado, propiedad de la Sra. Lucía Isach Abela. La M. Vicaria Provincial, Carmen Ruiz de Velasco, la M. Dolores del Arco, la M. Isabel Barbero y las Hnas. Cecilia Fernández y Guadalupe González formaron la comunidad de esta residencia. El día 25 ingresaron en la residencia las dieciséis primeras muchachas. En Diciembre la Residencia recibió el título de "Regina Inmaculata", y el 25 de Diciembre se celebró en la capilla de la residencia la primera misa.[47]

Enseguida se unió a la Comunidad ampliándola, como Vicesuperiora, la M. Soledad González de Jesús Crucificado.

Vida en la residencia

La Residencia tenía habitaciones dobles, servicio de transporte, sala de estudios, biblioteca, cocina y comedor, salón de recreación y una hermosa capilla.

La nueva residencia se transformó en la joya del Vicariato. Todas las comunidades la fueron visitando. Las MM Margarita Rodríguez Cubas e Isabel Barbero trabajaban con las universitarias y eran a su vez universitarias,

---

[46] Cueva, P. Dionisio, Recuento de las fundaciones de Cuba, sin fecha.

[47] Documentos de la Residencia Universitaria "Regina Inmaculata", Isla de Cuba, para el Capítulo General de 1959.

distinguiéndose por la brillantez de sus exámenes. En cuanto al edificio, la casa estaba puesta con esmerado gusto y perfectamente organizada, como reconocieron los padres Escolapios y Agustinos en sus respectivas visitas del 3 y 8 de Enero respectivamente.

La estadística muestra los siguientes números: En 1957, 16 alumnas internas; en 1958, 42 alumnas repartidas en 35 internas de pago, una interna gratuita, y seis mediointernas. Primer semestre de 1959: 14 alumnas, de las cuales hay 12 internas, y dos medio internas; segundo semestre de 1959: 24 alumnas y de ellas 22 internas y dos mediointernas: y el primer semestre de 1960: 25 alumnas en total: 20 internas y cinco mediointernas.

No eran sólo libros de texto los que se veían en la residencia. La vida académica, religiosa y artística de las universitarias se completaba con conferencias, Ejercicios Espirituales, círculos culturales y sociales y en la creación espontánea de una coral. Las alumnas provenían de colegios religiosos y de excelentes familias, todas alumnas u oficinistas de la Universidad de Villanueva. La fina atención de las Madres, su dedicación a la formación de las muchachas y la proximidad de la residencia a la Universidad, fueron el mejor reclamo. Quedaba, al parecer demostrado, que la fundación de esta casa había llenado efectivamente una necesidad católica.

Incluso cuando llegaron los días difíciles de 1959, en que la residencia, por el cierre de la Universidad, estaba vacía, se supo utilizar sabia y cristianamente como lugar de asambleas, de conferencias y retiros espirituales para grupos de Acción Católica, de Congregaciones Marianas y de las alumnas de Secundaria de los colegios Escolapios de La Habana y Cárdenas.

Confiscación de la residencia universitaria

La situación política cubana se encrespó como las olas airadas de un mar alborotado, y dentro del Instituto también hubo novedades. En 1959 es nombrada Vicaria Provincial la Superiora de la residencia, la M. Margarita Rodríguez. Un brevísimo gobierno, pues en 1960 la sustituye como nueva Vicaria Provincial, la M. María Jesús Jurado, quien se hace cargo del Vicariato de Cuba a primeros de Agosto. Para dirigir la barca sin naufragar entre aquella tempestad, se necesitaba el pulso firme de la nueva Madre Vicaria.

Inútil repetir detalles que ya se han escrito en otras partes. La M. Vicaria vivía en la residencia y desde aquel puente de mando dirigió la operación de poner a salvo a las 93 religiosas que trabajaban por Dios en Cuba. "Las milicias llegaron a la residencia el sábado 22 de Abril de 1961. Eran 8 milicianos y eran las 8 de la noche. Buscaban armas, dólares y hombres escondidos. Buscaron y rebuscaron y encontraron a siete religiosas, cinco españolas y dos cubanas, una con hábito y seis sin él. Allí se quedaron hasta el jueves 27, diciendo que protegían, cuando en realidad habían levantado una cárcel. Pero aún así entró el

Cónsul de España y un paquete de pasaportes fue lanzado por la ventana al jardín y puesto a salvo por un jardinero fiel."[48]

Vigilancia sobre vigilancia, después milicianas que exigen las escrituras de la casa. Buenas palabras, buenos ofrecimientos, buenas bendiciones del Nuncio de Su Santidad, que llegó a la residencia a principios de Junio y dijo: "Ahora estamos como una barca en alta mar, nos toca remar día y noche, pero tengan fe y confianza que con nosotros viene el Señor, y pensemos que después de esta lucha, la tormenta pasará y vendrá la calma." El 8 de Junio, un avión que despega del aeropuerto de Rancho Boyeros, se abre como una cruz en el cielo y aterriza en Miami. La M. Vicaria estaba en los Estados Unidos, siguiendo indicaciones del Señor Nuncio. El 13, finalmente, la última misa en la Residencia, la casa vacía, la entrega de las llaves en la Nunciatura. Las MM Africa Nieto y María Socorro García se despidieron del Sr. Nuncio y de Mons. Evelio Díaz. Operación cumplida.

Superioras Locales de la Residencia Universitaria

1957 Rda M. Carmen Ruíz de Velasco de la Cruz
1959 Rda. M. Margarita Rodríguez de la Inmaculada

El éxodo

En el 1959 Fidel Castro hace creer al pueblo que lo libera de un dictador, Fulgencio Batista, y entrega a Cuba en manos del comunismo. Lentamente se van manifestando sus ideas marxistas, y en 1960 anuncia la incautación de los colegios católicos. Como la situación se hace imposible y la incautación se realiza efectivamente en 1961, la M. Vicaria, con el asentimiento de la Superiora General, Ma. Loreto Turull de San Agustín, y de la M. Provincial Consuelo López Moya de San José de Calasanz, organizan la salida de las 93 religiosas, venciendo dificultades y peligros. Del total de las religiosas unas van a España, y otras a California y Colombia.

La M. Vicaria, el 8 de Junio del mismo año, se dirige sola hacia Miami, Florida, donde se reúne con un grupo de religiosas Escolapias que esperaban a la Madre e intentaban abrir una Escuela Parroquial que el Obispo les había ofrecido. Sin embargo, esta fundación no se lleva a efecto y se trasladan, pocos días después, a California.

A pesar de todo, la M. Vicaria, Ma. Jesús Jurado de la Inmaculada, está contenta de haber puesto a salvo a todas las religiosas, así como los documentos importantes de las casas: escrituras, crónicas, libros de cuentas, actas, etc. Desde este momento, las seis casas del Vicariato caen en manos del comunismo.

---

[48] Menéndez, Hna. Laura, "Informe...", o.c.

Las seis casas de Cuba vivieron siempre como una sola familia. Eran fervorosas en el cumplimiento de las Reglas, distinguiéndose por el espíritu de pobreza y caridad. Al abrirse un Noviciado en Guanajay, y aunque no siempre estuvo abierto, se contaba con un número aceptable de religiosas cubanas (15 o 20).[49]

"La pena era inmensa, inmensa y profunda como las aguas que acariciaban en la bahía al buque español "Guadalupe". Y atrás quedaban 49 años de trabajo. Y niñas que tendían los brazos y miraban con ojos azorados la estela blanca, el barco cada vez más pequeño, la línea donde se pierden el azul del cielo y del mar. Quedaron atrás 49 años de trabajo apostólico intenso, dice la Madre Adoración Manuel Tovar, y muchas niñas y antiguas alumnas que pedían con insistencia nuestra permanencia en Cuba. Entonces no fue posible. Los tiempos fueron muy difíciles en los últimos días, pero damos gracias a Dios por los resultados de la educación que impartimos allí, al ver que nuestras Antiguas Alumnas, en los Estados Unidos y en otros países también, se han abierto camino y han conservado las enseñanzas religiosas y morales que les impartimos."[50]

Himno de los Colegios de las Madres Escolapias de Cuba

Música de *Ángel Sánchez*

En el oro triunfal de los días,
elevemos un himno de amor
a las aulas fraternas y pías
en que reina la paz del Señor.

Santas aulas en las que aprendimos
De la Patria el amor ideal
y las glorias de Cuba vivimos
al cantar nuestra marcha triunfal.

Ha de ser nuestro máximo anhelo
Defender este amado plantel
con los ojos del alma en el cielo
Escolapias luchemos por él (bis).

Adelante Escolapias marchemos
de Piedad y Letras en pos
con la fe como estrella luchemos
por los altos designios de Dios.

Adelante valientes marchemos
de Piedad y de Letras en pos
con la fe como estrella luchemos
por los altos designios de Dios. (bis)

---

[49] Martínez, Madre Piedad; Hinojosa, Madre Eloísa, Testimonio.

[50] Tovar, M. Adoración M., Testimonio.

Retorno a Cuba

En el 1992 tres Religiosas Escolapias tuvieron la alegría de poder regresar a Cuba. Han fundado una pequeña casa en Artemisa, Diócesis de Pinar del Río. Continúa así la misión de Paula Montal en la Isla.

Testimonios

Madre Adoración Tovar, Sch.P.
Religiosa en el Colegio de Guanajay

"El 16 de Diciembre de 1937 llegamos cuatro jóvenes escolapias al puerto de La Habana. Salimos de Portugal, dos vestidas de seglar por la guerra civil española. Casi toda la ropa la dejamos por la escasez. Ese mismo día nos dieron el habito en el Colegio de La Habana. A los dos días nos llevaron a Guanajay donde éramos muy deseadas."

Por fin mi primer destino, ¡Guanajay! Me encantó. Yo tenía 19 años, recién profesa y con mucho entusiasmo. Era una comunidad muy observante, piadosa y alegre. Me acogió con mucho cariño y yo también a todas. Trabajaban todas mucho, la pobreza la practicaban al 100%. La vivienda de la comunidad era muy pobre y reducida. Ocupaba la parte de atrás separada del colegio por el patio pequeño, pero muy mono. Me causó gran impacto, todo tan sencillo. Pobre, pero limpio y bien puesto. El comedor servía de pasillo, tenía una mesa grande de madera y banquetas. El suelo era de cemento, al igual que la cocina. En vez de nevera había un recipiente donde ponían el hielo que compraban y ahí se enfriaba el agua, etc. Era pequeño, no cabía mucho. Del comedor partía una escalera alta a los dormitorios: 2 habitaciones divididas por cortinas que hacían las celditas. En cada celda una camita, con una colchoneta muy fina, una mesita donde guardábamos todo, una silla y un palanganero. Un crucifijo encima de la mesita y una estampa de la Virgen al pie de la cama.

El hábito nuevo lo colgábamos en un perchero largo, tapado con un lienzo. Cuando daban destinos, una caja grande de cartón hacía de maleta. Había una habitación pequeña que servía de sala de comunidad. Allí nos reuníamos después de cenar (a las 6 o 7) a mirar las tareas de las niñas. Nos poníamos en corro, que presidía la Superiora, y sentadas en banquetas o sillas bajas pasábamos el rato, pero ¡que muy bien!. Risas charlas, etc. A las nueve se recogía y bajábamos a la capilla a las últimas oraciones en común. A las 9:15 tocaba a silencio la horaria y apagaba las luces.

Todo esto ha cambiado hace tiempo. Esta habitación que servía para muchas cosas, daba a la azotea de la que antes hablé. Lo estoy recordando y viviendo en estos momentos, como en 1937. Me gustaba tanto la comunidad, las niñas y la casa que no me costaba nada. Me hice rápido a clima y comidas.

Después de Reyes las clases: era mi primera clase. Me dieron las párvulas, tan bonitas y espabiladas, que me encantaron. Pronto me hice con ellas y sus familias. Es carácter agradable el cubano, por eso pasé muy bien en Cuba los 22 y medio años...

Cada dos años pasaba de curso de modo que así llegué pronto a octavo grado con el que trabajé bastantes años. Generalmente eran rápidas y muy creativas. Estudiaba yo en Educación Comparada que el C.I. cubano era muy alto y así es. Lo digo por experiencia propia. En fin, todas hacíamos cuanto podíamos en bien de la niñez cubana.

El colegio era muy querido en Guanajay, yo veía como antiguas alumnas venían con algunas madres a consultar, a desahogarse, etc. y casi todas traían a sus hijas al colegio. las niñas de la procedencia social que fueran estaban juntas en la clase.

Nuestra capilla, alma del Colegio, tanto la antigua como la nueva, era vida para quien acudía a ella. Teníamos Misa diaria para la Comunidad, y las niñas internas que deseaban, y abierta también a todo el pueblo hasta el último día que permanecimos allí. Nuestros capellanes eran los Franciscanos que venían del Mariel. Por la tarde antes de salir, todo el colegio hacía una visita corta al Señor y a la Virgen de los Dolores.

Teníamos Secretariado Comercial a cargo de Pilar de la Rosa y Betancourt. Impartía su enseñanza con gran prestigio. Era cubana, de Camagüey, y tuvo que salir la primera del colegio por el peligro que corría. Todas procurábamos promocionarnos y estar muy al día. Yo, como entré a los 16 años, casi todos mis estudios los realicé dentro. Estudié el Bachillerato en el Instituto No. 2 del Vedado por la libre. Pedagogía en la Universidad de La Habana. Me hice ciudadana cubana para mejor desempeñar mi enseñanza en Cuba. Iba los viernes por la tarde a clases y el sábado desde las 8 a.m.a las 7 p.m. Era una edad en que con todo se podía, y luego, el entusiasmo que tenía.

Ya muy adelantados los años fue la M. Pilar de Mingo, Superiora General. Persona de gran valía y decisión, vio la necesidad de ciertas mejoras y se llevaron a cabo: 1ª que las Religiosas viniéramos cada 6 años a visitar a nuestras familias. 2ª que el hábito fuese más ligero, se escogió una tela que se llamaba frescolana y de color beige clarito. 3ª que se mejoraran los edificios.

Como el Colegio de Guanajay era bastante incómodo, se hizo nuevo del todo. Tenía tres plantas. Quedó precioso. Clases grandes, mobiliario pedagógico, dormitorio y sanitario de niñas individual, cada una tenía su camarilla, etc. Comedor, capilla, galerías, en fin un colegio moderno y funcional.Cuando lo inauguramos invitamos al Sr. Obispo para que presidiera la Eucaristía y bendición del colegio. También asistieron autoridades eclesiásticas y civiles y el pueblo en general. Al final tuvimos un sencillo convite para todos.

Recordamos mucho, las de Guanajay, los paisajes y productos de Pinar del Río, como el Valle de Viñales, sus mogotes, sus palmeras, también las vegas de tabaco de Vuelta Abajo. Sus cañaverales, sus ingenios como el de S. Ramón de donde venían niñas al colegio. En fin, lo queremos y recordamos todo. Estábamos todas muy contentas, profesoras y niñas, con un colegio tan bonito y completo.

La salida de la Comunidad fue así: la primera M. Pilar de la Rosa, por ser cubana. Tuvo que hacerlo ocultamente y fue a Estados Unidos, y después a Bogotá. Más tarde, poco a poco y sin que se diesen cuenta, las demás Religiosas fuimos llegando a la Habana. Al final se quedaron a cargo del colegio tres religiosas. Los últimos días en Guanajay fueron muy penosos por tener que resistirnos a la salida del Colegio. Primero por dejar las niñas, familias y conocidos, y segundo tener que cortar con la obra Escolapia en Cuba, después de tantos años. Luchamos por defender nuestros derechos, pero al final no nos quedó mas remedio, nos obligaron a entregar las llaves y salir para la Habana a nuestra residencia.

Las religiosas que estuvimos los últimos días fuimos: M. Agueda, M. Mercedes Onieva y M. Inés Alonso.

Entraron los milicianos y no nos dejaban ni a sol ni a sombra. Sacaron de la despensa lo que teníamos para las internas y se lo llevaron. Cerraron todas las dependencias y las sellaron. Nosotras en el patio central, sin más recursos que lo que nos traían las antiguas alumnas, después de ser controlados y revisados los bolsos al entrar al Colegio. Por fin nos obligaron a salir, con todo el dolor de nuestro corazón y encontramos grupos de alumnas en la calle para despedirnos, pero los milicianos, con unos tiros al aire las dispersaron.

Salimos para España en barco y hasta el último momento rodeadas de milicianos y con los fusiles al hombro, con frases de: ¡fuera, fuera, iros a España! Pero se oyó el contraste del Capitán del barco español: "Bienvenidos Españoles a Casa." También sonó el Himno Español que nos emocionó a todos. Atrás iba quedando la Isla de Cuba, tan querida para todos. Pedíamos para que Dios la protegiera y volviese la paz y la justicia. Que nuestra Patrona del colegio, la Virgen de los Dolores y la Patrona de Cuba, la Virgen de la Caridad del Cobre, devuelvan la alegría y el bienestar a todos, y el colegio, de nuevo, pueda abrir sus puertas a todo el pueblo de Guanajay."

Hna. Laura Menéndez Tarróntegui, Sch.P.
A. A. Colegio de Cárdenas
Maestra y Directora del Colegio de Guanajay, 1954
Hoy en la Comunidad de Chatsworth, California

"Fui alumna del Colegio María Encarnación de las Madres Escolapias en la ciudad de Cárdenas. En aquella época no hacían graduaciones, como después se hicieron, en la mayoría de los colegios, o en ninguno. Estaba estudiando Ingreso al Bachillerato y Comercio, pero no pude graduarme ni terminar mis estudios allí, porque mi familia se mudó para La Habana y terminé el Bachillerato en el Instituto de Segunda Enseñanza de La Habana.

De las Madres Escolapias de aquellos tiempos recuerdo a muchas, entre ellas: la M. Pilar Albín, María Ullívarri, Calasanz Vilata, Matilde Araoz, Daniela

Ibarrola, Micaela Hereu, Eduviges Angulo, Angeles Gútiez, Antonia Morán, María Odriozola, Victoria García, María Pardo, Trinidad Sáiz, Carmen Blanco, Concepción Montero y Angeles Ibáñez. De todas ellas tengo muy buenos recuerdos. La mayoría de las religiosas me conocieron desde que tenía 3 años, pues vivíamos frente al Colegio. Mis padres las ayudaron mucho en los principios de la fundación.

Entonces las religiosas no salían a la calle y mi madre les hacía algunas compras y recados, les proporcionó médicos, dentista, farmacia y las ayudó en todo lo necesario y difícil de la fundación. Por algún tiempo mis padres y mis hermanos y yo íbamos al recreo de la Comunidad por las noches.

La educación religiosa y también moral e intelectual que aprendí de las Madres me ha ayudado mucho en mi juventud, en mi carrera como Contador Público, y como Religiosa Escolapia, Maestra por 40 años.

Enseñé primer grado (ayudante) en el Colegio Ntra. Sra. de los Dolores, en Guanajay, durante los seis meses de Postulantado. En el último año de Noviciado en La Habana tuve que hacerme cargo de las clases de 4º año de Comercio (Colegio Ntra. Sra. del Buen Consejo, Cerro, Habana), a causa de un problema surgido con una maestra seglar. Después de profesar me nombraron Directora del Colegio y del Departamento de Comercio. Durante este tiempo nuestro Colegio se incorporó oficialmente a la Escuela de Comercio de La Habana, teniendo nuestros título o diplomas de comercio validez oficial como Contador Privado.

Enseñaba Religión, contabilidad, matemáticas comerciales, intervención y fiscalización, recursos económicos de Cuba, Economía Política, Cívica, Correspondencia Comercial, Taquigrafía y Mecanografía.

Empecé a enseñar en 1954 cuando aún era una novicia, poco antes de profesar. Fue una experiencia grande y fuerte, pues mis primeras clases fueron con las alumnas de 4º año de comercio, 15 y 16 años. Como Directora del Depto. de Comercio tuve problemas con las autoridades públicas. Había empezado ya la Revolución contra Fidel Castro y recibí llamadas por teléfono y cartas diciéndome que tuviera cuidado con lo que decía, pues en mis explicaciones hablaba mal de Fidel Castro y su Revolución, lo que no era verdad. Tuve problemas con una alumna que era miliciana y me acusó de hacer contrarevolución en mis explicaciones de "Recursos Económicos de Cuba", Cívica y Religión, y de hablar mal de Fidel y de la Revolución. La inspectora que fue a investigar el caso, llamó a la alumna miliciana, y en el interrogatorio no encontró nada mal hecho. Debido a la actitud de la muchacha, la que consideró irrespetuosa con ella, estuvo a nuestro favor y dio por terminado el caso. Como faltaba poco tiempo para terminar el curso, la Inspectora me aconsejó que le diera clases a ella sola y la mantuviera fuera de contacto con las otras alumnas. Así lo hicimos.

Los últimos tiempos fueron muy difíciles para las religiosas, alumnas, familias y el Colegio en general. Por último, el Colegio fue intervenido, las milicias se apropiaron de el, y las Religiosas tuvimos que salir, refugiándonos, unas con nuestras familias o familias de alumnas del colegio, ex-alumnas, y la mayoría en nuestra Residencia Universitaria en el Biltmore, desde donde salimos para España, Colombia y los Estados Unidos.

Pero, damos gracias a Dios por los resultados de la educación que impartimos allí (en Cuba), al ver que nuestras Antiguas Alumnas, aquí en los Estados Unidos y en otros países también, se han abierto camino y han conservado las enseñanzas religiosas y morales que les impartimos."

Colegio Sagrado Corazón, Morón

Colegio Ntra. Señora de los Dolores Guanajay

Colegio Sagrado Corazón, Artemisa

69

La Madre Fundadora, Paula Montal

Alumnas del Colegio de Cárdenas

Colegio de Cárdenas

Colegio Ntra. Sra. del Buen Consejo, La Habana

33

Misioneras Hijas del Calvario

1914

La Congregación

Los fundadores de esta congregación fueron el R.P. Manuel Ortiz, franciscano, y las hermanas Ernestina y Enriqueta Larrianzar y Córdova, las dos mexicanas. Con la autorización del Arzobispo de México y la dirección del P. Ortiz, se fundó la Congregación de "Misioneras Hijas del Calvario" cuyo fin fue y es en la actualidad, la vida contemplativa y activa que consiste en: atender a los enfermos en clínicas, sanatorios, dispensarios y hospitales; así como la educación de la niñez y la juventud en casas cuna, asilos infantiles, colegios orfanatos, universidades, internados, residencias de señoritas, etc.; asistencia en las parroquias, catequesis, acción católica, visitas a domicilio, ejercicios espirituales y misiones parroquiales.

La Fundadora pide una atención especial al misterio de la Redención, viviéndolo entre los hombres.

Llegada de las Madres a Cuba

Debido a la persecución religiosa en México, y por consejo de sacerdotes y personas entendidas en asuntos políticos, decide la Rvda. Madre Ernestina ir rumbo a Cuba para fundar. Llega a La Habana el 9 de Agosto de 1914 sin dinero ni bienes materiales pero es bien recibida por el Obispo, Mons. Pedro González Estrada, quien la envía al barrio de Jesús del Monte a entrevistarse con el párroco, Mons. Manuel Menéndez.

El 4 de Octubre de 1915 la Madre Ernestina Larraizar expone al Sr. Obispo que "tiene dispuestas a cuatro Hermanas, esperando tan sólo la licencia por escrito para emprender viaje". Añade que dispone de recursos económicos. Según datos encontrados en el Archivo Diocesano de La Habana, el Obispo da licencia el 7 de Octubre, y el 16 de Enero de 1916 abren su colegio "La Sagrada Familia".[51] El 1ro. de Noviembre de 1915 llegarían las cuatro primeras religiosas para la fundación de La Habana.

Monseñor Menéndez la recibe con agrado y después de estudiar las posibilidades y los lugares propicios para una fundación, le expone el area de Luyanó, barrio donde viven familias pobres con niños que están necesitados de instrucción y donde se podría establecer un colegio. Así pudo la Madre Ernestina alquila una casa en la calle Reforma en aquel barrio de Luyanó.

Colegio La Sagrada Familia – Luyanó, Habana (1916)

Se inaugura el Colegio La Sagrada Familia el 19 de Enero de 1916. El mismo día de la inauguración las Religiosas comienzan las clases con las pocas niñas que ya hay matriculadas y se celebra una Misa solemne en acción de gracias.

---

[51] Piélagos, Fernando, C.P., "Raíz Evangélica", México 1989, págs. 172-73.

Al mes de estar allí tuvieron que mudarse para la Calzada de Luyanó No. 86 a una casa mas amplia con buen terreno. Aquí establecieron también un Internado. Tenían allí niñas pensionistas, medio pensionistas y gratuitas. La Madre Ernestina dirigió el Colegio por dos años y enseñaba Religión, Moral y Urbanidad.

Tuvieron las Madres tanto éxito que hubo necesidad de mudarse una vez más, en el 1918, para el local de la Calzada de Luyanó No. 201. Allí permaneció el Colegio haciendo mucho bien y dando mucho fruto hasta el 1961, en que fue confiscado por el g obierno.

Colegio El Calvario – Lawton, Habana (1935)

Abrieron las Madres un segundo colegio en la barriada de Lawton, esta vez para niños más pobres. Allí permanecieron las Religiosas hasta el 30 de Mayo de 1961 en que salieron del país.

Además de los colegios, las Madres Misioneras del Calvario atendieron varios asilos de ancianos en La Habana, Guanabacoa, Sagua la Grande y Cárdenas, y tuvieron varias vocaciones cubanas.

Los pocos datos obtenidos para la preparación de este capítulo han sido tomados de la "Historia Eclesiástica de Cuba" de Monseñor Ismael Testé. No se ha podido añadir más datos por la imposibilidad de comunicación con las Hermanas en la Casa General de Italia. Esperamos poder completar este capítulo en una futura edición de esta obra.

34

Hermanas de San Felipe Neri
Filipenses

1914

"Virtud y Saber"

Congregación de San Felipe Neri

La Congregación de Hermanas de San Felipe, o Religiosas Flipenses, fue fundada en la ciudad de Mataró, Barcelona, España en el 1858 por el sacerdote Marcos Castañer y Seda, y su hermana Gertrudis. Se funda con el objeto de ayudar a formar y educar a la mujer, desde su niñez hasta la adolescencia y juventud. Las Constituciones son aprobadas, y la Congregación declarada de Derecho Pontificio, en 1914.

En un principio los fines de la Congregación fueron: el de ofrecer casas de ejercicios para señoras, y la instrucción de la Doctrina Cristiana de jóvenes obreras por medio de escuelas nocturnas y dominicales. Más adelante la Madre Fundadora añade el impartir la enseñanza por medio de colegios. Estos serían mayormente de pago para la clase media, y en ellos tendrían oportunidad de educarse las niñas más pobres o de bajos recursos, por medio de becas.

Llegada de las Madres Filipenses a Cuba

Después de siete años de apostolado en Campeche, México, las Religiosas Filipenses son expulsadas de aquel país el 12 de Octubre de 1914, debido a la revolución que se llevaba a cabo. Comenzaba así una nueva era para las madres. Auxiliadas por las Hijas de la Caridad, y después de muchas dificultades, encontraron un local en el entonces nuevo reparto de La Habana, en la Víbora, para fundar el primer colegio. Se instalan en la calle Lagueruela No. 13.

Colegio Nuestra Señora de Lourdes
La Habana (1914)

No tenían comodidades y tuvieron que pasar estrecheces, pero este es siempre el distintivo de la obra de Dios. El día 21, Fiesta de la Presentación, se bendijo la capilla, provista de un sencillo altar y una sencilla imagen de la Virgen que Sor Paulina, de las Hijas de la Caridad, había llevado para tan singular ceremonia. El colegio recién estrenado se bautizó con el nombre "Colegio de Nuestra Señora de Lourdes" y empezó su labor pedagógica con sólo cuatro alumnas.

La primera comunidad de fundadoras de Cuba estaba compuesta por las Madres: María Ribas, Catalina Salvi, Ascensión Olivar, Rosario Plans, Virginia Artigues, Anunciación Ferradas, Mercedes Baguer y Candelaria Vergara. Pronto vieron que el local era pequeño debido al aumento de la matrícula, y volvían a preocuparse por la adquisición de un edificio más amplio y con facilidades para el desarrollo de las actividades inherentes al campo de la enseñanza.

Colegio de Santa Catalina (1921)

En 1920 las trescientas diecinueve alumnas ya no tenían espacio adecuado. Entonces las Madres se lanzaron a la búsqueda de un nuevo edificio. De momento el Sr. Obispo, Monseñor González Estrada, dio el permiso aunque hizo constar que sólo era un permiso provisional, mientras duraba en México la revolución, y para que las Madres pudieran trabajar en La Habana. Pero este permiso "temporal" duraría hasta el 1961...

Venciendo muchas dificultades se decidieron por unos terrenos propiedad del Sr. Párraga, en la Avenida de Santa Catalina. Solucionados los obstáculos y conseguidos los permisos, se firmó la compra sin dificultades, y el día 13 de Abril de 1921 tuvo lugar la colocación de la primera piedra. El Sr. Obispo bendijo la primera piedra y colocó en ella el pergamino, unas monedas, una estatua de San José, y otra de la Virgen de Lourdes. Se bajó la piedra, y con las primeras paletadas vibraron en el aire los aplausos, la música y algunas lágrimas de emoción y acción de gracias.

El colegio contaba con tres amplios edificios, planeados y construidos de acuerdo a las necesidades de una escuela. Muchos detalles de los mismos fueron sugeridos por profesoras de larga experiencia, para así tener una mayor eficiencia de la labor en clase, y en el orden general del colegio. En el edificio principal se llevaban a cabo las clases de Primaria y Secundaria. Había un edificio especial para Kindergarten y Pre-Primaria, y entre ambos edificios se levantó el teatro y la capilla, con capacidad para todo el alumnado.

En el colegio se impartían clases de Kindergarten, Pre-primaria, Primaria Elemental completa, Primaria Superior, Ingreso a la Segunda Enseñanza, Bachillerato (incorporado), Escuela del Hogar (incorporada), Comercio y Secretariado, en inglés y en español.

La Biblioteca estaba clasificada según la Biblioteca del Congreso de los Estados Unidos. Las mayores aprendían el manejo de los más modernos aparatos en el laboratorio durante las clases de Física, Química y Ciencias Naturales. Las necesidades espirituales de las alumnas eran alimentadas con las clases de religión práctica.

Todo este programa educativo del centro se sintetizaba en los siguiente: sólida formación; educación integral completa; ambiente de disciplina y orden; enfoque práctico de la vida actual; educación y desenvolvimiento en el trato social y educación artística, que incluía: música, pintura, baile y manualidades.

Las festividades religiosas se celebraban con ferviente participación según el nivel de cada grupo escolar. La Asociación de Hijas de María agotaba su entusiasmo y esfuerzo para conseguir la medalla de la Virgen, distintivo apreciadísimo de toda colegiala de "Lourdes".

Las conmemoraciones patrióticas llevaban al corazón de las colegialas, el sentimiento de gratitud hacia sus héroes, y de colaboración por una Patria noble y honrada. En la fiesta de José Martí se trataba de conocer al Apóstol de sus libertades, al hombre obsesionado por el ideal sublime de una Patria Libre.

Se cerraba el curso con una fiesta educativa: la entrega de notas. No era simplemente dar a las alumnas el merecido premio de su trabajo, sino que entre las medallas y premios alusivos a estudios y conducta, se evaluaba el mérito del cumplimiento del deber y el contra valor de un tiempo perdido e irreparable.

El broche de oro, al finalizar el tiempo de asistencia al Colegio, revestía una solemnidad especial: la graduación. Empezaba la ceremonia con la asistencia a la Santa Misa. Vestían las graduadas el largo velo y el uniforme blanco y azul. Las banderas del colegio y de las Asociaciones desfilaban junto con los padrinos de la ceremonia, los invitados, religiosas y alumnas.

Momentos después las graduadas, acompañadas de sus padrinos, se dirigían al teatro para hacer el juramento de guardar siempre, como dignas graduadas, el afecto en el corazón y la fe viva en el alma. Una vez revestidas, con su anillo de graduada, su toga y birrete, recibían los diplomas, medallas, y premios. Con un emocionante y sencillo recuerdo salían del teatro entre los acordes del himno del colegio, los aplausos, las felicitaciones y algunas lágrimas.

En el Colegio de la Víbora también se encontraba la Escuela Obrera para mujeres "San José" adscrita a la Asociación de Antiguas Alumnas del Colegio Lourdes, y que funcionó desde 1932 hasta 1961.

Este fue, a grandes rasgos, el trabajo que desde el 11 de Noviembre de 1925 hasta el año de la Revolución Cubana por Fidel Castro en 1961, realizaron en el Colegio Nuestra Señora de Lourdes de La Habana, con entusiasmo y dedicación, las Religiosas Filipenses.

Colegio El Apostolado
Madruga (1925)

Por los años 1910 y 1911 llegaba a Cuba un joven sacerdote: D. Hipólito García, destinado a regir la Parroquia de Madruga, un sencillo pueblo de la provincia de La Habana, y distante de la capital. Los habitantes de este pueblo, no tan pequeño, vivían en la mayor ignorancia religiosa de tal manera que habían pasado 10 años de pastoral incansable y bondadosa y aún repetían: "No estamos criados en esto." Un día el P. García dijo: "Puesto que no me es posible ganarlos, porque no se han criado en esto, los ganaré por otros medios: levantaré un colegio, traeré religiosas y ellas me ayudarán a formar una nueva generación."

La empresa era ardua, no tenía recursos, pero con la decisión y la confianza en Dios, comenzó el P. Hipólito García sus gestiones a favor del proyecto. Oró, buscó, pidió y sacrificó su peculio, todo lo que tenía. Originalmente pensó en las Religiosas del Apostolado, y les ofreció a ellas el colegio. Estas, por entonces ya tenían varios colegios en la Isla. Al no poderse llevar esto a cabo, el Padre García recordó a las Religiosas Filipenses a quienes providencialmente había conocido con anterioridad, y se dirigió al Colegio de Lagueruela donde aún permanecían las Religiosas.Estas recibieron con agrado la propuesta y después de dar al párroco muy buenas esperanzas, pidieron permiso a la Casa Generalicia de España.

El día 24 de Febrero de 1926 se abría en Madruga el nuevo centro educativo nominado "El Apostolado". En Junio de 1925 había sido nombrado Obispo de La Habana en sustitución de Monseñor Estrada, el Ilmo. Manuel Ruíz. Con gozo aceptó éste la invitación de presidir la inauguración del colegio, el cual pertenecía a su Diócesis.

Fue una fiesta hermosa. Unidos los dos colegios: religiosas y alumnas, en una celebración eucarística y en un mismo entusiasmo apostólico, la inauguración del Centro "El Apostolado" dio al pueblo de Madruga, una llamada, un mensaje que siempre recordaron. El nuevo colegio tenía amplias clases, sencilla capilla y un bonito y alegre interior. Reunía todas las condiciones que se podían exigir.

El 26 de Febrero el colegio abría la matrícula. Empezaron con 9 alumnas. Las religiosas no sólo se dedicaban a la tarea de formadoras y maestras, sino que ayudaban al Párroco en todo lo que podían especialmente en la catequesis. Después se estableció la Asociación de Hijas de María, y el alumnado iba adquiriendo confianza en sus educadoras. Por las tardes, acabado el horario escolar, se quedaban bastantes en aquel patio interior, cambiando impresiones y sintiéndose cercanas.

Las alumnas del Colegio de La Habana, en condiciones económicas muy superiores a las del nuevo colegio de Madruga, prestaban valiosa colaboración espontáneamente al humilde y sencillo centro que consideraban hermano. Esta Fundación cambió el rumbo de aquellas familias que "no se habían criado en eso", porque al fin lo aceptaron con normalidad, vivían la fe, y demostraban su afecto y gratitud a las religiosas.

Colegio Inmaculada Concepción
Matanzas (1955)

Fue fundado en los años cincuenta en el reparto La Cumbre. Se distinguía, como los otros colegios Filipenses, por la docencia y el trabajo de apostolado.

Colegio El Buen Pastor
Puerto Padre, Oriente (1955)

El Colegio El Buen Pastor, fundado en el Central Chaparra de Puerto Padre, en Oriente, en la misma época que el de Matanzas, en la década del 50, llevaba la misma trayectoria educativa que los demás colegios de religiosas Filipenses de Cuba.

Todos los colegios Filipenses de Cuba fueron intervenidos en 1961.

Himno del Colegio

¡Gloria y honor, para ti, colegio amado!
¡Gloria y honor, para ti, segundo hogar!
Gloria y honor, en nosotras tu recuerdo,
nada ni nadie nos lo podrá arrancar!
Nunca jamás, nunca jamás, nunca jamás!

Aunque lejos de ti
nunca olvidaremos las lecciones
que con sincero amor
grabas hoy en nuestros corazones.

Cuando el fugaz placer
con su falso brillo nos deslumbre,
siempre serás el faro
que constante nos alumbre.

¡Gloria y honor, para ti, colegio amado!
¡Gloria y honor para ti, segundo hogar!
¡Gloria y honor, en nosotras tu recuerdo
nada ni nadie nos lo podrá arrancar!

Escudo del Colegio

Sencillo escudo que proclama el nombre del Colegio en sus iniciales C. N. S. L. (Colegio Nuestra Señora de Lourdes) y a la vez, el programa que en el se desarrolla, día a día, con ilusión y esperanza: Virtud y Saber.

La Revista Filipense Sursum Corda

Entre los extras que se le daba a las alumnas de los colegios, el que más popularidad alcanzó y con más entusiasmo se recibió, fue la revista intercolegial "Sursum Corda", que el Instituto Filipense editaba en Europa y distribuía a todos los colegios de ambos continentes. Servía de verdadero lazo de unión entre todas las colegialas.

Asociación de Antiguas Alumnas en el exilio

Finalizaba el año 1971 y todas las compañeras que llevaban diez años de exilio sentían la necesidad de saber de otras, y revivir de nuevo la Asociación para recibir ese calor necesario que las alentara, unas veces en momentos difíciles, y otras a compartir alegrías cuando todo sonreía, o allanar dificultades y guiar a algunas otras.

Las Religiosas Filipenses que habían sido expulsadas de Cuba, se encontraban dispersas por Miami, Fort Lauderdale, Stuart y Reno, Nevada. Sería la Madre María Paz Royo, ex-alumna del Colegio de La Habana, la que presentó la idea de invitar a la Rvda. Madre Carmen Pérez a un Encuentro. Llegó a Miami procedente del colegio de Nuestra Señora de las Victorias de Madrid, para celebrar la fiesta de la Inmaculada Concepción, celebración por excelencia en el querido colegio.

La Madre General dio su autorización para realizar el encuentro. Carmen Moreno Vda. de Aguabella, antigua alumna de La Habana, se encargó de organizar, coordinar y mandar cartas. Las respuestas no cesaron de llegar. Así el domingo, 26 de Diciembre de 1971, un nutrido grupo de antiguas alumnas con sus familiares, amigos y las religiosas Filipenses, se reunieron a los pies del Señor para ofrecer una misa en la Iglesia de San Miguel Arcángel. Después en el Restaurant Centro Vasco se celebró un almuerzo de Confraternidad.

Una vez encendida la llama todas pedían se reorganizara en el exilio la Asociación de Antiguas Alumnas. Y así se decidió organizar la Asociación la cual se reunirían tres veces al año, fijaba una cuota mínima y publicaba un boletín. Por último, nombraba una delegada y cinco asistentes para responsabilizarse en todo lo relacionado con la organización. Se hizo un reglamento y se nombró a la primera directiva. Todo esto "nos impulsó a estrechar los lazos fraternales lejos de la Patria —relata Carmen Moreno— "con las compañeras de clase y la comunicación con las Madres Filipenses, y hemos logrado satisfacciones muy grandes de servicio a los demás."

Desde entonces continúa la Asociación funcionando con diversas actividades y gran entusiasmo.

Testimonios

Carmen Moreno Vda. de Aguabella
A.A. Colegio de La Habana

"Ingresé en el colegio en el 1927 y me gradué de noveno grado en el 1936 en la Normal de Maestros. Recuerdo con cariño a las Madres Mercedes, Catalina y Asunción.

También recuerdo la hermosa capilla del colegio y todos los actos que se llevaban a cabo allí.

Después, en el exilio, nos volvimos a reunir un grupo de antiguas alumnas, cuyo número fue aumentando con el tiempo, y desde entonces hemos mantenido ese lazo de unión. Guardo una gratitud sin límites, y repito frecuentemente los nombres de cuantas han trabajo junto a mí en este empeño."

Emelina Subirá
A.A. Colegio de La Habana

"Ingresé en el colegio en el 1932 y me gradué en el 1938. Recuerdo a las Madres Caridad y Mercedes, ambas superioras del colegio en mi tiempo.

Guardo muchos recuerdos de la Madre Caridad que me preparó para mi Primera Comunión y la volví a ver en Barcelona, poco antes de morir. También a la Madre Germana, mi profesora de pintura, que era una monja moderna en la virtud.

Lo que más he valorado de la educación de Lourdes es la responsabilidad en todas mis acciones, y mi fe y mi moral incrustadas en mi alma. Mucho me ayudó la educación del colegio en el exilio. La llegada en Febrero de 1961 con mi esposo y mi hija fue dura, pero siempre con la fe, mirando siempre al cielo sin desfallecer, buscando la guía de Dios y la Stma. Virgen de Lourdes que nunca nos ha fallado. ¡Gloria a Dios!"

Madre María Soledad Plaza, R.F.
Colegio de La Habana, 1928-1940

(La Madre Ma. Soledad nació en Palencia, España. Estudió Magisterio y fue destinada al Colegio de La Habana en 1928. Allí desempeñó la función de profesora en distintos grados. En 1940 volvió a España y sucesivamente fue nombrada en la congregación: Maestra de Novicias, Vicaria General y Superiora General. Actualmente vive en Barcelona en la residencia de Hermanas Ancianas).

"A los diez días de haber profesado (tenía yo 23 años) embarqué para la Habana con otras tres religiosas. A los pocos días de mi llegada, me hice cargo de un grupito de niñas de sexto grado que muy pronto nos compenetramos y quisimos.

El ambiente comunitario de verdadera fraternidad y los medios educativos y culturales, así como la organización del colegio, bien podían calificarse de excelentes, contribuyendo a que yo me sintiera feliz. Las fiestas, tanto religiosas como deportivas y concursantes, se preparaban y vivían con interés, fervor y entusiasmo. Aún en vacaciones, muchas de nuestras niñas acudían los sábados por la tarde, para dialogar con sus profesoras.

La Asociación de Antiguas Alumnas funcionaba muy bien y algunas dedicaban las tardes a la alfabetización y enseñanza, incluida la religión, a un grupo de empleadas del hogar. La Asociación de Padres se distinguía por su disponibilidad sin límites. El grupo, bastante numeroso, que salió de La Habana para Miami y otros Estados de U.S.A., se relacionan bastante y las que les es posible se reúnen varias veces al año para celebrar las fiestas principales del colegio.

Aunque somos ya pocas las Religiosas Filipenses que estuvimos en el Colegio de La Habana, nos comunicamos con ellas frecuentemente. Se interesan por todo lo que tiene relación con las Filipenses. En mi concepto, el cubano, en general, es acogedor, generoso y afectivo. Sentí profundamente tener que dejar el amado colegio, en el año 1940, después de los 12 que allí fui tan feliz."

Madre Isabel Matienzo, R.F.
Comunidad de Madrid, Junio de 1993
Colegio de La Habana

(La Madre María Isabel nació en Segovia, España. Fue destinada a La Habana en 1946. Es Doctora en Pedagogía por la Universidad Católica de Villanueva de La Habana. Realizó también estudios universitarios de Físico-Química.

Fue profesora de Bachillerato en el Colegio Filipense Ntra. Sra. de Lourdes en La Habana, y Directora del mismo desde 1958-61, año en que fueron expulsadas de Cuba. En España ha trabajado como profesora en la Escuela Universitaria del Profesorado de las RR Salesianas. Actualmente vive en Madrid, ya retirada del trabajo.)

"Son muchos los recuerdos y vivencias que tengo de los 14 años que pasé en el Colegio Filipense "Nuestra Señora de Lourdes" de La Habana. Dios me regaló experiencias espirituales muy profundas, a nivel personal y a nivel comunitario. Mi estancia en Cuba la considero una gracia especial.

Allí experimenté lo que puede un grupo humano unido por un gran ideal y un objetivo bien concreto: la formación humana y cristiana de las niñas y jóvenes cubanas.

En la comunidad educativa había una gran capacidad de entrega, de abnegación y de preparación técnica. Las niñas cubanas constituían un terreno generoso: en general, son sinceras, inteligentes, abiertas y cariñosas.

El Colegio era una Gran Familia. Los valores del Evangelio prevalecían siempre en el programa y en la práctica educativa. La pedagogía Filipense de amor, de alegría, de sencillez y laboriosidad era el clima que inundaba el ámbito del colegio. El lema "Con la Virtud y el Saber será fuerte la mujer" animaba todo el trabajo.

La metodología cambia con los tiempos, para adaptarse a la evolución de la sociedad, pero los valores fundamentales prevalecen en nuestro sistema educativo. Dejando a Dios el juicio de los resultados, hoy nos produce profunda alegría ver, después de más de 30 años de exilio forzoso, cómo las Antiguas Alumnas cubanas permanecen unidas en una Asociación, llevada por ellas mismas, en la que el amor a lo que el colegio significa, la sincera amistad, y la ayuda entre ellas y a los demás, sigue siendo un estímulo para nosotras y un acicate muy fuerte que nos impulsa a volver a Cuba, para contribuir a la nueva Evangelización que hoy pide la Iglesia."

Retorno a Cuba

En la actualidad hay tres Religiosas Filipenses que han regresado a Cuba, y trabajan en la Diócesis de Matanzas.

Colegio de La Habana

Alumnas de Primaria, La Habana 1954

Primera Comunidad de Misioneras
Filipenses de México y Cuba

Besando las banderas de Cuba y Lourdes

Pbro. Marcos Castañer y
Seda, fundador

Colegio El Apostolado, Madruga

Gertrudis Castañer y Seda,
fundadora

35

Congregación de Jesús María

1914

La fundación de Jesús María

Fue su fundadora Claudina Thevenet (en la vida religiosa Sor María de San Ignacio), quien nació en Lyon, Francia, en 1774. Desde joven se dedicó a las obras de misericordia fundado la piadosa "Unión del Sagrado Corazón". Después, bajo la dirección del P. Andrés Soinde, fundó la "Congregación de Jesús-María" en Fourviere, Francia, dedicada a la educación de la juventud de todas las clases sociales, así como a diferentes obras de apostolado.

Falleció Sor María de San Ignacio el 3 de Febrero de 1837, dejando ya bien encaminada la Congregación.

Llegada de las Hermanas a Cuba

Con motivo de la revolución mexicana y de la expulsión de religiosos del país, fueron algunas Hermanas de Jesús María a trabajar a Cuba. Las primeras religiosas llegaron a La Habana el 30 de Agosto de 1914. Eran estas recibidas por las Madres Reparadoras, las Adoratrices de la Preciosa Sangre, y las Hermanas de la Caridad. Las primeras fundadoras fueron: la Madre Eugenia, como Superiora; y las Madres María Ignacia, Consuelo, Josefina, Eulalia, Villanueva, Joaquina, Caridad, Circuncisión, Francisco de Paula, Josefa Manuela, Clementina. También las Hermanas Natalia, Andrea, Práxedes, Benita, Claudia, Feliciana y Serafina.

Colegio de la Calle de Reina

Sor Petra Vega, de las Hijas de la Caridad, siempre presta a ayudar a religiosas y religiosos que llegaban a la Isla, las encaminó a establecer un colegio en la Calle de Reina. Más adelante se trasladaron a la Calzada de Jesús del Monte, donde fundaron un magnífico colegio. Finalmente el colegio se mudó para Marianao, a la famosa Quinta del Padre Emilio.

Colegios de Jagüey Grande y de Santiago de las Vegas

La Congregación de Jesús María fundó un colegio en Jagüey Grande, aunque esta fundación no duró mucho tiempo.

En Santiago de las Vegas también fundaron un colegio, esta vez para varones.

Residencia universitaria – Habana (1947)

En 1936, y debido a las revueltas políticas y económicas que se sucedían en la Isla, optaron las Madres por abandonar el país esperando tiempos mejores. Regresaron a Cuba en el 1947 para abrir una Residencia Universitaria para señoritas, en el Vedado.

Colegio de San Miguel del Padrón

De la Residencia Universitaria nació otro pequeño colegio, esta vez en San Miguel del Padrón.

La intervención

Cuando volvían a tomar impulso las obras de la Congregación de Jesús María, con el Colegio y la Residencia Universitaria, fueron las dos casas incautadas por el gobierno revolucionario para convertirlos en cuartel de milicias. Así, por segunda vez tuvieron que abandonar el país en 1959.

Tercer retorno a Cuba

A pesar de todo lo que ya habían pasado, y todo lo que habían perdido en Cuba con el correr de los años, las Hermanas de Jesús y María han regresado a Cuba. Tres religiosas trabajan en la actualidad en la diócesis de Cienfuegos-Santa Clara, y cuatro en la Arquidiócesis de La Habana.[52]

Nota:

La autora no ha podido hacer comunicación con esta Congregación, cuya Casa General se encuentra en Mérida, Yucatán. Se tratará de obtener más información para una futura publicación de esta obra.

Los datos obtenidos para este capítulo fueron recopilados de la "Historia Eclesiástica de Cuba", de Monseñor Ismael Testé.

---

[52]Datos de la Arquidiócesis de Miami, Florida, 1996.

36

Compañía de Santa Teresa de Jesús
Madres Teresianas

1914

"¡Viva Jesús!"

La fundación de la Compañía de Santa Teresa de Jesús

El 23 de Junio de 1876, fiesta del Corazón de Jesús, nace en Tarragona la Compañía de Santa Teresa de Jesús. Después de diez días de Ejercicios Espirituales, ocho jóvenes aceptan la propuesta del P. Enrique de Ossó y Cervelló a ser maestras según el espíritu de Santa Teresa de Jesús, viviendo en comunidad. Entre las ocho jóvenes se encontraban Teresa Blanch y Saturnina Jassá, quienes un Domingo de Pasión, tomarían el hábito teresiano. Teresa Blanch sería General de la Compañía por dos etapas, pasando años en Cuba, viendo desarrollarse y florecer el sueño del Padre Fundador en una tierra tropical. Lo mismo pasaría con Saturnina Jassá, quien iría a Cuba y allí daría la aprobación para fundar.

Al fundarla, el Padre Ossó determinó que la misión de la Compañía sería el "extender el reinado del conocimiento y amor de Jesucristo por todo el mundo por medio de los apostolados de la oración, enseñanza y sacrificio."

El fundador

San Enrique de Ossó nace en Vinebre, Tarragona, España, el 16 de Octubre de 1840, y desde jovencito trabaja con su padre en el comercio. A pesar de su corta edad, 14 años, en el 1854 huye de Vinebre e ingresa en el Seminario de Tortosa. En el 1867 es ordenado sacerdote y desde entonces comienza a realizar una actividad catequística intensa. Escribe y publica libros y revistas, entre ellos "El Cuarto de Hora de Oración" que en vida del autor tendrá 15 ediciones, y un total de 53 hasta el presente. En 1876 firma los estatutos de la Hermandad Josefina, asociación para hombres, y funda también El Rebañito del Niño Jesús, una asociación para niños.

En Abril de aquel año de 1876 siente la inspiración para la fundación de la Compañía de Santa Teresa de Jesús, y el 23 de Junio la funda. En 1878 y en Tortosa, se coloca la primera piedra de la Casa-Colegio de Jesús. En 1887 convierte su casa natal en colegio de la Compañía.

El 2 de Enero de 1896 llega al Convento de Sancti Spiritus para realizar unos días de retiro, y sobre las once de la noche entrega su alma al Señor. Pero ya había quedado sembrado y trazado el perfil de la Compañía de Santa Teresa de Jesús. El 14 de Octubre de 1979 Enrique de Ossó es beatificado en Roma por SS Juan Pablo II, y el 16 de Junio de 1993 es canonizado en Madrid.

La misión de la Compañía

San Enrique fue un sacerdote llamado a vivir su vocación de maestro y el carisma teresiano de oración. Hizo que se comunicaran estas facetas de su ser en la educación de los niños, y en especial de la mujer.

"Bien sabéis —dice San Enrique— cual ha sido el fin que ha presidido nuestra obra de celo: no es otro que haceros otras Teresa de Jesús en lo posible, para ser las primeras en mirar por su honra, extendiendo el Reinado del conocimiento y amor de Jesús, José, María y Teresa de Jesús por todo el mundo, por medio del apostolado de la oración, enseñanza y sacrificio."

Desde sus comienzos fue muy importante la faceta de la misión pedagógica de la Compañía de Sta. Teresa. San Enrique había querido que las Hermanas de su Congregación añadieran un voto —el de la enseñanza— a los tres que constituyen la vida religiosa. Una animadversión de Roma a las Constituciones de 1888, se lo impidió. Pero eso no fue obstáculo para que siguiera insistiendo en ese apostolado de la enseñanza. "La enseñanza había de ser —como nacida del celo—, católica, y conforme al espíritu de la Iglesia y de la "hidalga española Santa Teresa de Jesús."

Hoy, a los 120 años de su fundación, la Compañía de Santa Teresa de Jesús se extiende por tres continentes: Europa, Africa y América, y continúa ejerciendo su labor educativa, especialmente a través de la escuela. Santa Teresa fue el ejemplo y San Enrique el medio y la guía por el que se llevaría a cabo el carisma y la misión Teresiana en el mundo. Como dice un folleto Teresiano, "La fecundidad es bendición. El hombre muere. El santo pervive, se multiplica, sigue haciendo el bien. Los hombres de Dios viven para siempre. Derraman luz. Buscan seguidores. La llamada está ahí."

Llegada de las Teresianas a Cuba

Era la triste etapa de la Revolución Mexicana. En todos los colegios Teresianos de la República Mexicana se pasaba esta época con pobreza y carencia de lo necesario. Cada gobierno que fue ocupando la presidencia emitía papel moneda que no tenía ningún valor adquisitivo. Así las operaciones se fueron reduciendo y la carencia aumentando. Entretanto, del otro lado del Océano la Compañía sufre también y ora. Sabe a sus hijas en angustias tremendas, expuestas a peligros en sus almas y sus vidas. No sólo en México, sino también en Francia se decreta el cierre de conventos y expulsión de religiosos. Se establece entonces una verdadera cruzada de oración y sacrificio por las que combaten.

La Madre Secretaria, Teresa Rubio, anotó en su Diario los episodios mas salientes del viaje que llevaban a cabo algunas religiosas que salían de México. Esta y la Madre Prefecta General, Brígida Pérez narran:

25 de Octubre de 1914

"Ya estamos a bordo. ¿A dónde vamos?...Están nuestras Hermanas de México pasando durísima prueba y en grave peligro de ser arrojadas de allí por los revolucionarios; hay entre los once florecientes colegios y el noviciado que allí tenemos, unas doscientas cincuenta y...España está muy lejos para ponerse aquí en salvo.

Hay, pues, que aumentar el número de casas de los Estados Unidos y fundar en otras partes donde puedan refugiarse en caso de expulsión, y a esto manda Dios a estas dos pobres monjuelas, cargadas, "de patentes y de buenos deseos". Donde dice patentes léase recomendaciones, y a fe que de eso vamos más provistas que de blancas. Desde el Excmo. Cardenal Primado abajo, toda la jerarquía de nuestros Prelados y amigos teresianos, que no son pocos, han rivalizado en enviarnos cartas de recomendación laudatorias como para hacernos avergonzar porque nos instan como debemos ser y nosotras nos vemos como somos.

En tu nombre, Señor, a gloria tuya echaremos la red; Tú sabes a dónde y para qué nos llevas."[53]

Hacen una escala en Nueva York, y el 19 de Noviembre llegan las Madres a La Habana. Ese día visitan a los prelados mexicanos que se hospedan en la Iglesia de la Merced. Están allí los Arzobispos de México y Mérida, y el Sr. Obispo Mejía.

Continúa el Diario su relato:

"Telefonean personalmente para buscarnos alojamiento, preguntan por nuestras Hermanas y colegios teresianos,se interesan en nuestros proyectos como si fueran propios y, con una bondad que nunca podremos pagar bastante, nos ofrecen recabVar del Sr. Obispo de La Habana la licencia para instalarnos, pues consideran de urgente necesidad el establecimiento de nuevas casas donde puedan refugiarse nuestras Hermanas de México."

Pero eso sí, repitiéndonos muchas veces que sólo hemos de salir de allí en último trance."

El 20 de Noviembre reciben del Sr. Obispo Mejía la noticia de que el Arzobispo de La Habana admitirá la fundación en su Diócesis. El 21, fiesta de la Presentación de la Santísima Virgen, a quien quieren consagrar la casa, presentan al Señor Obispo la solicitud." Una visita a los padres Carmelitas las anima a fundar en el Vedado, a la sombra de la Virgen del Carmen.

"Quién había de decirnos que la primera sería no contar con profesoras, teniendo en México más de doscientas. Pues así es y de nada sirve escribir y cablegrafiar a México, porque con la salida de los americanos interrumpieron las comunicaciones con la capital.

Los ratos de inquietud y de angustia que esto nos cuesta. ¡Tú sólo, Dios mío, puedes contarlos! Por fin, tras mucho reflexionar y muchísimo pedir la luz de Dios, nos decidimos a separarnos.

Aquí se queda la Madre Brígida y de Estados Unidos vendrán a empezar con ella esta nueva fundación las Madres Amelia y Catalina..."

---

[53] Historia de la Compañía de Jesús, Ediciones Santa Teresa de Jesús, Cuarto Generalato, 1908-1920, págs. 530-541.

Colegio Teresiano Nuestra Señora del Carmen
La Habana (1915)

El 27 de Noviembre de 1915, fiesta de la Medalla Milagrosa, encuentran en La Habana una casa "que apenas da para semilla de colegio Teresiano". Aquel iba a ser el Colegio Teresiano Nuestra Señora del Carmen, situado en la Calle 17, número 1054, entre 1 y 14, lugar donde "bajo un sol resplandeciente ondearon orgullosas y altivas las banderas de Cuba y Teresa de Jesús hasta 1961."[54]

El 29 de Noviembre, santo de la Madre General, Saturnina Jassá, toman posesión de la casita, y las clases empiezan el 8 de Enero de 1916. La primera alumna de este colegio, y de todos los colegios Teresianos de Cuba, lo sería María de las Nieves Güemes.

Tenemos este testimonio de una de las Madres fundadoras de La Habana:

"Nuestra Rvdma. M. Superiora Gral. y su Consejo siempre solícita por el bien espiritual y material de sus Hijas de la Compañía, trabajaban intensamente por medio de las Rvdas. M. Sec. Gral. y Prefecta Gral. para colocar a las Religiosas que eran obligadas a abandonar la República Mexicana, por los sucesos de la revolución.

Hablaron con el Sr. Arzobispo de La Habana de la necesidad en que nos veíamos de sacar de Méjico las Hnas., le refirieron lo que nos ocurría y muy a las claras le dieron a entender la conveniencia de fundar una casa en la Habana. El Sr. Arzobispo, con paternal bondad, se dignó acceder a la petición y concedió las licencias necesarias para el caso. No conocían a nadie en la Habana, pero los P.P. Carmelitas las pusieron en relación con varias familias, en las que tuvieron excelente acogida, especialmente en el Vedado.

Se hizo la fundación con una gran pobreza, y con limosnas adquirieron lo más indispensable. Ntro. Señor miró con agrado los sufrimientos de nuestras M.M., en el arreglo de esta fundación, sufrimientos que se tornaron en bendiciones para el nuevo Colegio que empezó a funcionar el 8 de Enero de 1916.

Fueron las fundadoras en primer lugar la Rda. M. Sec. Gral. María Teresa Rubio, M. Brígida Pérez, Margarita Navarro, Superiora de la casa, Amelia Domínguez, Josefina Ferreras, Catalina Bousquets, Elena Vallejo y la Hna. Teresa Ribarés.

Con la bendición de Dios, María y Teresa de Jesús, sigue prosperando de día en día este colegio. El cual está llamado a seguir, y parece a ser uno de los principales de nuestra amada Compañía, y que funciona bajo la advocación de Ntra. Sra. del Carmen."[55]

---

[54] Compañía de Santa Teresa de Jesús, Archivos.

[55] Archivos de la Compañía de Sta. Teresa de Jesús, Roma.

Colegio Teresiano – Camagüey (1915)

El día 14 de Agosto ya habían ido y vuelto las Madres a Camagüey, donde tenían concertada otra fundación. Regresaron a La Habana a recoger a los grupos de religiosas que iban llegando de México. El 8 de Septiembre, ya de vuelta a Camagüey con la M. Provincial, Concepción Barrenechea, una de las exiladas, recibe el documento oficial autorizando la fundación, firmado por el Sr. Obispo, Fr. Valentín Zubizarreta, carmelita.

De aquella época tenemos este documento:

"El gran amor a la Compañía y el celo por la salvación de las almas, hicieron que nuestras Madres siguieran tramitando fundaciones en Cuba. Se dirigieron a Camagüey donde tuvieron muy buena acogida por el Sr. Obispo, Fray Valentín Zubizarreta, Carmelita, y con él concertaron otra fundación en esta ciudad. El 6 de Septiembre de 1915 llegaron las M.M. Adela Feijelo, Ángel Jardí, Dolores Claramonte, enviadas por la Rda. M. Secretaria General.

Se inauguró la casa y se abrieron las clases el 1ro de octubre del mismo año. El 4 de Noviembre llegó la Rda. M. Provincial, Concepción Barrenechea con la M. Elena Hernández, para Superiora.

Al principio vivieron muy pobremente, pero siempre felices trabajando con todo ahínco en bien de sus niñas. De día en día aumentaron estas, y hoy es uno de los mejores colegios que la Compañía tiene en Cuba.

Jesús, José, María y Teresa bendigan sin cesar esta su casa del Teresiano."[56]

El 1º de Octubre de 1915 empezaron las clases en el edificio de la calle Estrada Palma. Por el libro de las fundaciones sabemos quienes fueron las fundadoras: la Superiora fue la Madre Elena Hernández, junto con las Madres Adela Telo, Angela Jardí y Dolores Claramonte. Más adelante se les unirían las Madres Ma. Adela Teijelo, Dolores Carraco y María Esther Martínez.

Por un tiempo estuvieron muy pobres, pero siempre felices de trabajar con los niños. Más tarde se trasladarían al local de la calle Popular 51. Con el correr de los años también trabajarían en este colegio las Madres Dolores Mejía, María del Carmen Álvarez, Florencia Durán, María de Jesús Valera, Madre Teolinda, Madre Teresina y Elvira Romero.

Colegio Teresiano – Santa Clara (1915)

Las Madres Teresa Rubio y Brígida Pérez seguían cumpliendo su misión de trasplantar la semilla teresiana a lo largo y ancho de la Isla de Cuba. Estaban en pleno año 1915, Centenario de la Santa Madre Teresa de Jesús.El 8 de Julio se

---

[56] Archivos de la Compañía de Sta. Teresa de Jesús, Roma.

presentan en Cienfuegos a pedir al Sr. Arzobispo, Aurelio Torres, permiso para abrir Colegio en Santa Clara. El 9 ya están buscando casa. Las Madres relatan:

"Afortunadamente hallamos una en un sitio de primera y con todas las dependencias de clases en su punto, y con el Sr. Cura P. Ángel Tudurí, que me recuerda un poco al Sr. Arcipreste de Huélva, dejamos el concierto casi realizado."[57]

La casa se encontraba situada en la Calle Cuba número 106. El 2 de Agosto llegó la Madre Rubio con cinco religiosas y fue entonces cuando abrió sus puertas el Colegio de Santa Clara. La comunidad fundadora estaba compuesta por: la Madre Secretaria General, María Teresa Fuentes, y las Madres María Teresa Castany (Superiora), Dolores Escoda, Teresina Isuar y la Hermana Carmen Torres.

A continuación el testimonio de la fundación de Santa Clara:

"Como el año 1915 fue la época en que los carrancistas nos quitaron las casas de Méjico, nuestras Rvdas. Madres Secretaria Gral. y Prefecta Gral. seguían trabajando sin descanso para ver si podían arreglar nuevas fundaciones, y como en Cuba se les presentaba bastante campo para hacer el bien a muchísimas almas, regresaron de los E.U. a Cuba con el santo intento de visitar algunas ciudades y observar si se podrían fundar colegios ya que tenían tantas Hnas. disponibles para ello. Se dirigieron a Sta. Clara y aunque con dificultades y suma pobreza, pudieron abrir casa en aquella población. Concertó dicha fundación con el Sr. Obispo de Cienfuegos, Ilmo. Sr. Aurelio Torres, Carmelita.

El día 2 de Agosto de 1915 llegaron las M.M. Secretaria Gral. M. Teresa Fuentes, como Superiora, Ma. Teresa Castany, Dolores Escoda, Teresina Isuar y Hna. Carmen Torres.

Fueron muy bien recibidas y cuentan con niñas de las mejores de la sociedad, que son dóciles, aplicadas y buenas. Nuestras queridas Hnas. despliegan todo el celo en bien de ellas y Jesús, María, José y Teresa de Jesús, no escasean sus bendiciones a esta casita que va progresando de día en día."[58]

Este colegio, como todos los de Cuba, fue un buen centro de irradiación catequística y de ayuda a las parroquias por medio de equipos formados por religiosas y alumnas.

Colegio Teresiano – Guantánamo (1915)

"Venía yo aquí urgentemente con ánimo de embarcame para Nueva Orleans, y me detiene el Señor para recibir a otras seis Hermanas que vienen de

---

[57] Madre Teresa Rubio, Testimonio.

[58] Archivos de la Compañía de Sta. Teresa de Jesús, Roma.

Mérida. Al día siguiente un cable de España, anunciando que han ido a la Casa Madre a solicitar una fundación para Guantánamo, nos trae a la memoria el dicho de que los pobres al nacer traen su hogaza bajo el brazo, porque la Providencia vela por ellos, y por nosotras, que pobres voluntarias, somos por amor de Dios."[59]

Así se inicia la cuarta fundación Teresiana de Cuba. Para esta fundación la Providencia se había valido de una exalumna del Colegio de Barcelona (Ensanche), Concepción Cordinés de Clasa. Tuvo esta que irse a vivir a Guantánamo y al despedirse de las Madres y dolerse de que sus hijos no podrían ser educados con las Teresianas, se enteró de que la Madre Secretaria andaba por Cuba fundando colegios. Así dice el relato que se conserva en los Archivos Teresianos:

"La Sra. Concepción Cordinés de Cabas, alumna del Ensanche de Barcelona, tuvo necesidad de embarcarse para Cuba e ir a la ciudad de Guantánamo, pero antes de dejar su tierra, fue a despedirse de sus profesoras en S. Gervasio y entrando en conversación se lamentaba de no poder educar a sus hijos en alguno de nuestros colegios. Como nuestra Rvdma. Madre había ordenado se hicieran algunas fundaciones en la Isla, tomó informes de la Sra. Cabas de la ciudad de Guantánamo, fueron estos favorables, y como se encontraba entonces en la Habana, dio la orden de que fueran a Guantánamo, orden que fue puesta en práctica inmediatamente.

Los PP. Paúles, encargados de la Parroquia, habían pedido a la M. Secretaria, que llevara a Guantánamo a nuestras hermanas. Así es que pronto pudo concertarse una fundación con la aprobación del Obispo de Santiago de Cuba, Dr. D. Félix Ambrosio Guerra (Salesiano).

El 11 de Noviembre llegaron a fundar la Rvda. M. Concepción Barrenechea, M. Guadalupe Navarro, y Hna. María. El 17, las M.M. Adela Feijelo, de Superiora, María Díaz, Delfina Mendoza, Angela Serra, Rosa González y Ma. Nazaret Gómez. El 29 se abrió la Capilla y se celebró la Sta. Misa.

El Colegio va prosperando mucho y las Hnas. se sacrifican sin cesar por el bien de la juventud, en cambio el Señor da a torrentes sus gracias y bendiciones sobre este nuevo Palomar, del que se espera seguirá dando mucha gloria a Dios."[60]

La Madre Saturnina Jassá había recibido con anterioridad una propuesta de los Padres Paúles para fundar en Guantánamo. Ahora se le presentaba ocasión de informarse bien de la ciudad y de las necesidades que había respecto a enseñanza religiosa. La M. Rubio salió en seguida para Guantánamo y, con la aprobación

---

[59] Testimonio, Junio de 1916

[60] Archivos de la Compañía de Sta. Teresa de Jesús, Dirección General, Roma.

del Sr. Obispo de Santiago de Cuba, Dr. D Félix Alonso Guerra, pronto estuvo concertada la fundación. Entre el 11 y el 17 de Noviembre llegaron las Madres Adela Teijelo, Superiora, y las Madres María Díaz, Delfina Mendoza, Angela Serra, Rosa González y Nazareth Gómez. Anteriormente habían ido las Madres Concepción Barrenechea y Guadalupe Navarro y la Hna. María Arasa. El día 20 se celebra la primera Misa teniendo a su vez reserva del Santísimo en la calle Pedro A. Pérez, número 30.

Desde el 29 de Noviembre, santo de la Madre General, en que se celebró la primera misa, tuvieron la reserva del Señor Sacramentado.

Colegio Teresiano – Ciego de Ávila (1916)

Después de quedar instaladas en las nuevas fundaciones las Hermanas que habían salido de México, se presentó la ocasión de hacer otra fundación en Ciego de Avila. Se les hacía el tiempo escaso a la M. Rubio y la M. Barrenechea y sin poder acabar de concertar la fundación, dejaron el asunto en manos de la Madre Superiora de Camagüey. Como la vez primera, el Sr. Obispo Zubizarreta dio con gusto el permiso para que se abriese una casa teresiana más.

La M. Teresa Romero llegó a Ciego de Avila el 5 de Febrero de 1916 para instalarse con su comunidad en la Calle Maceo entre República y Carretera Central, al lado del hospital. Las fundadoras de esta casa fueron: Teresa Rivera, Ma. Lourdes Silva, Presentación Nicolau, María Jesús Guízar, María Cervantes, y las Hermanas Josefina Aguello y Mauricia Calvo. En el Libro de las Fundaciones leemos este comentario:

> "Es mucho el bien espiritual que se hace en esta población. Cuando llegaron las Hermanas solamente asistían ellas y un señor a la Misa Parroquial. Ahora se ve llena, pero no sólo por nuestras niñas, sino por sus padres y un buen número de otras personas. El Señor está complacido de los trabajos y sacrificios de nuestras Hermanas, y las bendice confiándoles muchas almas para que las formen y guíen por el camino del cielo."

El colegio de Ciego de Avila era muy activo, no sólo en estudios sino en celebraciones y actos. El Obispo de Camagüey siempre asistía a todas las fiestas.

Colegio Teresiano – Cienfuegos (1926)

La Madre Provincial, después de obtener el permiso del Obispo Zubizarreta para fundar en Cienfuegos, alquiló una casa en la calle Santa Isabel número 37. El día 24 de Agosto de 1926 llegan las Hermanas para comenzar a arreglar la casa para establecer en ella el nuevo colegio. La Comunidad pionera estaba compuesta por las Madres: Esperanza Bosey, Teresa Mier, Ma. Teresa Mingues (Directora),

Hna. Carmen Torres. Días después fueron las Madres Rosa González, Carmen Coroleu, Andrea Fuentes, María Carrillo, Ma. de los Angeles Velasco, Antonia Paz, Ma. Luisa Herrero y Concepción Leite (como Superiora).

A continuación la relación de la fundación:

"Al recibir orden superior, se retiraron de Méjico la mayor parte de nuestras Hnas. quedando sólo algunas a la expectativa, por la imposibilidad de acabar las nuevas leyes dictadas por el Gobierno contra nuestra Sta. Religión, y con tal motivo tuvo lugar la fundación de Cienfuegos, solicitada años atrás por el Ilmo. Sr. Obispo, Fry. Valentín Zubizarreta, actualmente Arzobispo de Santiago de Cuba...

Las Rvdas. M.M. Provincial y Secretaria que estaban en España presenciando las fiestas conmemorativas de las "Bodas de Oro" de nuestras amada Compañía, tuvieron que regresar inmediatamente a Cuba al saber que a su Provincia le había tocado ofrecer al buen Jesús en tan solemnes fiestas, el sacrificio de cerrar casi todos los colegios católicos. Cuba admitió en su hospitalario suelo a buen número de religiosas de distintas Instituciones. Nuestro Colegio de la Habana abrió sus brazos para estrechar a sus Hnas. que llegaban ansiosas de paz y libertad religiosa.

Cuando la Rda. M. Provincial desembarcó en la Isla, con algunas de las M.M. Superioras de los Colegios de la misma, que habían ido a España a las citadas fiestas y vio a tantas Hnas. reunidas, no pudo menos de conmoverse. Pasados algunos días, trató de repartirlas en los distintos colegios de Cuba. Otras fueron a España, y tan pronto como pudo trató con el Excmo. Sr. Zubizarreta, que a la sazón estaba en Cienfuegos, de la fundación que tenían en proyecto en esta ciudad. Como el Excmo. Sr. Prelado aceptara bondadosamente dicha fundación, la Rda. M. Provincial se apresuró a emprender el viaje a la ciudad de Cienfuegos. A su llegada comulgaron en la capilla del Obispado y a las 9 su Excia. les concedió audiencia recibiéndolas con la benignidad que le caracteriza. Se ofreció a hacer por el nuevo colegio Teresiano, cuanto pudiese, y atendiendo a las circunstancias porque atravesaba el Instituto, se comprometió a pagar por un año el alquiler de la casa ya tomada en la calle Sta. Isabel No. 37.

Por la suma escasez de sacerdotes no pudieron tener misa en casa hasta después de pasada una temporada. Las M.M. a su llegada se hospedaron en las Hntas. de los Pobres, quienes las recibieron cariñosamente y con toda clase de atenciones. El 24 de agosto llegaron procedentes de la Habana, las M.M. Esperanza Botey, Teresa Mier, para directora del Colegio ante el gobierno, M. Teresa Mingues y Hna. Carmen Torres.

Al día siguiente el Ilmo. Sr. Obispo se marchó a Santiago de Cuba encargando al Colegio al M.R. Sr. Provisor Marcelino Basaldúa. Sería largo enumerar las muchas delicadezas que de él hemos recibido. Aquí cabe decir muy bien aquellas palabras de la Sta. Madre "Estas personas son buenas para nuestros amigos." También podemos contar entre los bienhechores de este colegio al caballero español, D. Ramón Romero.

Días después llegaron a formar parte de la Comunidad las M.M. Rosa González, Carmen Coroleu, Andrea Fuentes, María Carrillo, Ma. de los Angeles Velasco, Ma. Luisa Herrero y Antonia Roy. El 29 recibió orden la M Provincial de que volvieran a España dos de las que habían venido para esta fundación, quedó interinamente encargada de la casa la M. Concepción Leite. El 10 de septiembre se inauguraron las clases con 9 niñas cada día iba aumentado este número y la casa ya tomaba aspecto de colegio. El Director de los Hnos. Maristas nos regaló algunos pizarrones, ofreciéndose además a ayudarnos en todo lo que pudiera. También a los PP Jesuitas les debemos varios servicios. Todas las Hnas. estaban contentísimas disfrutando de la alegría que proporciona la santa pobreza, pero sentíamos el vacío de Jesús Sacramentado. Por fin el Señor satisfizo nuestros deseos, del Obispado nos regalaron un altarcito y el día 16 de septiembre el buen Jesús vino a tomar posesión de su casa y estableció en ella su trono de Amor. El Sr. Cura D. Felipe Moreno, celebró la primera misa.

El 30 de setiembre llegó la Rda. M. Provincial acompañada de la M. Secretaria y las Superioras de Ciego de Avila y Sta. Clara, y la M. Aurora Cabrillo, nombrada superiora de la casa. También llegó a formar parte de aquella Comunidad la M. Carmen Inza, este día fue bendecida la casa por el Rdo. Cura Párroco. La Rda. M. Prefecta les hizo saber que era deseo de nuestra Madre que todos los Colegios que se fundaran el año de las "Bodas de Oro" deberían estar consagradas al Oración de Jesús, bajo el título de "Cristo Rey".

El día 19 de octubre dedicaron una sencilla velada al Excmo. Sr. Arzobispo en la que actuaron las alumnas del Colegio. Esta velada tuvo lugar en el Salón de los Caballeros de Colón cedido generosamente por ellos. En acción de gracias por todos los beneficios recibidos en esta fundación, el 19 de Octubre celebró una misa el Ilmo. Sr. Arzobispo, Monseñor Valentín Zubizarreta.

En pocas pero sentidas frases nos exortó al cumplimiento exacto de nuestras Constituciones a fin de alcanzar la perfección del estado religioso. Todo sea a la mayor honra y gloria de Jesús, María, José y Sta. Teresa de Jesús."[61]

Las clases comenzaron el 10 de Septiembre con 9 niños.

Al mencionar esta fundación las Teresianas agradecen los desvelos de un sacerdote, Marcelino Basaldúa, quien gracias a la cooperación de sus valiosas amistades, consiguió dar vida a este nuevo plantel que se trasladaría a la Calle D'Clouet, 7, en donde recibieron enseñanza todas las alumnas Teresianas hasta 1961.

Después de esta última fundación, las Madres Rubio y Barrenechea regresaron a España habiendo cumplido su misión de trasplantar la semilla Teresiana a lo largo y ancho de la Isla de Cuba.

---

[61] Archivos de la Compañía de Sta. Teresa de Jesús, Roma.

Colegio Teresiano
Saratoga-Camagüey (1953)

Años más tarde, en la década del 50, inquietas de que la obra y las enseñanzas Teresianas llegaran a todas las esferas sociales, se funda la Misión Saratoga en un barrio necesitado de la ciudad de Camagüey. Las fundadoras fueron las Madres, Dora Palch, Teresa Vázquez y Felicia del Arroyo.

Los gastos de esta misión eran sufragados por las alumnas del Colegio de Camagüey y sus estudios eran los mismos que los de la calle Popular 51. He aquí la trascripción de los datos en el Archivo de la Compañía:

"Uno de los apostolados más fecundos del Colegio de Camagüey es la misión de Saratoga, barrio situado a pocos kilómetros de la población y habitada en su mayoría por gente pobrísima y en un estado moral lamentable.

Desde hace varios años iban allí los domingos, nuestras Hermanas a enseñar el Catecismo, pero la miseria espiritual era tanta, que al P. Cavero, S.J. no le pareció suficiente esta labor y resolvió levantar allí una escuela y confiarla al Colegio Teresiano de Camagüey. Con reiterada insistencia pidió a la M. General que mandara de España dos religiosas dedicadas únicamente a la "Obra Social de Saratoga". Darían clase a las niñas durante la semana y evangelizarían a los padres y a los hijos tan faltos de Doctrina Cristiana, como imbuídos en engaños espiritistas y protestantes.

Aceptó nuestra Madre la proposición poniendo por condición que la Compañía no había de ocuparse de la construcción material de la Escuela y que no pasaría de dos el número de Religiosas que pondría el Instituto al servicio de Saratoga.

El P. Cavero, con celo de apóstol, soñaba con levantar un edificio de tres aulas, capilla, dispensario médico, farmacia, gabinete dental y salón de actos. La Compañía cumplió fielmente su palabra. Antes de comenzar el curso 1952-53 ya estaban en Cuba las dos Madres Profesoras enviadas por la Rdma. M. General.

Lo que en un principio nos pareció un sueño del P. Cavero, es hoy una realidad consoladora. Gracias a la generosidad de personas caritativas, a la ayuda contínua de nuestro Colegio de Camagüey, disponemos de hermosas aulas con numeroso alumnado, Escuela Dominical, Nocturna, Dispensario Médico con todos los adelantos de la técnica moderna, y una hermosa capilla que se llena cada domingo, no sólo de niños sino de sus padres y familiares, que hostiles en el principio a todo lo que fuera formación religiosa, asisten hoy con la mejor voluntad y tratan a las Religiosas con respeto y agradecimiento.

Con deseos de realizar una labor más completa, hicieron un pabellón para vivienda de las Religiosas y en 1958 se instaló la Compañía y allí trabaja con tesón en la instrucción religiosa y cultural de aquella parcela del Señor.

Entre dos bienhechores de esta "Obra Social de Saratoga" merecen especial mención el Sr. Fritz Appel y la Srta. Esther Agüero."[62]

Tenía el colegio de Saratoga un numeroso alumnado. Las internas iban a trabajar en la catequesis, con los enfermos, y hacían censos.

El colegio se mantuvo abierto del 1953 hasta el 1958 en que se convirtió en vivienda para las religiosas, y se cerró en 1961 por causas políticas.

Himno del Colegio

Ya a los aires desplegada
pura y limpia reverbera
de Teresa la bandera
coronada de laurel.
Juremos bajo la enseña
de la insigne Capitana,
de velar, de velar la hueste insana
del orgulloso, del orgulloso Luzbel.

Guerreros del ejército sagrado,
brille el acero templado
en la fragua del amor.
La armadura de los fuertes,
La armadura de los fuertes,
ciñamos con noble anhelo.
Nuestra lanza, sea el celo
de la gloria del Señor.

Gozos a San Enrique

Vuestro celo fue tan grande
Por la gloria del Señor
Que con indecible amor
Vuestro ejército tratásteis
Logrando ser de Alemania
Modelo de Emperador.

Grande era vuestro ingenio
Gracia que debéis al Señor
Y que era un grande favor
No de Vos ignorado
Por ello sois de su gloria
Incansable propagador.

---

[62] Archivos de la Compañía de Sta. Teresa de Jesús, Roma.

La bandera del Colegio

Todos los ejércitos tienen su bandera. El ejército femenil de Santa Teresa de Jesús tiene también la suya. ¿Y cómo es? ¿cúales son sus colores? ¿cúal su lenguaje?

Nuestra bandera es azul como el límpido cielo que nos cobija, como el gracioso manto de María Inmaculada. Es blanca como las azucenas y los lirios, como la nieve que corona las crestas de las montañas. Es café como la prenda de amor que entregó la Reina de los cielos a su hijo, S. Simón Stock, como el hábito de nuestra excelsa Madre y Capitana, Santa Teresa.

Su color azul nos invita a tener siempre nuestros pensamientos en el cielo. Su color blanco nos recuerda que Jesús se apacienta entre azucenas. Su color café nos llama al trabajo. El azul a la oración, el blanco nos invita a llevar la luz a las inteligencias por medio de la enseñanza. El café austero y grave, aunque gratísimo para nuestro corazón, nos impulsa a abrazarnos con las espinas del sacrificio.

¡Bendita enseña de nuestra Compañía! ¡Qué deliciosos secretos comunicas a las almas que a tu sombra se afanan por extender en el mundo el conocimiento y amor de Jesucristo!

El escudo de la Compañía

En la capilla de Ganduxer, en el presbiterio, como en una ilustración de "Jesús Maestro 1926", aparece el escudo ajustado a la explicación que del mismo daba el Padre Fundador, explicación que difiere en algo del dibujo habitual del mismo.

Heráldicamente, el escudo tiene la forma característica de los escudos guerreros. Lo rodean una rama de lirio y otra de laurel, emblemas de la pureza y de la victoria sobre las pasiones. En los ángulos aparece la inscripción: "Apostolado de la Oración, enseñanza y sacrificio."

El fondo es blanco, el monte marrón, la cruz dorada y la estrella plateada. El monte Carmelo representa la oración y la estrella sobre el monte y su base, representa la enseñanza que nace de la oración, se alimenta de ella y la alimenta, para iluminar con sus rayos al mundo y transformarlo extendiendo el reinado del conocimiento y amor de Jesús. El monte está rematado por una cruz, que representa el sacrificio que conlleva el apostolado de la enseñanza; el sacrificio de la Teresiana que está en lo de todos los días, en el trabajo de la obra de salvación confiada a la Compañía. Es cruz y no crucifijo, porque cada Teresiana, al identificarse plenamente con su Esposo, Jesucristo, ha de ocupar su puesto en la cruz.

A derecha e izquierda del monte, aparecen los corazones de Jesús y de Teresa. A la derecha el corazón coronado de espinas y del que mana llamas de amor. El de Jesús, va rodeado por el "Viva Jesús" que la Compañía tiene como finalidad de su misión; el de Teresa, está rodeado por el "Sólo Dios basta".

Sobre el escudo aparece un birrete doctoral, apoyado en un libro y rodeado por una pluma y la palma característica de los mártires, expresión plástica de que la Teresiana está llamada a ser "Santa y Sabia" y "Mártires del Estudio".

El Viva Jesús es lo que tenemos que grabar en los corazones. El "Sólo Dios Basta" representa la fortaleza y el amor que han de ser características de la Teresiana para realizar su vocación.

Testimonios

Josefa Prendes Olivares
A.A. y fundadora del Colegio de Guantánamo

La ex-alumna fundadora, Josefa Prendes Olivares, de 96 años, ofreció los siguientes datos acerca de la Fundación del Colegio Teresiano de Guantánamo:

"Este fue el segundo colegio fundado en Cuba en el año 1915, un día 29 de Noviembre. A la Madre General, Saturnina, no la conocí personalmente, pero sabíamos de ella por la Madre Superiora Adela Tejeiro (española)."

Pepilla, como le llaman a esta ex-alumna, ingresó en el colegio en el quinto grado, y estuvo hasta el octavo que se graduó. Entonces no tenían segunda enseñanza.

"La mayoría de las monjas eran mejicanas, salidas de México por la Revolución Civil por la persecución religiosa. Recuerdo que las mamás de las ex-alumnas las enseñaron (a las monjas) a cocinar comidas cubanas.

Recuerdo nombres de monjas como la maestra de música y pintura, Rvda. Madre Dolores Carranco, quien también organizó la Coral del colegio con unas túnicas blancas y libretos de canto forrados en color negro. La Rvda. Madre, Elvira Jiménez, maestra de inglés y escritura Palmer (ambas mejicanas).

En el año 1920 fue fundada la Asociación de Ex-Alumnas Teresianas en Guantánamo, la cual todavía existe allí pues por ex-alumnas que han venido de visita a Miami, se sabe que se reúnen de vez en cuando, sobre todo para el 15 de Octubre, día de Santa Teresa de Jesús.

Para otras generaciones es muy recordada la Rvda. Madre Josefina López, profesora de Taquigrafía y Mecanografía de la escuela de Comercio y Secretariado. Ella era también mejicana. Las Madres Sara y Carmen Cruz, éstas dos cubanas, llegadas a Guantánamo (su primer colegio), muy jóvenes.

Otras son muy recordadas, desde las maestras de párvulas, la Srta. Mercedes y Yolanda Veloso. También de la primaria, las Madres Lupe, Venancia, Loreto, Hermelinda, Soledad Pérez, Virginia y María de Jesús.

Años después fue incorporado el Bachillerato del que se recuerdan las Madres Dolores Centurión, Socorro, Josefina Inés e Irma. El último grupo de graduadas de Bachillerato, Comercio y Secretariado fue en 1957.

Se recuerdan nombres de Hermanas Teresianas porteras, y de la cocina y otros quehaceres como Manuela, Matilde, Angela y Francisca.

En los años 50 se inauguró un nuevo colegio que no hubo mucho tiempo para disfrutar. Algunos nombres de las Superioras que recordamos ex-alumnas de distintas generaciones desde la primera Rvda. Adela Tejeiro son: Andrea Ruiz, María Díaz, Dolores Escoda que también fue Madre Provincial, y General, Aurora Calvillo y Concepción Zamacona, la última Superiora que hubo en el colegio de Guantánamo.

Tres ex-alumnas del Colegio siguiendo su vocación religiosa se convirtieron en Madres Teresianas: Catalina y Francisca Serrano, y Monserrat Brú Súarez. El Colegio estaba situado en Pedro A. Pérez y del Sol."

Ma. de las Nieves Güemes Vda. de García
Alumna Fundadora del Colegio del Vedado y
primera alumna matriculada en los colegios de Cuba (1916)

"Ingresé en el colegio desde su fundación (no recuerda el año).

Permanecí en el colegio seis años, pero no me llegué a graduar.

Las religiosas fundadoras que recuerdo eran: las Madres Amelia Domínguez, Margarita Navarro, Elena, Brígida y Catalina. No había maestras seglares en aquella época.

Compañeras del colegio de aquellos tiempos eran: las cuatro hermanas Domínguez Roldán: Guillermina, Mana, Alicia y Berta. Lolita Martínez Campos, Conchita Fernández y Ma. del Carmen Cerra.

Se estudiaba Aritmética, Gramática, Lectura, Geografía e Historia de Cuba, Catecismo y también Inglés, y Dibujo. El colegio estaba situado en el barrio del Vedado, en la calle 16 entre 11 y Línea, y las aulas eran los dormitorios, sala y comedor de la casa. las religiosas ocupaban las habitaciones del servicio.

Recuerdo la Primera Comunión que fue el 31 de Mayo del curso que comenzó el colegio (1916). en la capillita que tenían en el primer dormitorio de la casa. El sacerdote era el Padre Fernández y la capilla tenía una imagen de la Stma. Virgen muy bonita.

No se usaba uniforme en aquella época y las madres me decían que yo parecía una princesa pues mi mamá me hacía unos vestidos muy lindos para ir al colegio."

Hna. Martha L. González, S.T.J.
Religiosa de la Compañía de Sta. Teresa de Jesús

"Fui alumna del Colegio Teresiano de Santa Clara, Cuba. Ingresé en el Teresiano en 1948 y me gradué de Bachillerato en Ciencias y Letras en 1956.

La educación recibida en el colegio orientó mi vida como cristiana, me dio fundamentos sólidos que junto con los recibidos en mi hogar han formado el marco de mi vida en cuanto a valores morales, perspectiva de fe cristiana, y responsabilidad social.

Dios me concedió la gracia de tener excelentes profesoras, no sólo en cuanto que eran personas muy bien preparadas en su campo de enseñanza, sino principalmente porque supieron tratarme con una atención personalizada, como si yo hubiera sido la única en su clase. El respeto, la atención personal, el cariño e interés por mi bien que mis profesoras demostraron, nunca lo olvidaré. Recuerdo particularmente a la Hna. Zenaida Corvo, a quien tuve por profesora varios años. Sus noticas en mis escritos eran siempre muy positivas y motivadoras. Su ejemplo de buena profesora y religiosa me estimulaba mucho. Solía demandar mucho y con gran cariño de manera que me alentaba a poner en activo todo mi potencial.

Entré en la Compañía de Santa Teresa en 1961, en España, motivada por la fuerte convicción de que Jesús me quería para sí en servicio a su Iglesia. Hice mi primera profesión en 1963.

Nunca regresé a Cuba como profesora Teresiana. Antes de entrar religiosa enseñé por poco tiempo en colegios no Teresianos. He regresado a Cuba como religiosa para visitar a familiares y a nuestras dos comunidades varias veces."

Pilar Güemes de Valdés
A.A. Colegio del Vedado, 1942-55

"Ingresé en el Colegio del Vedado en el curso de 1942 y terminé el Bachillerato y me gradué en el año 1955.

Aunque no conocí a ninguna de las Madres Fundadoras, mi tía, Nena Güemes y mi padre, antiguo párvulo, me contaban de los primeros años del colegio.

Recuerdo los 'viajes' al colegio caminando por la calle 14 con todos mis primos; la capilla del colegio con la preciosa imagen de la Sta. Madre; las clases de Química de la M. Dolores y las inolvidables clases de Literatura con el Dr. de la Maza, en donde aprendimos a querer y a admirar a Cuba.

Nunca se me olvidan las "diabluras" de mi prima Aurora, sobre todo cuando llevó un ratón de goma a los dormitorios durante un retiro, y a medianoche la M. Graciela caminaba de un lado a otro, sosteniendo el ratón por la cola, mientras se lamentaba: '¡Estos son los frutos de los desvelos del P. Ángel!'"

Lo que más he valorado de la educación del Teresiano es la fe en Dios y la fortaleza de carácter. Esta educación nos ha dado una gran capacidad para el trabajo y el sacrificio, y nos ha permitido hacerle frente a todas los problemas que se nos han presentado."

Trinidad Álvarez de Mayoral
A.A. Cienfuegos

"Ingresé en el Teresiano a los tres años, alrededor del 1947. No me llegué a graduar porque fue cuando intervinieron los colegios. Lo que más he valorado de la educación religiosa en el colegio ha sido la formación que me dieron y después yo siempre he visto al colegio como una extensión de mi familia. Las normas que me enseñaron, las tenía lo mismo en la casa que en el colegio, y me han servido mucho para todas las experiencias de mi vida.

Recuerdo a la M. Aurora Perdomo (cubana), que fue una de las primeras Madres que me enseñaron. En el Bachillerato recuerdo a la M. Claudia Martín. Ella era en aquel momento joven y se adaptaba muy bien con las muchachas de 13 a 18 años en el Bachillerato. Te enseñaba las normas sin elevarse mucho y tenía una espiritualidad grande porque la veías en la capilla tirada, enamorada del Señor.

El colegio nuestro, en el tiempo en que yo estuve, se había reducido mucho porque mi mamá me cuenta que en el tiempo de ella era más grande. Pero ya en mi época en Bachillerato, la clase mía consistía de 7 u 8 alumnas. Nos movíamos de aula pero eran grupos pequeños. Claro, Cienfuegos no es una ciudad tan grande: tenía Apostolado, Teresiano y Dominicas, o sea que había competencia. En la época mía las clases se hacían mas familiares, más personalizadas.

Los retiros de Cuaresma eran muy bonitos. Podías quedarte de interna o irte a tu casa. Se pasaban buenos ratos en los dormitorios, haciendo maldades. Era el tiempo que no se podía hablar en los retiros, y tu a esconderte para conversar...

Estábamos tan unidas al colegio que aunque no hubiera clases, pues había vacaciones, mi hermana y yo nos íbamos al colegio para practicar el piano, o sea que siempre tuvimos una relación muy estrecha con el colegio.

El edificio del colegio tenía 3 pisos. En el tercer piso estaba la lavandería, y el sexto grado, que era una clase grande. También había una clase pequeña de matemáticas. La clausura estaba en el 2° piso, y el dormitorio de las internas. Había unas 40 internas pues había varios centrales en los alrededores.

Del colegio siempre me gustó mucho la capilla y el crucifijo tallado en madera. Cuando te ponías en el hall veías el Cristo tan lindo que había anécdotas que decían que el Cristo lloraba, y las Hermanas que cuidaban la capilla decían que no, que era que lo pulían tanto que brillaba. Siempre me he preguntado que habrá pasado con ese Cristo tan lindo.

Las clases en el colegio terminaron en Mayo (1961) y antes de Junio ya las Madres no estaban allá. Lo cogieron (el colegio) para las Brigadas Juveniles y todos los días cantaban La Internacional. Muy desagradable...un contraste horrible con lo que había sido antes aquel plantel."

Jacoba Pires Valladares
A.A. Ciego de Avila (1944-58)

"Entré en el colegio de tres años en Kindergarten, y salí de 16. Me gradué en el 1958 de Bachillerato.

Las clases de historia de Cuba las daban las Madres españolas hasta el Bachillerato. Teníamos Acto Cívico y se respetaba mucho, y cada alumna tenía que decir algo o recitar algo. Cantábamos el Himno y se honraba a la bandera.

La formación del Teresiano me ha ayudado mucho. Cuando yo salí del colegio sentí que la formación estaba muy alejada de la realidad que yo iba a vivir fuera del contexto del cristiano, y de los conceptos del catecismo, pero lo digerí y evolucioné pues uno siempre busca su justo medio.

Aquella formación del colegio fue una base muy sólida para los embates duros y aunque pueda tener sus limitaciones y defectos como todo, yo creo que es fundamental.

Según los años pasan puedo entender mejor el hecho de que aquellas mujeres dejaron su Patria y sus familias. En aquellos momentos no lo podía entender, pero ahora lo entiendo y lo agradezco, sobre todo a una maestra que para mi fue decisiva en mi formación: la M. Carmen Izza. Todos los días me acuerdo de aquella mujer. En esta evolución de mi vida, ella ha tenido mucho que ver. Para mi es lo más grande que yo he tenido en mi vida en cuanto a mi formación. Nos llevó "a paso de conga", La tuve de maestra por cinco años. Ella creía que en un curso ella no podía formar a nadie, y entonces pedía pasar con el mismo grupo año tras año. Estuvo en Cuba hasta la expulsión en el "Covadonga", y murió en España.

Yo estudié Medicina, así que cuando tu llegas allí ya tienes que tener una buena base. Las matemáticas se las tengo que agradecer a Carmen y el español también. Ella enseñaba Español, Francés, Química, Matemáticas, era una mujer cultísima que hablaba como cuatro idiomas.

El edificio del colegio, en sí, era pequeño pero en relación con la ciudad, era uno de los edificios más grandes que había en el pueblo. Teníamos un patio preciosísimo lleno de flores, dos aulas viejas en el fondo, y nos gustaba el pozo. Pero cuando estábamos en el tercer grado quitaron el patio pues tenían que ampliar el colegio, e hicieron allí un anfiteatro.

Al colegio lo consideraba mi casa. Yo vivía a tres cuadras del colegio y estudiaba en la Universidad en La Habana, y cuando regresaba de vacaciones a Ciego, el colegio era mi casa. Entraba y me quedaba allí a comer como si fuera mi casa. Era una sensación muy "chévere", por decirlo en cubano.

Mi mamá fue al Teresiano y mis tías también. Mi familia es una familia Teresiana.

Yo nada más tengo recuerdos agradables del colegio, le tengo mucho amor y mucho cariño. Mis hijos han ido a colegios católicos aquí (en Miami) y me ha dado mucha pena que ellos no tengan esa experiencia y por eso es que dejan el colegio y ya se acabó, y esto ha sido mi caballito de batalla, inclusive con los directores de colegios, los rectores y los párrocos. En el Colegio Teresiano las monjas nos ofrecían la manera de poder empezar a servir desde que estabas en Kinder. Tenían una capilla donde se daba catecismo; las monjas iban a los necesitados. Había que ir al "Reparto Clarita" y allá íbamos. Era una trayectoria de servicio. Ellas no tenían sábado, no tenían domingo, no había horas de oficina, y siempre estaban dispuestas a ayudarnos.

Yo me alegro todos los días que haya sido así; yo hubiera puesto a mis hijos allí. Y cuantos más años pasan mas me doy cuenta de lo sólido de aquella formación. En cuanto a la vida, nos dieron los mejores enseñanzas de la época. Se necesita ese estoicismo, esa base a la que te tienes que agarrar."

Isabel Granda
A.A. Guantánamo

Entré en el colegio a los cinco años con los párvulos, y estuve hasta el 8° grado. Ya se había fundado la Escuela de Secretariado y la de Comercio, y como yo quería ser contador, fui a la escuela de Secretariado y Comercio de ellas. Al terminar, mi profesor me recomendó de maestra en el colegio Teresiano. A los 19 años yo ya era profesora de Comercio en el colegio.

Tengo un recuerdo muy bueno desde el Kinder, (12 años en el colegio); y unido con mucho cariño a la M. Guadalupe, (mexicana), a la M. Virginia, que tenía mucho carácter pero era muy buena profesora. Españolas eran la madre Venancia en el 2° grado, y la M. Josefina López, en Comercio. El colegio de La Salle era la escuela hermana, y había mucha familiaridad con los muchachos. La M. Josefina nos pedía que les lleváramos muchachos a las tómbolas para conocerlos. También recuerdo a la M. Elvira Jiménez, mexicana, maestra de inglés y escritura Palmer, y a la M. Dolores Carranzo, directora del coro y maestra de pintura.

Allí había bastantes religiosas, pero ya teníamos maestras seglares. Los estudios Sociales tenían que ser dados por una maestra cubana, que siempre eran maestras seglares. Ya después vinieron monjas cubanas.

A todas las Madres las recuerdo con cariño. Hicimos muchas peregrinaciones al Cobre, a La Habana, al Colegio de Camagüey. Yo ya estaba en el grupo de Acción Católica Sta. Teresa de Jesús cuando tenía 14 años. Nos incorporamos al grupo para ser Aspirantes y Federadas, visitábamos los hospitales, el asilo, las cárceles. En 1920 fundaron la Asociación de ExAlumnas y me escogieron para Presidenta. Y la asociación existe aún allá en Cuba, pues han venido algunas de allá y dicen que todavía se reúnen, que quedan muy pocas pues algunas ya son muy mayores, pero que la Asociación Teresiana continúa. Ellas han fundado en mi pueblo hasta los Matrimonios Cristianos.

En el colegio había americanas de la Base Naval y cubanas de los centrales y de la ciudad. Un colegio muy ameno.

Todos los días rezo el "Nada te turbe, Nada te espante" de Santa Teresa."

Dinorah García
A.A. Cienfuegos

"Fui la primera párvula del colegio de Cienfuegos en el 1926. Empecé en Enero del 1927 y estuve hasta el 1937. Hice toda la primaria y después el Comercio. En cuanto a las religiosas, recuerdo a la M. Carmen Izza, ella se sentaba en un rincón de la clase en una tarima y daba la lección con puntos y comas, perfecto, como si estuviera leyéndolo. Los Hermanos Maristas nos iban a examinar de Francés. No había maestras seglares cuando aquello, todas eran monjas.

Los finales de curso íbamos al Casino Español y cada año se representaba una obra y todas tenían un papel y aquello era apoteósico. Las mismas Madres dirigían las obras, casi siempre las dirigía la M. Izza que sabía de teatro también. Ella siempre estaba estudiando.

Lo que más valoro es la preparación que me dieron para la vida. Cada paso que doy me doy más cuenta de esa preparación. Ibamos a hospitales, les comprábamos medicinas a las que no podían comprárselas. Aquí en el exilio fui presidenta de la Asociación de Antiguas Alumnas."

María Esther Martínez
A.A. Camagüey

"Ingresé en 1919 y allí conocí a la M. Angela Jardí, Dolores Claramonte, Dolores Carrasco y Juliana, y la Hna. Manuela, la Hna. Elena Hernández. La M. Claramonte fue maestra de pintura y bordado y la M. Carrasco de música.

El colegio físicamente era muy modesto, situado en una antigua casa. Siempre tuvo cierta elegancia dentro de su humildad. Primero estuvo en la calle Estrada Palma, y en el 1918 se pasó a la calle Padre Valencia. Allí estuvimos mi hermana y yo.

Más adelante la Superiora, Francisca Durán, hizo un colegio de categoría. El capellán era el P. Daniel de San Juan de la Cruz, Carmelita Descalzo.

La moral es el aspecto que más valoro de la educación del Teresiano. Desde luego que la moral, si no la hay en la casa, lo del colegio no es igual, pero el colegio amplía y afianza. Yo hice la Primera Comunión en el colegio, a los 11 años. La base principal era la moral.

De mis años de colegiala no tengo muchos recuerdos pues salí muy niña, a los 13 años. Nos levantaban temprano, íbamos a la capilla, después desayuno, después al dormitorio a hacer las camas, clases, almuerzo, merienda, y después la cena y horas de estudio.

La M. Claramonte siempre estuvo en Camagüey y murió muy mayor, en el 1954. Se le hizo Hija Adoptiva de Camagüey ya que estuvo allí del 1915 al 1954. Era Valenciana, pero Universal...Esto trascendió al colegio, fue al acto todo Camagüey y todas las fundadoras del colegio. El Municipio de la Provincia tenía una distinción para ciudadanos destacados que se llamaba la "Orden Dolores Claramonte". Se instituyó también en la Asociación de Antiguas Alumnas el premio Dolores Claramonte, otorgado a la alumna más destacada y se entregaba una medalla a fin de curso. Eso se instituyó como en el año 1954.

La obra de Saratoga era la misma enseñanza del Colegio Teresiano, sostenida por las alumnas y el pueblo. Se hizo un colegio para niñas pobres con dispensario médico y dental. Se le hacía uniformes a los niños; mi madre cortó muchos. Se instituyó el "Día del Ladrillo" y con los fondos obtenidos se hizo aquel colegio que fue magnífico. Funcionó hasta el 1961 en que fue confiscado. Lo cerró Fidel."

Hna. Carmen Gloria Plasencia, S.T.J.
Provincial, Compañía de Sta. Teresa de Jesús

"En Noviembre de 1989 tuve la oportunidad de ir a Cuba con la Madre General para acompañar a cuatro Hermanas que volverían a formar una comunidad en la Isla, específicamente en Camaguey. Tuve ocasión de visitar nuestro colegio del Vedado, y tanto a mi como a las Hermanas que lo conocían, nos dio dolor ver en las condiciones físicas en que se encuentra el edificio.

Gracias a Dios han podido entrar cuatro Hermanas más y ya tenemos otra comunidad en Camajuaní, diócesis de Santa Clara-Cienfuegos."

Regreso a Cuba de la Compañía de Santa Teresa de Jesús

Después de muchos años ausentes, en el 1989 regresaron algunas Hermanas Teresianas a Cuba para ayudar a realizar un trabajo de evangelización. Hoy hay cuatro religiosas en la Diócesis de Cienfuegos-Santa Clara, y cinco en la ciudad de Camajuaní, Diócesis de Camagüey. La semilla Teresiana vuelve a esparcirse en nuestra Patria. ¡Viva Jesús!

Colegio Teresiano de Ciego de Avila

Colegio Teresiano de Cienfuegos

Colegio Teresiano de Santa Clara

Colegio Teresiano de Guantánamo

Colegio Teresiano de Camagüey

Colegio Teresiano de La Habana

111

37

Religiosas de María Inmaculada

1915

Un poco de historia de la Congregación

En el segundo tercio del siglo XIX acudían a Madrid una gran cantidad de jóvenes que venían de los campos y de las aldeas a emplearse en el servicio doméstico. Muchas familias cristianas las recibían como a un miembro más de sus familias. Una de estas familias era la familia Vicuña, y una de las hermanas, Eulalia, tuvo la idea de darle protección cristiana a las jóvenes sirvientas. Las comenzó a reunir en un lugar conocido como "La Casita", pero pronto pensó en establecer una institución para realizar esta misión.

Otro miembro de la familia era la sobrina de Eulalia, Vicenta María, quien por entonces había ingresado en un convento. Pero Vicenta María pasaba largas temporadas en Madrid debido a sus estudios, y así tuvo la oportunidad de ver de cerca la necesidad espiritual que tenían aquellas muchachas. Empezó a ayudar a su tía en esta obra, y también pensó que sería bonito fundar una institución seria. Debatió por un tiempo el quedarse en el Convento de la Visitación, o salir y fundar esta gran obra. Después de mucho orar y meditar optó por la segunda opción.

En 1876 aparecen en su vida dos figuras importantes que la ayudan: el R.P. Isidro Hildago, S.J., y P. Cirilo Sancha, quien había fundado ya en Cuba las Hermanas de los Pobres Inválidos y de los Niños Pobres (Hijas de la Caridad del Cardenal Sancha), y que en ese momento ocupaba el cargo de Auxiliar del Excmo. Cardenal de Toledo. Con la dirección de estos dos hombres de Dios, y con la experiencia que ya ella tenía en dirigir muchachas, redactó las Reglas que fueron aprobadas en 1875.

Tres formarían la primera comunidad: Vicenta María, Pilar de los Ríos y Patrocinio de Pazos. El 11 de Junio de 1876 recibían los hábitos. Muy pronto se les unieron 6 candidatas más y en un humilde noviciado comenzaron la nueva Congregación: las "Hermanas de María Inmaculada para el Servicio Doméstico y la protección de la Juventud".

Con los años se hicieron nuevas fundaciones en España: Zaragoza, Jerez, Sevilla y Barcelona.Para evitar confusiones, la Santa Sede les pidió cambiaran el nombre de la Congregación por el de "Religiosas de María Inmaculada" ya que había otra congregación de Madres Marianistas también Hijas de María Inmaculada.

Después de muchos años de trabajo duro y de entrega absoluta, la Madre Vicenta María entregó su alma al Señor en el 1890, siendo declarada Beata en 1950.

Las Religiosas de María Inmaculada en Cuba

Llegaron a Cuba un 3 de Mayo de 1915 para fundar una casa en La Habana. Las fundadoras de Cuba fueron: las Madres María Magdalena de Pazis y María Nieves, y las Hermanas María Benita y María de Santa Teresa. En La Habana las recibió el R.P. Villegas junto con la Srta. Sara Xiques. Estos las llevaron al Convento de las Madres Reparadoras donde se hospedaron por un tiempo.

Después se instalaron en el 601 de la Calzada de Jesús del Monte, pero al no resultarles lo suficientemente amplia la casa debido a la llegada de mas Hermanas, buscaron otra un poco mas grande y se volvieron a mudar, esta vez para la Calzada del Cerro No. 514 esquina a Buenos Aires.

Llegó después un segundo grupo de religiosas compuesto por: las Madres María del Romero y María Isidra, y las Hermanas María Trinidad y Valeriana. Un tercer grupo llegó más adelante. Eran ellas las Madres María Begoña y Santa Fe con las Hermanas Idelfonsa y María Salvador, y de México la Madre María de la Blanca con la Hermana Juana de Dios.

Finalmente, el 7 de Mayo de 1919, cuatro años más tarde de su llegada a la Isla, desembarcaba en La Habana en el buque "Reina María Cristina", el último grupo de religiosas: Rvda. Madre María Teresa Romero (Visitadora de Cuba y México), y las Madres María del Gran Poder, María Purificación, María Gloria Gumá, Santa Cena, Santa Zita y Ascensión, y las Hermanas María Covadonga y María de Santa Cruz.

Fundación de la Academia

No se sabe exactamente en que año, pero se calcula que fue alrededor del 1916 cuando las Hermanas fundaron una Academia en La Habana la cual comenzó con una gran matrícula. En el acto de inauguración dirigió la palabra a los asistentes Monseñor Santiago Amigó, quien había facilitado el establecimiento de las Madres en Cuba.

También tenemos el testimonio de Monseñor Ismael Testé quien relata: "Como párroco que fui de esta Comunidad en La Habana por espacio de más de veinte años, y como uno de los beneficiados de sus desvelos y sacrificios, conozco bien la obra por ellas realizada en favor de nuestra juventud y nuestra niñez, y por todo ello le doy desde aquí un testimonio de mi admiración y agradecimiento."

De un informe que recopiló Monseñor Testé sobre la Academia leemos:

"La residencia es heterogénea, también por las circunstancias. Conviven en ella estudiantes, empleadas y jubiladas. En el Internado hay un pequeño grupo de jovencitas no para colocar, sino para formarse para el futuro.
Tenemos nuestra catequesis sábados y domingos, que es lo establecido en la Diócesis. Hay niños y niñas por secciones... La atienden religiosas, pensionistas y alguna catequista de fuera de casa. Los días festivos tienen una Misa para ellos, y en ciertas fechas hay celebraciones de la palabra, que realizan ellos mismos.
...ya se ha establecido la costumbre de hacer en ella (en la Academia) los Ejercicios Espirituales para las diversas comunidades...La comunidad tiene también sus actuaciones en la vida parroquial. Ahora las religiosas trabajan

mucho en las parroquias y las hay que en el campo, donde el sacerdote puede llegar pocas veces, que a excepción del Sacrificio y el Sacramento de la Penitencia, todo lo demás lo hacen las monjitas...."[63]

La autora no ha podido recopilar más datos sobre esta Academia de las Religiosas de María Inmaculada, sólo el testimonio de la Madre Inés Golderós, rmi, quien desde la Casa Generalicia en Roma expone: "...lamentamos no poder aportar con más datos ya que nosotras no hemos tenido colegio propiamente dicho en La Habana. Lo que hubo fue sencillamente Academia dominical para enseñar a leer, algo de costura, doctrina cristiana, etc. a las muchachas del servicio doméstico. Todo ello de forma privada, dando las clases las mismas Hermanas."

Y continúa la Hna. Golderós: "No podemos facilitar documentación histórica sobre nuestra actividad pastoral, porque esta se iba recopilando en unos libros Crónica que se guardaban a nivel de casa, no se enviaban a la Curia General, y dichos diarios fueron destruidos. Por otra parte las religiosas de aquellos tiempos unas han muerto, y alguna que vive actualmente no está en condiciones físicas para poder colaborar aportando datos. Pero la Congregación sigue actualmente en Cuba (1993), en las ciudades de La Habana, Trinidad, Cienfuegos y Las Tunas."[64]

Sin embargo, según datos de la Arquidiócesis de Miami, en 1995 ya son 21 Hermanas que trabajan en Cuba, distribuidas de la siguiente forma: 5 en la Diócesis de Holguín; 5 en la Diócesis de Cienfuegos-Santa Clara, y 11 en la Arquidiócesis de La Habana.

En un comienzo hicieron mucho bien a la sociedad cubana, y hoy en día continúan con su labor en la Isla, en favor de los más necesitados.

---

[63] Testé, Mons. Ismael, "Historia Eclesiástica de Cuba", págs. 796-98.

[64] Golderós, M. Inés, Casa Generalicia, Roma, 1994.

38

Congregación de Religiosas del Verbo Encarnado

1915

"Ciencia, Virtud y Apostolado"

La Orden del Verbo Encarnado fue fundada por la Madre Jeanne Chèzard de Matel en Lyon, Francia a la sombra del Santuario de Ntra. Señora de Fourviere, y en la colina santificada por la sangre de miles de mártires durante la persecución de Séptimo Severo. Es el Monte Courguillón, el sitio visto por la Madre de Matel en una de sus visiones, como el lugar destinado para hacer la Fundación. Juana de Matel, escogida y preparada por Dios para esta obra, recibe desde su infancia su misión y el deseo del Señor: "Te he escogido para fundar una ORDEN especialmente consagrada a honrar mi presencia encarnada por amor a los hombres, que debe llamarse "Orden del Verbo Encarnado".

Así se establece el primer Monasterio del Verbo Encarnado en 1627. Durante el Pontificado de SS Urbano VIII, en el 1633, es canonicamente erigida en Orden, y en 1644 el Papa Inocencio X finalmente concede la Bula de Aprobación.

La Congregación en América

En el año 1851 la Rev. M. Angélica Hiver accedió a la petición del Obispo de Texas, quien por orden de SS Pío IX hizo la primera fundación Americana de la Orden del Verbo Encarnado en Brownsville, Texas, en 1852. En el 1903 el Obispo de Tamaulipas, México, el Excmo. Filemón Fierro, pidió al Superior y Obispo de Texas, Pedro Verdaguer, enviara Religiosas del Verbo Encarnado de Brownsville, para una fundación en Tula, México. La Madre Stanislas de Dieu, Superiora del Monasterio de Brownsville, accedió gustosa a la petición, y en reunión del capítulo nombró a las Madres Vincent Helen O'Herlihy y María del Sagrado Corazón Hord, y a Sister Teresa O'Keefe para ir a ese lugar. Quedó nombrada superiora de aquella comunidad la M. O'Herlihy quien más tarde desarrollaría un importante papel en la fundación de Cuba.

México y los Estados Unidos

En el 1906 establecieron las Madres un monasterio y un colegio en Gómez Palacio, Durango, y le llamaron "Academia Villa de Matel". Empezaron un colegio con profesoras competentes y un personal docente formado por religiosas americanas, irlandesas y mexicanas. Pero en 1909 al comenzar las revueltas, y al estallar la Revolución de Madero el 20 de Noviembre de 1910, la Academia de Gómez Palacio empezó a ser amenazada. Después de tres años de angustias y sobresaltos, deciden las madres salir del país y en 1914, casi sin ropa, con poco dinero y rodeadas de peligros, tomaron el tren rumbo al Puerto de Tampico donde se embarcaron para los Estados Unidos. Después de muchos contratiempos llegaron a Tontitown en Arkansas, el 6 de Noviembre.

Inmediatamente de llegar a Arkansas, el párroco de la localidad, el Padre Bandini, les ofreció alojamiento en un hotel que el había construido para emigrantes italianos, y que justamente alojaba a 25 personas, el número de aquella comunidad religiosa. Allí pasaron el invierno, pero al no tener un campo de apostolado, el P. Bandini escribió al Obispo de Puerto Rico buscando un lugar donde pudieran las madres trabajar. Pero como la respuesta tardaba, resolvieron hacer una fundación en Cuba.

Las Madres del Verbo Encarnado en Cuba

Invitadas por el Obispo, Monseñor González Estrada, llegan las Madres a La Habana en 1915 y se dirigen a la provincia de Las Villas para fundar allí varios colegios.

Colegio de Camajuaní (1916)

La primera casa de Cuba se fundó en Camajuaní, en el 1916. En una conversación con el P. Anguiano, en el templo de la Merced de Guadalajara, este le aconsejó a la Madre Chassagné que fundara un colegio en Cuba. Ella decidida, puso manos a la obra. Por el año 1916, tiempos muy difíciles para México, salieron para Cuba las hermanas fundadoras: María de Jesús Chassagné y María Luisa González. A los pocos meses llegaron procedentes de la comunidad de Guadalajara (hoy Colegio Matel), Concepción Zepeda, mujer muy entusiasta, y la postulante, interna en el Colegio de Matel, María del Carmen González, a quien en la toma de hábito le dieron el nombre de la Madre Juana.

En 1920 llegaron la Hermana profesa, Francisca Sandoval, y la Srta. María Dolores Bejarano. También llegaron en ese año las postulantes Sara Michel Preciado y Micaela Montes de Oca. En 1922 la Hermana Chassagné hizo un viaje a Guadalajara y a su regreso llevó consigo para Cuba a la Srta. Consuelo Venegas, exalumna del Colegio de Matel.

En plena persecución religiosa en México, dos señoritas de Arandas, Jalisco, deseando ser religiosas, se enteraron providencialmente del noviciado y colegio en Camajuaní, y en tres meses arreglaron sus pasaportes, cosa bastante difícil en aquella época, y viajaron a Veracruz. Después de haber arreglado las visas, iniciaron su viaje en el buque español "Alfonso XIII" llegando al puerto de La Habana donde las esperaba la Madre Superiora. Ellas eran Catalina Méndez, de 17 años, y Esther Torres de 15. La primera perseveró con el nombre de Hna. Inés y la segunda tuvo que regresar a su casa por mala salud.

Por esos años la H. Guadalupe Araiza se separó de la comunidad de Camajuaní para abrir un colegio en la provincia de Matanzas, pero al mejorar la situación en México tanto las irlandeseas como la H. Araiza cerraron sus colegios y regresaron a su patria quedando solo el de Camajuaní.

Como aumentaba el número de alumnas, se hicieron varios salones nuevos y se admitieron internas. Se veía mucho el progreso, y se llevaba una vida edificante en la comunidad. Era notable la unión con hechos concretos de caridad fraterna.

En 1933 la Isla fue azotada por un ciclón y un maremoto que provocó grandes inundaciones en poblaciones importantes. Una tromba causó estragos en las orillas de Camajuaní con muertos y heridos. La H. Chassagné desplegó su gran caridad alojando en el departamento de las internas a muchos heridos. "Al tener una situación precaria temporal, la hermana pidió a las autoridades abrir una cocina económica a donde podían entrar a comer las personas que lo necesitaban. Ella fue la encargada de esto lo cual la fatigó sobremanera, además de ser ya una persona de edad."[65]

En aquellos días por primera vez fue consagrado un obispo cubano y precisamente para la diócesis de Las Villas, Monseñor Eduardo Martínez Dalmau. Este fijó su residencia en Cienfuegos, y la H. Chassagné fue enseguida a saludarlo. Este le aconsejó que se tomara un descanso, que cambiara de casa. La madre tomó la resolución de irse a los Estados Unidos. Era el año 1936.

Al irse la Madre Chassagné, la de más rango era la Hna. Juana González, y de acuerdo con las demás se hizo acompañar de la H. Inés Méndez para ir a saludar al nuevo Obispo. El les dijo: "Estoy enterado de la situación, el domingo próximo estaré con Uds. para que se haga la elección de la superiora y su consejo". Puntualmente se presentó. Salió electa como Superiora la Hna. Juana González.

Como la situación para las hermanas respecto a la población se hacía difícil, se pensó en trasladar el colegio a Encrucijada, población cercana a Camajuaní, aprovechando también que había muchas peticiones de las familias de esa población que ya las conocían. Juana se puso en comunicación con la familia Berrenechea, que era la que más había solicitado un colegio, y de acuerdo con el Obispo se decidió la fundación en esta población. Para no dejar a Camajuaní sin colegio católico, se trató el asunto con las Religiosas Eucarísticas de Placetas. Estas aceptaron gustosas esta proposición y se hizo el traslado de la comunidad en el 1937.

Colegio de Trinidad (1916)

'También hubo proyectos para colegios religiosos; sin cristalizar algunos importantes como el del Padre Gonzalo. Se estableció luego un buen colegio llamado 'Verbo Encarnado' y después el de 'Nuestra Señora del Rosario'. [66]

---

[65] Conti Díaz, H. Teresa, cvi, y Mares Bañuelos, H. Silvia Estela, cvi, "100 Años de Anunciar la Encarnación del Verbo en México, 1894-1994, Año Jubilar, Segunda parte, 1929-1949, México, Mayo, 1995.

[66] Villafuerte, Francisco Marín, "Historia de Trinidad", sin fecha, pag. 344.

Llegaron a Trinidad las madres del Verbo Encarnado con vistas a instalar un colegio teniendo como residencia la casa de la Sra. Honorita Fernández del Valle. Poco tiempo después se abría un colegio en la casa de la Sra. Clarita Pavía.

Un poco más tarde este colegio fue trasladado a la casa de Padrón, uno de los habitantes más ricos de Trinidad. Esta casa se encontraba frente al entonces parque de Martí, en el corazón de la Trinidad colonial. Aquí tuvieron más amplitud al ser la casa mucho más grande, dando capacidad a un mayor número de alumnos, y pronto el colegio tomó gran auge.

Según los archivos de la Orden, en 1919-1920 estaban en este colegio la Madre Matilde (Directora), la Madre Patricia, la Madre Filimón y la Madre Lilia.

Colegio de Cruces (1916)

El permiso para fundar en Cruces se efectuó el 17 de Abril de 1915 por la Madre Herlihy, como consta en la escritura oficial que dice así:

"República de Cuba, Oficina de la Junta de Superintendentes, Registrado al núm. 338:

Con arreglo a lo dispuesto en el capítulo 6to de la Orden núm. 4, serie de 1902, del extinguido Gobierno Militar de Cuba, de acuerdo con la Circular núm. 7, fechada a 22 de enero de 1906, de la Secretaría de Instrucción Pública, y en uso de las facultades que me confiere el artículo 276 de la Ley Orgánica del Poder Ejecutivo, concedo autorización a HANNA HERLIHY, natural de Inglaterra, de estado soltera, y de 23 años de edad, para que establezca una escuela privada con el nombre de "Colegio del Verbo Encarnado" en Cruces, calle de Independencia, número 1, Distrito Escolar de Cruces, provincia de Santa Clara, limitando a 100 el número de alumnos que pueden ser matriculados.

Dicha escuela queda sujeta a las prescripciones de la mencionada Orden, de la número 368, serie de 1900, del extinguido Gobierno Militar de Cuba, y de la referida Circular Núm. 7, debiendo esta autorización estar colocada en lugar visible.

Profesores Auxiliares: Ellie Stapleton, Mary Fallant y Margaret Fitzgibbon. Habana, 17 de Abril de 1915. Firmado Secretario de Instrucción Pública y Bellas Artes."

Colegio de Santa Isabel de las Lajas (1916)

La Madre Mary S. Heord fundó el Colegio de Santa Isabel de las Lajas. El permiso fue dado el 13 de Abril de 1915, como consta en la siguiente escritura:

"República de Cuba, Oficina de la Junta de Superintendentes, Registrado al núm. 332.

Con arreglo a lo dispuesto en el capítulo 6to de la Orden núm. 4, serie de 1902, del extinguido Gobierno Militar de Cuba, de acuerdo con la Circular núm. 7, fechada a 22 de enero de 1906, de la Secretaría de Instrucción Pública, y en uso de las facultades que me confiere el artículo 276 de la Ley Orgánica del Poder Ejecutivo, concedo autorización a MARY S. HEORD, natural de Inglaterra, de estado soltera, y de 35 años de edad, para que establezca una escuela privada con el nombre de "Colegio del Vergo Encarnado" en Santa Isabel de las Lajas, subdistrito número (en blanco), calle de Finito Cruz, número 35, Distrito Escolar de Santa Isabel de las Lajas, provincia de Santa Clara, limitando a 20 el número de alumnos que pueden ser matriculados.

Dicha escuela queda sujeta a las prescripciones de la mencionada Orden, de la número 368, serie de 1900, del extinguido Gobierno Militar de Cuba, y de la referida Circular Núm. 7, debiendo esta autorización estar colocada en lugar visible.

Profesores Auxiliares: Mary Farrant, Ellis Stapleton y Josephine Herhley. Habana, 13 de Abril de 1915. Firmado Secretario de Instrucción Pública y Bellas Artes."

Colegio de Cienfuegos (1917)

La Madre Mary Scully fundó el colegio de Cienfuegos, cuyo permiso dice así:

"La Oficina de la Junta de Superintendentes de Escuelas Públicas de la República de Cuba, registrado con el número 430 consta:

Con arreglo a lo dispuesto en el Capítulo VI de la Orden No. 4 serie de 1902, del extinguido Gobierno Militar de Cuba, de acuerdo con el capítulo VII de las Ordenanzas Sanitarias y en uso de las facultades que me confiere la Ley Orgánica del Poder Ejecutivo, concedo autorización a MARY SCULLY, natural de Inglaterra, de estado soltera y de 35 años de edad, para que establezca una escuela privada con el nombre de COLEGIO DEL VERBO ENCARNADO en Cienfuegos, calle de Argüelles número 146, Distrito Escolar de Cienfuegos, provincia de Santa Clara, limitando a 83 el número de alumnos que pueden ser matriculados.

Dicha escuela queda sujeta a las prescripciones de la mencionada Orden, de la núm. 368, serie de 1900, del extinguido Gobierno Militar de Cuba, de la Ley Escolar de 18 de Julio de 1909 y de las referidas Ordenanzas Sanitarias.

Profesores Auxiliares: Mary Heoid, Margaret O'Keefe, Antonia Zamarrow, Kate Flynn, Mary Kate Fitzgibbon, Margaret Fitzgibbon, Eli O'Sullivan y Josephine Herlihy. Habana 8 de Agosto 1917. Firmado por el Secretario de Instrucción Pública y Bellas Artes."

La vida religiosa estaba llena de observancia y apostolado, pero el clima de Cuba era muy duro y cinco hermanas murieron en un año. El 2 de Febrero de

1921 muere la M. Superiora de Cienfuegos y Fundadora de Villa de Matel, M. Vincent Helena O'Herlihy. Más tarde es nombrada Superiora por la Mitra de Cienfuegos, la M. María del Sagrado Corazón. Ella decide trasladar a las hermanas restantes para la República Mexicana.

El Sr. Vicario General, Enrique Pérez Serantes, y por medio del Sr. Obispo, Fr. Valentín Zubizarreta, se concedió el permiso a un grupo de Religiosas del Verbo Encarnado establecidas en Cienfuegos, para pasar al Arzobispado de México, pidiendo su carta a los prelados y autoridades se dignen recibirlas como a Religiosas dignas de toda consideración.

En el 1923 el Sr. Obispo de Cienfuegos, Valentín Zubizarreta, autorizó a Sor Columbanus y demás hermanas que habían quedado en aquella ciudad, a trasladarse a su Monasterio de Gómez Palacio, en México, declarando que durante su permanencia en Cuba, vivieron con verdadero espíritu religioso, llevando una vida ajustada a sus Reglas.

Colegio Nuestra Señora del Rosario
Trinidad (c. 1920)

Ya funcionaba en Trinidad el colegio mixto del Verbo Encarnado cuando se decidió fundar otro para niñas. No tenemos fecha concreta, pero se sabe que este colegio ya funcionaba en 1929. Tenía un magnífico cuerpo de profesoras, entre ellas se recuerda a las Madres Pura (Directora), Inés, Lucía y Cecilia.

Posteriormente este colegio "Nuestra Señora del Rosario" funcionó en la antigua casa de Los Palacios, en la parte alta de la ciudad. Entre el personal educacional se recuerda a las Hermanas María Mercedes, María de Lourdes, María San Pedro y María Juana.

La escuela fue confiscada por el gobierno interventor comunista en 1961.

Colegio de Encrucijada (1937)

La comunidad del Colegio de Camajuaní se mudó para Encrucijada con el fin de fundar este colegio. La sociedad de Encrucijada, deseosa de formar a sus jóvenes en un colegio, recibió a las hermanas con mucho gusto y les proporcionó una pequeña casa entre tanto se construía un gran edificio para el colegio. Pronto este estuvo terminado y tuvieron la satisfacción de ver aumentar el alumnado rápidamente. Tenía enseñanza primaria y superior, presentándose a los alumnos a exámen en el Instituto de Sagua la Grande.

También se estableció una academia de piano que se incorporó al Conservatorio Nacional y trabajó hasta el último día que se pudo dar clases en Cuba. Se organizó también una campaña vocacional cuya propaganda la iniciaron los Padres Jesuitas que ya tenían abierto su noviciado en Cuba, y como éstos ayudaban a la comunidad, las Hermanas colaboraron con entusiasmo. Una de ellas, con la autorización de la Superiora, formó su grupo vocacional y lo nombró "Amiguitas del Verbo Encarnado." v para la Congregación del Verbo Encarnado.

En 1944, y después de asistir a un Congreso en América del Sur, visitó la Madre General el Colegio de Encrucijada. Una representación del colegio, con su traje de gala y la banda de música, fue a recibirla en la estación del ferrocarril. En esta visita la Madre General les manifestó que deseaba abrir un colegio en La Habana. También en esta visita habló con las postulantes que querían ingresar de religiosas. El 4 de Agosto de 1945 llegaron a México las primeras jóvenes cubanas que ingresaron a la Congregación para formarse en el noviciado de Tlalpan. Eran ellas: Marta Amalia Martín y Josefa Pérez (Ma. de Lourdes).

El colegio se cerró el en 1947.

Colegio Nuestra Señora de la Caridad
Victoria de las Tunas (1946)

Durante la visita de la Madre General a Cuba en 1944, quedó encargada de solicitar la fundación de un colegio en La Habana la H. Juana González. El Cardenal Arteaga contestó que de momento no hacían falta más colegios en La Habana, y le propuso una población cercana, en San José de las Lajas. Se visitó al párroco de ese lugar y pareció factible la fundación. Pero los designios de Dios son distintos de los nuestros.

Casualmente visitó Encrucijada a finales de 1945, el rector del Seminario de Santiago de Cuba. Enterado el rector de que la M. General planeaba fundar un colegio en un lugar más grande, les propuso visitar Victoria de las Tunas.La H. Juana González fue acompañada por dos hermanas para visitar aquella ciudad. Un matrimonio español las hospedó con toda amabilidad y ellos mismos presentaron a las hermanas al párroco para solicitar la fundación del colegio en esa población. El párroco estuvo de acuerdo con agrado facilitando los trámites.

Todo se arregló relativamente pronto y en el mes de Agosto de 1946 llegaban a Victoria de las Tunas las hermanas que integrarían la naciente comunidad: Juana González, superiora; Inés Méndez, Gema García, y Concepción Zepeda. Quedó el colegio fundado en Agosto de 1946. Quedó como superiora la H. Consuelo Venegas por un tiempo con las hermanas restantes.

En Victoria de las Tunas la Comisión Pro-Colegio las ayudó a instalarse en dos casas: una para la comunidad y las alumnas pequeñas, y otra a una calle distante, para las alumnas de 4to, 5to y 6to. Trece internas estuvieron al cuidado de la H. Inés Méndez. Estuvieron trabajando así hasta Diciembre. Posteriormente se cambiaron a una casa antigua, muy grande, con patio y un terreno contiguo que el propietario prestó incondicionalmente. El cambio se hizo por los días de Navidad. La comisión siguió trabajando por el colegio. El número de internas aumentaba, así como las externas, y las personas mostraban simpatía hacia las alumnas. Era ya notorio el impacto de agrado por el hábito que ellas portaban.

En 1947 la comunidad obtuvo permiso para ampliar el colegio, comprar el terreno contiguo a la casa, y construir un recibidor, una capilla y anexos, con 2do piso para dormitorio de las internas. A principios de 1947, la M. Solís visitó el colegio de Victoria de las Tunas llevando a una joven escolástica, la H. Crescencia Alvarado (Celestina María). En Mayo llegaron también las escolásticas cubanas procedentes de México después de su profesión temporal. Llegó con ellas la H. Dorotea Virgen. Causó gran alegría recibir a estas tres hermanas y ver a las dos cubanas ya revestidas con el hábito del Verbo Encarnado.

El colegio progresaba. La enseñanza superior, 7to y 8vo grados y la preparatoria, las dirigía la H. Margarita Hernández. Al fundarse la casa de La Habana y nombrar como superiora de la misma a la M. Juana González, en Agosto de 1947, la suplió como superiora de Victoria de las Tunas, la Madre Ma del Consuelo Venegas, por tres años ya que en 1950 llegó nuevamente como superiora la primera. En 1956 la H. Juana cumplió seis años de superiora y fue destinada a La Habana quedando en su lugar la H. Maria Inés Méndez.

La casa necesitaba reparaciones para lo cual se solicitó el permiso. Era necesario construir todo el frente (más de diez metros de largo), seis salones y otros anexos. Provisionalmente se rentó una casa para los grupos. Para Diciembre estaba todo terminado y entonces se continuó construyendo la parte interior.

Pero la tranquilidad y alegría empezó a turbarse por motivos políticos. La situación empeoró en 1958, y ya desde Marzo había tiroteos frecuentes, interrupción de las vías de comunicación, especialmente en esta provincia, y a fines de año, estaban cortadas todas las vias terrestres, y los aviones no podían llegar a tierra.

"El 1 de Enero de 1959 corrió la noticia de que el gobernador (sic) se había retirado y que los revolucionarios entrarían en La Habana", relatan los anales de la Congregación. "Hubo sorpresas: comenzaba el socialismo. En Agosto de ese mismo año llegó como superiora la H Soledad Ruiz procedente de La Habana, a quien le tocó la intervención del colegio en 1961, y tuvo que entregar todo, alentando a las hermanas a aceptar la voluntad de Dios y a dejar aquellas tierras a las que se habían entregado durante tantos años."[67]

Colegio Nuestra Señora de Fátima
La Habana (1947)

El proyecto de fundación en la Habana no se apartaba de la mente de la M. Solís y al fin se pudo obtener el permiso del Cardenal Arteaga. Fue este fundado el 22 de Agosto de 1947. En una colonia de Miramar, ampliación de Almendares, en la calle 12, se instalaron las cuatro hermanas fundadoras del Colegio: Juana

---

[67] "100 Años de Anunciar la Encarnación..." o.c.

González, superiora, Margarita Hernández, Ma. Dolores Pérez y Balbina Padilla, quien llegó de México el 3 de Noviembre de 1945. La Superiora General, Madre Solís, también nombró poco después a la Hna. Ma. de Lourdes Pérez para trabajar en el jardín de niños.

En el 1949 se vió la oportunidad de cambiar la casa a otra más amplia cerca de donde vivían las hermanas. Pasados unos meses, la Hna. Juana se enteró de la venta de otra muy grande y avisó a la M. Solís. "A los pocos días se presentó ella en La Habana, muy delicada de salud, pero valiente como siempre. Fue su último viaje a Cuba. Traía consigo a la Hna. Olivia García para esta comunidad y la H. Ernestina Araujo para Victoria de las Tunas. El 14 de Octubre de 1949 moría la M. Solís en México."[68]

En Agosto de 1950 la Hna. Juana recibió su cambio para Victoria de las Tunas quedando como superiora la Hna. Inés Méndez. Poco después la recibió la visita de la nueva Superiora General, la M. María Gema de la Mora, acompañada de la secretaria Hna. Benigna Zimbrón. Se amplió el colegio comprando un terreno que lindaba con el patio del mismo. Las alumnas aumentaron y fue necesario rentar las casas cercanas. En total el colegio ocupaba cuatro casas, instalando el Internado y el jardín de la infancia en una de ellas.

El año 1956 llegó como superiora la Hna. Ma. Josefina Muñoz. El colegio hacía una buena labor de catequesis, atendiendo a 200 niños que venían al colegio de barrios retirados. Las alumnas de bachillerato pertenecían a la Acción Católica, y "era impresionante verlas haciendo oración frente al sagrario. No cabe duda que esto los preparó cuando la lucha revolucionaria llegó, enfrentándose con valor, aún llegando a la cárcel no por la política, sino por Cristo"[69].

Después de un trienio, la Hna. Muñoz fue nombrada superiora de Manatí y llegó por segunda vez la Hna. Juana González como Superiora de La Habana. "Los años 57-58 fueron azarosos en La Habana pero más aún en la provincia de Oriente ya que en la Sierra Maestra se encontraban los revolucionarios que engañaron al pueblo...a fines de Diciembre de 1958 se esperaban acontecimientos definitivos, se rumoraban cosas grandes y efectivamente se retiró el Gobierno y entró el ejército revolucionario precisamente el 1 de Enero de 1959." [70]

Colegio de Manatí (1951)

Hubo una fundación en el poblado de Manatí, en Victoria de las Tunas en el 1951, "pero los Archivos de la Congregación no arrojan muchos datos sobre

---

[68] "Cien Años de Anunciar...", o.c.

[69] "Cien Años de Anunciar...", o.c.

[70] "Cien Años de Anunciar...", o.c.

ella."[71] La Hermana Josefina Muñoz fue nombrada Superiora de este colegio en el 1957.

La intervención de los colegios

Todos los colegios del Verbo Encarnado de Cuba fueron tomados por los milicianos que "estaban preparados con mucha anticipación...frente al colegio, dando órdenes, tocando la puerta con sus fusiles en las manos y realizando un registro. La Orden era: "Dejen las cosas como están y nos entregan la nómina del personal escolar y la de las religiosas con su nombre civil y el de religión."[72] Según leemos en las actas de la Comunidad en Cuba, avisó el jefe que nadie podía salir sin su permiso del Colegio, el que se solicitó y no lo dió. Así estuvieron cuatro días. Iban a comer, o a la capilla, y las seguían.

Un día llegó el Arzobispo de Santiago a celebrar la Misa en la capilla. El no sabía que estaban presas, no lo creía así. Después de la celebración del Arzobispado, el miliciano le impidió salir, después de haber dado parte a sus superiores de quien era el que había llegado. Se le avisó que estaba detenido. Sólo lo liberaron cuando llegó el Secretario de la Nunciatura, quien habló con el jefe miliciano y dio libertad al Arzobispo.

"El 1 de Mayo se declaró el Socialismo en Cuba en la Plaza Cívica", dice una religiosa. "Después vino la intervención del colegio de La Habana, como se hizo con todos; poner sello a los muebles y otras cosas; hacer inventario de lo que había, levantar actas y...el colegio era ya del gobierno. Las hermanas salieron en el primer avión exclusivo para religiosas."[73]

Hoy las Hermanas del Verbo Encarnado trabajan por la extensión de la Encarnación del Verbo para gloria del Padre en el amor del Espíritu Santo, en la enseñanza de la niñez y de la juventud. En catequesis, en misiones de Semana Santa, en jornadas de vida cristiana en distintas parroquias con los Asociados; en pastoral vocacional y tratando de ser una predicación del Verbo Encarnado por la caridad con los hermanos.

El escudo del Verbo Encarnado

Una corona de espinas circundando el monograma del Santo Nombre de Jesús. Abajo del Dulce Nombre hay un corazón herido por tres clavos y escrito en el AMOR MEUS. (La protesta de no querer amar sino a El). Nuestro Señor

---

[71] Marbach, Sister M. Stephana, IWBS, Superiora General, Comunidad de Victoria, Texas, 1994.

[72] "Cien Años de Anunciar...", o.c.

[73] "Cien Años de Anunciar...", o.c.

me dijo: "Hija mía; Mi nombre es como aceite derramado, muchas hijas serán atrídas a la Orden por su dulzura." El escapulario Rojo, figura de la cruz, teñida de sangre por la cual se reconcilió la tierra con el cielo, tiene este escudo bordado en seda azul en honor de la Sma. Virgen, Madre del Verbo Encarnado. La corona de Espinas y los clavos son las armas de su pasión que nos hacen recordar el espíritu de penitencia y mortificación. El corazón traspasado por los clavos nos recuerda el ofrecer el nuestro como Víctima a su amor y de reposo al hijo de Dios cuya queja fue: "Las zorras tienen sus guaridas y las aves del cielo sus nidos, pero el Hijo del Hombre no tenía donde reposar su cabeza..."

Escudo de los Colegios

El escudo que siempre han llevado todos los colegios del Verbo Encarnado desde que se fundó la casa en Gómez Palacio, Durango, lleva el lema de: "Ciencia, Virtud y Apostolado".

Documentos

Periódico "La Correspondencia", Vida Social, Cienfuegos, 1ro de Febrero de 1921. Extracto del Artículo

"La R.M. Vincent – Ante su Muerte"

"Ha muerto la superiora de la comunidad del Verbo Encarnado...cuanto dolor, cuanto sentimiento de pena ha causado su triste desaparición...Superiora de un colegio en el cual cursan sus estudios un grupo estimadísimo de señoritas de nuestras más apreciables familias. ¡Cúanto la lloran ellas que vieron siempre en esta sierva del Señor, en esta educadora sabia, en esta dignidad en la tierra para la preparación del alma y del cerebro, a una tierna y amorosa consejera, un corazón siempre abierto al consuelo, a los más puros y elevados principios de caridad y de fe cristiana!

La reverenda madre M. Vincent de la orden del Verbo Encarnado nació en Irlanda, de noble y distinguida familia, en el año 1860. A los 20 años consagró su vida a Dios en la orden del Verbo Encarnado para lo cual vino a los Estados Unidos en el año 1881, donde en el convento de Brownsville, Texas, entregó su vida a Dios y sus talentos a la educación de la niñez. Jamás interrumpió su carrera de profesora, contando entre sus alumnas hijas de distinguidísimas familias de los Estados Unidos, Méjico y Cuba, quienes consideran como grande honor haber tenido el privilegio de contarse entre sus discípulas...ellas la amaban con adoración y en las lágrimas que rodeaban las mil flores que cubrían su sepulcro, se veía reflejado el grande cariño de tantas niñas que la lloraban, discípulas agradecidas, de amigas desoladas, pero sobre todo sus hijas en la religión...

Sus restos venerados fueron revestidos con la hermosa librea blanca y roja de la orden del Verbo Encarnado... Llegó el momento solemne: se desfila el cortejo fúnebre que se extendió por varias cuadras. Salas, el reverendo padre superior de los Dominicos, encabezaba la procesión. Estaban presentes venerables sacerdotes de los padres jesuitas con su colegio, los reverendos padres Capuchinos, y numerosísimo contingente del clero de la diócesis en número de diez y ocho. Además de los venerables hermanos Maristas con 200 alumnos. Las religiosas de las Siervas de María, las Hermanitas de los Pobres, las Madres Dominicas, acompañadas de sus discípulas, las alumnas del Verbo Encarnado, con sus desoladas profesoras, la flor de Cienfuegos seguida por doce coches llenos de bellísimas flores...

...el señor Celedonio Pelayo despidió los restos de tan distinguida madre; pero el numeroso contingente continuó su triste marcha hasta depositar dentro de una nueva y artística fosa, cedida por las Religiosas Apostolinas, lo que era mortal de tan lamentada madre.

Concluída la bendición del sepulcro y el canto del ritual solemne, tristes se retiraron todos. "La Correspondencia" hace llegar su más sentido pésame a la comunidad de las religiosas del Verbo Encarnado por pérdida tan irreparable. Antes de terminar quiero copiar la invitación que recibo para la celebración de sus honras. Dice: "Las religiosas del Verbo Encarnado atentamente invitan a Ud. y a su apreciable familia se dignen asistir a las solemnes honras fúnebres que se celebrarán en la catedral a las 8 a.m. del lunes 14 del actual, en memoria de la venerada superiora reverenda madre M. Vincent, quien descansó en el Señor el 1 de Febrero de 1921."

La Rev. Madre Vincent Helena Herlihy

Nació en Irlanda de noble y distinguida familia, en el año 1860. A los 20 años consagró su vida a Dios en la Orden del Verbo Encarnado, para lo cual fue a Estados Unidos en el año 1881, ingresando en el Convento de Brownsville, Texas, donde entregó su vida a Dios y sus talentos a la educación a la niñez.

Habiendo llegado a Cuba, se estableció en Cienfuegos, abriendo un colegio en aquella localidad así como en Cruces, Esperanza, Lajas y Trinidad. El clima de Cuba fue muy duro para las religiosas y cinco hermanas murieron en un año, entre ellas la Rev. Madre Herlihy, fundadora de Villa de Matel. Su muerte, ocurrida el 1ro. de Febrero de 1921, fue profundamente sentida en aquella ciudad y en la comunidad del Verbo Encarnado.

Testimonios

Sister Kathleen McDonagh, I.W.B.S.
Secretaria General, Comunidad de Corpus Christi, Texas, 1994

"La Hermana María del Niño Jesús... terminó sus días en Corpus Christi. Ella fue exilada de Francia, exilada de México, exilada de Cuba, así que parece como si el exilio hubiera sido parte de su vocación en la vida... Desafortunadamente no me percaté en aquel tiempo (1976), del inmenso bagaje de información que debería poseer, y nunca le pregunté, y más nadie aquí parece haberle hecho recordar aquella época..."

Dr. J.G. del Barco-Lodrón
San Miguel de Allende, México, 1976

"Cuando era pequeño, vivía en Camajuaní, Las Villas, Cuba, y fueron ellas (las Madres) las que me enseñaron a ser cristiano, y ha sido por ellas que yo he sido un hombre mas decente...recuerdo a la Hna. Consuelo del Niño Jesús González (fue mi maestra de Kindergarten y además mi amiga por muchos años); la Madre Juana de Jesús Álvarez; la Hna. Catalina (no recuerdo su nombre de religiosa ni su apellido civil), y tantas otras..."

Pedro Echerri Cadalso
A.A. Colegio de Trinidad

"Como vecino muy cercano de la casa Padrón, desde que nací, estoy dando fe de todo el caudal de beneficios que propició a nuestro pueblo este colegio y que en el próximo aniversario de la fundación de la Venerable Orden del Verbo Encarnado, que se celebrará en México, enviar mi más calurosa felicitación, así como los mejores deseos de que el Omnipotente y su Santísima Madre, coronen cada día sus esfuerzos y sacrificios, con el éxito a que son merecedoras."

Trinidad, 6 de Abril de 1981

Delia Mauri y Cortés
A.A. Colegio de Trinidad

"Como alumna fundadora que fuí del Colegio del Verbo Encarnado en Trinidad.....escribo estos pequeños datos que tantos buenos recuerdos traen a mi memoria de mi juventud. Un día del mes de Agosto del año 1915, se recibió en mi casa de visita al Rvdo. P. Fray Amadeo Figueras, párroco de la iglesia Stma. Trinidad, y la Sra. Doña Teresita Fernández Choperenes quien recibió en su casa a las monjas, con el fin de buscar alumnas para la fundación de un colegio religioso en esta legendaria ciudad de Trinidad. Así fue..., a los pocos días abría sus puertas a la juventud Trinitaria el colegio religioso "El Verbo Encarnado" en la casa colonial, que fuera de la Sra. Dña. Clara Pavía, persona muy piadosa de esta ciudad, cuya casa es hoy la Casa Parroquial.

Fui alumna fundadora de dicho colegio, y a pesar de no tener este pueblo gran prosperidad, fue bastante nutrido el alumnado. Entre otras muchas amistades recuerdo a: Matilde Margarita Iznaga (fallecida), Elia Panadés (fallecida), Lourdes y Bernardita del Valle, Concha Fonot, Ma. Teresa Ulacia, Amparo y hermanas Albín, Manolo y Juan Bautista Medina, Gustavo Amigó, que luego fuera gran sacerdote jesuita, Leopoldina Fonseca, Maria Copado, Silvia Valdés Busto...y así infinidad de jóvenes de esta ciudad.

Recuerdo el uniforme blanco y azul y el hábito de las Madres con una coronita de espinas y un corazón en el frente. Entre las Madres recuerdo a la M. Matilde, Madre Llia, Filimón, Patricia, Colomba que era la profesora de música, y daba clases de piano.

Todas eran grandes profesoras, que impartieron conocimientos religiosos y culturales en momentos que tanta falta hacía a la juventud Trinitaria de aquella época, por lo cual esta vieja ciudad recordará siempre con cariño y agradecimiento a aquellas abnegadas y sacrificadas religiosas que, con tanto amor, sirvieron a nuestro pueblo a sembrar la semilla del Amor a Cristo a la vez de enseñar todas las asignaturas que preparan a los jóvenes para ser personas cultas y preparadas para la vida.

Hoy,...y después de tanto tiempo, recuerdo con gran cariño mis días pasados en aquel gran colegio que a pesar de tantos años no he olvidado. También puedo decirles que después que quitaron el colegio de esta ciudad, estuve un año en el colegio que tenían en Cienfuegos en la calle Argüelles esta misma comunidad del Verbo Encarnado.

Rogando a Dios les de fortaleza para que puedan seguir en el hermano pueblo Mexicano haciendo la misma labor que antes realizaron en esta vieja ciudad de Trinidad."

Trinidad, 9 de Abril de 1981

Francisca Lara Torres
A.A. Trinidad

"En el año 1916 creo que fue cuando abrieron el colegio pues al no continuar el Colegio de los Dominicos todo el mobiliario se lo pasaron a ellas y pudo ser más breve todo.

Tan pronto como esa escuela del Verbo Encarnado comenzó a funcionar se organizó una etapa de labores culturales en la misma. La M. Colomba era una gran profesora...la escuela tenía su himno que comenzaba "Somos hijos del Verbo Encarnado, hay acaso nobleza mayor..." no recuerdo lo demás...

En cuanto a ejercicios de recreación, todos los días a las 5 de la tarde los profesoras salían con los alumnos y subían a la Popa donde pasaban ratos muy agradables y hacían ejercicios. Yo tenía 12 años entonces..."

Abril de 1981

Recuerdos de la niñez

por *Pablo Cadalso*

La llegada de las religiosas del Verbo Encarnado a Trinidad.

"Corría la segunda quincena del mes de Agosto de 1915 cuando esas beneméritas religiosas procedentes del país mejicano aquí entre la gente menuda quizá podíamos decir causó asombro porque antes de ellas no habíamos nunca visto una religiosa vistiendo completo hábito —monja— pues lo que sabíamos al respecto sobre ese estado religioso lo conocíamos por las imágenes de Santa Teresa, Santa Rita y Santa Gertrudis de la iglesia parroquial y por las estampas policromadas con que nos obsequiaban en las clases de catecismo de la propia iglesia.

Las monjas llegaron y se hospedaron en la casa de la Sra. Fernández Choperena situada en la Calle Gloria. Esta Sra. era persona muy devota y religiosa que de seguro las recibió alegremente para tomar parte en esa empresa que era una necesidad sentida: tener un colegio religioso donde pudieran educarse niñas y niños en un ambiente religioso y moral. Las religiosas y la Sra. Fernández visitaron a muchas familias solicitando su concurso y el párroco, Don Amadeo Figueras, interesó el concurso de todos para este fin.

Yo recuerdo que casi todas las familias católicas dieron su apoyo moral a la apertura de ese colegio....Los de mediana posición, tuvimos que continuar en las escuelas públicas y atender las explicaciones en materia religiosa en el catecismo parroquial de los sábados en la iglesia al que ellas prestaron su concurso con entusiasmo ya que ellas no buscaban dinero sino llevar con rapidez el ambiente religioso a toda la sociedad.

Aunque yo, por la posición económica de mis padres, no fui alumno de ese plantel, tenía amigos que estudiaban allí y me enseñaban sus cuadernos de trabajo y apreciaba la diferencia que había con la que se enseñaba en la modesta escuela pública a que yo asistía...pero para estudiar religión o materias religiosas lo indicado es que sea en el ambiente moral y religioso de una escuela o academia católica. Y que sean explicados por quien la sienta y la viva en la tranquilidad de los claustros. Enseguida que comenzó el colegio se llenaron sus aulas de niños varones de pequeña edad y muchas niñas que ocuparon sus puestos ya mayores en su ambiente de religiosidad y moralidad que han sido ejemplos de esposas y madres de familia.

Retrotrayendo la memoria a ese año de 1915, se ve que mucho se hizo, pues Trinidad (estaba) incomunicada del cristianismo, en momentos difíciles y turbulentos, que vivía la querida América Latina."

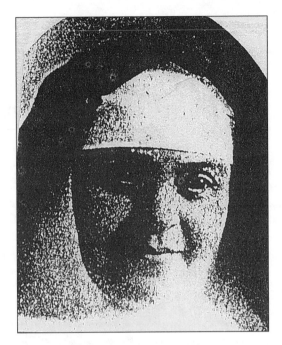

Madre Vincent Helena Herlihy

Colegio de Trinidad
(casa Padrón)

OFICINA DE LA JUNTA DE SUPERINTENDENTES

Registrado al núm. 338

Con arreglo á lo dispuesto en el capítulo 6.° de la Orden núm. 4, serie de 1902, del estinguido Gobierno Militar de Cuba, de acuerdo con la Circular núm. 7, fechada á 22 de enero de 1906, de la Secretaría de Instrucción Pública, y en uso de las facultades que me confiere el artículo 276 de la Ley Orgánica del Poder Ejecutivo, concedo autorización á *Heanna Heiliny*, natural de *Inglaterra* de estado *soltera* y de *25* años de edad, para que establezca una escuela privada con el nombre de *Colegio del Verbo Encarnado en Cruces*, subdistrito número ____, calle de *Independencia*, número *1*, Distrito Escolar de *Cruces*, provincia de *Santa Clara* limitando á *100* el número de alumnos que pueden ser matriculados.

Dicha escuela queda sujeta á las prescripciones de la mencionada Orden, de la número 368, serie de 1900, del estinguido Gobierno Militar de Cuba, y de la referida Circular núm. 7, debiendo esta autorización estar colocada en lugar visible

Profesores Auxiliares:

Ellie Stapleton, Mary Farrant y Margaret Fitzgibbon

Habana, 1.° de abril de 1915

Expte. núm. 5174

Secretario de Instrucción Pública
y Bellas Artes.

39

Religiosas Pasionistas (Hijas de la Pasión)

1916

"Todo por Jesús Crucificado y María Dolorosa"

La fundación

Diego de San Francisco Alberici nació en Roma en 1846. Pronto sintió la vocación religiosa y entra en el noviciado de la Orden de los Padres Pasionistas. Después de ordenado pasa a México donde es nombrado Superior de los Pasionistas en la casa de Tacubaya.

Por entonces, en esta ciudad de Tacubaya tres mujeres tenían una ecuela conocida como el "Círculo Católico". Eran ellas: Dolores Medina, María Romero y María de la Luz Barrientos. Aprovechó esta situación el P. Alberici para hacer una fundación de religiosas. Compuso las Constituciones y encaminó a las jóvenes por el camino de la vida religiosa. Así nació la Congregación de la Santísima Pasión y Muerte de Nuestro Señor Jesucristo y de los Dolores de María Santísima, conocida también como Madres Pasionistas.

Con el tiempo la Congregación fue creciendo hasta llegar a América. El 2 de Febrero de 1996 celebraron las Madres Pasionistas su primer centenario de fundada la Congregación. Comenzaron con nada y hoy se extienden por México, Cuba, El Salvador, Italia, España, Estados Unidos, Guatemala, República Dominicana, Puerto Rico, Honduras y Venezuela.

¿Cómo llegan las Madres Pasionistas a Cuba?

A comienzos del siglo XX estalló la Revolución Mexicana, y las congregaciones y órdenes religiosas se vieron enseguida afectadas y perseguidas. Una religiosa de la Pasión, la Madre Dolores Medina relata: "Recibí un recado de los que formaban la revolución proponiéndome que me uniera a ellos y dejase a los sacerdotes y quitase el nombre del Colegio poniéndole un nombre cualquiera, pero no de santo. El precio de tan espantosa apostasía debería darme cuanto dinero yo quisiera y respetaría a su modo el Colegio y a nosotros también. Sentí gran indignación ante esta propuesta y contesté solamente: Si tuviera una sola casa en Europa, me iba de esta jaula de locos." Esta situación motivó a la Madre Medina a hablar con la Superiora General de las Pasionistas y exponerle sus puntos de vista. Según ella, había que buscar salida en otros países, como por ejemplo en España o Cuba. Pero el Consejo General no veía las cosas con tanta claridad ni con tanto dramatismo y le negaron el permiso. La Madre Medina, quien entonces era la segunda consejera y quien residía en el colegio de Toluca, aceptó la decisión, pero el ritmo de los acontecimientos vino a darle muy pronto la razón.

A los pocos meses de suceder esto, y después de una multitud de atropellos con los colegios y casas religiosas, le fue presentada una orden de expulsión; debía la Madre Medina entregar la casa en 12 horas. "Por más pasos que dimos para evitarlo, fue necesario dejar aquella casa tan amada (Toluca) e irnos a casas particulares, donde recibimos la más santa hospitalidad. Pasados unos días de angustia, fui otra vez a México para ver a la Reverenda Madre y entregar algunas niñas que tenía en el internado. Pedí de nuevo con encarecimiento el permiso para fundar en la Isla de Cuba para nuestra Congregación tan perseguida, y lo que antes no había conseguido, me fue concedido."

La M. General, María de la Paz Muñoz, le da el permiso para trasladarse a Cuba con la esperanza de fundar allí una casa que sirviera como de refugio a las religiosas que por la revolución no pudieran permanecer en México, dando así, al mismo tiempo, expansión a la Orden.

El 20 de Enero la Madre Medina se despide de Toluca. Todo le trae evocaciones muy queridas: el colegio, el Ranchito, las raíces de la familia Medina. Pero los tiempos no permiten romanticismos. Hay que salir para Cuba:

"Llena de confianza en Dios busqué los medios para este viaje, que fue casi un milagro el conseguirlo y en tan poco tiempo, puesto que el 25 de Enero de 1916 llegamos a Veracruz la M. Ana María Leyva, la H. Carmen de San José (Martínez Velasco) y una postulanta, única que entonces quedaba en nuestra casa de Toluca, llamada Sofía Santibáñez, y yo. Estas dos religiosas me fueron asignadas como compañeras de viaje por nuestra M. General, sin que yo tomara parte ninguna en esta elección, puesto que no tenía yo otro fin al venir que la salvación de las almas y el bien de nuestra Congregación."[74]

Llega al Distrito Federal el día 21 y se hospeda en la Calle de Sto. Domingo 6 para arreglar sus papeles de traslado a La Habana. El 23 va con la Madre Leyva a solucionar los trámites en los consulados español y cubano. En la mañana del 25 las cuatro expedicionarias salían en tren de México con rumbo a Veracruz adonde llegaban en la tarde. La Madre Medina relata:

"Al bajar del tren un cargador creyó que éramos josefinas y nos llevó al colegio y ahí nos hospedamos, porque la superiora no quiso que fuéramos a ninguna otra parte. Al hospedarnos ahí oímos misa y comulgamos. El 26, después que nos vacunaron y sacamos los boletos y pasaportes, nos embarcamos a las 5:30 p.m. en el "Monserrate". El 27 salió el buque a las 15 para las 12 del mediodía. En la tarde me cogió el mareo; el viernes no salí del camarote. Como muerta estaba; sentía las agonías de la muerte. El sábado fue menos. El domingo 30, a las 5 a.m. se vió el faro de La Habana y el puerto. A las 8:30 desembarcamos. Antes nos volvió a ver el médico; nos puso el termómetro en la boca. Enseguida tomamos una lancha para llegar al muelle..."[75]

_____

[74] "Anales de la fundación de la Habana". Archivos de las Hijas de la Pasión.

[75] "Anales..." o.c.

La aventura cubana

Según el "Diario de la Marina" del 31 de Enero de 1916, el buque "Monserrate" llegaba a La Habana con 69 pasajeros, 26 de ellos en tránsito. De éstos, diez eran religiosas que huían de México por las persecuciones, entre ellas las Madres Pasionistas. Al llegar a Cuba la Madre Medina no conocía a ninguna persona ni llevaba recursos, pero (iba) llena de confianza en Dios, virtud en que se distinguió."[76]

En la vida de la Madre Medina están las tres líneas que la caracterizan: la enfermedad, la suma pobreza y la urgencia de la enseñanza católica en la niñez y la juventud. Respecto a la primera, hizo el viaje con fiebre aunque pudo desembarcar sin verse sometida a cuarentena, como le ocurría a muchos que entonces viajaban. Sobre el caudal económico para iniciar la empresa educativa en Cuba, no contaba con dinero ni recomendación alguna, solamente la acompañaba su confianza en Dios.

La Madre estaba paralítica y tenía fiebre. Dos robustos marineros la bajaron a tierra, pero nadie las esperaba. Muchos mexicanos llegaban al puerto a ver si veían a familiares o conocidos. Y allí estaban Paz y Teresa Haghembeck, de Tacubaya. Las dos conocían a la M. Medina, tenían amistad con los Padres Pasionistas y llevaron a las Hermanas a su residencia en La Víbora. Los Padres no salían de su asombro al ver con qué valentía se arriesgaban a fundar casa en Cuba. Estos, y de una manera muy especial, los Padres Juan de la Cruz, Provincial, y Pedro Bernaola de S. Martín, a la sazón en la Residencia de Jesús del Monte, las instruyeron sobre los primeros pasos que debían de dar para abrir un colegio en La Habana.

En el principio los Padres Pasionistas pidieron a la Fundadora que ella y sus religiosas se hicieran cargo del Colegio "San Pablo de la Cruz" en Santa Clara o abrieran allí un colegio femenino junto a éste, pero ella prefirió permanecer en la capital para ir recibiendo a las religiosas que llegaban de México y porque era grande el número de niñas que necesitaban la educación cristiana, carisma que quedó bien definido desde la llegada a la capital cubana.

Consiguieron de momento hospedarlas en el Asilo "San Vicente de Paúl" del Cerro, dirigido por Sor Petra Vega de las Hijas de la Caridad. A pesar de no tener literalmente espacio en ninguna de sus casas, pero ante las súplicas del P. Bernaola, Sor Petra desaloja la antesacristía y allí las coloca. Sor Petra le regala a la M. Medina un Almanaque de la Caridad. Un texto del "Almanaque" dice así: "Cuando se emprende una obra para gloria de Dios, corre por su cuenta el asistirnos. San Vicente de Paúl". En el Cerro permanecieron hasta que se pudieron mudar para su propia casa en Jesús del Monte.

---

[76] Piélagos, Fernando, C.P., "Raíz Evangélica", México, 1989.

El P. Juan de la Cruz, con la admiración que sentía por las Religiosas Pasionistas de enseñanza, había logrado que el Señor Obispo las acogiese benévolamente en su Diócesis. Fueron presentadas al Sr. Obispo de La Habana, Monseñor Pedro González Estrada, quien las recibió muy amablemente, atendiendo a sus deseos de fundar una casa-colegio en la capital de la Isla.

Así se lo expuso la Madre Medina claramente al Obispo en la solicitud del 11 de Marzo de 1916:

"El objeto que nos proponemos es proporcionar a las niñas una sólida instrucción basada en los principios de moralidad intachable, abarcando a la vez el cultivo de la inteligencia en todos los ramos del saber y la formación de su corazón con modales finos y distinguidos, amoldados en la práctica de la virtud cristiana, orden y economía social."

La Madre Medina tiene ya 56 años, "pero comienza en La Habana a dar pasos con garbo juvenil", relata el P. Piélagos en su obra. El 5 de Febrero, explica con más detalles la fuerza de su confianza en Dios al Señor Obispo:

"Llegamos hace unos días a esta diócesis expulsadas de nuestra infortunada patria por la revolución. Nuestra misión es la enseñanza. Y teníamos ahí varios colegios, entre ellos uno en el estado de México, lleno de religiosas y niñas. En unas cuantas horas se nos obligó a dejar la casa, que fue ocupada en un hospital de tifosos. Las jóvenes religiosas fueron repartidas de dos en dos en diferentes casas particulares donde por caridad fueron recogidas. Fiadas en Dios que no deja a los suyos, en la bondad de los PP. Pasionistas y en la caridad que caracteriza a V.E., me embarqué para esta Isla en compañía de dos religiosas, buscando refugio."

El Señor Obispo les señaló Jesús del Monte para la fundación del primer colegio ya que aquella zona de la ciudad carecía de colegios católicos, y necesitaba ayuda espiritual.

Después de haber vivido pobremente en el Asilo de San Vicente de las Hijas de la Caridad y maternalmente tratadas por Sor Petra Vega, el 9 de Marzo pudieron trasladarse a una casita ubicada en la calle de Jesús del Monte número 502.

Por aquellas fechas Cuba resultó buen refugio para algunos obispos mexicanos exilados, como Monseñor Guillermo Trischtler y Monseñor Mejía, de Yucatán, así como para diversas congregaciones religiosas. Mons. Trischtler coincide en La Habana con la Madre Medina. Le entrega 25 dólares para sus necesidades y otros tantos a Sor Petra por los gastos ocasionados al Asilo. La M. Medina se lo agradece con esta carta del 17:

"Recibí de Sor Petra la limosna que con tan bondadosa caridad se dignó mandarnos S. Ilma. y me dijo esta santa religiosa, a quien no pagaremos con nada, había recibido de S. Señoría una ayuda para el Colegio. No sé,

Ilmo. Señor, cómo agradecer tantas bondades; sólo Dios, que con nada se queda, paga al céntuplo sus beneficios..."[77]

Colegio La Inmaculada – La Habana (1916)

Abren el 9 de Marzo de 1916 en la calle de Jesús del Monte, una casa y el "Colegio La Inmaculada". El P. Francisco Mateos, C.P., mexicano, pinta el gran rótulo para colocar en la casa: **"Colegio de María Inmaculada Dirigido por Religiosas Pasionistas"**. Aquel histórico 9 de Marzo, por la tarde se inaugura la casita de las Madres. A las 2:15 llegan las Hijas de la Pasión con Sor Petra. A las 4:30 el P. Bernaola imparte la bendición. Sor Petra y las Hijas de la Pasión llevan velas encendidas. La pobreza, muy parecida a la de Nazaret, se refleja en este dato: "En una papelera se preparó un altar para la bendición." Se va decorando la casa en días sucesivos con obsequios de Sor Petra y del Padre Bernaola.

El colegio comienza a funcionar oficialmente el 2 de Abril con 8 alumnas y seis religiosas. Uno de los asistentes al acto, D. Miguel Carrillo, quien se convierte en padrino del colegio, paga la renta durante seis meses, y además entrega otros 20 pesos. El Párroco celebra la misa, bendice el colegio y hace un elogio de las Hermanas a las que califica como lo mejor de la sociedad. Asisten las primeras alumnas inscritas y las madrinas de la ceremonia. La parte musical corre a cargo de algunas alumnas del colegio "San Vicente de Paúl" que dirige Sor Petra Vega, a quien los asistentes agradecen la ayuda. Al concluir la ceremonia la M. Medina es entrevistada por los periodistas, a los que declara:

> "Los métodos de enseñanza que hemos adoptado en este colegio son los que están más en armonía con los presentes tiempos y que han obtenido mayores éxitos en los mejores centros de enseñanza, impartiendo a las niñas desde su más tierna edad una instrucción sólida, graduada y progresiva, proporcionada a sus fuerzas físicas e intelectuales, dando preferencia ante todo al método razonado y objetivo."[78]

El día 9 de aquel mes llegaron 10 hermanas más de México. No tenían dinero ni nada de valor, sólo la ropa que traían puesta que ni siquiera era el hábito religioso, ya que a causa de la revolución les estaba prohibido llevarlo puesto. Eran ya veinte religiosas Pasionistas en Cuba. Sin embargo, Dios no las abandonaría. El Sr. Carillo pagó dos meses más de la renta de la casa. Habló también la Madre Medina con la Sra. Francisca Grau Vda. de del Valle, y con el P. Morán, S.J., quien le prometió hablar el asunto con el hijo de la Sra. del Valle,

---

[77] Crónica de la Fundación de la Habana.

[78] "Anales... " o.c.

jóven noble y caritativo como su madre. El les daría la primera limosna fuerte. El 5 de Mayo de 1916 se solicita permiso para decir misa en la casa.

En Noviembre 29 muere el P. Juan de la Cruz, un gran apoyo que tenían en Cuba. Como los demás mexicanos que sufrían exilio, la M. Medina se vuelve a la Virgen de Guadalupe. Para invocarla se organizan cultos especiales el 12 de diciembre, en la Iglesia de la Merced. La M. Medina y unas 60 niñas del colegio 'La Inmaculada' asisten a la misa. Preside Mons. Mora del Río, Arzobispo de México. La crónica del Diario de La Marina del 13 de Diciembre de 1916 destaca que

"...la recepción fue muy conmovedora. Sesenta alumnas del colegio 'La Inmaculada' que en La Víbora dirigen las Madres Pasionistas, pasaron al templo, saludando a la Santísima Virgen de Guadalupe, cantando un hermosísimo himno. ¡Con que fe y entusiasmo lo interpretaron las niñas cubanas!"

El trabajo dió fruto y pronto hubo necesidad de alquilar otra casa mas amplia. Al cabo de un año **El Diario de la Marina** volvía a elogiar la tarea llevada a cabo por las Hijas de la Pasión en Cuba:

"Todo está perfectamente organizado... A los aplausos y felicitaciones que se han tributado por la selecta concurrencia al reparto de premios, unimos el nuestro, tributándoselo de manera especial a la Superiora, Dolores Medina Zepeda, religiosa distinguida por su ciencia y su virtud. Debemos regocijarnos por la llegada a nuestras playas de tan sabias profesoras, las que han comenzado a reportar a las niñas los grandes beneficios de la educación e instrucción científico-religiosa que nos darán madres abnegadas y cuyos vástagos tendrán por norte y guía el amor de Dios y el amor al prójimo, en lo cual está la felicidad de los pueblos y las naciones."[79]

Pero las 70 alumnas del colegio no abonaban bastante para todas las necesidades, y además el dueño de las casas urgía el desalojo de ésta para reformas y obras que no podían esperar más. Mientras hacen los arreglos en la casa se mudan en Enero de 1917 para la finca de la familia Del Valle situada en la calle Pocito, 11 en la Víbora. Así consta en los apuntes de la M. Medina que relata:

"En nuestra angustia, sin medios, con tan mal casa y no encontrando nada (mejor) ¿qué hacer? Pero Dios no abandona a los suyos."

Resultó que se quedaron en la casa de la calle Pocito, cuando la Sra. del Valle les donó la quinta para el nuevo colegio. Así las religiosas pudieron extender sus servicios a un mayor número de jóvenes, y lejos de disminuir el número de niñas, aumentó, obligando a las religiosas a una mayor abnegación.

Había dificultades para recoger a las niñas mañana y tarde, y en tiempo de lluvias, esto era casi imposible. Entonces se pensó en poner un carrito que regaló

---

[79] Archivos, Casa de Lares, Puerto Rico, 1994.

el Sr. Luis del Valle. La guagua era tirada por dos mulos blancos a quienes las niñas bautizaron con el nombre de "Nevado" y "Palomo".

La M. Medina, mexicana por los cuatro costados, se encarna en la realidad de Cuba. Sabe que la Virgen de Guadalupe fue la Madre que dio a luz al Instituto a la sombra del Tepeyac. Ahora quiere que sea la Virgen de la Caridad, la que desde el Cobre, ayude a su crecimiento en esta isla. Le han regalado una imagen y piensa hacer una fiestecita en el colegio durante el mes de Octubre. Corre el año de 1918.

El Capítulo del 1919 – La Madre Medina Superiora General

Mientras tanto se celebraba Capítulo en Marzo de 1919, y para allá marcha la M. Medina. A la hora de las elecciones fue señalada para mejorar el Instituto y es nombrada Superiora General. Aceptó porque tenías ganas de trabajar por Cristo y por las Hermanas. Después de solucionar algunos problemas en México regresó a Cuba. "¿Se le iba el corazón a Cuba?" comenta el Padre Piélagos. "No es malo tener corazón, ¡y menos en una Madre General! México en aquellos tiempos era un avispero con pocas perspectivas para los colegios católicos. Mientras que Cuba ofrecía paz, estabilidad y trabajo. Además la Madre Medina no iba a buscar una paz egoísta, sino a servir a las Hermanas."[80]

En ese Capítulo salen elegidas: para La Habana, la Hna. Gabriela de la Dolorosa, y para Unión de Reyes, la Hna. Ana María Leyva. El 3 de Junio el Rvdo. Padre Pineda informa a la M. Medina que el Arzobispo ha aprobado los nombramientos pero "encarecemos a V.R. se tome especial empeño en los colegios de Cuba, dado el fruto que estos establecimientos producen en la Isla y vista la recomendación especial del Delegado Apostólico y del Obispo de Matanzas."[81] La Madre Medina sale de Veracruz el 29 de Junio y llega a La Habana el 1ro. de Julio acompañada de las Hermanas Ana María Leyva, Ma. Concepción Quintana Nolán, María Carolina Ramery, Manuela Sandoval Sánchez, María Narváez y Marta Villa.

En el 1920 Mons. González Estrada escribe a la M. Medina a Tacubaya, donde se encuentra, y le pide que se cambie el nombre del colegio para evitar confusiones entre los colegios, de las Hijas de la Caridad y el de las Madres Pasionistas, ambos denominados de "La Inmaculada". "Como éstas deben tantos favores a aquellas,—dice el P. Piélagos en su obra— ceden su derecho y adoptan un título más mexicano: "Colegio Nuestra Señora de Guadalupe". En 1921 el Colegio "La Inmaculada" cambió el título por el de "Nuestra Señora de Guadalupe". Ya había ciento y tantas alumnas internas en el colegio, y en 1922 se incorporó el Plan de Estudios a la Secretaría de Educación.

Estaban ya situadas en tres colegios: el de La Habana, el de Unión de Reyes y el de Sabanilla del Encomendador.

---

[80] Piélagos, P. Fernando, C.P., o.c.

[81] Archivo Hijas de la Pasión, Actas Capitulares Generales.

Colegio Nuestra Señora de los Remedios
Sabanilla del Encomendador (1916)

En 1916 Monseñor Sainz visitó a las Hermanas de La Habana y se llevó a cinco para Sabanilla del Encomendador con el fin de fundar allí un colegio al que dotó lo mejor posible. Las fundadoras de este colegio fueron las Madres: Rondero, Ibarrola, Chávez Mondragón, Alcántara y Toscano. Salen para Sabanilla el 25 de Agosto, y el colegio es inaugurado el 12 de Septiembre, según la crónica de El Diario de la Marina:

> "Un acontecimiento trascendental es, sin duda, el que se verificó en este pueblo el día de ayer...A iniciativa de nuestro celoso y querido párroco, y debido a su tenacidad sin igual, levantóse en la calle de Máximo Gómez un soberbio edificio que es gala de nuestro ornato urbano, y secundado por el Obispo diocesano ha sido dedicado a un plantel de enseñanza que dirigen las Madres Pasionistas, cuya superiora es la bondadosa e inteligente Hermana María de los Dolores Medina."

La bendición del local la imparte Monseñor Sainz. Un grupo de niñas representa "Escena doméstica", y siguiendo la crónica del Diario de la Marina:

> "Bajo la dirección de religiosas pasionistas establecidas en Sabanilla del Comendador se ha abierto un colegio de parvulitas a donde los niños podrán asistir hasta la edad de nueve años. Hermosa es la labor realizada por estas excelentes religiosas en el pueblo de Sabanilla, quienes no contentas con educar solamente a las niñas, se proponen también preparar a los niños desde sus más tiernos años para que su educación sea más fructífera."[82]

Pero esta fundación resultó ser una prueba de pobreza por las mil vicisitudes que pasaron. Al año de abrir tienen que cerrar el colegio "por encontrarse la casa en la mayor penuria; el colegio sin niñas, hundido casi y plagado de deudas."[83]

Colegio Nuestra Señora de los Ángeles
Unión de Reyes, Matanzas (1918)

En la primavera del 1918 se abre un colegio en Unión de Reyes, provincia de Matanzas. Pero allí no se puede administrar bien el colegio, y las deudas se van amontonado, siendo imposible mantenerlo. La Madre Medina va a Unión de

---

[82] Diario de La Marina, 16 de Noviembre de 1916, edición de la tarde. En el Boletín de la Provincia Eclesiástica de Cuba, 28 de Febrero de 1917, página 134.

[83] Archivo de las Hijas de la Pasión.

Reyes el 5 de Julio de 1919 para tratar de arreglar la situación. Al no poderse resolver decide cerrar la casa y llevarse a las religiosas para La Habana. Es el 11 de Abril de 1920. En una carta del Rvdo. Rogelio Monet, antiguo párroco de Unión de Reyes, justifica la prudencia de la Madre Medina al abandonar el centro:

> "Al ser trasladado de la parroquia de Unión de Reyes a la de Agramonte, durante mi estancia en dicha parroquia tuve que tratar a las religiosas de la orden que dirigen el Colegio de Nuestra Señora de los Angeles; creo un deber manifestarle mi gratitud y admiración por sus dignas religiosas...como religiosas cumplieron las Reglas de la comunidad en todo lo que humanamente es posible; como maestras procuraban inculcar en las niñas todos los conocimientos, que según su grado, eran capaces, y con respecto a mí, me consta que han batallado por permanecer en Unión, pero primeramente el número de alumnas no era suficiente para que un colegio se pudiera mantener, y la falta de edificio adecuado que no había ni se tenía esperanza de poderse obtener, y finalmente, que en este pueblo de Unión de Reyes no hay condiciones para que una casa religiosa pueda sostenerse..."[84]

En el 1922 la Madre Medina decide hacer una visita canónica a Cuba. El 11 de Mayo avisa al Vicario de Religiosas: "Me voy a La Habana para hacer la visita canónica...Llevo conmigo a la M. Secretaria y a una de las nuevas profesas porque ella necesita los aires de su patria y en esa casa hay necesidad de personal. Nos embarcaremos, Dios mediante el 15 de éste." La Hna. necesitada de aire cubano era Caridad Vázquez Ayala y la secretaria la Hna. Ortiz de Montellano.[85]

Último viaje a Cuba

El 27 de Enero de 1925 se embarcó en Veracruz y el 30 llegó a La Habana, las mismas fechas que en aquel histórico primer viaje. Pero éste iba a ser el último. El 2 de Febrero celebró el último aniversario de su profesión religiosa allí. Con más amor que nunca repitió: "Tomad Señor, y recibid toda mi voluntad..." Las Hermanas se sintieron muy felices de tenerla a su lado y de verla tan bondadosa y maternal. El recuerdo que dejó está muy explícito en la "Crónica" de la casa: "Visitó las oficinas, tomó nota de todo, habló con todas y cada una de las Hermanas. Declaró que lo encontraba todo muy bien y que las Hermanas le parecieron fervorosas y de buen espíritu. Todo le pareció bien..."El 4 de Marzo sube al vapor "Colón" con las Hnas. Gabriela de la Dolorosa, Manuela de la Inmaculada y la Srta. Barazueta. Al abandonar la Isla agita el

---

[84] Archivos Hijas de la Pasión, Esritos sobre la Congregación, Carta del 10 de Marzo de 1920.

[85] Archivos Hijas de la Pasión.

pañuelo con tristeza: no pisará más la bendita tierra que le sirvió de refugio y de patria al tener que abandonar la propia.

Estando haciendo unos ejercicios espirituales en Tlalpan se sintió mal. El 3 de Noviembre se trasladó a "García Conde" para la fiesta del 4 en honor de la Superiora, la Madre Ramery, pero el día 5 ya no pudo levantarse. El tifo que padecía se complicó con problemas renales y circulatorios. Finalmente entregó su alma al Señor el 16 de Diciembre de 1925, el mismo día en que comenzaban las alegres posadas navideñas.

En la crónica de la casa de La Habana se escribe: "Dejó ejemplos de pobreza, de amor a la Santa Regla, de grandísima paciencia y abnegación. Una hermana suya quiso verla en sus últimos momentos, pero nuestra buena madre no lo permitió por no dar ese mal ejemplo a la comunidad. Así acabó aquella santa religiosa que hizo tanto bien a las almas aún en los últimos momentos de su vida."[86]

En Mayo de 1984 el Cardenal Corripio, Arzobispo de México, firmó el decreto por el que se autorizan los procesos de Beatificación y Canonización de la Madre Dolores Medina. En 1988 se clausuró el proceso Diocesano.

Colegio Nuestra Señora de Guadalupe
Playa Santa Fe, La Habana (1947)

El Colegio "Nuestra Señora de Guadalupe" de La Habana ya estaba consolidado, pero no tenía una inserción entre los pobres, como al principio. Por este motivo la Rev. Madre Ramery pensó abrir otro colegio para la clase humilde de la sociedad de La Habana. Con la aprobación del Consejo General, se abrió el colegio en la Playa Santa Fe el 3 de Marzo de 1947. Se pensó que el nuevo Colegio sería filial del Colegio Nuestra Señora de Guadalupe, y por ello llevó el mismo nombre. En 1951 se adquirió un ómnibus y un pisicorre para el servicio del Colegio. En 1953 se compró una casa nueva para mayor comodidad de las niñas. En el curso 1955-56, tenían ya 115 alumnas y 40 internas. A pesar de la pobreza, la comunidad trabajó denodadamente en el servicio de la clase humilde del pueblo. Se trabajaba con fidelidad al carisma de la Pasión. Después llegaron problemas políticos que acabaron con esta obra.

La crisis con la llegada del gobierno comunista

Un cronista escribe: "El 1ro. de enero de 1959 entró Fidel Castro en La Habana. Terminó la Revolución y empezó a haber la ansiada libertad. Dimos gracias a Dios Nuestro Señor y a la Sma. Virgen y pedimos que esta paz fuera

---

[86] Archivo Hijas de la Pasión, Crónica de La Habana, pág. 148.

duradera." Pero el 1ro. de Mayo escribe otra cronista del colegio de La Habana: "Con pena por la situación actual del gobierno que tiene Cuba, empezamos este mes consagrado a Ntra. Madre Celestial, pidiéndole interceda por esta querida y pobre Patria, que se ve amenazada por el Comunismo." El 21 de Enero de 1960 continúa: "La situación sigue delicada y por eso la Madre Superiora decide mandar a las religiosas mayores fuera de Cuba. Y han enviado 3 religiosas con rumbo a San Salvador. Las Hnas. Pasionistas continúan fieles en su carisma educativo a pesar del ambiente claramente hostil a la enseñanza religiosa, pero el 19 de Febrero todavía alcanzan a hacer la Primera Comunión un grupo de niñas del Catecismo, quizás Dios permitió esto, porque se quiere arrancar a Jesús del alma de los niños inocentes. En medio de tantos sinsabores El permite estos momentos de gozo."

Grupos de Hermanas van abandonando Cuba, unas con rumbo a El Salvador, otras para México. El movimiento de la Casa de la Playa concluye en el mes de Abril de 1961 y en el mismo mes, y en el día 17 la crónica de la comunidad de La Habana termina su historial, con este párrafo: "Abril 17, hemos tenido momentos difíciles. A las 11 a.m. se tuvieron momentos agitados por la calle. Las alumnas fueron sacadas del Colegio. Sus familias las recogieron. A las 12 del mediodía un pequeño grupo de alumnas, la mayoría becadas, montaron guardias en las puertas del colegio. Usaban saya negra, la del colegio, y blusa roja. A partir de ese momento, fueron registrados por ellas cuantos entraban y salían del colegio. Nosotros exclamábamos: ¡Dios mío, dános fuerza!

Abril 18. Por la situación anterior, no hubo clases. Imposible, hemos estado bajo custodia. Se nos acusa de guardar armamento...se anuncian incursiones.

Por estas fechas, se nos anuncia que al día siguiente, íbamos a ser sacadas del Colegio las religiosas, que se nos iban a picar los hábitos y a ser colgadas... Al día siguiente, llegaron muchos padres de familia para auxiliarnos. "Empezó la Santa Misa (era domingo)" —comenta la Hna. María Magdalena García— "las milicianas estaban en la puerta de la capilla con sus ametralladoras... Todas las hermanas estuvimos muy tensas en esa Misa. Al salir nos mostramos muy amables con ellas, les ofrecimos café, pero no aceptaron, dijeron que no tenían costumbre de aceptar nada fuera de su centro que no fuera a tener algo ese café; caminaron por los corredores del Colegio buscando no se qué.

Después se fueron, pero en la tarde pasamos un gran susto: estábamos en la oración en la capilla, cuando se oyeron pasos muy fuertes, como de hombres. Sí, eran dos milicianos que se treparon por la barda y nos sorprendieron en la capilla, la punta de las ametralladoras llegaban al techo, pues era la capilla de techo bajo, se dirigieron a la Hermana que leía los puntos de meditación, le quitaron el libro de las manos y le dijeron: '¿Qué leen?' Está prohibido tener reuniones. La Hermana le contestó que era nuestro momento de hacer oración, y que teníamos que reunirnos para hacerla. Después se dirigieron a la sacristía, buscaban hombres, dólares y armas, que decían ellos teníamos guardados. Ya antes habían subido a la Hna. Rosario que había bajado al salón de actos como a las 5:30 p.m. para que no se echaran a perder los muebles con la sal del mar, pues nuestro colegio daba al mar. Le pusieron la ametralladora en la espalda y la obligaron a abrir el salón de actos, pues decían ellos que allí teníamos hombres guardados (era la víspera de la invasión de Bahía de Cochinos). La Hermana subió serena para llevarlos a la capilla pues querían ver a las religiosas.

El día de la invasión pasamos también mucho susto porque de pronto se oyeron voces muy fuertes dentro de la casa y afuera que nos decían: ¡Tírense al suelo! Nosotras las defendemos, no se muevan!' Nosotros no sabíamos si era la hora de nuestra muerte. Así permanecimos postradas mucho rato hasta que ellas dieron la orden de levantarnos. Las luces seguirían apagadas durante varias horas. ¡Que días terribles!

Los milicianos casi convivían entre nosotras, decían que nos cuidaban, y que tenían que hacer guardia en el mirador que daba al mar y al corredor fuera de los dormitorios para vigilar que no llegaran los Yanquis. ...en la calle pasaban camiones con alta voces demasiado fuertes, gritando: "Los frailes y las monjas a España o se van a cortar caña! A todos los frailes los vamos a colgar. Patria o Muerte, Venceremos!" Eso se repetía muchas noches...¡fueron días de infierno! no comíamos, no dormíamos, no rezábamos tranquilas. La Superiora nos decía: Ya, dejen todo en manos de Dios. En esos días también íbamos a la capilla a hacer horas santas con los brazos en cruz, pidiéndole a Dios cambiara la situación. Los milicianos se asomaban para ver que hacíamos nos veían con los brazos en cruz sin ellos imaginarse que significaría aquello.

A la Comunidad la fueron reduciendo poco a poco hasta dejarlas en un cuarto sin comunicación de ninguna clase. La Madre Superiora amenazada, y que ella no podría salir, que las mexicanas si, pero la cubana no (ella era cubana). La Comunidad no quiso dejarla sola y así afrontaron la situación, hasta que la secretaria de la Embajada de México tuvo que intervenir y así pudieron salir todas."

Concluía así en plena primavera la experiencia de fe y de servicio que había iniciado 45 años antes la Fundadora en tierra cubana. Huyendo de la persecución llegaron a Cuba, y huyendo de la persecución se fueron exiliadas una vez más. Las Hermanas de Santa Fé llegaron a México el 28 de Abril de 1961 y las de Pocito, en la Víbora, un poco más tarde."[87]

Himno del Colegio

Compañeras volad presurosas,
del pendón de la Virgen en pos
y en la lucha saldréis victoriosas
defendiendo a la Patria y a Dios.
(bis)

---

[87] García, Hna. María Guadalupe, correspondencia con la autora, Chihuaha, México, 1996.

De la Santa montaña en la cumbre
apareció como un astro María
ahuyentando con plácida lumbre
las tinieblas de la idolatría.
(bis)

Compañeras volad presurosas,
del pendón de la Virgen en pos
y en la lucha saldréis victoriosas
defendiendo a la Patria y a Dios.

Las Hijas de la Pasión en la Cuba de hoy

El 17 de Marzo de 1995 regresaron las Hijas de la Pasión a Cuba. En la actualidad hay tres religiosas que trabajan en la Arquidiócesis de La Habana. Ellas son las Hermanas: Guadalupe Aguilera (mexicana), Elodia López (mexicana) y la Hermana Remedios (española). El trabajo pastoral lo desarrollan en la Parroquia de Santa Bárbara con el Padre Gaby, y el apostolado que realizan es inmenso. "La gente tiene hambre de Dios, les gusta que les hablen de la Biblia", relata la Hna. María Magdalena García. "Las Hermanas dan catequesis a mayores, preparan a jóvenes para el Bautismo y a los niños para la Primera Comunión. También tienen un coro."

Y continúa la Hna. García: "Han vuelto algunas ex-alumnas quienes, llevadas del cariño que nos tienen, visitan a las Hermanas y les hace mucho bien esas conversaciones. Las Hermanas están felices y dicen que no cambian su apostolado por ahora, por ningún otro."

Testimonios

Hna. María Magdalena García, R.P.

"Viví en Cuba 24 años dando clases en los dos Colegios que allí teníamos. Llegué el 3 o 2 de Noviembre de 1937. En el Colegio que estaba en la Víbora, en Pocito Número 73 duré 21 años y en el otro de la Playa Santa Fé di clases solamente 3 años. Me compenetré tanto con las cubanas que cuando regresé a México, me sentía extraña, fuera de mi ambiente. ¡Años felices aquellos en donde dejé lo mejor de mi vida y mi juventud! Y ahora me da tanta pena verlas que sufren y sin poder hacer casi nada por ellas. Sólo orar, no hay día que no ore por tan queridas exalumnas. Mantengo correspondencia con las de Cuba y las de Miami.

Fui hace un año a Cuba pero regresé con más pena de la que llevaba, al palpar con mis propios ojos la carestía y la necesidad por la que atraviesan. Fue aquello una antinomia por la alegría de volvernos a ver y el dolor de verlas sufrir tanto. ¡Que días aquellos! No sé describirlos! Pido a Dios siempre que ya termine ese martirio blanco que las está crucificando."

Mi adiós al Colegio

por *Mercy Nariño*, A.A. de la Víbora
(tomado de la Memoria del Curso 1952-53, La Habana)

"Hay una palabra en el diccionario castellano, que es por sí misma expresión de tristeza y alejamiento: esa palabra es DESPEDIDA. Todas las despedidas son tristes y difíciles, por eso cuando hablamos de ellas se humedecen nuestros ojos al evocar quizás al familiar querido a quien hubimos de decir adiós para siempre; o tal vez al pensar en alguien de nuestra amistad, que ausente y lejano aún recordamos. Siempre he sentido dolor por el que, distante de su patria, la añora; siempre he admirado a los que, como las Religiosas que nos formaron, dejan su tierra por sacrificio sublime y...sin embargo, nunca he experimentado el dolor intenso de las despedidas, como ahora. Ahora que tenemos necesariamente, que abandonar nuestro querido Colegio, para abrirnos paso por los múltiples senderos del mundo...ahora que nos vamos a separar, las que tanto tiempo hemos sido como hermanas;...no puede ni debe haber en nuestro adiós el sabor amargo de la despedida; porque..."despedida" es renunciación, alejamiento, abandono, y...la juventud que bulle en nosotras, no conoce de renunciamientos ni de amarguras.

Dejamos, sí, el colegio que tanto amamos, pero no lo hacemos con llanto porque, nuestra salida no es definitiva: ahí está siempre esperándonos la blanca capillita resplandeciente en su sencillez. Ahí estarán siempre las cariñosas Madres Pasionistas, que nos vieron crecer y hacernos mujeres entre sus cuidados; no defraudemos sus esperanzas y digamos ADIOS al Colegio, con la cristalina sonrisa que nos ha caracterizado, sabiendo que nuestra alma estará siempre en las aulas. No defraudemos esas ilusiones de nuestras Madres y Maestras, y...cuando la vida con sus espinas, nos haga silenciar la risa alegre y despreocupada, llevemos siquiera a flor de labios, una tierna sonrisa que ilumine a cuantos nos rodean, para que como mujeres y madres cristianas, practiquemos la sabia lección que de ellas hemos aprendido haciendo: TODO POR JESUS CRUCIFICADO Y MARIA DOLOROSA."

Colegio Nuestra Señora de Guadalupe, La Habana

Madre Dolores Medina Zepeda, fundadora

Comunidades de La Víbora y Santa Fe, 1952

Colegio de Santa Fe, 1952

Rvda. Madre María Elena de la Cruz

40

Congregación Salesiana
Sacerdotes de Don Bosco

1917

Don Bosco y la Congregación Salesiana

En el Piamonte italiano, muy cerca de Castelnuovo y en el caserío de Iecchi, nace Don Bosco el 16 de Agosto de 1815, y lo bautizan Juan Melchor Bosco. Desde su niñez siente el llamado al sacerdocio estudiando en el Seminario de Chieri, y recibe el presbiterado en 1841, de manos del Arzobispo de Turín.

Tratando a los muchachos de la calle conoció Don Bosco el estado moral de la juventud y desde entonces se dedicó al cuidado espiritual de los presos. En las cárceles trató con una pobre juventud descarriada, y de este contacto y experiencia nacieron los Oratorios, cuya esencia definió el mismo con estas palabras: "La instrucción religiosa es el fin fundamental; el resto es accesorio, y sólo como el cebo para atraer a los jóvenes. Cuando un muchacho entra en un Oratorio debe persuadirse de que se halla en un lugar religioso, donde se desea hacer buenos cristianos y honrados ciudadanos."[88]

En su apostolado, el primer auxiliar de don Bosco fue su propia madre, y después se le unió Don Borel, otro sacerdote que siempre le prestó su ayuda. Ya para el 1857 había varios miembros que se le habían unido. Se le dió el nombre de Congregación Salesiana como un tributo de cariño a San Francisco de Sales, por quien San Juan Bosco sentía verdadera estimación y gran veneración. En 1869 Pio IX aprobó la Congregación provisionalmente, y las Reglas fueron finalmente confirmadas en el 1874. También en 1872 se fundó la Congregación de Hijas de María Auxiliadora, obra dedicada a las niñas.

Falleció Don Bosco en el 1888, y Pio X lo declaró Venerable en 1907. En el 1929 Pio XI lo declaró Beato, y en Abril de 1934 fue elevado a los altares. Su obra benéfica se ha extendido por cinco continentes con 616 instituciones entre colegios, escuelas, iglesias y otros centros de espiritualidad. La característica pedagógica de San Juan Bosco se basa en la sólida formación en la fe, en el ejemplo bueno y constante, y en rodear esa formación de todos los atractivos que la hagan firme, racional y constante.

Los Padres Salesianos en Cuba

Siguiendo los deseos de la Srta. Dolores Betancourt y Agramonte, Camagüeyana ilustre, de construir en su ciudad natal una escuela de artes y oficios para niños pobres, y su expresa voluntad de que fueran los Padres Salesianos los que se encargaran de esta fundación, en 1916 el Rector Mayor, Rvdmo. D. Pablo Albera, obtuvo el debido consentimiento para que bajo contrato vinieran a Cuba los Hijos de San Juan Bosco.

Los cuatro primeros Salesianos seleccionados fueron los Padres José Calasanz y Esteban Capra, junto con los Coadjutores José María Celaya, y

---

[88] Testé, Mons. Ismael, 'Historia Eclesiástica de Cuba", Tomo IV.

Dionisio Ullivarri. Estos, a principios de Enero de 1917, salieron de Barcelona con rumbo a Nueva York para entrevistarse con la fundadora, quien se encontraba en aquella ciudad.

A principios de Abril de 1917 llegaron los Padres a Camagüey y fueron recibidos por el Excmo. Sr. Obispo Fray Valentín Zubizareta.

Colegio Salesiano – Institución Inclán
Víbora, Habana, 1920

Esta obra se llamó también "Asilo San Cayetano" y estaba situado en la Calle Carmen 355, en la Víbora.

Muchos en La Habana deseaban tener a los Salesianos. Monseñor Manuel Arteaga, entonces Vicario General y cooperador Salesiano, estaba preparando el ambiente con la difusión del boletín Salesiano y la propaganda de la devoción a María Auxiliadora. Había organizado incluso la Pía Unión de los Cooperadores Salesianos para la recaudación de algunos fondos. Al trasladarse en 1918 el P. José Calasanz a La Habana para hablar con la Srta. Betancourt, se encontró allí con estos amigos de la obra Salesiana. Asimismo habló con el Dr. Francisco Angulo, quien había sido encargado por los difuntos hermanos Manuel y Gayetano Inclán y Paredes, de fundar una obra de beneficencia para la educación de muchachos huérfanos y de escasoos recursos.

Estos dos hermanos, de apellido Inclán, habían nacido en La Habana, quedando huérfanos y sin protección alguna cuando eran niños. A fuerza de trabajo lograron ser, a su edad adulta, los dueños de una gran empresa. Siendo solteros ambos, decidieron legar 600 mil pesos para la fundación de un orfanato. Muerto el primero en 1910 y el segundo en 1915, nombraron albacea testamentario al abogado Francisco Angulo. Este se presentó a los Padres Jesuítas para tramitar la fundación, pero ellos le dijeron: "¿Un colegio de artes y oficios para niños? Vaya a los Salesianos; eso es lo suyo."

El Padre Calasanz informó de esto al Rector Mayor de los Salesianos, le envió los planos, y tras la aprobación, los confió al ingeniero Leonardo Morales.

Nombrado el P. Calasanz Visitador del Perú y Bolivia, dejó al frente al P. Tomás Plá, quien a su vez se trasladó dos años más tarde a la misión de Méndez y Gualaquiza, en el Ecuador, con Mons. Domingo Comín. El P. José Misieri fue puesto al frente de la obra, para la supervisión de los trabajos, al mismo tiempo que, con algunos clérigos, atendía las clases y el Oratorio Festivo.

Aunque el colegio había comenzado en el 1920, no fue hasta Febrero de 1927 en que, aprovechando la visita extraordinaria del P. Antonio Candela, consejero de las Escuelas Profesionales, se realizó la inauguración oficial de la fundación con la asistencia del Presidente de la República, General Gerardo Machado, y otras autoridades civiles y eclesiásticas. Los alumnos y becados, pensionistas y externos, que aquel año se habían aceptado, brindaron a los presentes una exhibición gimnástica y literaria.

La Institución, según las instrucciones que tenía el albacea, debía ser administrada y gobernada por una junta de patronos, compuesta por los siguientes miembros: el Arzobispo de La Habana, el director Salesiano de la institución; el director del Colegio de Belén de los padres Jesuítas, el Ministro de Sanidad y Beneficencia, y el ministro de Educación. De esta forma hubiera habido mayoría eclesiástica a la hora de votar los acuerdos.

Se habían redactado también los estatutos por los que debía regirse dicha junta de patronos. Su artículo segundo establecía: "la Sociedad Salesiana tendrá completa libertad en la dirección y régimen del colegio, como también en la aceptación y exclusión de los alumnos." Pero antes de que el Dr. Angulo pudiera reunir a dicha junta de patronos y dar cuenta de ello al Gobierno, un abogado informó al mismo de la existencia del legado testamentario, acusando al Dr. Angulo de no haberlo presentado al Gobierno según las leyes de beneficencia vigentes. De inmediato fue requerido a rendir cuentas al Ministerio de Sanidad y Beneficencia.

Por desgracia, la administración del dinero empleado no podía presentarse con la claridad conveniente. Por este motivo el Dr. Angulo no tuvo más remedio que entregar los bienes y cuentas al Ministerio, por cuyo mandato se organizó una junta de patronos para su administración, con la obligación de rendir cuenta anual al Ministerio. El nuevo patronato difería considerablemente del anterior; lo más significativo era la ausencia de representantes eclesiásticos.

Este patronato, con el Dr. Enrique Hernández Cartaya como presidente, gestionó un contrato con la sociedad Salesiana, el cual se renovaba periódicamente, y por el cual se determinaban las obligaciones de ambas partes. El patronato establecía y fijaba el número de becados de acuerdo con los intereses del capital, daba a los Salesianos un tanto por cada becado, en total unos 4 mil pesos al mes, para cubrir los gastos de manutención tanto del personal como de los niños y el de los talleres. Aemás se concedía a los salesianos la facultad de admitir otros pensionistas y disponer del producto de los talleres y de las limosnas provenientes de los bienhechores.

Ya desde un principio abundaron las tensiones entre ambas partes. Estas se acentuaron en 1940 al cambiarse las condiciones políticas tanto en Cuba como del resto del mundo por la Segunda Guerra Mundial. Debido a la inflación, los costos subieron mientras la subvención permaneció estable. No pudiéndose cubrir los sueldos de los maestros y empleados, ni atender las reparaciones de los talleres, el P. Pedro Savani, Inspector, haciéndose eco de los hermanos, decidió la reconsideración del contrato. Ante la negativa del patronato, y el conflicto con Mons. Arteaga, quien afirmó: 'Otros pueden encargarse de ello', el Consejo Inspectorial propuso al Rector Mayor y su Consejo la conveniencia de abandonar la institución. En agosto de 1942 se entregó esta al patronato, bajo inventario, retirando los Salesianos sus pertenencias, y cuanto con dinero propio habían adquirido, depositando parte en Guanabacoa, parte en Compostela y parte en la casa cercana que se alquiló en Vista Alegre, esquina a Mendoza en la Habana, que habría de convertirse en Iglesia San Juan Bosco de la Víbora. Igualmente se trasladaron los archivos de la casa inspectorial que estaban allí desde 1936 por determinación del P. Pascual Ricchetta, Inspector.

En 1927 el Colegio tenía escuelas profesionales y Oratorio Festivo, y en el 1943 tenía escuelas profesionales para internos: sastrería, zapatería, imprenta, encuadernación,carpintería, ebanistería, mecánica y radiotécnica; Internado; Oratorio Festivo y dos capellanías. También tenía su banda de música.

Directores de la Institución Inclán

1923-29 P. Josse Misieri

1930   P. Adrián Marconcini

1931-34 P. Felipe de la Cruz

1935-40 P. FRancisco Doná

1941-42 P. Miguel Ceccobelli

Documentos

"Institución Inclán"
Revista Primavera, Agosto-Septiembre, 1938

Dr. Alfredo Botet

"Los rumores que vinieron corriendo acerca del nombramiento del Administrador del Patronato "Inclán" para ocupar el cargo de Ministro Plenipotenciario del gobierno de Cuba, ante el de Costa Rica, han sido plenamente confirmado con el juramento de ley que el Dr. Botet ha pronunciado ante las altas autoridades del gobierno cubano. Los reflejos simpáticos de honrosa designación, se vierten también sobre esa Institución Inclán cuya marcha ascendente, pone en evidencia la tesonera labor del Dr. Botet en su calidad de Administrador, el apoyo que su amplio criterio dió a los Padres Salesianos que ejercen la dirección técnica, intelectual y moral de la Institución..."

Dr. René García

"Ha sido nombrado para ocupar una vacante dentro de la junta administradora del legado Inclán. El joven jurisconsulto, hijo de Cuba Bella nos honró con una visita y recorrió los locales en compañía del Director interino, Padre Savani. Se interesó de las necesidades y de la marcha de la Institución y prometió su amplio y decidido apoyo en bien de los becados. Al gentil y culto visitante nuestro agradecimiento y el saludo de los bullanguerons habitantes de la "Inclán".

Dr. Carlos Diago

"Visitó la Institución días antes de la llegada de los becados. Hombre jóven, dinámico, empapado de las necesidades de los jóvenes y modernamente orientado en lo que se refiere al funcionamiento de la Institución, nos esbozó sus proyectos para este curso.

Proyectos que habrán de ser una hermosa realidad muy en breve. ¿Los principales? Baños nuevos, aire para los talleres y 'Linotype' para la Tipografía. Los becados...aplauden!"

Principio de Curso

El cronista no duerme. Vió llegar la avalancha de pupilos el día 9 de Septiembre. Contempló el magnífico golpe de escena que entonces se realizó. Al morir las vacaciones, lo que tenía cariz de monasterio se convirtió en un colmenar. Tres semanas de curso escolar han ya pasado y el cronista cuenta en su libreta de apuntes notas de relieve; hay muchas fisonomías antiguas pero no faltan las nuevas. A los unos y a los otros la bienvenida. ¡Con que ganas se ha comenzado a estudiar! Y los talleres...eso se llama trabajar...de veras. Hablar de foot-ball y del base-ball es imposible, merecen crónica aparte."

"Solemnísima Iniciación de nuevos Caballeros Católicos en el Salón de Actos de nuestra Institución" Diciembre, 1938

Domingo, 4 de Diciembre.

La Asociación de Caballeros Católicos de Cuba, Unión Número 53, de la que es Consiliario nuestro querido P. Director, Don Francisco E. Doná, celebró esta mañana en nuestro colegio la ceremonia de iniciación de nuevos Hermanos. Nuestro salón de actos quedó convertido en una magnífica capilla, adornada con exquisito gusto y amueblada de cómodos bancos. A las ocho celebró allí la Misa de Comunión General R.P. Director; Conmovedor espectáculo ver tantos hombres acercarse a la Sagrada Mesa...A las nueve hubo desayuno para todos los que asistieron a la Misa. Poco después...fue el solemne acto de la iniciación de los Hermanos Aspirantes, ocupando la Presidencia el Asistente General de la Asociación, el R.P. Esteban Rivas, S.J., y el Sr. Luis C. Bello, Presidente de los Caballeros Católicos de Cuba..."

Excursión al Guatao

por *J. Guilló*
Abril 1939

"Nuestro Padre Director, después que se leyeron las notas correspondientes a los Exámenes Semestrales, prometió a los que habían sacado buenas calificaciones, un paseo, y esta promesa se convirtió en realidad el día 1º de Abril.

A las 8 de la mañana ya nos esperaban dos monstruosas guaguas que hacen la travesía de la Habana a Güines, a la entrada del Colegio, para que nos llevasen en alas del buen humor a la finca "Nuestra Señora de Lourdes" que los Hermanos de La Salle tienen en el término del Guatao, Marianao, la cual, por petición de nuestro Director, nos la cedieron gustosamente.

Espléndido día se nos presentaba, limpio el cielo de nubes, brillaba el sol, no llovía...lugar florido...lleno de árboles frutales, mangos, mameyes, zapotes, cocos... Se iban haciendo planes en las guaguas y cada instante se nos ocurría una diversión nueva y tuvimos que pensar al fin que no nos cabrían todas en un mismo día, ni caso de ser posible nuestros cueros las resistirían. Cuando en el colmo del entusiasmo nos encontrábamos..nos encontramos en un callejón sin salida..pero nuestro querido enfermero, gloria y prez de la sociedad cardiológica de la Universiad de Pogolotti, señaló la ruta que debíamos seguir.

Después de dar ruedas hasta fuérate, llegamos a "Viriato Sport Club" o playa del pueblo como vulgarmente se le conoce...A las 11 de la mañana divisamos la finca, al entrar ya la mayoría estaba tirando la "visuá" a los mangos que a lo largo de la carretera de la finca hay. El Hermano director nos dá la bienvenida, y por nuestra parte después de los cumplidos reglamentarios que nos exige la buena educación. Llegó la hora de dar rienda suelta a nuestra piernas, y saltando al campo, la plebe pequeá en un dos por tres formó un partido de Foot...nos encaminamos todos a recorer la finca de punta a cabo, tanto era nuestro deseo de caminar, que sin darnos cuenta atravesamos cercas y..más cercas...alambradas...puertas...talanqueras...y de tanto caminar era natural que se nos secara la garganta del sol abrasador, del polvo, etc...todos pedían agua, cuando...¡¡¡Oh prodigio!!! exclama uno...era que estábamos sin darnos cuenta en una guardarraya de cocos...¡¡Que cocos, mi padre!! eso no eran cocos eran pozos colgantes...Todos nos quedamos parados en seco, contemplando lo que la naturaleza nos ponía en tent ación...nadie se atrevía, que digo, nadie quedaba quieto un momento buscando como encontrar los sabrosos y nutritivos frutos de que habla Cervantes en la edad de oro...más, oh momento fatal...se presenta un hombre de corta estatura, regordete, macizo, y agarra a no sé quien...en el preciso momento en que se disponía a dar la tajada de gracia para saborear el fruto de sus pesquizas...Para resumir la tragedia: nosotros habíamos equivocado el camino, y sin darnos cuenta nos habíamos introducido a otra finca, y claro está, el dueño de ella tenía derecho de levantar el grito al cielo, y nosotros el deber de irnos con la música a otra parte. Pero menos mal, la sangre no llegó al río y a falta de dinero, lo resarcimos de daño y perjuicios con "un millón de excusas".

Colegio Don Bosco – Santiago de Cuba (1921)

Los Salesianos fueron llamados a esta ciudad por el Arzobispo de Santiago de Cuba, Mons. Félix Ambrosio Guerra Fezzia, salesiano, quien fue por diez años Arzobispo de Santiago. Monseñor Guerra creó la nueva parroquia de María Auxiliadora, desmembrando el Reparto Mariana de la Torre de la Parroquia Catedral, y la entregó a los Salesianos. El proyecto original del Arzobispo era que los Salesianos instalaran y dirigieran un taller de imprenta para la publicación de un periódico católico en la ciudad. El Rector Mayor, para ayudar al Arzobispo en su empresa, envió al P. Francisco Doná. A su llegada encontró un maestro externo y seis aprendices. Por el momento el Padre Doná residió en la casa de Monseñor Guerra.

Meses antes había fallecido en la ciudad una señora, y en su testamento legó al Arzobispado una casita de madera situada cerca de la Catedral, interponiendo una condición: que se convirtiera en escuela parroquial. Allí se trasladó el Padre Francisco Doná el 10 de Octube de 1921 para brindar algunas clases a los muchachos de la barriada, junto con el coadjutor Arsenio Conde. En un año se granjearon la simpatía y admiración de niños y adultos. Con estos últimos organizaron en el mes de Mayo siguiente una asociación denominada "Caballeros de Don Bosco". Entusiasmado Mons. Guerra por los resultados, erigió la Parroquia de María Auxiliadora segregando algunos sectores dependientes hasta entonces de la Catedral. La comunidad circundante era bastante pobre. Como refuerzo para las labores escolares y oratorianas llegaron, algunas semanas después, dos clérigos españoles. Su entrega y dedicación no resultaron baldías. Mucha gente de la ciudad compartió los proyectos de los Salesianos, contribuyendo la mayor parte con lo que podían. Se ampliaron y renovaron de este modo los locales de clase, capilla, y la residencia de los Salesianos.

Se hallaba situado el Colegio en la Calle Cristina Alta 51 y 53, en Santiago de Cuba. La casa fue cambiando: en 1941 la calle Cristina se convirtió en Lorraine 1021, y más adelante a partir de 1961, se convirtió en Calle Jesús Menéndez, número 1021.

De los registros de matrícula de los alumnos consta que los primeros alumnos fueron matriculados para el año escolar 1921-22. Don Filippo Rinaldi, Rector Mayor, erigió canónicamente la casa el 17 de Noviembre de 1928, bajo el patrocinio de San Francisco de Sales.

Con los años la demanda de inscripción crecía al comprobar la población la competencia educativa de los religiosos. Las estecheces económicas fueron muy grandes: la parroquia y el colegio habían surgido casi desde cero en un sector pobre; a esto se añadieron los desastres naturales de aquel primer período. Pero con éxito se conservó el prestigio alcanzado, incrementado por la fiel y constante dedicación de los Salesianos.

Una ayuda fuerte les vino el 31 de Enero de 1927 del difunto, Alfredo Kindelán, quien dejó un legado testamentario para levantar un pabellón para escuela, con la condición "que todos los años en el día que se celebre la fiesta de Nuestra Señora, María Auxiliadora, en aquellas escuelas se diga una misa rezada en sufragio del alma de los bienhechores de esa fundación perteneciente a la familia Kindelán." El 6 de Agosto de 1931 Mons. Valentín Zubizarreta Unamunsaga, nuevo Arzobispo de Santiago de Cuba, cedió gratuitamente la propiedad de dos solares que los Salesianos estaban ocupando desde 1926, y pertenecían al Arzobispado.

El prestigio del trabajo Salesiano fue incrementando por la constante dedicación de los padres, acentuándose este en 1932. Un fuerte terremoto destruyó una buena parte de la ciudad de Santiago, sufriendo incluso no pocos desperfectos la casa Salesiana. Trasladado el P. Luis Pedemonte, Inspector, al lugar de los hechos, constató que éstos eran mínimos en comparación con las ruinas de los alrededores. Con los demás Salesianos dió cabida a una iniciativa feliz: brindar asilo a cuantos lo necesitaran, especialmente a los niños huérfanos que hubieran quedado afectados. Este gesto resultó incisivamente revelador para cuantos estaban familiarizados con la obra Salesiana. De muchas partes enviaron contribuciones permitiendo transformar lo que surgió como asilo provisional en internado permanente, hasta 1949. Por ser urgente un edificio nuevo de por lo menos dos pisos, se reunió la cantidad requerida, pudiendo aumentar en 1952, con la inauguración, la matrícula de alumnos.

En 1961 el Elenco de la Sociedad Salesiana daba las siguientes obras de la casa de Santiago de Cuba: escuelas elementales para externos; parroquia; cuatro asociaciones parroquiales; oratorio festivo; asociación de exalumnos; 3 centros catequísticos y 2 capellanías.

En el curso 1959-60 el número de alumnos de enseñanza primaria era de 272. El Oratorio Festivo diario lo frecuentaban unos 350 muchachos. En la ciudad tenía gran prestigio la banda de música de este colegio.

En los años sucesivos la obra siguió desarrollándoe normalmente, siendo afectada tan sólo por algunos de los giros políticos que iba tomando Cuba. En Mayo de 1961 los locales destinados a la enseñanza escolar fueron incautados por el gobierno revolucionario. Los Salesianos continuaron usando los locales y terrenos dedicados a la Parroquia María Auxiliadora en el mismo lugar.

Directores del Colegio Don Bosco hasta 1961

1921-29	P. Francisco Doná	1944-46	P. Francisco Doná
1930	P. Sergio Carraglia	1947-53	P. Francisco Erdey
1931	P. Salvador Herrera	1954-55	P. Rodolfo Slézak
1932-33	P. Antonio Flores	1956-61	P. Armando Rodríguez Pousa
1934-43	P. Ángel Maldotti		

Documentos

Colegio Don Bosco, Santiago de Cuba

por *el Rev. P. Ángel Maldotti*
Enero 1938

"Los muchachos de la Asociación Don Bosco acaban de terminar, con los mayores honores y la compostura máxima que en los deporte se requiere, la serie interior del Baskt-Ball (sic). Reciban mi felicitación todos puesto que todos correspondieron a que se llevara a cabo tan magno evento deportivo. Unas frases cariñosas para el Padre Ángel M. Maldotti que ha cooperado efusivamente al éxito tan grande de la justa, y que de tanto eco se ha hecho la prensa. Al amigo Aquiles Baquero, que ha sido el director y ha sabido llevar las majaderías de sus ahijados un fuerte abrazo y un alegrón porque pronto vuelva a levantar en los terrenos de Don Bosco el basket, tanto o más que en los memorables tiempos del tema Pirata. Vaya también nuestro saludo para el Sr. Francisco Sabina quien donó la hermosa copa de Plata que fuera tan discutida.

La suerte favoreció al team que ostentaba el color Negro. La serie fue decidida en el último encuentro con el team Blanco cosa que ha valido para que el sportsmanship general de los fanáticos anduviera de bote en bote hasta el final de la contienda.

El jueves 11 del pasado mes, en un encuentro en que tomaron parte los vencedores y una selección de los otros dos teams, se hizo entrega oficial del trofeo, el cual fue recibido de manos del Rdmo. Inspector, D. Pedro Savani, quien tuvo frases cálidas y llenas de entusiasmo, manifestándose satisfecho de encontrar un verdadero espíritu juvenil, ansioso de todos los méritos."

¿Qué haría si fuese...General?

Por *Manuel Felipe Rivero,* alumno de Cuarto Grado
Colegio Don Bosco, Santiago de Cuba, Mayo de 1938

"Estaba soñando una vez y me parecía que me rodeaban soldados y oficiales, que yo conocía. Yo mandaba y todos ellos obedecían a mis ordenes, con escrupulosa prontitud: llamaba a cada uno de ellos por su nombre, y les demostraba a todos el afecto y cariño que yo les tenía. De momento empezaron los tiroteos de las ametralladoras, cañones, y de los rifles enemigos, y al instante tocó un cornetín, y mis soldados cogieron sus rifles y empezaron a marchar dirigiéndose frente al enemigo.

Empezó la batalla y no se veía más que humo y candela de los cañones, rifles, bombas de mano, ametralladoras...parecía un verdadero infierno. Entre el continuo martillar y tiroteos, se oían los gritos de los heridos y de los vencedores. Llegó la noche y los soldados iban contentos por la victoria que habían alcanzado. Y enseguida vinieron donde estaba yo para contarme algo, de lo visto y hecho. Yo los reuní a todos en una iglesia y muchos comulgaron y le dieron gracias a Dios por la victoria que habían obtenido.

Cuando me desperté me ví sin galones y sin traje de general; todavía soy niño pero si algún día llegara a ser general, quiero tratar bien a todos los soldados, para que aprendan que también en los campos de batalla se puede vivir bien y santificarse."

Inicia sus Actividades la Compañía de San Luis

16 de Diciembre de 1939

"Hoy día 16, víspera de la partida del Sr. Inspector para la casa de Camagüey, a petición del P. catequista de la casa, por la tarde, antes de retirarse los niños a sus respectivas casas, se hizo imposición de las medallas de la Compañía de San Luis Gonzaga, quedando así inaugurada para el curso presente. Con mucho gusto hubiéramos publicado la foto, pero no siendo esto posible nos conformamos con mandar los nombres de los que componen dicha Compañía: Oscar Vélez, Armando Martínez, José Vega, Cesáreo Pila, Pedro Torres, Francisco Torres, Rafael Reyes, José Pila, Ángel Pila, Pedro Vidal, Antonio Tamayo, Pedro Prada, Manuel Barrios, Rafael Frometa, J. Antoonio Fagilde, Eduardo Lara, Mariano Fernández, Rosendo Fernández, Emilio Expóosito, Carlos M. Navarro y Elio J. Mella."

Colegio Dolores Betancourt
Camagüey (1919)

Don Pedro Ricaldone, Rector Mayor, erigió canónicamente la Casa Salesiana de Artes y Oficios Dolores Betancourt el 4 de Julio de 1940 bajo el patrocinio de "San José". Los frentes de trabajo de esta casa fueron: Internado para artesanos con escuela de mecánica, carpintería e imprenta; Internado para estudiantes de enseñanza elemental y superior; externado para enseñanza elemental y superior. Oratorio Festivo con sus asociaciones piadosas, deportivas y culturales, y grupo de la Acción Católica, "Domingo Savio".

Sus orígenes se remontan al año 1915. Al igual que la Institución Inclán de La Habana, Dolores Betancourt y Agramonte, quiso fundar una institución que recogiera y educara a los muchachos pobres de su tierra natal, Camagüey. Con tales propósitos se dirigió a Turín para firmar con Don Pablo Albera, Rector Mayor, el 24 de Julio de 1915, un contrato privado, por el cual ella se comprometía a:

a) Entregar los terrenos y la casa para residencia de los Salesianos.

b) Construir un colegio de Artes y Oficios en los tres años siguientes al desembarco de los Salesianos en Cuba.

c) Proveer todo el material escolar necesario.

d) Proporcionarles beca a los treinta alumnos más pobres.

e) Asignar una subvención permanente para el personal.

Los Salesianos, por su parte, se responsabilizaban de la dirección del colegio. Llegaron los Padres a Camagüey el 4 de Abril de 1917. Era Semana Santa.

Instalados los Salesianos en la casa que les asignó el administrador de los bienes de la Srta. Betancourt, se iniciaron los contratiempos. En el contrato todo parecía muy claro, pero sobre el lugar no había nada. Todo iba muy lento. Conocedor del rumbo que tomaban las cosas, el Obispo de Camagüey, Mons. Zubizarreta, ofreció a los Salesianos la parroquia de Ntra. Señora de la Caridad. El P. José Binelli, Inspector en España, envió al P. Felipe de la Cruz con el coadjutor, Juan Riera, a quienes se unió el Sr. Celaya a la llegada, el 9 de Mayo de 1919. La labor educativa de la Sociedad Salesiana comenzó en Cuba en la sacristía de esta parroquia de Ntra. Señora de la Caridad de Camagüey. Se hicieron cargo de la parroquia y abrieron un pequeño Oratorio.

La escuela parroquial funcionó hasta 1938, mientras se construía el colegio de Artes y Oficios. En Septiembre de 1938 la escuela parroquial se trasladó al nuevo y grandioso colegio de Artes y Oficios.

Lo relacionado con la construcción del colegio de Artes y Oficios se iba complicando cada vez más, por intriga de intereses privados. La Srta. Betancourt se trasladó, a principios de 1921, a Camagüey, para encargarse personalmente de todo lo relacionado con el Colegio de Artes y Oficios, pero la noche del 24 al 25 de Abril fallecía repentinamente en su aposento. Su administrador, el Lcdo. Francisco Agramonte, quien había sido nombrado albacea de los bienes de la Srta. Betancourt, falleció un año después, en Octubre de 1922. Los herederos de la Srta. Betancourt pusieron muchas dificultades; hubo pleito judicial.

Ganado el pleito judicial en 1934, el P. Felipe de la Cruz pudo encomendar la construcción del Colegio de Artes y Oficios al Ing. Leonardo Morales. La obra fue concluída en 1939, y abierta a los alumnos en Febrero de ese mismo año, admitiéndose sin más los 30 primeros becados junto a otros pensionistas y un gran número de alumnos externos. Desde su inauguración quedó erigido a la entrada un busto de la Srta. Dolores Betancourt dando nombre a la fundación.

El Obispo de Camagüey, Mons. Enrique Pérez Serantes, autorizaba la inauguración de la obra Salesiana en el colegio de Artes y Oficios, mediante el siguiente oficio:

"Nos Doctor Enrique Pérez Serantes, por la gracia de Dios y de la Santa Sede Apostólica, Obispo de Camagüey. Vista la solicitud a Nos presentada por el Rdo. P. Pedro Savani, Inspector en las Antillas de la sociedad de San Francisco de Sales, fundada por S. Juan Bosco, POR LAS PRESENTES plácenos expresar nuesrto beneplácito y conformidad con la apertura y funcionamiento del Colegio "Dolores Betancourt" destinado a EScuela de Artes y Oficios y de Enseñanza Elemental, bajo la acertada dirección de la mencionada Sociedad de S. Francisco de Sales, en esta ciudad. Dado en Camagüey a los veintiséis días del mes de Marzo de mil novecientos cuarenta. ENRIQUE, Obispo de Camagüey. Por mandato de S.E. Rma. A. Hernández."

La Escuela de Artes y Oficios siguió desarrollándose con empuje, llegándose a clasificar entre las más importantes en la Congregación. Contaba con los talleres de imprenta, carpintería, mecánica general, automotriz, zapatería y electricidad. Desde un principio esta obra se dividió en dos partes bien definidas: los estudiantes de primaria, y más tarde, de secundaria, y la principal, la de los artesanos, internos en su mayoría. Incluía además el Oratorio Festivo y algunas obras de asistencia social.

Como centro de estudios esta obra se desarrolló normalmente, con la única innovación formal del reconocimiento semi-oficial de los estudios de Bachillerato Técnico en 1957. Económicamente el Colegio de Artes y Oficios dependía del donativo dejado por la Srta. Betancourt, con cuyos intereses se sufragaban las becas y los gastos del personal. Con lo proveniente de las fincas de Ymías y S. José de Ymías, se mantenían los pensionistas y los alumnos internos así como los gastos de conservación y renovación de maquinarias.

En el curso 58-59 había 238 estudiantes de primaria; y 114 artesanos (21 de imprenta, 76 de electromecánica y 17 de carpintería). A fines de Diciembre de 1959 el Gobierno Revolucioonario se apropió las fincas, ocasionando el consiguiente desbalance económico. Los Salesianos dejaron el Colegio a fines de Abril de 1961, al ser incautado éste por el gobierno revolucionario.

Directores del Colegio de Artes y Oficios:

1939-40	P. Felipe de la Cruz	1954	P. Matías Pressing
1941-46	P. Rafael Mercader	1955-56	P. Gabino Sánchez
1947-49	P. Felipe de la Cruz	1957-59	P. Rafael Sánchez Rivera
1950-51	P. Rafael Mercader	1960-61	P. Francisco Viera
1952-53	P. Ángel Garau		

Documentos

"Santuario de Nuestra Señora de la Caridad"

Camagüey – Febrero 1938

"Este Santuario fue fabricado por el Coronel Don Carlos Bringas de la Torre y su esposa Doña Juana Varona Barrera, quienes colocaron en él la imagen de Ntra. Sra. de la Caridad del Cobre el día 8 de Septiembre de 1734. El Illmo. Sr. Dr. Joaquín de Ozes Alzúa Coparacio, primer Arzobispo de la Isla de Cuba, lo erigió en Ayuda de Parroquia en 1809 y desde 1843 fue elevado a Parroquia.

Fueron siempre famosas las fiestas que se celebraban en Septiembre de cada año, denominadas "La Feria de la Caridad", a la cual acudían visitantes de todas partes de la Isla, siendo digna de especial mención aquella a la que concurrió el Capitán General de la Isla, Concha, con su distinguida familia y brillante séquito y otras autoridades de la colonia.

Durante la guerra de 1868-78 el templo fue convertido en alojamiento de tropas de la guarnición y luego en hospital militar de atacados del cólera. Desde hace unos veinte años la Parroquia está a cargo de los Salesianos, los cuales convirtieron la casa parroquial en Escuela Paraoquial para niños pobres, alcanzando un éxito desde los primeros años de unos cien alumnos, distribuídos en las seis aulas de la enseñanza elemental.

Por iniciativas del Rdo. P. Felipe de la Cruz que durante 15 años fue digno párroco de de esta iglesia, con suscripciones y colectas populares reconstruyeron la iglesia en forma hermosa y digna de su Patrona y de la importancia de esta capital. La floreciente parroquia cuenta hoy día con muchas asociaciones piadosas...La Escuela Parroquial es provisional y Dios mediante en Septiembre próximo se trasladará al grandioso Colegio de Artes y Oficios que se está terminando de construir en Camagüey y que será orgullo y gloria no solamente para los humildes hijos de Don Bosco, sino para toda la República."

"¡A Guáimaro!"

por *Mario Aramendía, S.S.*
Diciembre, 1938

"Llegó por fin el día suspirado del paseo y éste fue el día 22 de Noviembre, fiesta de la ilustre patrona de los músicos, Santa Cecilia.

La noticia cayó sobre todos como un rayo...de luz, iluminó todos los rostros, dibujando en ellos una sonrisa de satisfacción. Y era natural, todos habían venido con sus libros de clase, dispuestos a bregar contra los monstruos de que abunda la fauna...geográfica, lingüística y especialmente...matemática.

Pasa la primera hora de clase y empezó a circular la voz de que por la tarde sería el "Paseo". Y así fue. Casi todos en elegante traje...uniforme, nos dirigimos al enorme ómnibus que debía transportarnos a la meta.

Todos los asientos, ¡44! se ocuparon como por encanto, y el pobre Yoyo, que debido a sus nada comunes dimensiones, subió algo retrasado, no tuvo más remedio que ocupar la reducida área de ¡dos pies!

Entre cantos y risas devoramos lo 80 kms de camino y henos en Guáimaro. Después de un sentido saludo a Jesús Sacramentado y cantada con entusiasmo la hermosa plegaria a María Inmaculada: "Salve, Salve, cantaban María..." nos dirijimos al campo de Sport en donde había que aprovechar el tiempo, pues tan sólo disponíamos de tres cuartos de hora.

Orlando Pichs y Oscar Hernández fueron los elegidos para organizar el juego que se terminó en un dos por tres, o mejor dicho, en un tres por dos, pues los de Pichs pasaron tres veces al bate mientras los de Oscar sólo dos. Y no obstante éstos regalaron a sus contrincantes tres ruedas colosales con las cuales tenían asegurado el...ómnibus para el regreso.

Y el paseo terminó, y con él las galleticas, las chambelonas, pero no el entusiasmo de nuestros corazones, dispuestos a proseguir con ardor siempre constante en el fin de los unos y los otros se han propuesto: de ser copias fieles de S. Luis, cantores dignos de su Santa Patrona, ardientes amigos de Jesús Eucaristía."

"Colegio de Camagüey"
Crónica

Noviembre de 1939

"Septiembre. Entrada de los Internos.- Después de haber gozado y apurado hasta las heces las saludables vacaciones, por fin llegamos a su término y con él al comienzo de las clases. La mayoría con caras satisfechas reveladoras todas del buen trato y algunas pocas, por lo general nuevas, llorosas, no porque temieran de superiores y alumnos, sino porque la separación de los seres queridos les hacía recordar tiempos mejores: pero pasadas las primeras impresiones, ya veíamos correr aunque con el pañuelo en la mano, a los que antes no osaban separarse de sus amados padres. Los antiguos ya experimentados en nuestros juegos salesianos hacían mofa de ellos con sus famosos 'picos' haciendo a no pocos inexpertos morder el suelo, prosiguiendo en menos que se piensa la persecución de quien tan hábilmente les había hecho caer, hasta que victoriosos lograban capturarlo para que en un momento de descuido se 'lo destocaran' y luego... a repetir las mismas escenas u otras parecidas.

En una palabra, los niños regresaron contentos y alegres para continuar su aprendizaje que año atrás habían empezado; aunque no todos, porque unos pocos ilusinados por los adelantos de algunos compañeros en otros talleres pensaban cambiar oficio para probar si sus aptitudes y habilidades en él encontrarían pábulo suficiente para saciar su deseo de aprender lo que en el mañana será su sustento y el sostenimiento de sus ancianos padres. En efecto los vemos con garbo tomar las herramientas y trabajar con tesón revelador de un firme propósito que esperamos sea coronado con un feliz y dichoso éxito.

"Primavera", desde estas líneas les da la bienvenida y les augura feliz año de trabajo y estudio, e invoca a María Auxiliadora y a Nuestro Padre, D. Bosco, para que los alienten en sus penas y trabajos y puedan imitar con el trabajo santificado en la unión con Dios, a San José que es el Patrono del obrero, y en especial de los obreritos de D. Bosco.

Entrada de Externos - 13 - En mayor número que el año anterior, los externos vinieron a completar nuestro campo de acción camagüeyano, los patios y corredores que por cortísima temporada los habitaron nuestras esperanzas Salesianas de Guanabacoa, se vieron de nuevo pletóricos de niños sanos, fuertes y robustos dispuestos a aprender el Abec, de las divinas y humanas enseñanzas forjadoras de mentes y corazones que conducen al hombre por el recto sendero y le hacen vivir vida de ángel, si por ellas se guía.

El ambiente todo lo que se respira es de juventud, juventud risueña, algo irreflexiva, pero que hace recordar la dulce escena de Jesucristo con los niños.

¡Toca la campana! ¡Silencio! Primeras advertencias por el Padre Consejero y...ha comenzado el curso. Ahora a trabajar, invocando en nuestra ayuda los auxilios poderosos de la Auxiliadora y las ternuras del Padre de los jóvenes, del que se hizo todo para los niños para llevarlos al Cielo, de nuestro querido D. Bosco."

Colegio San Juan Bosco – Guanabacoa (1926)

El Noviciado es eregido canónicamente el 7 de Febrero de 1927, dedicado al Sagrado Corazón de Jesús, y estaba localizado en la Calle Barreto 64. Fue fundada la casa en la antigua mansión veraniega de los Condes de Barreto para cobijar al personal de formación que, por las tristes condiciones que entonces reinaban en la nación hermana de México, no podía ser allí atendido.

El feliz éxito de las gestiones para su fundación se debió al esfuerzo e influencia del ingeniero Leonardo Morales y a la Condesa de Buenavista, presidenta entonces de las conferencias de San Vicente de Paúl, a cuya dependencia estaba el edificio. Enterado el propietario del edificio, el Sr. José M. Espelíus, residente en Madrid, de la finalidad de los nuevos ocupantes y conocedor de la Congregación Salesiana, que tanto bien hacía en España, pronto se dispuso a donarlo enteramente a la misma, para que sin dejar de atender a la formación del personal Salesiano, se organizaran escuelas-talleres para preparar buenos cristianos obreros, legando a su muerte la cantidad necesaria para tal fin. De esta forma se amplió el edificio, construyéndose un nuevo piso para dormitorio,y tipografía, zapatería y sastrería, y se adquirió la maquinaria de carpintería.

Por reconocimiento al donante y a su esposa, durante un tiempo se le llamó a esta casa "Institución Salesiana Pedroso-Espelíus". Después pasó a ser conocida como "Colegio Salesiano San Juan Bosco". Al crearse en 1939 el Colegio de Artes y Oficios de Camagüey, se cerró la sección de Artes y Oficios de este colegio de Guanabacoa, trasladando el personal y los alumnos más aventajados a Camagüey. Más adelante se volvió a reabrir la sección de artes y oficios del colegio de Guanabacoa.

En 1930 se encuentra aquí también el Aspirantado. En el 1931 tiene además un Oratorio Festivo y escuelas profesionales de sastrería, zapatería, herrería, mecánica, carpintería, tipografía y encuadernación, y tiene 2 capellanías. En el 1933 hay Filosofado, y en 1936 se incluye el Teologado.

Al ser nombrado director al P. Ignacio Ozmec (1947-49), y distribuído por otros lugares el personal Salesiano en formación, la obra de Guanabacoa adquirió otro giro, abriéndose poco a poco a la población juvenil local. Cobró fuerzas el Oratorio Festivo, ganando día a día en concurrencia. A los muchachos les atraía en gran manera la banda de música que el coadjutor Salesiano, Manuel Zayas, había reorganizado una vez clausurado el Colegio "Institución Inclán". Esta banda amenizó numerosas veladas y actos públicos, granjeándose la cooperación y admiración general.

El P. Esteben Chequey (1949-61), imprimió un nuevo impulso a la obra. Poco a poco se fortaleció el conjunto escolar, tornándose imprescindible la construcción de un nuevo local. Instalados los aspirantes Salesianos en Arroyo Naranjo en 1955, la casa de Guanabacoa adquirió una fisonomía y perspectivas enteramente nuevas y propias. Se construyeron más edificios con el concurso financiero de casi toda Guanabacoa y de La Habana. El ingeniero, José de Bolívar, donó una finca de cinco caballerías (unas 65 hectáreas) con la que se aseguraba parte del alimento diario de los alumnos internos y semi-internos, que ascendían a unos 500, además de casi 1,000 externos.

En el curso escolar de 1959-60 tenemos los siguientes datos estadísticos: estudiantes de escuela elemental, 757; de escuela secundaria, 71. Total de estudiantes: 828. También 24 artesanos de imprenta y 3 de carpintería. En 1961 existían las siguientes obras: Internado, Externado, Semipensionado gratuito, Escuelas elementales y profesionales (carpintería, imprenta, encuadernación), Oratorio Festivo, tres capellanías, Unión de exalumnos, Asociación de Padres de Familia, Archicofradía de María Auxiliadora y Dispensario Médico-Dental.

El Gobierno revolucionario se incautó del Colegio y de todas sus propiedades el 17 de Abril de 1961.

Directores del Colegio de Guanabacoa

1927-29 P. Adrián Marconcini (Maestro de novicios)
1930-34 P. Francisco Mazzocchio (Maestro de Novicios)
1935-40 P. Rafael Mercader (Maestro de Novicios)
1941-46 P. Juan Pedroni
1947-49 P. Ignacio Ozmec
1950-61 P. Esteban Chequey

Documentos

Crónica de la Casa de Guanabacoa

Despedida del R.P. Inspector, Jueves 3
Diciembre 1938

"Nuestro amadísimo Padre Inspector pasó las horas de la tarde entre nosotros. Vino a despedirse, pues en esos días tenía que dar principio a la visita inspectorial anual. Nos dió una jugosa conferencia sobre la humildad, base de la verdadera santidad, y se encomendó a nuestras pobres oraciones para que su visita resulte fructuosa. El Señor lo bendiga, y que encuentre un terreno preparado para recibir el bien que él, a manos llenas, va derramando."

Un Valioso Refuerzo de Personal, Martes 15
Diciembre, 1938

"Después de una larga espera llegaron finalmente a playas cubanas el R.P. Juan B. Pedroni y tres Hermanos Coadjutores. Damos infinitas gracias a Dios porque con ellos nos llega un valioso refuerzo de personal. El R.P. Pedroni ya había trabajado en Cuba, pero a los otros Salesianos es la primera vez que les toca abandonar su patria y vienen a la nuestra, pletóricos de entusiasmo juvenil, a derramar sus energías en medio de nosotros. Todos ellos se han quedado en esta casa. El P. Pedroni, tomó enseguida la posesión de su cargo de Catequista. Su larga experiencia en otros colegios le permitirá una fructífera labor en nuestra

Casa de Formación. Así se lo deseamos por medio de estas lineas y procuraremos por parte nuestra ser dóciles a sus insinuaciones."

Noviciado Santo Domingo Savio
Arroyo Naranjo, La Habana (1954)

Don Albino Fedrigotti, Vicario del Rector Mayor, erigió canónicamente la casa el 10 de Julio de 1954 bajo el patrocinio de Santo Domingo Savio. El 15 de Agosto de 1954 quince jóvenes iniciaron su Noviciado, actuando interinamente de maestro de novicios el P. Rafael Mercader, mientras se esperaba el nombrado por el Rector Mayor, que no llegó hasta el año siguiente. Levantado lo fundamental del Apirantado, se trasladaron a su vez los aspirantes a principios de 1955, con la seguridad de que todo iría retocándose y concluyéndose poco a poco. Por esta fecha fue nombrado el P. Rafael Sánchez como primer director, hasta fines de curso, siendo reemplazado luego por el P. Rafael Giordano, en 1957.

Al profesar el primer grupo de novicios, permanecieron allí para cursar sus estudios de filosofía. El P. Florencio Sánchez había escrito ya a España pidiendo que el personal joven que venía destinado a la Inspectoría de las Antillas para realizar el tirocinio práctico, que adelantase la partida y efectuase sus estudios con sus compañeros de las Antillas, a fin de lograr así una mayor integración cultural con el nuevo ambiente. Desde entonces comenzó a hacerse de esta manera, ampliándose, por tanto, el número de estudiantes.

En el mismo edificio funcionó el aspirantado y el filosofado del personal Salesiano. El Noviciado estaba dentro de la misma finca en un edificio distinto, pero muy cercano.

Don José González del Pino, Inspector, con su Consejo, el 28 de Julio de 1960 determinó que los candidatos al Noviciado en ese año pasaran, unos a México y otros a Moca, República Dominicana. La decisión fue tomada por las dificultades políticas surgidas en Cuba y República Dominicana, que hacían difíciles el traslado a La Habana de los aspirantes al Noviciado. También en ese mismo día, el P. Inspector determinó por las razones ya indicadas, que los estudiantes de filosofía en Arroyo Naranjo desde 1955, pasaran a Aibonito, Puerto Rico.

La finca donde estuvo radicado últimamente en Cuba el Noviciado, junto con el Aspirantado y Filosofado de la Inspectoría Salesiana de las Antillas, fue adquirida por la sociedad Salesiana el 18 de Octubre de 1948, siendo Inspector Don Vicente Garnero, tras determinación del Consejo Inspectorial reunido en Guanabacoa con todos los directores de las casas de Cuba. Estos se hicieron solidarios, aumentando las cuotas de sus respectivas casas, para ayudar y saldar el empréstito de $50,000 que se obtuvo del Cardenal Manuel Arteaga (40,000) y del Obispo de Camagüey, Mons. Enrique Pérez Serantes (10,000). La propiedad comprada fue la estancia denominada "Las Mulas" situada en el Barrio de Arroyo Naranjo, entre Calabazar y Arroyo Naranjo, en el Reparto Las Cañas.

Cuando los anticastristas desembarcaron en Bahía de Cochinos el 17 de Abril de 1961, en Arroyo Naranjo sólo quedaban los aspirantes. Sus padres se los llevaron ese mismo día. Los Salesianos recibieron orden del Inspector de abandonar el Seminario. La marcha definitiva de los últimos Salesianos que quedaban en Arroyo Naranjo se hizo el 15 de Mayo de 1961. Ese día el gobierno revolucionario se hizo dueño de los edificios y terrenos de Arroyo Naranjo.

Directores de Arroyo Naranjo

1955   P. Luis Moratelli
1955-6 P. Rafael Sánchez
1957-59 Rafael Giordano
1960-61 P. Luis Dalbón

Maestros de Novicios

1955   P. Luis Moratelli
1956-59 P. Rafael Mercader
1960   P. Martín Premoli

Colegio Salesiano San Julián
Güines (1936)

En 1905 los Hermanos de las Escuelas Cristianas se instalaron en Güines, y en 1907 abrieron el Colegio "San Julián", pero los graves problemas nacionales que surgieron entre los años veinte y treinta, hizo que los Hermanos se marcharan de Güines. A partir de este momento el Colegio pasó a estar bajo la dirección del Párroco, P. José Ramón Rodríguez Núñez, y experimentó numerosas dificultades en su marcha normal. Ante la amenaza de una posible quiebra económica, Mons. Manuel Ruiz, Arzobispo de La Habana, terció ante el P. Pascual Richetta, Inspector, con vistas a confiar a los Salesianos dicha obra. Antes de comprometerse juzgó oportuno efectuar una visita de inspección y análisis. Esta se llevó a cabo el 8 de Enero de 1936, acompañándole los PP Francisco Doná y Rafael Mercader. Ni el lugar ni la casa prometían un porvenir halagüeño, por lo que prefirieron dar largas al asunto.

Por este tiempo recrudecía la persecución religiosa en México, donde fueron confiscados por el gobierno los colegios privados quedando por tanto, el personal Salesiano disperso y libre. Una gran parte se distribuyó por las inspectorías cercanas; la mayoría en las Antillas, por formar ésa y México una misma inspectoría desde 1923.

El Arzobispo de La Habana, Mons. Rúiz, supo aprovecharse de este refuerzo inesperado. Como Arzobispo debía firmar los permisos de entrada para los Salesianos, y un buen día, cansado de esperar, se dirigió al P. Richetta más o menos en estos términos: "Si los Salesianos no se encargan de Güines, estos serán los últimos 'placet' de entrada que conceda." Don Ricchetta escribió a Don Pedro Ricaldone, Rector Mayor. En Febrero-Marzo de 1936 se aceptó sin más la obra. Simultáneamente era nombrado el P. Salvador Herrera director de la casa y comunidad que la constituían él y los coadjutores Manuel Salinas y Antonio Gómbosi.

Don Pedro Ricaldone, Rector Mayor, erigió canónicamente la Casa el 4 de Noviembre de 1936, bajo la protección de San Julián.

En el Elenco Salesiano de 1937 aparece la casa con las siguientes indicaciones: escuelas externas elementales y comerciales, localizado en la Calle Pinillos, 20 en Güines.

Hasta finalizar el curso se mantuvo en el Colegio San Julián el personal externo, confiando en la cooperación económica prometida por el párroco, P. Rodríguez Núñez y el Arzobispo de La Habana. Pero no hubo tal ayuda, ni la liberación de las deudas que el colegio tenía contraídas. Con sacrificios y esfuerzos lograron saldarse éstas, desprendiéndose en el curso 1936-37 de la mayor aprte del personal externo, incrementándose a su vez la comunidad Salesiana. Empezó a sentirse mejoría. De año en año aumentaba el alumnado, se intensificaba la influencia en la ciudad y la confianza de las familias.

Junto a la enseñanza elemental, en sus inicios mixta, se organizó la Escuela de Comercio. Además las fiestas, veladas públicas, paradas escolares, la pequeña banda fundada y desarrollada, y la franca amabilidad de los Salesianos, enriquecieron vigorosamente la proyección pedagógica y artística del colegio. Sin embargo, la situación económica no se resolvía conforme a las necesidades. Urgía un economista, y éste fue el P. Bernardo Fernández, en el 1942, sucesor del P. Salvador Herrera. Hábil promotor, logró un desahogo financiero, y luego obtuvo algunas concesiones gubernamentales del presidente Ramón Grau San Martín, para la construcción de un centro con mayor capacidad.

El 9 de Abril de 1947 colocaba la primera piedra Don Albino Fedrigotti, como Inspector. Concluído el sesenio del P. Bernardo Fernández, su sucesor, el P. Adán Haub quien imprimió a la obra la organizaicón requerida, consiguiendo a su vez nuevas concesiones del Presidente de la República, Dr. Carlos Prío Socarrás, culminando así las construcciones comenzadas, de suerte que en el curso 1949-50 pudo llevarse a cabo los edificios nuevos.

En Agosto del 1951, por motivos de salud, renunció el P. Adán Haub, y fue sustituído por el P. Rodolfo Slezak, siendo reemplazado luego éste por el P. Ángel Garau en 1953, quien al margen de la obra creó un Consejo de Caballeros de Colón quienes ayudaron al mantenimiento financiero de la obra. En esta época hubo un cierto incremento de las actividades apostólicas dentro del colegio.

Enfermo el P. Garau en 1955 le sucedió en Agosto el P. Enrique Méndez, quien forjó una reorganización académica. En 1956 tuvo lugar la primera graduación de los alumnos de Comercio, y en Septiembre de 1957 se iniciaron, tras algunos tanteos, los cursos de Bachillerato, concediéndose la paulatina extinción de la sección de comercio, por no implicar más que dificultades de personal. En 1958 se obtuvo la incorporación oficial del colegio al Instituto de Segunda Enseñanza de Güines con el consiguiente reconocimiento de los estudios de Bachillerato. En ese mismo año se inauguró solemnemente la capilla.

Dependiendo del colegio funcionaba anejo el Oratorio Festivo. Una gran parte de los muchachos asistentes eran alumnos del colegio. Especial auge alcanzó el grupo teatral de los antiguos alumnos, destacándose por sus representaciones anuales de la Pasión de Cristo.

El pleno apogeo de la labor Salesiana fue interrumpido por los graves sucesos de la Revolución Cubana. Tras la invasión de Bahía de Cochinos, el 17 de Abril de 1961, se dispersó el personal, permaneciendo tan sólo el P. Homero Betancourt y el coadjutor Salesiano, Antonio Gómbosi. El día 22 de Abril se les unió el P. Armando Rodríguez, teniendo lugar la insepcción nocturna del G-2. Diez días más tarde, el 2 de Mayo de 1961, con el anuncio oficial de la nacionalización de los colegios, se llevó a cabo la incautación. Sellados todos los locales el día 5, los milicianos les permitieron permanecer en el lugar hasta el día diez, en que fueron presionados a abandonarlo. Ese día 5 de Mayo de 1961, el Sr. Rogelio Dávila Díaz, en representación del Departamento Municipal de Educación, asumió la dirección del Colegio San Julián. El P. Homero Betancourt, como Director Técnico del plantel, y el mencionado Sr. Dávila firmaron una acta-inventario de los bienes expropiados por el Gobierno Revolucionario. Los Salesianos se retiraron. Por esas fechas cumplía la obra 25 años de aceptada.

Directores del Colegio de Güines

1936-42 P. Salvador Herrera	1951-53 P. Rodolfo Slézak
1942-48 P. Bernardo Fernández	1953-55 P. Ángel Garau
1948-51 P. Adán Haub	1955-61 P. Enrique Méndez

Documentos

Colegio San Julián de Güines

por *Abilio Arrascaeta*, Salesiano
Enero de 1938

"Al Suroeste de la provincia de La Habana y a unos 50 kms. de la capital, surge, como por encanto, de las exuberantes márgenes y valle fertilísimo del río Mayabeque, este florido vergel de San Julián de Güines. La villa, con una población de 15,000 habitantes, gloriosa en todos los conceptos patrióticos, religiosos y comerciales, brindó hospitalario albergue a los siempre ínclitos Hermanos de La Salle, quienes fundaron un colegio denomi_ándolo "San Julián". Difícil tarea, casi imposible, sería el narrar los lauros inmarcesibles conseguidos por esos geniales educadores...

Más tarde el Rvmo. Sr. Cura Párroco, José R. Núñez Rodríguez, se hizo cargo de la direccion del ya mencionado colegio...Mons. Manuel Ruíz, dignísimo Arzobispo de la Habana..viendo el agotamiento del apostólico sacerdote, pidió muy de veras al Rdmo. P. Pascual Richetta, Provincial Salesiano, y de tan feliz recordación, tomara bajo su tutela este plantel educacional.

Gracias a la acogida siempre cordial y sincera de la Villa del Mayabeque, el Colegio Salesiano ha tenido un resurgir rayano en lo increíble. Sólo dos años y los 4 profesores y 86 alumnos se ven subir al prometedor número de 8 y 167 respectivamente."

Religión y Patria

por *Ángel Valeri del Busto*
A.A.del Colegio San Julián
Febrero, 1938

"Religión y Patria: he aquí los dos lemas característicos del Colegio "San Julián". Honrándome con el título de antiguo alumno del mismo, no puedo menos de sintetizar en unas cuantas líneas mis apreciaciones acerca del mismo.

Religión y Patria. Efectivamente en este plantel educacional no sólo se recibe la instrucción científica, sino, lo que es más, también se recibe la educación moral, se aprende a ennoblecer las facultades humanas; de tal manera que se puede decir que se cumple al pie de la letra el texto evangélico: 'Dar a César lo que es del César, y a Dios lo que es de Dios.' Cálleme yo y díganlo los bellos actos que se realizan en las fiestas, tanto religiosas como patrióticas, donde parece fundirse, formando perfecta armonía, todo lo que hay de más grande en el Cielo y en la tierra: el amor a Dios y el amor a la Patria.

Para las fiestas religiosas cuenta el Colegio con un afinadísimo orfeón, cautivándose siempre que canta un público las más calurosas felicitaciones. Y si de suyo propio no tuviera méritos esta agrupación coral, que los tiene y muy bien merecidos, bástanle y sóbranle, los méritos de su Maestro que lo es el P. Director.

Para las fiestas patrióticas, además de su magnífico cuadro de declamación, es digno de encomio la banda de cornetas y tambores que tantos aplausos ha arrancado justamente en las fiestas cívicas y paradas escolares; debido todo esto al celo del Salesiano, Sr. Manuel Flores.

En cuanto al sport, los juegos gimnásticos y escolares son algo consustancial a los Hijos de San Juan Bosco y así los vemos en contínua actividad en sus denominados "Oratorios Festivos" donde además de formar ciudadanos aptos para su patria, procuran formar también hombres sanos, cumpliéndose así el precepto de la antigua y moderna Pedagogía: 'mens sana in corpore sano.'"

"Nuestra Excursión a los Manantiales del Mayabeque"

por *Miguel Medina*
Alumno del 5º Grado
Mayo, 1939

"A unos 12 km. de nuestra Villa se hallan los manantiales que surten de agua al río Mayabeque y a los habitantes de la región ubérrima fertilizada por el mismo. Ese fué el lugar destinado para el paseo del jueves 27 de Abril. Salimos del

Colegio veinticinco alumnos guiados por el Profesor de 5ª grado. Durante las dos horas de nuestro caminar por la carretera Güines-Catalina, unos se dedicaban a persecusión de pajaritos; otros se ocupaban a la caza de mariposas, quienes escuchaban a nuestro Maestro, quien se esforzaba en amenizar el trayecto con chistes y cuentos; algunos cantaban creaciones típicas sacadas del folklore criollo; pero todos éramos bañados en esa brisa salutífera y agradable que se respira en los campos cubanos, brisa que estaba altamente saturada de fragantes perfumes por las flores que bordeaban el camino.

Una vez que llegamos a los lugares, a la voz de nuestro Maestros, tomamos posesión del lugar y ¡qué lugar! una enorme poceta rodeada de árboles que saturaban el ambiente de una fragancia encantadora; miles y miles de pequeños manantiales luchaban por mandar su agua al exterior. Los manantiales que surten de agua a nuestro pueblo estaban encerrados por gruesas paredes de cemento. Admiramos el progreso de la inteligencia del hombre al ver las grandes máquinas que constituyen el acueducto.

Todo el día estuvimos montando en un ligero bote que nos proporcionó el administrador del lugar... nuestro almuerzo fue aderezado a la manera criolla por un amigo nuestro que tiene magnífico gusto y artística mano de cocinero... después seguimos dedicándonos a todos los deportes... rendidos por el cúmulo de diversiones tomamos el camino de regreso, pero ya no a pié, sino en un magnífico camión que nos cedió el papá de uno de nuestros alumnos... A las seis de la tarde hacíamos nuestra entrada triunfal en nuestro pueblo cantando y riendo a más no poder."

Jura de La Bandera

Domingo, 26 de Noviembre, 1939

"Después de la grandiosa fiesta del cariño y de la gratitud del memorable 9 de Noviembre, ha sido la segunda gran fiesta del mes. Un bonito programa la anunciaba. Las autoridades civiles y militares, escolares y religiosas se dignaron presidirla y se mostraron muy satisfechas de tan soberbio Acto.

Los momentos más salientes fueron el desfile por las calles de Güines, la ofrenda de un corazón de flores ante el Monumento de Martí que recogió y depositó el Dr. Bernardo Moreira, presidente de la Junta de Educación. Todas nuestras evoluciones en el patio dicen que resultaron perfectas.

El Dr. Dorta no pudo deleitarnos y en su lugar el Rdmo. P. Salvador Herrera nos leyó unas breves pero emocionantes cuartillas ante el micrófono. Las poesías tan lindas fueron muy bien recitadas por Carlitos Pérez y Juan Manuel de la Cruz, cosechando nutridos aplausos.

La banda de Tambores y Cornetas rayó a mayor altura que nunca. Los cantos del Himno Invasor y del Himno a Martí vibrantes...pero lo que más admiró fue la interpretación de "la Habanera Tú" que fue premiada con prolongada ovación. El resumen del Dr. Alberto R. Martell cerraba con broche de oro este acto cívico patriótico. Tejió bellamente la historia de la Bandera Cubana y dió consejos a todos los alumnos de los que se auguraba que alcanzasen los más altos puestos y hasta tal vez la primera Magistratura de la República. El desfile por secciones en saludo ante la Bandera cerró nuestra gran Fiesta Escolar.

...Enseguida aprendimos La Habanera Tú... que nosotros llamábamos... La Güinera Tú, porque su texto se adaptó para cantar las gloria de nuestra Villa del Mayabeque... Suena 'muy bonito'...dicen que la arregló para orfeón intantil nuestro mismo querido P. Director."

Colegio San Juan Bosco – La Víbora (1949)

En 1947 el Dr. Anselmo Alliegro, Senador de la República y Ministro de Educación, ofreció la cantidad de 10,000 dólares para dar comienzo a un colegio cercano a la Iglesia de San Juan Bosco en La Víbora. El P. Juan Fioroni, a lo largo de varias entrevistas, logró convencerle para que costease la construcción completa, incluído el mobiliario, aportando primero la suma de 100 mil pesos, y más tarde otros tantos.

Comprados los terrenos, e iniciada la obra según los planos del ingeniero Julián Capestany, se procedió adelante sin interrupción, pudiéndose inaugurar los nuevos edificios el 16 de Agosto de 1949, estando presentes el mismo Dr. Alliegro, sus familiares, Salesianos y un gran público. Amenizó el acto la banda del Oratorio de Guanabacoa.

El primer director de este centro fue el P Severino Farina, quien, junto con el personal indispensable, abrió la matrícula para tres aulas de enseñanza primaria. Se fueron aumentando los grados de cada año escolar. Así se daba tiempo para la formación del personal, acentuando la buena marcha y la disciplina del ambiente. Por un año, los hermanos de esta casa y los de la Iglesia San Juan Bosco, constituyeron una sola comunidad.

Don Antonio Ragazzini, con fecha 2 de Febrero de 1952, solicitó al Cardenal Manuel Arteaga el visto bueno para la erección cacnónica de la nueva comunidad Salesiana que atendería el colegio. El Canciller envió el siguiente documento:

"El Eminentísimo Sr. Cardenal Arzobispo de La Habana, ha tenido a bien expedir el siguiente decreto: 'Habana, 18 de Marzo de 1952.- Vista la solicitud que antecede, presentada pr el M.R.P. Antonio Ragazzini, Inspector de los Salesianos en Cuba, y teniendo en cuenta que se ha provisto a la congrua habitación y sustentación de los Religiosos, según lo mandado en el canon 496, cumpliéndose los demás requisitos canónicos; damos nuestro consentimiento a tenor del canon 497 para la erección de una Casa Religiosa de la Pía Sociedad Salesiana en la calle Vista Alegre esquina a Goss, Víbora, en esta ciudad; y damos asimismo Nuestra licencia para el funcionamiento del colegio 'San Juan Bosco' de niños pobres, anexo a la casa, y para erigir en él como Oratorio semi-público el local destinado al efecto, por reunir las condiciones canonico-litúrgicas requeridas, el cual no podrá convertirse en usos profanos, sin nuestra autoridad. Comuníquese. Lo decretó y firma Su Eminencia Rvdma., de que certifico: (F) El Arzobispo. Por mandato de su Emmcia. Rvda. (F) Pbro. José M. Domínguez, Canciller".

Don Renato Ziggiotti, Rector Mayor, con fecha 15 de Abril de 1952, erigió canónicamente la casa bajo el patrocinio de San Juan Bosco.El colegio era una escuela elemental para alumnos externos con un Oratorio Festivo. Estaba localizado en la calle Vista Alegre 401 esquina a Goss, en La Víbora.

En 1953, al crearse la Inspectoría de las Antillas, y al marcharse el P. Farina a México, fue nombrado director el P. Higinio Paoli. Uno de sus objetivos principales fue el de dar impulso a los estudios, sirviéndose para ello de la colaboración del P. Enrique Méndez. Cumplido su primer trienio, el P. Higinio Paoli fue sustituido por el P. Matías Pressing.

El P. Pressing, con el apoyo de la comunidad Salesiana, logró incrementar el bachillerato, obteniendo el reconocimiento semi-oficial de los estudios allí cursados. Unicamente debían invitar a inspectores gubernamentales en las fechas de exámenes para la total aprobación.

En el curso escolar 1958-59 había cuarenta alumnos semipensionados y 260 externos, de los cuales, 250 eran de la primaria, y 50 de la secundaria. Los inscritos al Oratorio Festivo sumaban 190, y tenían como maestros a 6 Salesianos y 10 profesores externos.

Mientras tanto el régimen de Batista llegaba a su ocaso. Meses antes el P. Mario Borgonovo pasó a ocupar el cargo de director, centrando su atención en el mejoramiento del colegio y del personal, a la vez que cobraba auge especial la Asociación de Antiguos Alumnos, muchos de éstos provenientes de la Institución Inclán.En 1961 las actividades de la casa eran: escuela elemental y secundaria para alumnos externos; Oratorio Festivo; Acción Católica; Asociación de exalumnos; Asociación de Padres de Familia y dos Capellanías.

En el día de la invasión de Bahía de Cochinos, el 17 de Abril de 1961 el colegio fue ocupado por los milicianos. El gobierno revolucionario se apoderó de él, el 1ro de Mayo de 1961.

Directores del Colegio

1951-53 P. Severino Farina

1954-55 P. Higinio Paoli

1956-58 P. Matías Pressing

1959-61 P. Mario Borgonovo

Colegio Rosa Pérez Velasco – Santa Clara (1956)

Uno de los acuerdos adoptados en el XVI Capítulo General de la Sociedad Salesiana, en el año 1948, prohibía tajantemente a los inspectores la apertura o aceptación de nuevos colegios en el lustro siguiente. Contra esta determinación luchó en vano, el Dr. Falla Bonet. La determinación del Capítulo General comprometía a todos, y el Rector Mayor denegaba las más halagüeñas ofertas. El Dr. Falla Bonet pedía una escuela profesional en Santa Clara, enteramente costeada por él. El P. Florencio Sánchez, Inspector en aquel entonces, no atreviéndose a responderle con un no categórico, se las ingenió para dar su pequeña vuelta a los trámites. Por el momento bastaría con introducirse de cualquier forma en Santa Clara.

Don Florencio Sánchez, Inspector, escribió la siguiente carta a Mons. Eduardo Martínez Dalmau, Obispo de Cienfuegos, el 10 de Julio de 1954:

"Muy venerado Sr. Obispo: De conformidad con nuestra conversación de ayer, me apresuro a enviarle humilde petición para que, a norma de los Sagrados cánones, tenga a bien conceder su beneplácito para la fundación de una Obra Salesiana, propiciada por el hacendado e industrial, D. Eutimio Falla, en la Ciudad de Santa Clara, y en las inmediaciones de la Universidad.

En ella se cursarían enseñanzas elementales y profesionales en régimen de internado y externado. Como actividad filial se daría culto a S. Juan Bosco y a María Auxiliadora, en la Iglesia del Carmen, y para la enseñanza el catecismo se implantaría el Oratorio Festivo, Dominical y Diario.

Agradeciendo muy de veras este nuevo favor concedido a los Hijos de S. Juan Bosco, me atrevo a suplicarle una amplia bendición para nuestras obras de Cuba mientras aprovecho la ocasión para reiterarme, con la más profunda veneración, de Vuestra Excelencia Reverendísima obedientísimo hijo en J.C. FLORENCIO SANCHEZ G. PROVINCIAL."

El Obispo contestaba el 7 de Noviembre de 1954, de la siguiente forma:

"Mi querido Padre: Lamentando de que por culpa mía, involuntaria desde luego, se haya demorado la fundación de los Salesianos en Santa Clara, paso a dar cumplimiento al canon 497, manifestándole por este medio mi más absoluta conformidad, es más mi mayor beneplácito, en que se lleve a cabo la mencionada fundación. 'In quantum possumus', cedemos a los PP. Salesianos la Iglesia y anexo edificio a fin de que se asegure, en esa barriada, la enseñanza catequística a los niños, y las fructuosas sactividades del Oratorio Festivo. Suyo atto. y S.S EDUARDO M. DALMAU, Obispo de Cienfuegos. Es copia conforme al original hecha el día 4 de Marzo de 1956."

El 9 de Diciembre de 1954 Mons. Eduardo Martínez Dalmau hizo ante la Dra. Consuelo Barrero González, Abogada, Notario Público del Colegio y Distrito de Santa Clara, la siguiente declaración:

"...PRIMERO. Que en su carácter de tal Obispo de la Diócesis de Cienfuegos, nombrado por Su Santidad Papa Pío XI, con fecha 16 de Noviembre de 1935, y que deseando contribuir a la realización de una grande obra que proyecta el Señor Eutimio Falla Bonet, Benefactor de Santa Clara, en uso de las facultrades que le están conferidas, dona y traspasa a título gratuíto la Iglesia de Nuestra Señora del Carmen de esta ciudad, con el edificio anexo a la misma, situada en la manzana comprendida por las Calles Carolina Rodríguez, Máximo Gómez, M.g. Garófalo y Evangelista Yanes, lugar conocido por la Loma del Carmen, para que en ella se celebren y realicen todas las funciones religiosas que no tengan el carácter de parroquiales, en usufructo hasta el tiempo que la Santa Sede lo determine o lo tenga por conveniente, a la Congregación de los Padres Salesianos, cuya representación ostenta como Inspector Provincial de la Provincia de las Antillas, el Muy Reverendo Padre Florencio Sánchez García, representado en esta escritura por el Rvdo. Padre José Vandor Wech.

SEGUNDO: Los donatarios tendrán facultades para realizar tanto en el edificio anexo como en la Iglesia, todas las obras necesarias y que estimen convenientes para la restauración y conservación de los mismos, sin limitación alguna y siguiendo las instrucciones que para la realización de tales obras reciban del referido Benefactor de Santa Clara el Arquitecto Señor Juan Tandrón Machado o los Arquitectos que designare el mismo, en lo que se refiera al edificio anexo.

"TERCERO: El otorgante Rvdo. P. José Vandor Wech, dice: Que en nombre y representación de la congregación Salesiana que representa, toma en este acto posesión de la Iglesia Nuestra Señora del Carmen y del edificio o vivienda anexo a la misma en esta ciudad, obligando a la comunidad o Congregación que representa al cumplimiento de lo antes consignado, mostrando desde ahora su conformidad con las obras de restauración de la vivienda que han de realizarse en dicha Iglesia Nuesrta Señora del Carmen, a cuyo efecto faculta al Arquitecto Señor Juan Tandrón Machado para el inicio y terminación de las mismas..."

En este asunto de la iglesia del Carmen habían influído los Padres Pasionistas quienes, conocedores de las intenciones que se perseguían, sugirieron a Mons. Martínez Dalmau, Obispo de Cienfuegos, ceder a los Salesianos la iglesia que ellos deseaban devolverle. Accedió el Obispo, considerando que los Salesianos le libraban de un compromiso cercano. Impuso, no obstante, una condición: la iglesia jamás debería convertirse en parroquia. Inmediatamente se instalaron en ella el P. José Vandor y el coadjutoro Salesiano, Alberto Ruiz. Así ellos podían proporcionar prudentes observaciones al administrador y constructor que, desde principios de 1955, estaba levantando los edificios del futuro colegio a cuenta del Dr. Falla Bonet. De esta manera se realizaba la distribución de los locales según las costumbres y exigencias típicas de una casa Salesiana. A la llegada, el Padre Vandor se encontró con un gran núcleo de amistades ya granjeadas por la acción Salesiana de las obras cercanas.

El Dr. Falla Bonet, animado por el apoyo indirecto de los Salesianos, aprovechó la visita del Rector Mayor de los Salesianos, Don Renato Ziggiotti, en

Enero de 1956, para recabar su atención mostrándole las realizaciones casi consumadas. El día 25 le preparó un solemne recibimiento, congregando a todos los cooperadores y amigos de la obra Salesiana. Logró convencer al Rector Mayor. Días después del regreso de Don Ziggiotti a su sede, en Turín, Italia, recibieron tanto el P. Florencio Sánchez como el Dr. Falla Bonet la notificación por la que se aceptaba la fundación.

Se comienzan las actividades académicas en el colegio Rosa Pérez Velasco de Santa Clara en el 1956. Es una escuela elemental para alumnos internos y externos con escuelas profesionales (mecánica y carpintería), y Oratorio Festivo. Se hallaba el colegio situado en la carretera de Camajuaní, kim. 4.

Don Albino M. Fedrigotti, Vicario del Rector Mayor, erigió canónicamente la casa el 20 de Marzo de 1957, bajo el patrocinio de Santa Rosa de Lima.

Con el nuevo curso 1957-58 se inauguró esta casa, erigida en memoria de la esposa del Dr. Falla Bonet. Entre el P. José Vandor, su primer y único director, la comunidad Salesiana y los maestros externos se organizaron, y echaron adelante los talleres y las clases.

En el Curso 1959-60 hubo en total 142 alumnos. De estos 39 eran de escuela elemental y 103 eran artesanos: 20 tipógrafos, 67 mecánicos y 16 carpinteros.

La vida escolástica de esta casa duró poco. En Mayo de 1961 corrió la suerte, de los demás colegios Salesianos, quedando incautado por el gobierno revolucionario.

Testimonios

Rvdo. P. Homero Betancourt
Colegio San Julián de Güines

"Asistí al Colegio Champagnat de los Hermanos Maristas de Cienfuegos desde Septiembre de 1934 hasta 1938. Cursé allí la Primaria y Comercio.

Habiéndoseme despertado mi vocación, es decir, el deseo de seguir el sacerdocio, y habiéndole manifestado a los Hermanos, fui llevado por el Hno. Manuel que en aquel tiempo era reclutador de los Juniores (Aspirantes a Maristas) al Seminario menor de los Salesianos en Guanabacoa, donde hice mis estudios preliminares para entrar al Noviciado. Este, primera etapa de la vida religiosa, lo realicé en la República del El Salvador, donde además estudié la filosofía y el Magisterio graduándome con un grupo de compañeros en Pedagogía en el año 1945.

De regreso a Cuba fui designado al Colegio San Julián de Güines como maestro de Primaria. Al terminar el Tirocinio, tres años de práctica antes de continuar la Teología la cual, por disposicón de los superiores, cursamos en el College Don Bosco de Pino Alto, California, y luego continuamos en Turín, italia. Terminada la carrera fuimos ordenados sacerdotes Eramos tres cubanos: Padre Enrique Méndez, Padre Francisco Viera y el que esto escribe, los mismos que fuimos a El Salvador, trabajamos en Güines y fuimos a California y terminamos en Itala el 1º de Julio de 1952.

De regreso a la Patria en ese año, comencé mi labor ministerial y como profesor de secundaria en el mismo Colegio San Julián de Güines hasta que se cerró en 1961. Allí desempeñé el oficio de administrador del plantel y fungí de Capellán del colegio de niñas de las Hermanas de la Caridad que también estaban en Güines cuya directora era Sor Gerarda Danta, hoy en España.

En el Seminario Salesiano de Guanabacoa recuerdo al Director, Padre Rafael Mercader, luego director también el P. Juan B. Pedroni; los profesores P. José Vandoor, maestro de griego, P. Rodolfo Slezack de matemáticas, Sr. Salvador Nava de literatura, P. José Raymondi, confesor y esiritualidad, además el Sr. Esteban Chequey, el P. Luis González que más tarde fue Provincial de México, P. Bartolomé Vegh, P. Ignacio Oznec, etc.

El ejemplo de mis maestros, tanto Maristas como Salesianos, me dieron fortaleza en mi ideal religioso, una fe inquebrantable, y un esp_itu de trabajo y entrega en mi apostolado y control en la disciplina. Yo era de carácter fuerte, soberbio, impositivo y de mis preceptores aprendí a ser manso y bondadoso y me ayudó a sobrellevar los diferentes obstáculos que en mi vida he tenido que sorportar. Agradezco a Dios y a ellos lo que soy: un fiel seguidor del Señor en su viña."

Los Salesianos en la Cuba actual

Doce sacerdotes de Don Bosco trabajan en la actualidad en Cuba distribuidos de esta forma: dos en la Arquidiócesis de Santiago de Cuba, 2 en la Diócesis de Cienfuegos-Santa Clara, seis en la Arquidiócesis de La Habana, y dos en la Diócesis de Camagüey.[89]

[89] Datos de la Arquidiócesis de Miami, Florida, 1996.

Institución Inclán, 1938

Colegio San Juan Bosco
Santiago de Cuba

Reunión de ex-alumnos
Colegio Dolores Betancourt, 1957

Colegio San Juan Bosco
Guanabacoa

Colegio de Arroyo Naranjo, La Habana

Colegio Rosa Pérez Velasco
Santa Clara

Colegio San Julián, Güines

Primera Comunión
Colegio de la Víbora, 1937

41

Esclavas del Sagrado Corazón de Jesús

1920

La fundación

Dieciocho jóvenes encabezadas por Rafaela Porras y Ayllón, hoy Santa Rafaela María del Sagrado Corazón, y su hermana Dolores, trabajaban con ahínco en España para fundar un Instituto religioso. Corría el año de 1877. El Cardenal Juan Moreno, Arzobispo de Toledo, las autoriza el 14 de Abril para llevar vida de comunidad, quedando luego autorizadas para que el Instituto funcione como congregación religiosa de votos simples.

En el 1880 comienzan las gestiones para que se aprueben los Estatutos y las Reglas. El 24 de Enero de 1886 el Papa León XIII concede el Decreto aprobando el Instituto y se establece la Congregación de Esclavas del Sagrado Corazón de Jesús dedicada al apostolado en: obras de educación y enseñanza que abarquen todas las etapas de la mujer, en sus diferentes clases sociales dando preferencia a la educación de los pobres; centros de espiritualidad, facilitando el encuentro con Dios mediante los Ejercicios de San Ignacio; y promoción del laicado, llevándole a participar de diversas organizaciones y asociaciones de la Iglesia y su relación con parroquias y escuelas.

Hoy, ciento y tantos años más tarde, las Esclavas se extienden por Africa, Estados Unidos, Argentina, Bolivia, Chile, Colombia, Ecuador, Panamá, Perú, Uruguay, Filipinas, Japón y la India, así como en España, Francia, Inglaterra, Irlanda, Italia y Portugal.

Llegada a Cuba

El 28 de Noviembre de 1888 la M. Rafaela María solicita del Obispo de La Habana el permiso para fundar en Cuba. Mons. Santander le responde: "..me apresuro a decirle que me ha servido de gran consuelo su petición, porque aquí, como en ninguna parte, hace falta ese culto contínuo de desagravio. Bienvenidas sean, lo que yo pueda las ayudaré."[90]

Sin embargo, no sería hasta el 4 de Septiembre de 1920 en que llegan las tres primeras Esclavas a La Habana. Para entonces habían ya ingresado diez cubanas en el Instituto. Familiares de una de ellas, la Hermana Natividad del Valle, así como el Padre Morán, SJ, las reciben en el puerto.

Van a trabajar a Luyanó, barrio pobre obrero de La Habana, haciéndose cargo de un centro de instrucción para obreras, obra planeada por el P. Cándido Arbeloa SJ, Director del Apostolado de la Oración. Pero el edificio no está terminado; aún así las tres religiosas se instalan en dos pequeñas habitaciones y se ocupan de activar las obras. El 13 de Noviembre el Obispo, Monseñor González Estrada, celebra la primera misa dejando el Santísimo reservado.

---

[90] Testé, Mons. Ismael, "Historia Eclesiástica de Cuba", pág. 802,

Colegio-Talleres A.C.I. – Luyanó (1921)

Era el año de 1906. Estaban el Dr. Cosme de la Torriente y su esposa, la señora Estela Broch y O'Farril, haciendo un viaje por Francia. Eran aquellos momentos difíciles para la pareja, y la Sra. Broch hizo una ofrenda en la Iglesia de Notre Dame de la Garde en Marsella, para que se le arreglaran sus asuntos. A su regreso a La Habana y después de algunos años, su esposo, el Dr. de la Torriente compró, junto con el señor Jesús María Bouza, unos terrenos en Luyanó. Fue entonces cuando a su señora se le ocurrió que en aquellos terrenos podría cumplir su ofrenda que había hecho en años anteriores.

Habló con su esposo sobre esto quien no titubeó en hacer el generoso donativo. Quiso entonces comprar la parte de terreno que correspondía al señor Bouza, pero éste no aceptó la proposición sino que él también quiso hacer donación de su parte y ambos se lo ofrecieron al Sr. Obispo con el fin de que se hiciese allí una iglesia dedicada a Ntra. Señora de la Guardia (Notre Dame de la Garde), y se empleara el resto de los terrenos a fines de beneficencia, enseñanza o caridad.

Inmediatamente se formó una junta de señoras presidida por la Sra. Mariana Seba, esposa entonces del Presidente de la República, General Mario García Menocal. Formaban parte de la directiva, señoras que hicieron mucho para recaudar los fondos necesarios, entre ellas la Sra. Mina Pérez Saumont de Truffin, esposa del presidente de la Cuban Cane Company que consiguió una buena aportación de los ingenieros.

Aún así no se llegaron a reunir los fondos que se necesitaban para llevar a cabo, no sólo la Iglesia cuyo altar e imagen de la Virgen ya había donado también el Sr. de la Torriente, sino los talleres adjuntos para obreras.

Pasó así la obra al P. Arbeloa, S.J., y posteriormente al Apostolado de la Oración cuyo director fue por mucho tiempo el R.P. Morán, S.J. Se pensó que en manos de religiosas estarían las obreras mejor atendidas, dado el fin benéfico y de regeneración espiritual que se quería dar a la obra. Por aquella época la muy conocida señorita Natividad del Valle había entrado en el Noviciado que las Madres Esclavas habían fundado en la Habana. Esta habló con el Padre Morán para que fueran las Esclavas las que se encargaran de esta obra. Este al punto se puso al habla con la M.R. Madre General que residía en Roma.

La iglesia ya estaba terminada pero faltaba gran parte de los talleres. No se les puso nada por delante a las Madres Esclavas quienes se hicieron responsables de la terminación de las obras y acogieron con gran devoción la idea de empezar su magisterio y apostolado en la Diócesis de La Habana trabajando a favor de la clase humilde obrera, esperando así recibir una mayor bendición de Dios para su Instituto en estas tierras.

A estos anhelos se unieron los del P. Morán quien al entregar a las Madres el centro les decía con fecha 20 de Octubre de 1920:

"Al hacer entrega de esta obra, que hoy sale de mis manos como conjunto de aspiraciones nobilísimas, no deseo ni ansío otra cosa más que la de Uds.

sea un monumento grandioso de realidades para mayor gloria de Dios; un centro poderoso en que se modelen innumerables corazones que amen y sirvan a Dios; un establecimiento de instrucción en que las obreras se templen fieles a su religión y a su patria; y una palestra de virtudes y santificación para Uds., que han de sostener y ampliar esa obra para honor de Jesucristo y gloria de su religión, para prestigio del Instituto de las Madres Esclavas y provecho de Cuba..."

El 8 de Mayo de 1921 se inició oficialmente la labor apostólica de las Esclavas en Luyanó, en la calle de Nuestra Señora de Regla, al frente del Sanatorio de Hijas de Galicia. Comienzan los talleres con 150 jóvenes de la barriada, mayores de 16 años. Era un centro de instrucción de preparación profesional y de moralización donde se impartían clases de catecismo, de formación, diálogo, enseñanza de gramática, aritmética, inglés, mecanografía, taquigrafía, dibujo, bordado, y corte y confección. Los estudios terminaban con la obtención del correspondiente diploma que permite a las jóvenes trabajar y ganarse honradamente la vida.

La obra de los talleres se fue mejorando para ir acomodando las exigencias de los tiempos, haciéndose en ella reformas e intensificando la enseñanza. Desde el 1950 empezó a funcionar un taller de costura en que las muchachas, ya preparadas bajo la dirección de las Madres, se hacían cargo de las labores que los particulares les encomendaban y con ello recibían una retribución a su trabajo.

Según Monseñor Testé, durante los 25 primeros años de su trabajo apostólico en Cuba, las Esclavas instruyeron en aquel centro a 4,798 alumnas, 110 de ellas recibieron el bautismo y 1,168 hicieron la Primera Comunión. Se llevaba allí a cabo un catecismo para mujeres los sábados por la tarde, siendo consolador ver la resignación y conformidad con que, gracias a la instrucción de la Religión y frecuencia de Sacramentos, llevaban las muchachas mil privaciones que su situación precaria les acarreaba, y así mismo las contrariedades y dificultades con que tropezaban. La matrícula de las niñas llegaban a 120 y la de mujeres a 70.

Existía también en los Talleres la Asociación de Esclavas de María Inmaculada. Esta era una asociación bajo la advocación de la Virgen que emprendió obras de apostolado, algunas de las cuales tenían por fin el sostenimiento, en parte, de algunas obras gratuitas de la casa, como eran la sección de Ropero y Caridad, la Sección de Propaganda, y la que ayudó a construir la capilla de Barrio Azul, en la parroquia de Calabazar.

En la Sección de Ropero se confeccionaban anualmente prendas de vestir que se repartían entre los catecismos de niñas y mujeres. Todos los años llevaban a cabo una exposición el día de la junta general anual que solía presidir alguna dignidad eclesiástica.

El Colegio-Talleres de Luyanó se sostenía a expensas de la Casa y Comunidad de la Esclavas, con el agravante de que todas estas obras eran gratuitas y por lo tanto ninguna de estas actividades tenía entrada alguna. Cuando el Colegio-Talleres de Luyanó comenzó a funcionar, no recibió subvención ni limosna de ningún sitio, pero fue inmenso el bien realizado.

Catecismo en el barrio Azul – Parroquia de Calabazar

Distante del centro, pero en un lugar muy necesitado, comienzan las Esclavas esta otra actividad apostólica. Con muchos sacrificios logran levantar allí una capilla, que siendo la única del barrio sirve al Párroco de lugar para administrar los sacramentos. En la capilla existía un catecismo de niños y niñas, y los domingos no bajaba de 200 las personas que asistían allí a la Santa Misa.

Otras obras de apostolado

La comunidad de las Esclavas no se ocupaban sólo de la iglesia, del culto y de sus escuelas, sino que también el catecismo de adultos del barrio de "Las Yaguas". Muchas de las muchachas que asistieron a este catecismo, sirvieron después de maestras y fueron a enseñar a otros lugares donde había mucha ignorancia religiosa.

Desde 1935 las Hermanas realizaban tandas de Ejercicios Espirituales para señoras y muchachas durante la Cuaresma. También la Asociación de Adoradoras del Santísimo comenzó a funcionar en 1946 la cual tenía por fin acompañar al Señor en su hora de vela semanal. En el 1951 se habían hecho 1,002 adoraciones.

Colegio de Miramar (1949)

En el año 1947 se comenzó la fabricación del colegio de la Calle 50 esquina a 6, en la Avenida del Consulado en Miramar. Esto se pudo llevar a cabo gracias a la generosidad de Natividad del Valle, religiosa de las Esclavas, quien donó su herencia y el lote de Miramar para construir un colegio para niñas. Con sus prendas se mandó a hacer la Custodia del Santísimo que se mantenía expuesto durante el día en la capilla del colegio.Su Eminencia, el Cardenal Arteaga firmó el acta que se depositó en la primera piedra del Colegio el 2 de Mayo de 1947. A continuación la transcripción del borrador del Acta redactada para poner la primera piedra:

"En la ciudad de La Habana, año del nacimiento de Cristo 1947; rigiendo los destinos de la Iglesia Universal S.S. Pío XII; de la Arquidiócesis, el Exmo. y Rvmo. Sr. Dr. Manuel Arteaga y Betancourt; siendo Superiora General de la Congregación de Esclavas del Sdo. Corazón de Jesús la muy Reverenda Madre María Cristina Estrada; Vice-Provincial de la Vice-Provincia de Norte América la Reverenda Madre María de Montserrat Barjau; Nuncio Apostólico en Cuba el Ilmo. y Rvmo. Sr. Jorge Caruana; Presidente de la República de Cuba el Honorable Sr. Ramón Juan (sic) San Martín; Párroco de Marianao el Muy Ilmo. Sr. Belarmino García Feito; Prelado Doméstico de S.S....
A los dos días del mes de Mayo y a las ...pasado el meridiano; siendo primer sábado de mes; reunidos los que suscribimos el Acta en el lugar en

que se comienzan las obras del nuevo Colegio de las R.R. Esclavas del Sgdo. Corazón de Jesús, sito en el Reparto Playa de Miramar en la Avenida de Consulado; en presencia de las Excmas. Autoridades de la Archidiócesis, representaciones del Clero Secular y Regular, de las Superioras Vice-Provincial y Local de las R.R. Esclavas del Sgdo. Corazón de Jesús de esta ciudad, siendo madrina y padrino en tan solemne acto la Sra. María Mendoza Vda. de del Valle, y el Sr. Dr. Estanislao del Valle, Para mayor gloria del Corazón de Jesús y exaltación de la Santa Madre Iglesia, el Exmo. y Rvmo. Dr. Manuel Arteaga, Arzobispo de esta Arquidiócesis, guardadas todas las prescripciones litúrgicas, bendijo solemnemente esta primera piedra del futuro colegio cuya capilla será dedicada a la Sma. Virgen en el misterio de su Anunciación."

Este documento habría de ser metido en el hueco de la primera piedra del colegio junto con algunas monedas del país y otros objetos.

En Septiembre de 1948 la comunidad de Religiosas se mudó para el edificio, aún sin terminar, pero no fue hasta Enero de 1949 en que el Colegio abrió sus puertas. Treinta niñas formaron el grupo de fundadoras, y la comunidad estaba compuesta por: la Madre Asunción Escauriaza, como Superiora del Colegio, junto con la Madre María, la Madre Francisca, la Madre Lourdes, la Madre Esther, la Madre Felicita, la Mother Irene y la Madre Concepción, entre otras Madres y Hermanitas. La prefecta fue la Madre Teresa Salazar, la cual pocos meses después de inaugurado el colegio tuvo que retirarse por motivos de salud. En Abril de 1949 la Madre Pilar Ymáz vino a ocupar el puesto de Prefecta, donde estuvo hasta que fue trasladada a Filadelfia. En 1954 la Madre María Leal sustituyó a la Madre Asunción Escauriaza como Superiora.

La intervención

En el 1959 el colegio tenía unas 350 alumnas, pero después de la toma del poder del gobierno comunista de Fidel Castro, la situación empeoró. Las clases comenzaron de nuevo en Septiembre de 1960, y en Abril de 1961, tras el fracaso de la invasión de Playa Girón, era inminente que todas las órdenes religiosas iban a ser expulsadas de Cuba. Pocos días después los tanques y camiones llenos de milicianos marchaban por la 5ta. Avenida de Miramar. La Madre Ana María convocó a varios padres de alumnas al colegio, y varias Madres y Hermanitas fueron a refugiarse a casa de Armando Llano, Alicia Albacete y una profesora del colegio. Pero la Madre Ana María se negó a abandonar el colegio. Allí permaneció sola, en compañía de su perro hasta que intervinieron el colegio.

Hermanas que trabajaron en Cuba:

R.M. Asunción Escauriaza, R.M. Carmen Moyano; las Madres Francisca López, Isabel Eguiguren, Esther Gall, Felicitas Montero, Concepción Boza, Irene Mallahan, Ofelia González, Marina García, María de Jesús Solache, Liduvina López,

María Lourdes Lagunilla, Ángeles Martínez y María Dolores Muñoz. Y las Hermanas: Caridad García, Andrea Iturraspe, Tomasa Rebollo, Carmen Arteche, Gregoria Elistondo, Felicísima González, Felisa Aranguren y Jesusa Otaegui.

Himno del Colegio de Miramar
"Oh, Virgen de mi Colegio"

Oh, Virgen de mi colegio,
que nunca podré olvidar.
Virgen, que como un lucero,
me alumbras desde ese altar.
Bajo tu manto sagrado,
mi madre aquí me dejó.
Señora, tú eres mi Madre,
no me abandones, no.
No me abandones, no.
No me abandones, no.

Hoy soy tu hija, hoy yo te amo
Hoy te prometo perenne fe.
Pero mañana, dentro de un año
Dentro de veinte, ay, te querré?
Estrella salvadora, es, Madre, tu semblante,
Lucero navegante, naufragaré sin ti?
Cuando la mar del mundo,
con zozobrante guía,
Surcaré en mi barquilla,
acuérdate de mí,
Acuérdate de mí,
Acuérdate de mí.

Aunque avance rugiente la tormenta,
y en mi mástil se agite el huracán,
Feliz con tu recuerdo soberano,
Desafíe las olas de la mar.
Me arrollarán, quizás, entre su espuma,
Mas negar que me amaste y que te amé,
Negar que fui tu hija y que en tus brazos,
Se pasó como un sueño mi niñez.
Eso nunca lo haré, Madre querida,
Eso nunca, nunca lo haré.
Eso nunca lo haré, Madre querida,
Eso nunca, nunca lo haré.
Eso nunca lo haré.
Eso nunca lo haré.

Documentos

En Febrero del 1956 la Madre Francisca López reporta desde La Habana a la Madre General:

"Actualmente nuestra Comunidad se compone de 10 Madres y 11 Hermanas, de las que la mayoría ha pasado más de 30 años en intensa labor apostólica, pero todas cuentan aún con energías para el trabajo, incluyendo a una Hermana que no puede caminar desde hace unos años.

Luyanó es un barrio obrero de La Habana, a los principios bastante apartado del centro de la ciudad, pero hoy unido a ella por el vertiginoso crecimiento de la población urbana.

Nuestra iglesia, dedicada a Nuestra Señora de la Guardia, y construida en 1920, es grande, bastante bonita, muy clara y acogedora. El Santísimo se ve frecuentemente visitado, aunque no todo lo que nuestro amor a El lo desea, sobre todo como reparación después del sacrilegio del 1953. Pero es que acá hay como una barrera contra el catolicismo: la ignorancia religiosa, a la que se une la propaganda protestante, la maléfica influencia de la masonería y un sin número de supersticiones. Todo esto son estorbos a la obra de la gracia en las almas, pero acicate a nuestro celo que desea superarlos todos para lograr el reinado del Corazón de Jesús en Cuba.

En los Talleres la matrícula ascendió a 141 el curso pasado, pero no todas vienen diariamente a clase, debido a las dificultades que tienen entre las que está casi en primer lugar la pobreza; no tienen para los pasajes, perdieron el trabajo, o han conseguido uno que no se compagina con las horas de clase. Tenemos también muchachas de categoría social y económica más elevada. En esta obra se recoge mucho fruto...

Para nuestras alumnas y antiguas que desean una vida mejor, tenemos organizada una Congregación Mariana que da muchos y consoladores frutos. Su principal obra de apostolado es una catequesis que funciona los sábados en los locales de los Talleres. Tienen otra en una barriada bastante distante del centro de La Habana.

El Aspirante que inauguró la nueva Catequesis de la barriada de Loma de Tierra, lo sostiene muchos sacrificios...

No quiero dejar de decirle unas palabritas sobre las Navidades. El 20 de Diciembre tuvimos un reparto muy abundante y rico para nuestras alumnas de los Talleres y niños de la Catequesis. Vinieron las niñas de nuestro Colegio de Miramar a repartir ellas mismas sus regalos. Ese día nos sentimos estrechamente unidas las dos comunidades al encontrarnos frente a frente con nuestros grupos de almas confiadas a nuestro celo. Unas, con niñas colmadas de bienes materiales, mimadas por el mundo; las otras, con muchachitas y niños pobres, que llevan una vida de privación y dolor en su mayoría... Advertimos que vamos logrando unir en un sólo amor a todos los que somos hermanos. No sabría decir quienes gozaron más: si las donantes o las que recibieron tanto regalo y golosinas..."

Extracto de un artículo del periódico "Información"
La Habana, 1949:

"Un gran acto, en el orden religioso y social, se llevará a cabo en la calle 50 esquina a la Sexta Avenida, en Miramar, con la inauguración del colegio edificado allí por las Religiosas Esclavas del Sagrado Corazón de Jesús.

La ceremonia se celebrará el sábado catorce del actual a las cuatro de la tarde, revistiendo la mayor solemnidad y presidida por su Eminencia el cardenal Manuel Arteaga y Betancourt, asistido por otras dignidades del clero de La Habana. Dará comienzo por la bendición de los locales seguida del traslado del Santísimo desde la capilla provisional hasta el nuevo oratorio. Acompañarán al Santísimo en la procesión miembros de las distintas congregaciones marianas y de otras agrupaciones católicas, conduciendo las varas del palio los señores Carlos Carrillo, Jorge Navarrete, Jorge Casteleiro, Enrique Heymann, Francisco Montero e Inocencio Blanco.

Acto seguido habrá una representación escénica del romance rítmico del Siglo XVI de Manuel Góngora titulado "Desvelo de la Virgen Bordadora". Tomarán parte en esta representación la Sra. María Victoria del Valle de Montero, la señorita Paula del Valle y las alumnas del colegio.

A continuación dirigirán la palabra a los asistentes el Dr. Ángel Fernández Varela, representante a la Cámara, el ingeniero Horacio Navarrete, director de las obras y Su Eminencia el Cardenal Arteaga, terminando con una alocución.

Apadrinarán estos actos personas tan gentiles y altruistas como Ignacio del Valle y Sra. Rosa Perdomo, Estanislao del Valle y Paul Goicoechea, Miguel Humara y Sra. Elvira Gándara, Horacio Navarrete y Beatriz Castro, señoras María Mendoza viuda de Del Valle, Dolores Machado, viuda de Miret, María Dolores Machín, viuda de Upmann y Juana Du Quesne, viuda de Cabrera y el Sr. Carlos del Valle."

Colegio de las Esclavas del Sagrado Corazón de Jesús

Por *Juan Emilio Friguls*

Extracto del artículo publicado en el Diario de la Marina, La Habana, 1947.

"El periodista debe ser siempre hombre avispado y alerta ya que la noticia puede aparecer cuando menos se lo imagine uno, a la vuelta de la esquina." El consejo de Bernardo Jiménez Perdomo en su cátedra de la Escuela de Periodismo no se nos ha olvidado, máxime ahora en que la noticia, la base para una información, la hemos venido a encontrar, también de sopetón, cuando menos lo esperábamos, nada menos que a once mil pies de altura, volando sobre el Atlántico en esa gran nave aérea, para orgullo nuestro con bandera cubana en su fuselaje de plata, que es el " Estrella de Cuba".

Dos compañeras de viaje, religiosas de la Congregación de las Esclavas del Sagrado Corazón de Jesús, Instituto religioso con casa en Luyanó desde hace 28 años, nos facilitan la base de la información: la apertura de un amplio colegio para niñas ya funcionando, pero todavía no terminado, en la calle 50 esquina a 6 en Miramar, a la par que nos ofrecen datos interesantes sobre esa congregación, meritísima y con años en Cuba, pero no todo lo conocida que su historial merece. Sor Asunción Escauriaza, la joven directora del moderno plantel religioso y Sor Monserrat Marjan, Madre Viceprovincial de la Congregación, nos hablan del Instituto a que pertenecen en pleno vuelo trasatlántico, mientras unos pasajeros diluyen en un sueño nervioso las largas horas de la noche en vuelo, y otros las pasan atentos a los ases y a los corazones de la baraja.

Con destino a Londres, donde asistirán al Capítulo General de la congregación, mis dos compañeras de viaje me informan sobre el informe que elevarán al Capítulo en relación al nuevo colegio de La Habana, el primero que tendrán las Esclavas en Cuba, cuya inauguración será en las sesiones brumosas de Londres, un motivo de satisfacción para las delegadas de Cuba, ya que podrán dar cuenta del adelanto tenido por la congregación en La Habana. A ese respecto nos dice la Madre Asunción - que contará dentro de poco con Escuela del Hogar, Segunda Enseñanza, clases especiales además de la Primaria que ya ha sido inaugurada.

Veinticuatro religiosas, nos informan, están ya en Cuba para atender al plantel, todas con títulos universitarios españoles y algunas ya revalidándolos en nuestra Alma Mater.

En Cuba, las Esclavas están constituídas en Convento desde 1921 con sede en Luyanó, frente a la quinta de las "Hijas de Galicia" donde desde hace cerca de treinta años vienen derramando el bien sin pedir un solo centavo, dedicadas a numerosas obras de apostolado pese a la clausura rigurosa, a que las Reglas las tienen obligadas, concibiendo así la vida mixta tal como la define Santo Tomás : 'contemplar las cosas de Dios, transmitir a los demás lo contemplado', que las Esclavas realizan a través de la vida de contemplación, de oración, pero al mismo tiempo por otra parte, dedicadas a la enseñanza ya en escuelas pagas, como en colegios gratuitos de gran bien social sin contar las misiones.

De ahí que el colegio de Miramar próximo a terminarse, sea una buena noticia para todos los que vivimos en Cuba, la isla riente y verde de la cual nos vamos alejando cada vez más, a medida que el "Estrella de Cuba" pájaro de acero entre caminos de luceros, nos conduce en la noche alta y cerrada hacia el Viejo Continente."

Asociación de antiguas alumnas en el exilio

"A pesar de todos los años de separación, el espíritu del Colegio de las Esclavas y la formación que en el recibimos, sigue latente en nuestras almas", dicen las antiguas alumnas de Miami.

El 27 de Septiembre de 1986 celebraron las antiguas alumnas de Miramar su primera reunión en el exilio. "Esta reunión pudo lograrse... porque aún persiste en nosotras el cariño que conservamos a las madres que nos educaron, a nuestras compañeras y a nuestros profesores." Desde entonces celebran frecuentes reuniones con algunas religiosas que residen en otras regiones, y que viajan a Miami para la ocasión.

Reflexiones después de la Primera Reunión del 1986 de las Antiguas Alumnas del Colegio de las Esclavas

Por *Carmen Betancourt Lord*, Miami, Florida.

"Más de veinticinco años han transcurrido desde la última vez que nos reunimos. Me siento como si hubiese vuelto a casa, a compartir en ese mundo familiar y cariñoso. Me siento como si hubiese recuperado una prenda valiosa que estaba perdida.

Nuestra amistad empezó en tu patio y en el mío, cuando jugábamos con muñecas, patines y pelotas. También compartimos las primeras ilusiones y desilusiones. Nuestra fue la amistad de la pubertad, cuando se confía plenamente en las amigas que van por encima de todo. Pero mucho ha pasado desde entonces. Súbitamente la vida que nos dirigía por caminos que aparentemente eran seguros y predecibles, cambió su curso y nos enfrentó con dilemas que no nos creíamos capaces de manejar, mucho menos comprender. Salimos de un estado casi completo de inocencia...para enfrentarnos con una vida llena de obstáculos los cuales nunca habían anticipado nuestros padres o educadores y para los que no nos habían preparado.

Somos parte de un grupo con mucho en común. Un grupo que en su mayoría no tuvo adolescencia. Eso es, no tuvo la oportunidad de gradualmente desarrollar su identidad. En nuestra generación no hubo ensayos. Saltamos de la inocencia a la vida de adulto...

Para mí, el volver a ver a mis compañeras es como verme reflejada en un espejo. Sus dilemas han sido los míos, sus tristezas las he llorado escondida yo por años... Soy un fenómeno típico de mi generación y de las circunstancias que nos rodearon. Puedo compartir con otras que han pasado por lo mismo. Nunca me había sentido tan parte de un grupo. Soy un miembro y siempre lo he sido.

Al fin encontré a mi gente. He vuelto a casa...y me guardaron el puesto.

Testimonios

Graciella Castro, A.A. Luyanó

"Yo fui alumna de las Esclavas de Luyanó que era para niñas pobres que no podían pagar la cuota, no se si tendría más mérito pues con amor y desinterés nos enseñaban las Hermanas de las cuales guardo los más gratos e inolvidables recuerdos. Eramos niñas de 13 o 14 años, usábamos un uniforme blanco y nos daban clases de mecanografía, taquigrafía, pintura, costura, bordado. En fin, nos ayudaban a prepararnos para la vida, ya que teníamos que tener terminada nuestra primaria. Eran tiempos difíciles económicamente para mi familia, pero no por eso dejé de tener la oportunidad de aprender muchas cosas, gracias a la generosidad y cariño con que nos trataban y nos enseñaban las Madres.

Tengo hermosos recuerdos de ese convento, con su gran patio central, lleno de bancos antiguos, muchas plantas y sobre todo el amor de las Hermanas. Todas las semanas, para estimularnos a estudiar, nos hacían rifas o pequeños regalos. Recuerdo que una vez me gané una bufanda de lana que fue un tesoro para mí, la guardé muchos años, quizás si estuviera en nuestra querida Cuba la tendría todavía..."

Hna. Asunción Escauriaza, A.C.J.
Superiora del Colegio de Miramar, La Habana

"En 1946 fui de España a los Estados Unidos, y así llegué a Cuba en Abril de 1947. Era todavía joven, mi primer destino fuera de mi patria. En mi mente había una sola idea: quedarme allí en Estados Unidos para siempre. Pero "allí" me encontré con que no tenía visa permanente para quedarme, y para obtenerla, tenía que salir del país. Por eso fui a Cuba en donde me encontré con la comunidad de Luyanó. Tanto me gustó el apostolado que se hacía, que de alguna manera quise ayudar. Y lo hice ocupándome, al menos por aquel año, de las antiguas alumnas de la Academia.

Sin embargo, otro trabajo me esperaba con el que no contaba. Desde Roma en nuestra Casa Generalicia, se estaba tratando de establecer el Colegio de Miramar, y los planos empezaron a ir y venir con frecuencia. Me encontré inmersa en ese proyecto hasta el punto de que, de los planos, pasé a ocuparme del edificio, y una vez logrado éste, del colegio mismo que allí se quería establecer.

Empezaron a llegar las Hermanas que de España acudirían a ayudar en ese proyecto. Pero allí mismo, en Cuba, contábamos ya con un puntal en la Hna. Esther Gall, cubana, que se había ya destacado, antes de entrar religiosa, como profesora del Kindergarten. Por ahí empezamos, y poco a poco fuimos subiendo de grado en grado, hasta llegar al Bachillerato.

Fueron varias las personas y entidades que nos ayudaron. Recuerdo con claridad a la Dra. Rosalva Ruiz Leiro que hizo gran amistad con la Hna. Pilar Ymáz que estaba al frente del colegio. Y a los Padres Jesuitas del colegio de Belén. También recuerdo a los "congregantes" del Padre Llorente, S.J., que optaron por nuestro colegio para sus hijitas. Entre ellos, al Dr. Ángel Fernández Varela que, como hombre político que era, se ocupó de los trámites legales necesarios ante el Departamento de Educación. Ni decir del Dr. Estanislao del Valle, hermano de nuestra religiosa cubana, Natividad del Valle, entonces destinada en nuestra casa Generalicia de Roma. Este señor fue el guía y protector del proyecto desde sus comienzos hasta que estuvo todo establecido y en marcha, poniendo su oficina y personal a disposición de la obra.

Son muchos los años que han pasado, y muchos los lugares en donde yo he estado destinada desde entonces. Por eso no puedo acordarme de todo ni de todos. Nuestra finalidad no era otra sino establecer casas de Reparación en donde la juventud se educara en la fe cristiana y todos pudieran beneficiarse de la presencia de Jesucristo en nuestros altares en donde el día entero estaba expuesto a la veneración de los fieles.

Tenemos el consuelo hoy en día, de ver que aunque los colegios ya no son nuestros, los templos adosados a ellos sí lo son, y están abiertos a los fieles y en ellos se administran los Sacramentos. Nuestras antiguas alumnas, tanto de Luyanó como de Miramar, se ocupan de mantener ese culto, y por seguir nuestra tradición bien inculcada en ellas, se ocupan también de que el Santísimo quede expuesto al menos un día a la semana para la devoción y testimonio de fe de los fieles. ¡Que bonito recuerdo ha quedado de la presencia de nuestras religiosas en este país tan dulce y alegre! Esperamos llegue pronto el momento de poder volver."

Marta Perdomo de Alday, A.A. Miramar

Ingresé en el colegio de las Esclavas en el 1956 y me gradué en el mismo colegio pero en Filadelfia, en 1962. He conocido a todas las Madres fundadoras.

Tengo un magnífico recuerdo de las Madres como educadoras que nos enseñaron a ser mujeres cristianas. El aspecto que valoro es el crearnos una conciencia de lo bueno y lo malo y la valentía para poder vivir fiel a este concepto. La educación de las Madres me ha dado fortaleza interna y una hermandad con mis compañeras de clase y pupilaje que estará conmigo hasta el final."

"Mi vocación de Esclava del Sagrado Corazón en Cuba"

Pilar Dalmau, A.C.J.
Comunidad de Haverford, Pennsylvania

"En mi familia de clase media, educando a nueve hijos, mis padres nos inculcaron los valores cristianos en la vida diaria. El ambiente del barrio del Vedado era sano, teníamos buenas amistades y diversiones sencillas. Los estudios se tomaban seriamente en mi familia para llegar a adquirir un título universitario. Yo estuve en el Colegio Apostolado de religiosas cubanas y españolas para la Primaria, y después pasé al Colegio Baldor hasta graduarme de Bachillerato. Allí tuve profesores estupendos, quienes influyeron mucho en mí por su calibre moral. Estudié la carrera de Filosofía y Letras en la Universidad de Villanueva, también con profesores excelentes.

En el cuarto año de Bachillerato la profesora de Religión nos llevó a un retiro espiritual al convento de las Esclavas situado en una parte pobre de Luyanó. Allí empecé a sentir la vocación a la vida religiosa y la llamada interior a seguir a Cristo totalmente. A mi me atraía la adoración al Santísimo que tenían las Esclavas. Esperé terminar la carrera, a petición de mis padres, para cumplir mis deseos.

Ahora veo cúan sano, alegre y feliz fue el ambiente que me rodeó durante la infancia y juventud, dentro de una familia ejemplar cristiana. También aprecio al mirar atrás tantas personas que influyeron en mi vida con sus buenos ejemplos y enseñanzas. No había televisión, las películas que disfrutábamos eran morales, las amistades se conservaban por años, la gente se conocía fácilmente en los barrios, se oían la música y la risa por todas partes.

Las vocaciones religiosas salían en general de la clase media, aunque había excepciones, como fue el caso de la Esclava Natividad del Valle, quien procedía de una de las familias más aristocráticas de La Habana. Ella conoció a las Esclavas en España y dejó sus riquezas para seguir a Cristo.

De familias profundamente cristianas salían vocaciones, como la Esclava, Concepción Boza Masvidal, hermana del Obispo Boza. Esta religiosa fue ejemplar por su humildad y paciencia soportando una larga enfermedad, en la que demostró su virtud arraigada fuertemente.

Otro ejemplo de Esclava cubana, alegre, simpática, poetisa, amante de la naturaleza y dedicada incansablemente a la educación de los pequeños fue Esther Gall, quien también sufrió virtuosamente la pérdida de la vista. Las comunidades de las Esclavas del Sagrado Corazón en Luyanó y en Miramar atrajeron a muchas jóvenes cubanas a la vida religiosa y educaron cristianamente a muchas niñas y jóvenes."

Madre Rafaela María del Sagrado Corazón
fundador del Instituto de las Esclavas

Su Eminencia el Cardenal Arteaga Betancourt,
firma el acta de la primera piedra del
Colegio de Miramar

Colegio de las RR Esclavas del Sagrado Corazón de Jesús
Calle 50 esquina a 6ta. Avenida Miramar

Academia-Talleres de
Luyanó

197

42

Hermanas Capuchinas de la Madre del Divino Pastor

1921

"Derramad en el tierno corazón de los niños los pensamientos y afectos que Dios os comunica en la oración."

P. José Tous

El fundador

El P. José Tous y Soler nació en Igualada (Barcelona), España, en el 1811 y profesó en la Orden Capuchina en Sarriá, Barcelona en 1828. Fue ordenado sacerdote en 1834. Expulsado del convento de Barcelona cuando la revolución de 1835, salió de España y tras una breve estancia en Garessio y Chambery, se estableció en la ciudad de Toulouse como capellán de las Benedictinas del Santísimo Sacramento.

Movido por su celo apostólico regresó a Barcelona donde fue Beneficiado de Santa María del Mar, coadjutor de Esparraguera y agregado a la Parroquia de San Francisco de Paula, mostrando en todos estos lugares una vida ejemplar.

En 1850 fundó en Ripoll, Gerona, el Instituto de las Hermanas Capuchinas de la Madre del Divino Pastor, dedicadas a la educación de la niñez y la juventud, extendidas hoy por España e Hispanoamérica. Fue sembrador constante de fe y confianza en Dios.

Su obra continúa hoy en todas las mujeres consagradas a Dios, seguidoras de Francisco y Clara de Asís, y entregadas a llevar el mensaje de salvación a los hermanos, especialmente a través de la educación de la fe de los niños y jóvenes en la Escuela Cristiana y en las Misiones.

Colegio Divina Pastora – Bayamo (1921)

Se establecieron las Madres en Cuba el 27 de Junio de 1921, siendo por entonces Madre General del Instituto Patrocinio Tobella. Las cinco fundadoras del Colegio de Bayamo fueron las religiosas españolas: Trinidad Comas, con el cargo de Superiora, Asunción Gelabert, Directora del Colegio, Rafaela Puigcercós, María Cejuela y Natividad Ausejo. Todas eran profesoras. A los pocos meses llegaron dos Hermanas más: Perseverancia García y Ángeles Camps.

Mediante un contrato, el Señor Obispo de Santiago de Cuba, cedió al Instituto la finca de un antiguo convento de frailes en la calle Máximo Gómez 72-74, que se extendía por la parte de la Vega hasta casi las orillas del Río Bayamo, y como límite la milenaria e histórica "Ceiba".

El edificio era todo de planta baja, con varias salas y todo en deterioro por la antiguedad. A principios de Septiembre de aquel año de la fundación se abrió el colegio aprovechando las salas que ya había para el Kindergarten, la Primaria y la Secundaria. También se impartían clases de música, dibujo, trabajos manuales e inglés.

En el año 1922 se hizo una capilla aprovechando una pequeña habitación a continuación de las aulas, cuyo techo era la bóveda de la iglesia de los frailes. Se levantó un piso sobre dichas aulas para un internado pues además del gran número de alumnos que se habían matriculado, numerosas familias solicitaron que sus hijas fueran admitidas como internas.

El Colegio fue tomando auge y en el primer festival de fin de curso, al cual asistió el Sr. Obispo de Santiago de Cuba, dijo que "era el primer colegio que había visto grande sin nacimiento."

A los pocos años se hicieron obras muy importantes: dos pabellones con planta baja y una hermosa capilla con puerta al exterior. Entonces se implantó el Bachillerato mixto, y siguiendo el plan de estudios vigente en la República de Cuba, este fue incorporado al Instituto de Holguín. También se llegó a disponer de un laboratorio completo y moderno y se implantó el Comercio con clases de contabilidad moderna, aritmética mercantil, inglés comercial, taquigrafía, mecanografía, prácticas de oficina, caligrafía comercial y archivo.

El departamento de música estaba incorporado al Conservatorio Nacional de Hubert de Blanck. Además de los cursos de teoría y solfeo, se daban las asignaturas indispensables para obtener el título de profesor de música: armonía, historia de la música y pedagogía musical.

Con el aumento de alumnos y asignaturas, se admitieron excelentes profesores cubanos que colaboraron con las hermanas muy eficazmente. En la Vega se hizo un campo de Deportes capaz para toda clase de instalaciones. Después de terminado el Bachillerato los alumnos continuaban frecuentando el colegio por sus encuentros de la Acción Católica, pues el Colegio colaboraba con la parroquia en todo. En los días festivos, las Hermanas acompañaban a los alumnos a la celebración de la Eucaristía. Muchos alumnos ayudaban en la catequesis y demás obras parroquiales.

Escuela gratuita

Desde su llegada a Bayamo, las Hermanas demostraron gran interés por ayudar a todos los habitantes de esta gran ciudad. Casi a la par de abrir el colegio se abrió también una Escuela Dominical y clases nocturnas a la que acudieron muchas niñas y jóvenes, que a no ser por esto, no hubieran tenido una educación cristiana e intelectual. "También los limpiabotas, en aquellos tiempos muy numerosos, recibieron de las Hermanas una atención espiritual y amistosa. Una Hermana les acompañaba los días festivos a la Parroquia para asistir a la Eucaristía y a continuación tenían en el colegio un desayuno fraterno con el cual disfrutaban mucho."[91]

Durante 40 años las Hermanas Capuchinas trabajaron en esa parcela del Señor hasta la subida al poder de Fidel Castro que incautó todos los colegios en el año 1961, "teniendo las Hermanas que abandonar sus casas con sólo lo que llevaban puesto, pues no se les permitió sacar nada."[92]

Número de alumnos: Aproximadamente 500.

La bandera: franjas color café, rosado, celeste y blanco.

---

[91] Archivos HH Capuchinas de la Madre del Divino Pastor, Barcelona, España.

[92] Archivos HH Capuchinas.

Colegio Divina Pastora – Marianao, Habana (1947)

El 12 de Septiembre de 1947, y por orden de la Congregación de Hermanas Capuchinas de la Madre del Divino Pastor, tres hermanas del Colegio de Bayamo: Trinidad Daurat, María Cejuela y Arcángela Lence, abrieron un colegio en la Calzada de Columbia, en la Calle 16, frente al Estadio de La Tropical, impartiendo el Kindergarten, la Primaria, Comercio, Secretariado, Música e Inglés en todos los cursos.

Como la matrícula iba cada año aumentando, hubo que aumentar también el número de hermanas profesoras y admitir profesoras seglares. Se buscó otro local más amplio, así se trasladó el Colegio a una casa con gran jardín y un extenso patio en la Calle 74 No. 29C25, esquina a 29E, en Marianao. La situación del colegio era magnífica. Se componía de planta baja y un piso, y adosada a ella un garage grande y sobre el un piso. El garage se adaptó para dos aulas del Kinder y la parte alta para dormitorio de las niñas internas.

El Colegio cada vez era más conocido y apreciado, siendo alabado por el Ministerio de Educación. Pero en el mes de Abril de 1961 se tuvieron que dar por terminadas las clases por disposición del gobierno de Fidel Castro para que los alumnos mayores fueran al campo a alfabetizar.

Número aproximado de alumnos: 125 al inicio de la apertura del colegio.

La bandera: franjas color café, rosado, celeste y blanco.

Himno de los Colegios de la Divina Pastora

El colegio Divina Pastora
gloria, orgullo y blasón nuestro es
en sus aulas purísimas brilla
el pendón de la ciencia y la fe.

Trueca el vicio en virtud salvadora,
nos modela según nuestro fin,
dignifica, hermosea, ennoblece,
cristianiza el humano sentir.

Nos inflama en santos ardores
nuestras almas llenando de luz
nos inculca tres grandes amores
nuestra Patria, la Ciencia y la Cruz.

Testimonios

Irma Rodríguez Valdivieso
A.A. Bayamo

"Ingresé en el colegio en el 1950 y terminé en el 1954. Recuerdo a Sor María del Buen Consejo (Superiora del Colegio) y las Madres Leticia, Verónica y

Rafaela. Era un colegio muy serio. En aquella época yo lo encontraba demasiado duro (hoy no). Los recuerdos todos son buenos.

La educación del colegio me ha ayudado en que he podido aceptar en la vida, sin amargura, tanto los momentos alegres, como los tristes. Aunque añoro mi tierra y deseo su libertad, gracias a la educación de las Madres he podido vivir en el exilio, muy positiva."

Marta Pérez Catasús
A.A. Bayamo

"En este número especial de 'Alborada', una ocasión muy especial para que consideremos la historia del colegio. No es una historia banal, no es una simple forma de recordar el pasado, ya que esta historia está vinculada a nombres,a personas, porque el amor invisible de Dios se manifestó visible a nosotros, a través de las Madres Capuchinas que nos educaron; de los corazones humanos que nos rodearon y fueron todos como centinelas a lo largo del curso de nuestra historia.

Esta historia comenzó en el año 1920, cuando llegaron las capuchinas a Bayamo, una ciudad heroica de Cuba, llamada también Cuna de la Patria, Ciudad Monumento Nacional. Habiendo encontrado allí muchas ruinas y escombros, comenzaron a dar inicio a un hermoso proyecto de amor: la fundación del Colegio de la Divina Pastora.

En el año 1921 abrió sus puertas el colegio de la vida evangélica. De las fundadoras, manaba un don de amor, de consejo y de participación en las alegrías y sufrimientos de las familias bayamesas. De la cruz recién plantada, brotó el manantial y mientras, la Madre del Buen Pastor, la Pastora divina de las almas le iba abriendo su cauce. Esas son las raíces..."

Testimonio de una Hermana del Colegio de Marianao

"En el mes de Mayo comparecieron en el colegio (de Marianao) ocho milicianos, que según ellos, venían a hacernos compañía y a vigilar la casa. Unos se quedaron en el jardín, otros en el despacho de la Directora, que se encontraba a la derecha del salón, en la planta baja, frente a la capilla; otros subieron al piso apoderándose del teléfono. Al llegar, lo primero que hicieron fue hacer sentar a la Superiora, Cecilia Pol y a la Directora, Elsa Pérez, en la sala y a mí me hicieron acompañarlos por el resto de la casa. Subimos las escaleras y en una salita que había lindando con el dormitorio de las hermanas, se pusieron a tomar medidas, que no entendí con que fin. Registraron todas las dependencias, seguramente miraban si teníamos armas o propaganda contra el régimen. Subieron hasta la azotea, pero yo no subí con ellos. Aunque no me daban miedo, me pareció mejor no subir.

Día y noche tenían todas las puertas abiertas. A la señora que nos ayudaba en la cocina, le decían los jóvenes milicianos "no sabemos por que nos han mandado aquí, si estas mujeres son buenas". Cuando les dieron la orden de marcharse se despidieron de nosotras con respeto y cariño pidiéndonos estampas y medallas para sus madres y novias.

A los pocos días Fidel Castro incautó todos los colegios desde la T.V. cubana con todo lo que contenían, incluso el dinero depositado en el Banco y si habíamos sacado algo antes de dicha orden, nos lo reclamaron. Por la mañana del día siguiente compareció, se presentó en nuestro Colegio una señorita con una carpetita debajo del brazo diciéndonos que era la Interventora. Que le diéramos las llaves de la casa, le enseñáramos el despacho y el archivo, que quería ver los documentos.

También que le entregáramos el dinero que teníamos en la casa y los talonarios del Banco. Después de revisarlo todo, selló los despachos, aulas y armarios que contenían el material escolar. La interventora hacía vida en casa y llevaba a comer a algunas personas.

A finales de mes de Junio de 1961 las hermanas Nelly Ugarte y Elvira Botello entregamos las llaves de la Casa, pues antes no pudimos hacerlo porque no nos daban plaza en el Avión "porque había muchos compromisos internacionales" y nos dirigimos a España por orden de la Madre General, Assumpta Bayó."

El regreso a Cuba

En los últimos años han regresado tres Hermanas a Cuba para realizar un trabajo pastoral en la Diócesis de Cienfuegos-Santa Clara.

Fundadoras de Bayamo

Fachada del Colegio
La Divina Pastora

Fachada Colegio de La Habana

Colegio de Marianao

Madres Verónica y Leticia
en el Colegio de Bayamo

P. José Tous y Soler

43

Hijas de María Auxiliadora
Salesianas

1921

La fundación

La fundación de las Hijas de María Auxiliadora (Salesianas) se realizó en Mornes, Italia, el 8 de Mayo de 1872. Sus fundadores fueron San Juan Bosco y Santa María Mazarello. San Juan Bosco (Juan Melchor Bosco) nació en 1815, muy cerca de Castelnuovo, en el Piamonte italiano. Ya durante su juventud supo que tenía vocación sacerdotal y entró en el seminario de Chieri recibiendo el presbiterado en 1841.

Pronto vió la necesidad de instrucción religiosa que tenían los jóvenes. Creó así los "Oratorios", centros para entretener a la juventud en los días festivos, después de asistir a las funciones de la Iglesia. En el 1857 fundó la Congregación Salesiana como tributo a San Francisco de Sales, por quien San Juan Bosco sentía verdadera admiración y veneración. En el 1869 Su Santidad Pio IX aprobó la Congregación y las Reglas.

En 1872 fundó las Hijas de María Auxiliadora (Salesianas). Para ello se sirvió de María Mazzarello, quien sería el puntal de esta Congregación. María había nacido en Mazzarelli en 1837. Desde muy jóven sintió devoción por la Virgen e hizo su entrega al Señor al sentir la vocación religiosa. Con su afán de hacer el bien, y con la ayuda de su amiga Petronilla, comenzaron las dos a dar clases de costura, con un oratorio festivo y una posada. Lo hacía sin saber que Don Bosco estaba llevando a cabo el mismo apostolado.

Al visitar la villa de Mornese, en el 1864, tuvo Don Bosco la oportunidad de conocer a María Mazzarello y algunos miembros de la Congregación de Hijas de María. Fue un encuentro corto pero decisivo. Ya ella y su grupo habían entrado en el corazón y la mente del Santo. Comenzó desde entonces a darle vueltas en la cabeza la fundación de una congregación femenina.

En el 1867 las muchachas se mudaron para la "Casa Inmaculada" donde harían vida en común bajo la guía de María Mazzarello y a larga distancia, de Don Bosco. De este núcleo saldría la Congregación femenina de Hijas de María Auxiliadora (Salesianas) similar a la que ya existía para religiosos.

El Papa Pío X declaró a Don Bosco Venerable en el 1907, y Beato en 1929. Finalmente la Iglesia lo elevó a los altares el 1ro de Abril de 1934. Santa María Mazzarello fue canonizada por SS Pio XII, el 24 de Junio de 1951.

Llegada de las Salesianas a Cuba

La presencia de las Salesianas en Cuba se debió en un principio a la petición de la distinguida dama camagüeyana, Dolores Betancourt, a la Superiora de la Congregación de las Salesianas, en su deseo de cumplir los deseos de sus fallecidos padres de establecer en Camagüey, su ciudad natal, una institución que se ocupase de la educación de los niños y niñas carentes de recursos. Esta petición se hizo realidad en el año 1921, con la llegada a playas cubanas de la intrépida Sor Catalina Ferrando quien iba acompañada de Sor María Catelli. Esta última tuvo que regresar muy pronto a Italia por motivos de salud, permaneciendo sola Sor Catalina Fernando por largos meses, atendida por las Madres Reparadoras y las Siervas de María.

Los problemas a resolver con relación al legado de la Srta. Dolores Betancourt fueron duros y penosos, pero Sor Catalina los fue resolviendo con audacia y gran espíritu. Al fin tuvo la alegría de poder abrir en 1922 las puertas de la vieja casona solariega, aunque bastante reparada. Fue entonces cuando llegaron de Italia las primeras fundadoras: Sor Enriqueta Quaglia, Sor María Bailo, Sor Emilia Frachia y Sor Anna Campi, todas ellas de nacionalidad italiana; y también Sor Amparo Martínez, Sor Adela Martín, y Sor Rafaela Quintas, las tres españolas.

"De este primer grupo de heroicas y fervorosas misioneras que dejaron escrito con letras de oro hermosas páginas en la querida patria", relata Sor Cecilia de la Torre, "sólo vive, cual reliquia viviente, la Madre Anna Campi con 98 años de edad y ya en espera de que se abran para ella las puertas de la gloria como premio a todos sus trabajos y desvelos en beneficio de tanta juventud."[93]

Colegio Dolores Betancourt – Camagüey (1922)

Con este primer grupo de religiosas se realiza en Cuba la primera fundación en las Antillas, en la provincia de Camagüey. Esta fundación llevó el nombre de su ilustre benefactora: "Colegio Dolores Betancourt", aunque más conocido por los camagüeyanos como el colegio de Luaces, por su situación en la calle Luaces 52, frente a la Parroquia Sagrado Corazón de los Padres Escolapios. En poco tiempo alcanzó renombre y fueron muchas las generaciones que pasaron por sus aulas. Aquí en esta casa siempre se mantuvo la Casa Madre de las Salesianas en Cuba.

El Colegio llegó a ser un excelente local de dos plantas con todas las comodidades para un alumnado de 400 niñas y adolescentes, ofreciendo clases desde el Kindergarten hasta el octavo grado. Entre ellos había 60 niñas internas, incluyendo algunas huérfanas y otras de escasos recursos.

Las Hermanas atendían además cinco centros de catequesis en diferentes barrios, ayudadas por las alumnas internas mayores. En el Colegio Dolores Betancourt funcionaba también el grupo de la Acción Católica que trabajaba con gran espíritu apostólico.

Colegio de Nuevitas (1926)

La segunda casa de la Congregación se fundó en Nuevitas, y abrió sus puertas en Marzo de 1926 gracias al empeño y la gran generosidad de otra insigne camagüeyana, la Srta. Herminia Rodríguez. Formando la primera comunidad de

---

[93] de la Torre, Hna. Cecilia, Testimonio, 1993.

Nuevitas estaban: como Directora, Sor Emilia Frachia, y las Hermanas Carolina Salón, Josefina Villalobos, Rafaela Quintas y Delfina Ochoa.

El espíritu misionero de las Hermanas las llevó a buscar a la niñez callejera, organizando numerosas catequesis en colaboración con el párroco, Monseñor Amaro Sanromán, celoso pastor que por tantos años guió el trabajo pastoral en Nuevitas. Esta casa-escuela tenía desde el Kindergarten hasta el 8vo. grado, un pequeño Internado, así como un floreciente Oratorio festivo.

Colegio Compostela – Habana Vieja (1930)

La provincia de La Habana recibió también los beneficios de la obra Salesiana. Comienzan allí su labor en el 1930, en el centro mismo de la Habana Vieja, en la calle Teniente Rey frente a la Parroquia del Cristo. Pronto el lugar que ocuparon resultó pequeño ya que las alumnas comenzaron a aumentar rápidamente, y tuvieron entonces que hacer el traslado al ex-convento de Santa Teresa o el "Colegio de Compostela", como siempre se le conoció.

Colegio de la Vigía – Camagüey (1935)

Este colegio surgió gracias a la visión de Sor María Esther Muga, y se abrió en 1935 en la Avenida de los Mártires número 219.

Asilo San Juan Bosco – Sancti Spiritus (1936)

En el 1936 las Hijas de María Auxiliadora extendieron sus obras fuera de la provincia de Camagüey, fundando el "Asilo San Juan Bosco" de Sancti Spiritus, en beneficio de las niñas más pobres. Gracias a un buen patronato, esta obra pudo dar albergue y educación a un gran número de niñas y adolescentes, internas en su mayor parte.

Un matrimonio generoso que formaba parte del Patronato, Santiago Echemendía y Caridad Orsini de Echemendía, cedieron gratuítamente la casa donde fue fundado el Asilo al que las Hermanas dieron el nombre de "Escuela Hogar" porque estaba destinada a formar a las jóvenes mujeres responsables de su futuro y de la sociedad. El 12 de Septiembre de 1936 se realizó la inauguración, siendo su primera Superiora Sor Amparo Martínez, junto con las Hermanas Beatriz Corte y Apolonia Hindart. En el año 1941 el alumnado ascendía ya a 300 niñas externas y 60 internas gratuítas, con un floreciente Oratorio festivo que tenía una asistencia regular de 600 muchachos.

En 1947, siendo Directora Sor María Bailo y junto con 12 Hermanas, abren el oratorio masculino Don Bosco para varones en el terreno frente a la Escuela, donde muchachos de distintas edades asistían con asiduidad, recibiendo instrucción religiosa y ocupando alegremente su tiempo libre. Esta actividad suplió, en cierto modo, la presencia de los Salesianos que no tenían allí ninguna obra.

Gracias a la colaboración de los PP Carmelitas en el trabajo espiritual con esos jóvenes, brotó más de una vocación a la vida religiosa y sacerdotal.

Colegio Santa María Mazzarello (El Carmen) Camagüey (1936)

Con motivo del ciclón de 1932 en que quedó destruído el municipio de Santa Cruz y muy afectada toda la provincia de Camagüey, algunas Hermanas piden a Monseñor Pérez Serantes las deje atender a los damnificados. Instalan así una cocina económica y proporcionan alimento a 700 u 800 pobres en el Convento de las Madres Ursulinas. Al irse éstas para La Habana, el edificio fue cedido por la Diócesis a las Hijas de María Auxiliadora. Estas fundarían allí una institución a beneficio de los pobres, el "Colegio de Santa María Mazzarello" conocido como el colegio popular "El Carmen", situado en una pobre barriada donde estaba la Iglesia del Carmen.

El 7 de Septiembre de 1936 se instalaba allí la primera comunidad formada por Sor María Bailo, como Superiora, y las Hermanas Emiliana Bravo, Isabel Palma, María de la Luz Henríquez, Margarita Reyes y Rosa Torello. De estas solo vive Sor Torello. El Colegio se encontraba en un edificio de la época colonial que sirvió de Cuartel General. Lugar lleno de viejas verdades en materia de construcción, recibieron allí enseñanza miles de niñas, unas con beca total, otras con media beca, y todas enseñadas y tratadas con amor.

Este colegio empezó con una escuela diurna de 200 niñas de Primaria, 40 semi-internas, un oratorio festivo con una asistencia dominical de 380, y 6 catequesis en las parroquias del Cristo y Santa Ana. Más tarde, bajo la dirección de Sor Emiliana Bravo y la colaboración de 13 hermanas, la Escuela se extendió hasta el nivel intermedio. Llegaron a tener 300 alumnas externas, 40 internas con clases nocturnas de corte y confección, así como 7 catequesis con una asistencia de 900 niños y niñas así como adolescentes.

Después a esta obra se le añadió el Pensionado para jóvenes cuyos familiares vivían en el interior, y que deseaban seguir sus estudios en las Escuelas Superiores en la ciudad de Camagüey. Setenta y cinco jóvenes encontraron en aquella casa un hogar y calor de familia, recibiendo ayuda y formación. Este colegio llegó a ser la obra más completa de las Madres Salesianas en Cuba.

Colegio de Guáimaro – Camagüey (1936)

El 1ro de Septiembre de 1936 abrió también el Colegio María Auxiliadora en el municipio de Guáimaro, bajo la dirección de Sor Teresa Baños, como primera

Superiora, y las Hermanas Sor María Zanella y Sor Josefina Vargas, con la entonces aspirante Sor Avelina Hermelo. Al inicio, el pequeño colegio albergó 100 alumnas y 7 internas, con un Oratorio festivo de 90 niñas y adolescentes, así como centenares de niños de las catequesis parroquiales, ya que las Hermanas se convirtieron en las mejores colaboradoreas de los Padres Franciscanos que trabajaban con celo, organizando cada año misiones para elevar la religiosidad de este lugar.

Digno de mención en esta casa fue el "Instituto Musical María Auxiliadora" con autorización para expedir títulos de música a sus alumnas, logrado gracias al tesón de Sor Catalina Ferrando y de Sor Aracelis Rodríguez. Esta última fue la primera Directora del Conservatorio.

Asilo Granja "Nuestra Señora de la Caridad" Lawton, Habana (1936)

En Septiembre de 1936, y a petición del Excmo. Cardenal Arzobispo de La Habana, Mons. Manuel Arteaga Betancourt, las Hijas de María Auxiliadora se hicieron cargo de la Granja Delfín, siendo Inspectora la Madre María Esther Muga.

La Granja Delfín, con el nombre de "Instituto Nuestra Señora de la Caridad", estaba situado en el Reparto Lawton, Calle B y 8. Allí se albergaban 60 niños de edades que oscilaban entre los 8 y 12 años. Casi todos eran hijos de sirvientas y también había algunos huérfanos. El Instituto era en su mayoría gratuíto, y el Obispado pasaba una exigua subvención. En todo lo que faltaba pensaba la Providencia, a través de la mediación de personas caritativas y de los sacrificios y renuncias de las Hermanas que sabían renunciarse en favor de sus queridos niños.

La primera comunidad en esta obra la formaron: Sor Delfina Batagliotti como Superiora, y las Hermanas Natividad Hurtado, Julia Leal, Bertha González Arias y Paula García, de las que sólo vive Sor Berta González, en México. Estas cinco primeras Hermanas no midieron sacrificios para atender maternal y diligentemente a estos niños necesitados en todos los aspectos, empeñándose como verdaderas educadoras a formarlos integralmente, como quería el Padre y Fundador, Don Bosco. Los pequeños, vivarachos, expresivos y dóciles a las enseñanzas de las Hermanas, trataban de corresponder con cariño sincero y docilidad infantil a todo lo que la Escuela les brindaba. El sentido de la gratitud dura aún en tantos y tantos ex-alumnos que hoy ya hombres mayores, recuerdan con cariño aquellos tiempos pasados junto a las queridas Hermanas.

Los cursos escolares eran del primero al cuarto grado. Pronto se organizó el coro "Los Cantorcitos de La Habana" compuesto de 20 vocecitas, muy bien educadas, bajo la hábil batuta del P. Segredo, S.J. Este coro cosechó muchos aplausos en sus diversas presentaciones.

Año por año se observó el adelanto de esta obra que callada y regada de abnegación y cariño, fue llevada a cabo también por las otras Hermanas que sucedieron a las fundadoras y que supieron hacer vida el sistema de Don Bosco.

Dignas de mención son: Sor Martha Mondino, Sor Catalina Guerini, Sor Concha Rey, ya fallecidas, y Sor María de los Ángeles Torres y Sor Amparo Natera.

Colegio de Santiago de Cuba (1936)

Santiago de Cuba también recibió a las Hijas de María Auxiliadora donde tuvo lugar la fundación del cuarto colegio de la Isla en el año 1936, año de la coronación de la imagen de Ntra. Sra. de la Caridad del Cobre. La fundación se hizo al aceptar la Madre María Esther Muga la petición del Excmo. Arzobispo de Santiago de Cuba, Fray Valentín Zubizarreta y Unamunzaga, abrir una escuela a beneficio de niñas y jóvenes de escasos recursos.

El 18 de Agosto de 1936 se estableció la primera comunidad formada por Sor Adelaida Bayardo, como Superiora, y las Hermanas Sor Josefina Navarrete, Sor Guadalupe Velázquez, Sor Margarita Ruano, Sor Macrina Silva y Sor Josefina Torres, todas mexicanas, de las cuales sólo vive Sor Josefina Torres, en México. Este grupo de misioneras abrieron amplios surcos en la hermosa y nueva tierra confiada a sus cuidados, sembrando en ella la simiente del Evangelio.

El colegio abrió sus puertas provisionalmente en un local de la calle Lorraine 8, el primer día del curso escolar, con un centenar de alumnas durante el día y con otro ciento de jóvenes en la Escuela Nocturna. Allí recibían clases de mecanografía, bordado, costura, alfabetización y canto.

Nacieron casi al mismo tiempo cinco centros catequísticos en Santiago de Cuba diseminados por barrios apartados de la ciudad. A estas obra se añadió el Oratorio Festivo, obra típica de las Hijas de Don Bosco, sostenido por algunos bienhechores, haciéndose realidad lo que parecía imposible: vestir al desnudo, acallar el hambre de pan y de Dios de niños y niñas pobres, y favorecer y promover a familias enteras.

La obra siguió creciendo con mil sacrificios por parte de la Comunidad que debió trasladarse más de una vez hasta que lograron con su propio esfuerzo, y la ayuda de personas generosas, comprar el terreno y levantar su propio edificio en un lugar bellísimo denominado la Loma del Kake, desde donde se dominaba de un lado la bahía de Santiago, y del otro la ciudad recostada en la falda de las montañas. Las Hermanas se desplazaban los sábados y domingos a las distintas catequesis de Cayo Smith, el Caney, la Maya y Cristo Rey, a buscar a los más alejados. Algunas de estas catequesis continúan siendo atendidas hoy por los Padres Salesianos que trabajan en la Parroquia San Juan Bosco.

Colegio María Auxiliadora –Víbora, La Habana (1937)

La Casa María Auxiliadora, conocida tradicionalmente como "La Víbora", era en sus comienzos un chalet de reducidas dimensiones adonde llegó como

Superiora Sor Ersilia Crugnola, quien llegó a ser más tarde Inspectora de la Provincia Antillana. Las diez Hermanas que formaron la nueva comunidad comenzaron inmediatamente su tarea en aquel tranquilo reparto con un número reducido de alumnas en la escuela diurna, pero un buen número en la nocturna. Allí se impartían clases de taquigrafía y costura a jóvenes obreras, empleadas y oficinistas. Todo esto se hacía con espíritu cristiano y con el interés de formar en estas jóvenes a las futuras madres de familia con sanas costumbres hogareñas.

Hasta el cierre de las obras de Cuba, en esta casa de la Víbora estuvo situada la sede de la Inspectoría Antillana "San José" en que, por razones históricas, debió de ser trasladada a Santo Domingo, República Dominicana.

La Casa de la Víbora fue notablemente ampliada llegando a albergar a cientos de adolescentes y jóvenes, desde el Kindergarten hasta las clases comerciales, clases de inglés, piano y otras clases particulares, así como el tradicional e insustituíble Oratorio.

"Para alegría de toda la Congregación Salesiana -relata Sor Cecilia de la Torre- "se nos concedió el privilegio de que la Avenida que daba acceso al Colegio se le diera el nombre de 'Avenida María Auxiliadora' con una María Auxiliadora campeando a la entrada. Actualmente todavía continúa la hermosa estatua de mármol, como un símbolo, esperando el regreso de las Hijas al que fue hermoso Colegio María Auxiliadora."

Colegio San Juan Bosco (Casa De Tejadillo) Habana (1937)

En el año 1937 quedó aumentada la Inspectoría Antillana con tres casas más, entre ellas el Colegio San Juan Bosco. Abrió sus puertas en Septiembre de aquel año instalándose en un primer momento en la calle Agramonte (Zulueta) número 117. El lugar era inadecuado para escuela, pero fue el único que se encontró. El Señor premió el sacrificio de las primeras Hermanas enviándoles un montón de niñas y jóvenes pensionistas, de las cuales salieron algunas vocaciones religiosas.

El 30 de Octubre de 1945 se hizo el traslado de la escuela al local frente a la Catedral, en Tejadillo 12, y la calle determinó el nombre con que siempre se le conoció: "Casa de Tejadillo". Las Hermanas, con esfuerzo y alegría, dieron empuje a la obra la cual en poco tiempo vino a ser un colegio de alumnado numeroso. Se daban clases desde Kinder hasta 8vo. grado, con un reducido número de pensionistas, varios centros catequísticos y un Oratorio festivo.

Esta Escuela funcionó con auge, formando un gran número de jóvenes hasta su cierre definitivo en el 1961.

Colegio María Auxiliadora y Aspirantado-Postulantado Santiago de las Vegas (1937)

Siendo Arzobispo de La Habana Monseñor Manuel Ruíz, se fundó el Colegio María Auxiliadora en el municipio de Santiago de las Vegas, en ese tiempo unido a La Habana por una buena carretera y un buen servicio de ómnibus. La casa donde se albergaron las primeras Hermanas era un viejo caserón en mal estado. No obstante, fueron adelante ya que la idea de las Superioras era dar inicio allí al Aspirantado y Postulantado. Con ese fin envió allí a aquellas jóvenes que habían solicitado su admisión en el Instituto.

Como maestra y Directora de la Casa fue nombrada Sor María del Refugio Ibarra, y como colaboradoras a Sor Matilde Raya y Sor Victoria Ortiz, dándose inicio a dicha obra el 7 de Septiembre de 1937. Muy pronto Hermanas y jóvenes se dieron al trabajo de la catequesis y a preparar para la recepción de los Sacramentos del Bautismo, Confesión y Comunión, así como para el matrimonio, con el fin de cristianizar los hogares de humildes trabajadores. Se dedicaron también a la preparación de las jóvenes aspirantes que iban llegando. La obra se consolidó a pesar de la indiferencia y frialdad religiosas de ese pueblo.

Comenzó a funcionar la Escuela hasta el 8vo. grado y un prometedor Preescolar, así como clases de piano, pintura, bordado y un buen Oratorio festivo. Cuando fue nombrada como Superiora, Sor Adela Martín, se demolió el edificio viejo y se construyó un magnífico edificio de dos plantas con préstamos que se debían ir amortiguando. Las penurias que pasaron las Hermanas fueron grandes porque las pensiones eran muy reducidas y se debía pagar al banco los intereses del edificio, pero la Providencia no les falló nunca. "La generosidad de los cubanos se puso de manifiesto en cada una de las ocasiones en que lo necesitábamos", comenta Sor Cecilia de la Torre. "Mensualmente se recibían donativos de diversas instituciones; las casas comerciales nos proveían cada mes de galletas, fósforos, alcohol, detergentes, etc. Sería difícil enumerar los beneficios recibidos en aquella casa."[94]

El alumnado fue siempre en aumento llegando a tener en el último curso escolar de 1961 unas 300 alumnas.

Noviciado de Guanabacoa (1937)

En Guanabacoa quedó erigido canónicamente, y por decreto del 18 de Junio de 1937, el Noviciado María Auxiliadora, casa que albergaba a las futuras Salesianas de la Inspectoría Antillana. En un hermoso rinconcito campestre, rodeado de arecas y palmeras en una casa construída de madera, se formó la

---

[94] de la Torre, Sor Cecilia, Notas Históricas, 1993.

primera comunidad con la Maestra de Novicias, Madre Anna Campi. Sus Novicias habían venido de Castroville, Texas, con motivo de la persecución religiosa en México. Estas hicieron profesión el 1 de Abril de 1938, quedando en el Noviciado 4, tres de ellas cubanas y una mexicana.

La caridad de estas Hermanas fue premiada por el Señor, ya que permitió que la semilla Salesiana quedara en Cuba. En esta casa, la única que quedó de las Madres Salesianas en Cuba en 1961, permanecieron por opción voluntaria cinco Hermanas y la pionera de la obra en Cuba, Sor Catalina Ferrando, ya muy enferma. Allí descansan los restos de tres de ellas: Sor Catalina Ferrando, Sor Amparo Martínez y Sor Emiliana Bravo.

Casa de Santa Teresita – Sancti Spiritus (1942)

En la ciudad de Sancti Spiritus las Hermanas Salesianas asumieron también la dirección de una Escuela con el nombre de Santa Teresita que otras religiosas llevaban adelante. Estaba esta situada cerca de la Iglesia de los Carmelitas, y ofrecía clases desde Kinder hasta 8vo. grado. Se cerró un año antes de salir las Hermanas de Cuba, en 1960.

Conclusión

Fueron 12 las casas fundadas en Cuba por las Hijas de María Auxiliadora. Como ya hemos visto, el Noviciado fue la única casa que se pudo conservar después de la diáspora del 1961. En esta casa se quedaron 5 Hermanas. Al quedar la lámpara encendida, su llama se extendió a Camagüey, en la calle San Pablo, iniciándose allí una obra con 3 Hermanas en 1982.

En 1991 se inició en Manzanillo otra obra de las Salesianas con tres Hermanas Misioneras. Don Bosco sigue haciéndose sentir a través de sus hijas e hijos haciendo presente su carisma en beneficio de la juventud, y sobre todo entre los más pobres y necesitados. La salida de las Hermanas de Cuba dió origen a las casas de Puerto Rico, y actualmente las Hijas de María Auxiliadora en las Antillas cuentan con 23 casas distribuídas en tres países: Cuba, 3 casas; Puerto Rico, 5 casas; y República Dominicana, 15 casas.

En Cuba hay 14 Hermanas: 6 en Guanabacoa en el Noviciado de La Habana; 5 en Camagüey, y 3 en Manzanillo. Allí ya han profesado 3 cubanas. En 1993, cuando se obtuvieron estos datos, había una novicia y una aspirante cubanas. Las Hermanas que estaban en Cuba en 1993 eran: Sor Enriqueta Ceriani, Sor Flaminia Lecchi, Sor María Rosa Friguls (cubana); las Hermanas Sor Lina Pegoraro (italiana); Sor Elba Ramírez, (dominicana); Sor Zulema Cabrera, (cubana y que profesó en Agosto de 1993); Sor Isabel Martínez (cubana), Sor Celina Arango (colombiana), Sor Susanna Carabellese (italiana), Sor Isabel Font (cubana que hizo el noviciado y profesión en Cuba). En Oriente: Sor Severina

Duque (española), Sor Margarita Jaramillo (colombiana) y Sor Rosa María Negrete (mexicana).

En el último Capítulo General, las Hijas de María Auxiliadora han renovado con más ardor la opción de trabajar en beneficio de la niñez y la juventud más pobre y necesitada, haciendo realidad el carisma de su Fundador, San Juan Bosco, y de la Co-fundadora, Santa María Mazzarello.

Desde que llegaron a Cuba las Hijas de María Auxiliadora se lanzaron a catequizar los ambientes más populares. En su labor apostólica tocaron colegios, oratorios, catequesis, escuelas nocturas, pensionados e internados. La obra continúa hoy.

Himno de las Hijas de María Auxiliadora

Letra y música de *R.P.S. Herrera*, Salesiano

¡Gloria a Dios! Obra suya ésta ha sido!
Cuán fecunda simiente de bien
El Señor en la Patria ha esparcido
Desde el día en que hicieron su nido
Salesianas en Cuba, su Edén.

Cinco lustros de siembras divinas
En la mente y en el corazón;
Cinco lustros de rosas y espinas
Difundiendo sublimes doctrina
Bajo el lema: "Plegaria y Acción"

Y un alma grande y noble
En Camagüey suscita
la que insistente invita
que vayan a fundar.
Y allí en su propia casa,
por justo privilegio
surgió el primer Colegio
surgió el primer Altar!

Protege San Juan Bosco,
su Obra desde el cielo
la Madre Mazzarello
le da su bendición.
Y en Camagüey, Las Villas,
Oriente y en La Habana
la Obra rinde ufana
creciente floración.

Don Bosco en Cuba
Extracto del artículo, 1946

por el *Dr. Manuel Villaverde*

"Fue a principios de esta década, cuando supe por primera vez, de estas abnegadas Religiosas. En la consulta pedí: -¡Que pase el siguiente turno! Entraron dos Hermanas, delgada la una, más gruesa la otra...Esta tomó la palabra. Con voz suave, de tonalidades graves y agradablemente moduladas...me habló de cómo su trabajo era muy intenso.

— No, la enferma no soy yo: es Sor Adelaida. — Ella es Sor Catalina...

Es curioso: la primera que llegó a mi fue precisamente la primera que llegó a nuestra Cuba allá por el 1921, en una fría noche de Diciembre. Ella vió pasar aquella noche del día 7 desde su camarote frente a las luces de la ciudad que se prometía como remanso donde aquietar las penas revueltas por los azares de un viaje trasoceánico.

Sor Catalina Ferrando estaba en Barcelona: llevaba casi dos años allí, y su mente de mujer valiente y abnegada, como cumple a una buena Hija de Don Bosco, ardía en deseos de llevar esas su fe y su devoción a otras tierras. Cuando se le habló de venir en misión a Cuba se alborozó. Había sido designada para acompañar a Sor María Catelli, quien había de recogerla a su paso desde Italia. Las dos en el barco, rezaron por el buen éxito de sus proyectos.

A la mañana siguiente- una interminable noche de espera- pudieron reunirse con los padres Calazans y Felipe de la Cruz, Salesiano este último, que había llegado a Cuba poco tiempo antes, quienes las llevaron al Convento de las Madres Reparadoras y allí pasaron dos días. Siguieron luego a Camagüey, su destino, en donde se había de abrir una fundación Salesiana con un legado de la Srta. Dolores Betancourt.

Aquí comenzaron sus sufrimientos, ingresando en esa magnífica escuela moral que es el dolor...el Albacea puso tantos obstáculos a la entrega de los fondos, que la R.S. María Catelli enfermó, abrumada por las dificultades y tuvo que salir de Cuba. Sor Catalina, entonces, frente a las responsabilidades las acepta y sufre, porque sabe que su marcha significaría el abandono de la pretendida misión, y quien sabe si la pérdida de más de un alma de aquellas niñas que esperaban. Y su tesón triunfó.

Un año después comenzaron las obras. Vino como Superiora Sor Emilia Fracchia, hoy una venerable anciana de ochenta y cinco años de edad, que todavía pone un intenso brillo de admiración y fervor en sus ojos cuando habla de Don Bosco, cuya amistad fue para ella don preciado. Una mañana, en su lecho de enferma, sorprendí yo ese brillo...para sus Hermanas representa tanto honor, como para ella, que S. Emilia hubiera conocido a Don Bosco, que todas ellas me habían hablado de eso, y yo hice hablar a Madre Emilia, como por veneración la llaman. Y ella habló con tal fuego en su voz y en su intención, que comprendí perfectamente la inmensa fuerza de estas abnegadas criaturas, por el entusiasmo intenso que han puesto en su amado Santo.

Así cayó en Cuba la semilla Salesiana. Han pasado los años y ahora celebran el haber cumplido los primeros veinticinco de initerrumpida labor."

Sor Amina María Arata
Extracto del artículo publicado en la Revista "Ellas"
La Habana, 5 de Julio de 1954

por *José Justo Martínez*

"Bien poca cosa somos para "decir" algo de esa gran mujer, mujer fuerte del Evangelio que fue Sor Amina María. Sin embargo, nos vienen a la memoria, como una evocación celestial, su sonrisa de madre, su rostro angelical. ¡Tenía "ángel" Sor Aminia! ¡Cómo sabía leer los corazones, cuántas almas se habrán salvado por sus consejos, por sus virtudes, por su ejemplo! Ella si era el evangelio vivo que dice el ilustre sabio y maestro cubano, José de la Luz y Caballero. Ella si era Maestra, con mayúscula, maestra por antonomasia: "Enseñar puede hacerlo cualquiera: educar, solo quien sea un Evangelio vivo". Ella si era, el evangelio vivo.

En esta estampa de recuerdo a su memoria, ¡cuántos datos, cuántas anécdotas podríamos contar! La sed de almas de Don Bosco, ella nuestra querida Madre Amina Arata, la tenía también, por eso confiamos en que desde el Cielo nos ayudará: desde el Cielo velará por estas sus Hijas. ¡Madres Salesianas! Hasta ella vuelan nuestros recuerdos, nuestas oraciones, nuestra evocación fervorosa, porque la Madre Amina hizo como decía el poeta: "Lleva quien deja", y ella nos dejó su corazón, su ejemplo..."

Testimonios

Sor Cecilia M. de la Torre, F.M.A.
República Dominicana, 1993

Soy cubana, y llevo en la Congregación 46 años ya que profesé en el Noviciado de Guanabacoa el 6 de Agosto de 1949. Salí de Cuba junto con las demás Hermanas en el Ferry por la Florida, en Mayo de 1961. Después de unos días en North Haledon, junto a mis hermanas de Estados Unidos donde fuimos acogidas con todo cariño, siendo digna de recordación la querida M. Teresa Casaro, entonces Superiora Provincial de la Inspectoría San Felipe Apostol, viajé a Turín, Italia, para realizar algunos estudios. Después de algunos años en Italia regresé a República Dominicana ocupándome en los diferentes servicios que me ha confiado la obediencia. Actualmente soy Secretaria a nivel Inspectorial, residiendo en la Casa Provincial de Santo Domingo.

Cuando las obras (en Cuba) estaban en su más brillante esplendor, todo terminó. ¿Hasta cúando? Ponemos todo en las manos de Dios que guía el hilo de la historia...María Auxiliadora sigue siempre presente y en sus manos ponemos el futuro de la Congregación en esa querida Isla a la que tanto amamos.

Hilda Fernández, A.A. Colegio de la Víbora

Ingresé en el colegio en el 1950 y allí estuve hasta el año 60, pero no me pude graduar. Conocí a la que fue a fundar en Cuba Sor Catalina Ferrando, y muchas que fueron después. Recuerdo el cariño de las Hermanas por sus alumnas, la disciplina que siempre tuvieron, y la ayuda económica que ofrecían a las que lo necesitaban.

En el sistema Salesiano he valorado los valores cristianos con un marcado amor a Jesús Sacramentado, a la Santísima Virgen María y la fidelidad al Papa. La educación de las Madres me ha servido para seguir viviendo las enseñanzas recibidas; a no apartarme de los valores cristianos, y a trabajar siempre por su Iglesia, donde el Señor nos ha puesto.

Georgina Díaz
A.A. Colegio Dolores Betancourt, Camagüey

Ingresé en el colegio en 1932 y me gradué de contabilidad en 1937. Recuerdo a la Hna Directora: Ersilia Crugnola, y a las Hermanas Anita Campi, María Baylo, Josefina Flores, Emiliana Bravo, Beatriz Cortes, Cándida Picardi, Irene Mejía, Carmen Campos, Teresa Bruzzone, María Luisa Tijerina y Flaminia Lecci.

Mis cinco años de Internado son un recuerdo maravilloso. Cuando entré con mi hermana Yolanda solo había dos internas. Cuando me gradué eramos 75! Empezamos en el colegio que era un caserón viejo donado por Dolores Betancourt, y vivimos toda la restauración hasta disfrutar el bello edificio que perdió la Congregación Salesiana con la Revolución Comunista. Durante esos cinco años tuve la satisfacción de que se fundaran los colegios de La Vigía, Guáimaro y Sancti Spiritus.

Valoro especialmente la religiosidad, la sencillez, el compañerismo, que se respiraba con las Hermanas y el alumnado, en ningún momento con una enseñanza más sabia que cuando cada noche nos reunía nuestra santa Directora para darnos "las buenas noches" repletas de amor y consejos inspirados en el Espíritu Salesiano. Jamás me cansaré de agradecerle a nuestro Señor, a nuestra Madre María Auxiliadora y a San Juan Bosco, la fortaleza y la fe que en este colegio aprendí para poder soportar las pruebas tan duras y difíciles que en el exilio se me han presentado.

América Hilaria López Ménendez
A.A. Nuevitas, Camagüey

Ingresé en el colegio en 1950 y terminé en 7to. grado, en 1958. Aún recuerdo a Sor Catalina Ferrando, a Sor Maria Bailo y Sor Concha Lozano. Es para mi un privilegio haber asistido en mis primeros años de vida, y por ende de formación, a los jardines que con tanto amor, entrega y cariño hicieron de nosotras todos esos ángeles que para mi son las Hermanas Salesianas que nos enseñaron a servir al prójimo, a sonreir siempre, y a ser ciudadanos útiles a nuestros respectivos países y a donde hayamos tenido que emigrar.

Valoro el saber ser paciente, prudente, educada, servir al prójimo presto y con alegría. Ser alegre y optimista, amar a Jesús y María, mis compañeros inseparables en este viaje hacia el Señor. El amor a la Patria fue algo más que considero de gran valor que también debo a las Salesianas, amar mi bandera y a los grandes patriotas que dió mi país, Cuba, y de lo cual me siento super orgullosa. Cuba le debe mucho a la Congregación Salesiana.

Beatriz San Pedro
A.A. Colegio San Juan Bosco, Habana

Ingresé en el colegio en 1937 y terminé en 8vo grado en 1947. Estudié un año fuera y volví a estudiar un año de comercio al iniciar las Hermanas la Escuela de Comercio.

Conocí a algunas de la más antiguas, entre ellas a Sor Emilia, quien había recibido sus hábitos de manos de San Juan Bosco. Ella era italiana.

Recuerdo la mudada en 1945 del colegio de su sede en la calle Zulueta (Ignacio Agramonte), para la calle Tejadillo esquina a San Ignacio, frente al Palacio Cardenalicio. Los buenos ratos que pasamos limpiando los nuevos edificios de construcción (eran 3 unidos)colonial con pisos de mármol. Nuestras caminatas a través de toda la Habana Vieja con los implementos de limpieza al hombro en compañía de las Hermanas que lo hacían a la par de nosotras. Nuestra gran alegría al poder mudarnos y disfrutar de aquellos patios y amplios salones. El colegio en la calle Zulueta era un enorme salón que se dividía en salones de clase con biombos.

De la educación valoro lo completa que fue. Además de lo excelente y amplia en la parte académica, tengo que agradecer a las Hermanas y a los padres Salesianos la formación religiosa, mi formación como mujer, madre y ama de casa, adornada además con las artes manuales en un amplio campo que aún hoy en día asombra a muchos. Esta educación me ha ayudado en el exilio a mi y a mi familia y me ha permitido a ayudar a otros, material y espiritualmente. Con fortaleza, templanza y confianza en Dios en lo espiritual, y con la seguridad de que con firmeza lograría lo que me propusiera, pudimos salir adelante en el exilio.

Quiero aclarar en favor de las Hermanas Salesianas, que en la época que yo estudiaba en el colegio, casi un cuarenta por ciento de las alumnas eran becadas, que no se separaban ni se diferenciaban de las que pagábamos, en nada, y que sólo tuvimos conocimiento de esto después de adultas o por comentarios de nuestras propias compañeras.

Sor Theresa Franco
Comunidad de New Haledon, New Jersey

Recuerdo que en Guaimaro había unos 200 alumnos, en Nuevitas 125 y en Camagüey (Dolores Betancourt) 350. En el Noviciado de Guanabacoa, en La Habana, había 10 Novicias cuando nos fuimos de Cuba. Me perdona; pero no tengo muchas más informaciones. Hace 33 años que salí de Cuba y no traje nada conmigo.

Federación de exalumnas Salesianas en el exilio

La Federación de Exalumnas Salesianas "Santa María Mazzarello" de Miami comenzó a funcionar como unión de exalumnas hace ya 33 años. Fue labor difícil para aquel pequeño grupo que se dió a la tarea de aglutinar a todas las ex-alumnas cubanas dispersas por Miami, pero tal esfuerzo fue coronado con el reconocimiento que como "Unión de Exalumnas Salesianas" fue hecho por la Rvda. Madre Francisca Cusaro, Inspectora de las Antillas, en 1968.

Desde entonces el trabajo realizado por las distintas directivas ha logrado un grupo entusiasta y laborioso que ha hecho de la Unión una entidad conocida y apreciada en todas partes contando hoy día con mas de 850 ex-alumnas.

Entre las actividades que realizan se encuentran: dos encuentros anuales con las Hermanas; la Virgen María Auxiliadora camina los meses de Mayo y Octubre por las casas de las ex-alumnas que solicitan su visita y que la honran con el rezo del Santo Rosario y la propagación de su devoción; retiros en preparación para la Cuaresma y el Adviento; merienda de acción de gracias por los logros obtenidos. También celebran rifas para ayudar a las ex-alumnas necesitadas, participan como miembros activos en la Liga Orante Vocacional de Miami, orando por las voc aciones.

Dicen las ex-alumnas: "nos sentimos orgullosas de nuestra labor, producto, no cabe duda, de nuestra formación salesiana. Lamentamos que nuestros hijos (en el exilio), no tengan la riqueza, la gracia, la dicha y la suerte de vuestros hijos (en otros países), que cuentan con las Hijas de María Auxiliadora para guiarlos, enseñándoles principios y valores espirituales, morales y materiales que les servirán para toda la vida, cual tesoro de incalculable valor."

San Juan Bosco   Colegio de la Vigía   Santa María Mazzarello

Escuela del Hogar
María Auxiliadora, Sancti Spiritus

Casa de Dolores Betancourt
Calle Luaces, Camagüey

Colegio de La Víbora, Habana

Asilo-Granja Nuestra Señora de la Caridad
La Habana

El Carmen, Camagüey

Colegio María Auxiliadora
Nuevitas, Camagüey

Colegio de Guáimaro

44

Hermanas Mercedarias del Santísimo Sacramento

1925

"Evangelizar con María a través de la Eucaristía"

La Congregación

La Congregación de Hermanas Mercedarias del Santísimo Sacramento fue fundada por la Sierva de Dios, María del Refugio Aguilar y Torres, en México. El 25 de Marzo de 1910 tuvo lugar la fundación de la primera escuela que se llamó "Colegio del Santísimo Sacramento" ubicado en la Avenida Chapultepec 183, en la capital mexicana.

La naciente obra fue creciendo con los años, y con grandes dificultades fueron estableciendo algunos colegios en diferentes estados de la República Mexicana. A su nacimiento, la Congregación se llamó "Apostolado del Santísimo Sacramento". Años más tarde fue agregada a la Orden de la Merced y por eso fue conocida con el nombre de "Eucarísticas Mercedarias".

Por voluntad Divina la obra iniciada por María del Refugio Aguilar estaba destinada a germinar y dar frutos en diferentes puntos de nuestro continente, y aún fuera de él. Fue así como la Congregación buscó refugio en el extranjero a causa de la persecusión religiosa desatada en México por el gobierno del General Calles cuando ésta apenas había cumplido quince años de fundada.

En 1924, a pesar de los aires de tormenta que ya soplaban, se celebró del 5 al 15 de Octubre, el Congreso Eucarístico en la República Mexicana. La Madre Fundadora invitó a la Casa Madre a muchos Obispos, a los cuales ofrecían cada día una velada literario-musical. Entre los prelados asistentes a estas veladas se encontraba el Excmo. Sr. Enrique Pérez Serantes, Obispo de Camagüey, que años más tarde sería Arzobispo de Santiago de Cuba. Fue el quien solicitó a la Rev. Madre María del Refugio una fundación en Placetas, Cuba, la cual se llevó a cabo, como veremos, en Septiembre de 1925.

Colegio Eucarístico – Placetas (1925)

Este colegio, que fue el primero fundado fuera de México, permitió la expansión de la Congregación sirviendo de puente a futuros grupos de religiosas que tuvieron que salir de México para llevar a otras tierras un mensaje de redención, y la luz de la fe y de la ciencia.

El Colegio Eucarístico de Placetas se mantuvo funcionando por espacio de 18 años, hasta el 1943 en que cerró sus puertas definitivamente.

Colegio Eucarístico de La Purísima
La Habana (1926)

Había en el 1926 un grupo de hermanas que debía salir de Cuba para Santo Domingo para hacer allí una fundación, y que estaban a cargo de la R.M. Consuelo Olivares. Todo estaba listo: los boletos comprados y asignada la hora de salida. Sin embargo, por algo que surgió a última hora se entretuvieron un poco y sin saber cómo se les pasó el tiempo. Cuando llegaron al muelle hacía pocos minutos que el barco ya había partido.

La angustia de todas fue muy grande. Pero la preocupación fue mayor para la M. Consuelo al ver que se había quedado con los once boletos que con tantos sacrificios había pagado y sin saber que hacer para seguir el viaje. Al día siguiente la M. Consuelo y demás Hermanas fueron a visitar al Excmo. Sr. Jorge Caruana que había sido Delegado Apostólico en México, y le contaron lo que les había pasado. Monseñor Caruana se conmovió al enterarse de los hechos. Pero en ese momento entró un asistente al salón con uno de los diarios de la capital, donde decía que el "Guantánamo" había naufragado al salir del puerto.

El Excmo. Sr. Caruana reconoció lo acontecido como una manifestación de la misericordia de Dios para con las religiosas, que debían haber navegado en este buque, y le dijo a la M. Consuelo: "Vea, Madre, de lo que las libró Nuestro Señor. No se aflija, al contrario, dé gracias a la Providencia que las salvó y les conservó la vida." Monseñor Caruana consoló a las Hermanas y les regaló 200 dólares para que hicieran frente a los gastos que se les presentarían. Desde ese momento la comunidad tuvo un protector en el Delegado Apostólico.

Providencialmente, por medio de diferentes situaciones que se fueron presentando, ese grupo de Hermanas fue admitido por el el Sr. Arzobispo de La Habana, Manuel Ruíz y Rodríguez, para que establecieran una casa en La Habana.

Así el 18 de Julio de 1926 fundaron el Colegio que se llamó "Eucarístico de La Purísima", en atención a un insigne bienhechor, el Sr. Francisco Gómez, quien era dueño del Hotel La Purísima. El Sr. Gómez fue para las religiosas como un enviado de la Providencia, quien se aseguraría de que nada les faltara. Fue de esta forma como las Hermanas consiguieron una casa en La Habana Vieja donde comenzaron su obra educativa. Las dificultades nunca faltaron. Se encontraban allí las Hermanas cuando atacó a la Isla el ciclón del 20 de Octubre, recordado por los muchos estragos que hizo.

Colegio del Vedado (1926)

Poco tiempo después llegó la M. María Olivares, hermana de la Madre Consuelo, con la orden de relevarla, pues la M. Fundadora le encomendaba a la M. Consuelo una nueva fundación en Chile. El colegio siguió funcionando en diferentes lugares, siempre en el área de la Habana Vieja, hasta que se estableció en una casa bastante amplia en Malecón y de allí pasaron al Vedado. En la calle 17 número 309, esquina a H, estuvo localizado el colegio por espacio de veinte años, siempre tratando de superar dificultades, de alcanzar las metas propuestas y de extender la devoción a la Eucaristía y el amor a Nuestra Señora de la Merced, como es el fin del Instituto.

En este lugar tenían una capilla semi pública con el Santísimo expuesto diariamente y en la cual se celebraban con gran entusiasmo los "Jueves Eucarísticos".

En 1947 tuvo lugar el primer Congreso Eucarístico en La Habana, y después de este evento el Excmo. Señor Manuel Cardenal Arteaga quiso dejar como recuerdo de su devoción al Stmo. Sacramento un templo votivo que se construyó en terrenos donados a la Iglesia por el Dr. Carlos Miguel de Céspedes, en el lugar donde había estado su casa, la cual en los aciago días de la caída de Machado, fuera incendiada y semidestruida por la plebe. El Señor Cardenal expresó su deseo de llevar una comunidad religiosa al Templo de Corpus Christi para atender el debido culto del Santísimo Sacramento. La Congregación de las Mercedarias Eucarísticas fue escogida para ello en momentos cruciales, pues a la Madre Superiora, María de la Soledad Vázquez, se le había pedido en ese timpo que desocupara la casa del Vedado, pues sus dueños pensaban demolerla para hacer un edificio de apartamentos.

Colegio de Marianao (1950)

El Colegio Eucarístico se trasladó al edificio anexo al Templo de Corpus Christi, en la Avenida Roosevelt y Avenida del Golfo, en el Country Club en Marianao, en el año 1950 donde permaneció hasta que la comunidad abandonó la Isla, el 31 de Mayo de 1961.

Por las aulas de este colegio, primero en la Habana Vieja, después en el Vedado y finalmente en Marianao, pasó un alumnado aproximado de 6,000 alumnos. En el Colegio se enseñaba desde el Kindergarten, Primaria Elemental hasta la Superior y el Comercio. Las Directoras de este colegio fueron la Madre Clementina Alcántara, la M. Guadalupe Suárez y la M. Angélica Cuadra, a quien le tocó entregar el colegio al gobierno Revolucionario.

Colegio Eucarístico – Camajuaní (1941)

En 1941 con el debido permiso de la Rvda. Madre General, María Teresa Cancino, se fundó el Colegio Eucarístico de Camajuaní. El personal enviado a este efecto fue el siguiente: M. Amparo Pérez, como Superiora de la casa, ayudada por las Hermanas Rosa Medina, Estefanía Jiménez, María de la Cruz Ramírez, Rosa María Munguía y Socorro Vigil.

El colegio fue cedido por las Religiosas del Verbo Encarnado, comenzando el curso escolar el 15 de Septiembre de 1941. Estaba situado en la Calle Fundador Número 38. El alumnado, pequeño al principio, fue creciendo de modo que unos años más tarde se compró la casa y se fabricó un edificio de mampostería que quedó terminado en Octubre de 1950. Las Hermanas recibieron un refuerzo de personal que se mantuvo hasta que tuvieron que dejar el colegio en 1961, por obvias razones.

En sucesivos cursos escolares el alumnado iba creciendo de modo que fue preciso fabricar un tercer piso y hacer algunas ampliaciones. Para 1961 contaba con Kinder, Primaria Elemental y Superior, así como clases especiales de Taquigrafía y Mecanografía e Inglés. El colegio llegó a tener un alumnado, entre 1941 a 1961, de aproximadamente 3,000 alumnos.

Como dato curioso y triste a la vez, se hace constar que al verificarse la intervención del colegio por personas adictas al régimen, les tocó a las Madres como interventora una alumna que había estudiado en el colegio becada por la Institución, lo cual fue doloroso para sus maestras que tuvieron que sufrir esta penosa experiencia.

Al igual que los demás colegios de Cuba, las Religiosas terminaron el curso escolar 1960-61 y se concentraron en La Habana esperando la orden de salir hacia México, donde la Reverenda Madre General les daría nuevos destinos.

Colegio Eucarístico de Santa Teresa
Central Preston, Oriente (1958)

El Colegio Eucarístico de Santa Teresa en el Central Preston, en Oriente, fue el de más corta duración, ya que comenzó a existir poco antes del establecimiento del gobierno de Castro. Se fundó el 21 de Enero de 1958 a petición del R.P. Emerio Sánchez, abnegado sacerdote que no escatimó esfuerzos ni sacrificios para traer religiosas que le ayudaran en su apostolado.

El Excmo. Sr. Arzobispo de Santiago de Cuba, al día siguiente de la llegada de las Hermanas, celebró la Santa Misa en acción de gracias por la nueva fundación. Después del Evangelio siguió una plática en la que elogiaba al sacerdote que a pesar de su juventud, había logrado ponerse a la altura de su responsabilidad de párroco, y se había esforzado por unir a su grey en su modo de pensar y obrar. Seguidamente se dirigió a las Religiosas admirándolas y animándolas a entregarse con entusiasmo a la misión que como educadoras les correspondía: moldear y conducir a la niñez y juventud hacia Jesús Sacramentado y su Santísima Madre.

Después de la Santa Misa, el pueblo, los alumnos de la escuela pública y los del Colegio Católico Santa Teresa de Jesús, se dirigieron en ordenadas filas, seguidos por la banda de música, a la casa del Padre Emerio donde estarían las Hermanas hasta que se terminara la construcción de su casa. En ella estaba el Sr. Arzobispo quien presidió el desayuno.

Al día siguiente, instaladas ya las Hermanas en la casa, se dispusieron a asistir a las clases de esta escuela. La Comunidad fundadora de este colegio fue: la Rvda. M. Graciela Infante, la M. Virtudes Moreno, la M. Sacramento Restrepo y las Hermanas María de San José Chavana y Felipa de Jesús González.

El Colegio estaba regenteado por personal muy competente que pusieron a sus órdenes y manifestaron su buena voluntad de seguir colaborando en el. Todas las personas se esmeraron en llevar lo necesario a fin de que nada faltara a las Hermanas.

Pero ya empezaba a surgir el drama de la revolución comunista. Ya habían ocurrido algunos incidentes, así que no era nada nuevo tomar parte en este doloroso hecho. Las Hermanas serían parte también de lo que estaba sucediendo y por lo tanto causarían inquietud al gobierno.

Comienzan los disturbios de 1958

Durante la Semana Santa, exactamente el 4 de Abril, Viernes Santo, estaban celebrando las Siete Palabras cuando la Iglesia se vió rodeada de soldados que esperaban al párroco para hacerle un registro e igualmente a las Madres que habitaban su casa. Sin importarles que se encontraban en un acto religioso, dos guardias interrumpieron el sermón y llamaron a la puerta. El sacerdote se dirigió a ellos con gran serenidad suplicándoles que le permitieran terminar las Siete Palabras. El Padre regresó a su lugar y con calma terminó el acto religioso. Después con toda cortesía recibió a aquellos hombres que con lujo de fuerza descargaron sus armas para amedrentarlo. El Padre regresó al templo y exhortó a todos a mantener la calma durante el registro de la iglesia, sacristía y el edificio en construcción.

Más tarde le pidieron ir a su casa, a lo que él contestó que en su casa vivían las religiosas desde hacía dos meses. A pesar de la aclaración del Padre, ellos llevaron a cabo el registro. Dicho registro fue anunciado con descargas de fusil como lo hicieron anteriormente. Al terminar se llevaron al Padre en uno de sus camiones.

Desde ese momento se vivió un prolongado "Viernes Santo" bajo la custodia de guardias que se encargaban de velarles hasta el sueño. Gracias a Dios los corazones de las Hermanas, fundidos bajo el crisol de la persecusión y recordando como en México habían estado constantemente perseguidas, podían considerar y acompañar en su dolorosa pena a esos corazones torturados por luchas frat ricidas, y así anhelar el momento de resucitar con Cristo en una Patria cristiana y libre y por lo tanto, una Cuba feliz.

El Colegio de Preston celebró de la mejor manera posible la Primera Comunión de 52 niños y niñas de la escuela y Catecismo. También se celebró la coronación de la Santísima Virgen el 31 de Mayo y el cierre solemne del curso escolar. Al salir del templo de la misa de acción de gracias, comenzó un nutrido tiroteo de las fuerzas militares que bombardeaban las minas de la Nicaro Nickel. Las Hermanas veían desde una terraza las maniobras, pasando horas de angustia. Con esa zozobra transcurrieron los meses hasta que el último día del año tuvieron lugar los tristes acontecimientos que llevaron a Cuba a su ruina.

El alumnado de este colegio, en los tres cursos escolares: 1958, 1959 y 1960, fue de aproximadamente 550 alumnos. Se enseñaba Kindergarten, Primaria Elemental y Superior.

La bandera del Colegio Eucarístico

La bandera del Colegio Eucarístico es rectangular en tela de color blanco marfil, que es el color del hábito de las Hermanas Mercedarias. En la parte central de ésta se encuentra una custodia con el escudo Mercedario al pie. En la parte superior están inscritas las letras V.J.E. (Viva Jesús Eucarístico) y en la parte inferior se puede leer "Colegio Eucarístico".

Los elementos que forman la bandera son por sí solos expresión del carisma de la Congregación, dedicada primordialmente a la Eucaristía y a la Santísima Virgen de la Merced, representados por la custodia y el escudo mercedario.

Himno del Colegio Eucarístico

Letra y música del *Profesor Rosendo Herrera*

Eucarístico, Colegio bendecido
en donde hemos bebido
el néctar del saber.
Eucarístico, que alma tan cariñosa
la que tan afanosa
nos hace revivir.
Eucarístico, nosotros te juramos
Oh, colegio querido,
saberte engrandecer;
llevando, tu nombre en nuestra mente
viviendo honradamente
con toda educación.

Gloria a tí, Templo del honor!
que formaste nuestro
ser es difícil tu camino
es muy grande tu misión
nos alienta la esperanza
nos hace sentir amor.
Loor a tí, faro de luz!
Puerto de la salvación
haz que brille en toda sien
sobre la frente el saber
que anhele, que triunfe
y se enamore del bien.

Eucarístico, Colegio bendecido
en donde hemos sentido
mil ansias por vivir
con ciencia, nuestra mente inundaste
y en nuestra alma labraste
amores e igualdad.
Eucarístico, de tus nobles maestros
guardaste los consejos
que nos hacen vivir;
felices y honrando a nuestra Patria,

mirando hacia el futuro
de una Cuba mejor.

Emblema del Colegio

Los Colegios Eucarísticos de Cuba tenían como emblema una figura estilizada en forma de escudo en los colores rojo y blanco con las letras doradas. En el centro, la Sagrada Hostia con rayos dorados y las letras JHS. En la parte superior una cruz blanca. Debajo de la Hostia las letras V.J.E., (que significan Viva Jesús Eucarístico) el saludo oficial en nuestras escuelas.

Las letras doradas con el nombre "Colegio Eucarístico" completan el emblema que denota su dedicación a la Eucaristía como es el Carisma de la congregación.

El éxodo

El primero de Enero de 1959 amaneció y la Patria empezó a vivir su "Calvario", aunque al principio casi nadie preveía los funestos resultados de la Revolución Cubana, ni podían suponer tan graves consecuencias. El siguiente curso escolar empezó y se desarrolló con bastantes dificultades por incesantes cambios en las autoridades educativas. Las Hermanas permanecieron en Preston hasta el 31 de Mayo de 1961, fecha en que todas regresaron a la Habana y de ahí a nuestra casa general en México. Más tarde, fueron enviadas a reforzar el personal de otras casas de la Congregación en Chile, Colombia, Estados Unidos, España e Italia.

Convivencias de antiguas alumnas en el exilio

No hay asociaciones de antiguas alumnas en el exilio. Cuando se dió permiso a las Hermanas para que visitaran a sus familiares, después del Concilio Vaticano II, una de ellas con familiares en Miami, la Hna. María Guadalupe del Castillo, aprovechó la oportunidad para preparar una convivencia en casa de alguna de las ex-alumnas cedida generosamente al efecto. Así, desde 1968 se han venido celebrado periódicamente con el fin de despertar en ellas las enseñanzas inculcadas en el Colegio, o sencillamente compartir momentos estimulantes en este largo exilio que no parece tener fin.

Testimonios

Cira Frady González
A.A. Colegio Eucarístico

Ingresé en el colegio 1944 y me gradué en el 1951. Todos los recuerdos del colegio fueron buenos. Valoro el respeto, la moral, los buenos modales y la creencia católica que allí recibí.

Hna. María Gudalupe del Castillo

Hermanas Mercedarias del Santísimo Sacramento, H.M.S.S.
Comunidad de San Antonio, Texas

No fui antigua alumna del Colegio Eucarístico. Me eduqué con las Madres de Desamparados y San José de la Montaña. Ingresé en 1933 y terminé en 1940.

De mis años de estudiante recuerdo a una religiosa que aún vive, en España, pero era cubana, que su ejemplo de abnegación y piedad me ayudaron mucho a decidir mi vocación al magisterio y a la vida religiosa.

Ingresé en la Congregación de Hermanas Mercedarias del Santísimo Sacramento el 16 de Julio de 1940, en el Colegio Eucarístico situado en la calle 17 número 309 esquina a H. Hoy no existe la casa que fue demolida para hacer un edificio de apartamentos.

El motivo principal fue consagrarme al servicio de Dios en una congregación *dedicada al Santísimo Sacramento* y como apostolado principal *a la enseñanza de la niñez y la juventud*. Todas estas fueron cualidades de nuestra Venerada Madre Fundadora, María del Refugio Aguilar y Torres. Tenemos otro apostolado secundario relacionado con el carisma mercedario o sea relacionado con las obras de misericordia y la redención de cautivos, especialmente en el mundo de hoy.

Actualmente me encuentro retirada como maestra en la ciudad de San Antonio y ayudo en lo que puedo atendiendo al "Day Care Center" que tenemos aquí.

Ana A. Fernández de Pons

A.A. de La Habana

Ingresé en el Colegio Eucarístico en la Habana en el año 1928. Permanecí en el colegio hasta completar el octavo grado en 1932. Recuerdo a la Rvda. Madre María del Refugio Aguilar, fundadora de la Congregación. Vivía en México y allí le escribíamos con frecuencia, ella siempre contestaba nuestras cartas. La Rvda. M. María Teresa, también fundadora de la comunidad, visitó el Colegio en una oportunidad y entonces la pude conocer.

Son muchos los recuerdos y experiencias que disfruté en el Colegio Eucarístico, sobre todo, allí viví my cerca del Stmo. Sacramento que siempre estaba expuesto en la capilla. Mi colegio fue para mi una segunda casa. Aún en las vacaciones asistía todos los días a la Misa en la capilla, y después pasaba ratos inolvidables conversando con las Madres mientras hacía alguna labor de bordado. Fue una comunicación muy bella que me ha servido para mucho.

Lo que más he valorado de todo cuanto aprendí en el colegio fue mi formación religiosa y en particular mi devoción al Santísimo Sacramento lo que junto con los valores cristianos y morales que me inculcaron mis padres, me ha servido para realizarme en la vida como una feliz ama de casa, esposa, madre y abuela. Durante los problemas y pesares del exilio lo que siempre me ayudó fue mi formación religiosa y mi fe, y uno de los consejos que me dieran las Madres Eucarísticas: "cuando tengas problemas...cualquier asunto que tu no puedas resolver, acude a la Sma. Virgen, déjaselos a Ella...ella lo resolverá todo por tí...

Hna. Guadalupe Súarez, H.M.S.S.
Profesora del Colegio de La Habana
hoy en la comunidad de San Luis Potosí, México

Aunque no soy exalumna, le comunico mis experiencias de los años que viví en Cuba. Yo estuve en el Colegio Eucarístico de La Habana, pero como religiosa con la M. Clementina. Las dos estuvimos allá aunque en diferente fecha. La M. Clementina en los primeros años del colegio, y yo casi en los últimos, pues llegúe en 1953 y regresé a México en 1958.

Gracias a Dios fueron años de trabajo muy bonitos con las alumnas del colegio que superion corresponder al esfuerzo y empeño de las religiosas para formarlas y hacer de ellas mujeres verdaderamente cristianas. Muchas de ellas pudieron salir a tiempo de Cuba y están establecidas con sus famlias en los Estados Unidos. Desde allá se comunican con nosotras y así mismo las que viven en Cuba nos escriben y cuentan sus penas.

Algunas de nuestras Hermanas han podido ir a Cuba y las han visitado para animarlas y darles algún consejo. Por mi parte recuerdo con cariño los años que el Señor me permitió vivir allá y le ruego con toda el alma por la paz y la tranquilidad de esa querida tierra cubana.

R.M. Angelica Cuadra y comunidad del Colegio Eucarístico de La Purísima

M. Graciela Infanta
fundadora del Colegio Sta.
Teresa en Preston Oriente

M. Amparo Perez,
fundadora del Colegio
de Camajuaní

M. Consuelo Olivares,
fundadora del Colegio
de La Habana

Colegio Eucarístico de La Purísima
La Habana

Fachada Colegio
Eucarístico
Camajuaní, Cuba

Colegio de Santa Teresa
Oriente

45

Hijas Mínimas de María Inmaculada

1925

La fundación

El Padre Pablo Anda, el fundador de esta Congregación, recibió el presbiterado en San Luis Potosí ejerciendo allí varios cargos. En 1870 construyó en León el Santuario de Ntra. Señora de Guadalupe, en el Cerro de Soledad y fundó además una casa para Ejercicios Espirituales, y un asilo para huérfanas. Pero sin duda alguna, su obra más importante fue la fundación de la Congregación de Hijas Mínimas de María Inmaculada en León, en el año 1886, dedicadas a la enseñanza de la juventud femenina. Después de ser aprobada por la Santa Sede, la Congregación se ha extendido por todo el territorio Mexicano llegando a Cuba, como ahora veremos.

Las Hijas Mínimas de María Inmaculada en Cuba

El 19 de Diciembre de 1925 llegaron las Hijas Mínimas de María Inmaculada a Cuba. Las fundadoras fueron: las Madres Juana Berchmans Benavente, Abigail Barundi, Vicenta de Paúl de Luna, María del Carmen Bribiesca, María Esther del R. López, Gemma Padilla y Alicia de S. González.

Según Monseñor Testé, en ese mismo año de su llegada abrieron un colegio en Cruces. Más adelante abrieron otro en Santa Isabel de las Lajas, y después un tercero en Aguada de Pasajeros, pero por falta de personal tuvieron que cerrar este último plantel.

Todos los colegios y casas fueron confiscados por el gobierno en 1961.

Regreso a Cuba

La Congregación ha regresado a Cuba, donde desarrollan un trabajo pastoral. Hay 2 Hermanas en la Diócesis de Pinar del Río y 2 en la de Cienfuegos-Santa Clara.[95]

Nota:

La autora no ha podido hacer comunicación directa con esta Congregación, y los pocos datos obtenidos han sido tomados de la "Historia Eclesiástica de Cuba" de Monseñor Ismael Testé. Se tratará de ampliar la información en una futura edición de esta obra.

---

[95] Datos de la Arquidiócesis de Miami, Florida, 1995.

46

Siervas de San José
Madres Josefinas

1926

"Trabajo, Fe y Amor"

La fundación

Francisco Butiñá fue uno de esos hombres misteriosamente guiados por Dios. Nacido en Gerona, España en el 1834, ingresa en la Compañía de Jesús a los veinte años. Hombre dotado de gran riqueza humana, opta por consagrar su vida a las clases sociales trabajadoras. A ellas se siente llamado por Dios. Toma conciencia del fenómeno humano producido por el proceso de industrialización en la segunda mitad del siglo XIX: hombres y mujeres explotados y oprimidos por el trabajo. A partir de ese momento su dedicación apostólica se orienta preferentemente hacia las clases populares trabajadoras. Se convierte en el "apóstol de los menestrales", de los hombres del trabajo manual.

En 1870 llega a Salamanca y en su trabajo pastoral conoce a una mujer artesana y humilde, que en su taller de la calle Traviesa se reúne los domingos por la tarde con un puñado de amigas, artesanas en su mayoría como ella. Son los llamados "Talleres de Nazaret" donde se ora, se trabaja y se fomenta la industria artesanal. Ella se llama Bonifacia Rodríguez. Encarna el ideal de trabajadora cristiana concebido por Butiñá. El le confía su proyecto: "vamos a fundar una Congregación".

Juntos fundan una Congregación que tiene como fin: procurar su propia santificación por medio de la oración y del trabajo, y preservar del peligro de perderse a las pobres que carecen de él, fomentando al mismo tiempo la industria cristiana."

Así, el 10 de Enero de 1874 nace en Salamanca una comunidad de Siervas de San José. El tiempo haría, después de la muerte del fundador, que de esta comunidad y otras fundadas por él en Cataluña, surgiera la Congregación Hijas de San José. Las Siervas de San José y las Hijas de San José perpetúan desde entonces en la Iglesia el carisma recibido por el Fundador.

Las fundaciones de Cuba

Colegio Nuestra Señora de la Asunción La Habana (1926)

En el mes de Octubre de 1926 se abre en La Habana el primer colegio de las Siervas de San José, en la calle Neptuno y Basarrate no. 338, a media cuadra de la Iglesia del Carmen. Empiezan las clases el 26 de Octubre de ese año, poco antes de desencadenarse el terrible ciclón del 26.

Para el curso del 1929 al 1930 se trasladaron a una casa más amplia en el Vedado, en la calle Paseo número 37, esquina a 17. En el 1932, y al crecer el alumnado, se trasladaron nuevamente a otra casa más amplia, esta de tres pisos, también en la calle Paseo.

En el 1953 compra la Congregación una casa en el Casino Deportivo, en Palatino, en la Avenida Entrada y Séptima, y trasladan el colegio para allí. Medía el terreno 30,000 varas cuadradas y ofrecía Primera Enseñanza y Bachillerato, así como Comercio, Secretariado, Idiomas, Música, Artes y Labores y Bailes Españoles. Tenía también Internado.

La enseñanza en el Colegio Ntra. Señora de la Asunción se impartía tanto en inglés como en español. En cuanto a deportes, el colegio poseía una piscina olímpica, así como canchas de tenis, volibol, básketbol y squash.

Este colegio fue confiscado por el gobierno comunista en el 1961.

Colegio San José – Placetas (1944)

Se abrió el colegio de Placetas en una pequeña casa de madera en el año 1944. No sería hasta el 1949 cuando la Congregación pudo comprar un solar y construir en el un edificio para el nuevo Colegio. Estaba este situado en la calle Segunda del Norte esquina a Cuarta del Oeste. Comenzaron las clases en el nuevo plantel el 9 de Septiembre de 1949, ofreciendo Primera Enseñanza, Preparatoria, Bachillerato (Primer Año), taquigrafía, mecanografía, música, pintura, dibujo, inglés, labores, corte y confección, quedando incorporado al Instituto de Remedios.

Quedó el colegio confiscado por el gobierno en el 1961.

Las Siervas de San José en Cuba hoy

En la actualidad las Siervas de San José realizan en Cuba un trabajo pastoral. Hay 14 Hermanas en la Arquidiócesis de La Habana y 4 en la Diócesis de Cienfuegos.

Colegio Ntra. Sra. de la Asunción
Palatino, Habana

Colegio San José, Placetas

47

Congregación de Siervas del Sagrado Corazón de Jesús y de los Pobres

1926

"Dios Proveerá"

La Congregación

El hoy Beato Presbítero, José María de Yermo y Parres nació en México en el 1851 y ordenado sacerdote en el 1879. El 13 de Diciembre de 1885 fundó en la ciudad de León, en Guanajuato, México, la Congregación de Siervas del Sagrado Corazón de Jesús y de los Pobres. Después de largos años de apostolado, agotado por el trabajo, las enfermedades y los grandes sufrimientos, murió en olor de santidad en Puebla de los Ángeles, México, en 1904. Fue beatificado por S.S. Juan Pablo II el 6 de Mayo de 1990 en México, D.F.

El trabajo de la Congregación

El fin del Beato Yermo y Parres fue el instituir una congregación para trabajar con niñas y niños huérfanos, y ancianas y ancianos desvalidos y desamparados, con sus respectivos departamentos y escuelas para los niños. Al fundarse la Congregación se realiza una importante reunión en la que se acuerda:

"El fin de esta Congregación es no sólo la salvación y perfección de las personas que la forman, sino también, de un modo muy particular, el ejercicio de la caridad en sus relaciones con el prójimo. Constituirán la primera parte de este ejercicio de la caridad: la adoración perpetua de la Sagrada Eucaristía en desagravio de las ofensas y pecados del mundo, y la propagación del amor y devoción al Sacratísimo Corazón de Jesús.

La segunda parte de este ejercicio lo constituirán: el celo por la santificación, los cuidados y servicios que en lo corporal preste cada uno de los miembros de la Congregación a los pobres mendigos, y la educación y formación cristiana de los pobres huérfanos."[96]

La Congregación habría de nacer en el Asilo del Sagrado Corazón de Jesús. Cuatro almas fueron escogidas por Dios para la obra: las Hermanas Clotilde Muñoz, Fausta Ojeda, Victoriana Gutiérrez de Velasco, y Pomposa Muñoz quien, muy a pesar suyo, tuvo que dejar más tarde el Asilo por motivos de familia y fue sustituida por la hermana, Gumersinda Muñoz. El 24 de Septiembre de 1887 el Sagrado Corazón de Jesús coloca entre sus siervas a la que sería más tarde la Primera Maestra de Novicias y primera Superiora General, la Rvda Madre Concepción del Sagrado Corazón García de Quevedo.

Pronto la Congregación se iría extendiendo hasta la ciudad de Puebla, para donde se traslada el Gobierno General en el 1888. Surgen otras casas con internados y escuelas en el mismo Estado de Puebla, así como en Tlaxcala y en distintas ciudades de la República Mexicana. En 1890 se funda un colegio en la ciudad de Mérida, Estado de Yucatán, el cual sigue funcionando hasta la fecha.

---

[96] Testé, Mons. Ismael, "Historia Eclesiástica de Cuba", Tomo IV, pag. 824.

En 1907 se establece la primera casa en los Estados Unidos, en la ciudad de Laredo, Texas, que hasta la fecha sigue con el nombre de Sacred Heart Children's Home. En 1919 y 1920 abren otras dos casas en El Paso: Father Yermo High School y St. Michael School.

Fundan también hospitales: el primero en el 1890 con el nombre de Nuestra Señora de Guadalupe en Teziutlán, en Puebla. A éste le seguirán otros hospitales: el Hospital del Sagrado Corazón en Tijuana, Baja California Norte, y el Hospital Guadalupano en Parras, Coah.

En Enero de 1904 el mismo Padre Yermo hace la fundación de la primera Casa Misión en la sierra Tarahumara, en el estado de Chihuaha en Carichí, fundando también la escuela La Amiga de la Obrera, en la ciudad de Chihuahua. Van surgiendo nuevas casas en la Misión de Tarahumana, con internados y escuelas primarias y, en algunas, escuelas secundarias.Funcionan también otras escuelas en Puebla, San Luis Potosí, Mérida y en Escuintla, en Guatemala. Ya más reciente, han hecho dos fundaciones en Africa: una en Kenia y otra en Subukia, las dos con escuelas.

Llegada de las Madres a Cuba

Llegan las Hermanas a la Península de Yucatán, al Puerto de Progreso, el 26 de Enero de 1926 para establecer una escuela. Meses después se ven obligadas a cerrarla debido a la persecución religiosa tan intensa, sobre todo en el Estado de Yucatán. Al quedar aisladas del resto del país, deciden salir para Cuba. Ya en La Habana, el Señor Arzobispo las acoge bondadosamente y las destina para una fundación en Nueva Paz.

Colegio del Sagrado Corazón de Jesús
Nueva Paz, La Habana (1926)

El 13 de Septiembre de 1926 quedó fundado el Colegio "Sagrado Corazón de Jesús" en Nueva Paz, provincia de La Habana. Las Madres fundadoras de este colegio fueron: como Superiora la Madre Reinalda Berger, y las Hermanas Edelmira Núñez, Cristina Reyes, Guadalupe Bernadet, Margarita Ravelo, María Dolores Carrillo, Magdalena Garnier, Eufrosina Melgarejo y Alfonsina Delgado.

Funcionó hasta el 1961 en que fue confiscado.

Colegio Sagrado Corazón de Jesús
Jaruco, La Habana (1927)

El Colegio del Sagrado Corazón de Jesús de Jaruco fue fundado un año después del Colegio de Nueva Paz. Comenzó a funcionar el 17 de Noviembre de 1927, y fue confiscado en 1961.

Colegio Santa María de los Ángeles
Víbora, La Habana (1927)

El Colegio Santa María de los Ángeles fue fundado en La Habana, en el barrio de La Víbora, el 30 de Agosto de 1927. Las Madres fundadoras fueron: Amelia Sedano, María Uranga, Margarita Acosta y Magdalena Espinosa. Otras Madres que trabajaron en este colegio fueron: Sor Rosa de la Cruz Castilla, Superiora en el año 1950, y las Hermanas: Sor Altagracia Alcalde Inclán, Matilde Maderal Villaverde y Sor Reinalda Martínez, las tres cubanas.

También trabajaron las maestras: Dra. Adelaida Alcalde Inclán de Mota, Dra. Carmen Zalduendo Blanch, Dra. Berta Gosiker Fernández y la Dra. Lourdes Blanch López del Rincón.

El colegio fue confiscado en 1961.

Colegio de Güira de Melena, La Habana (1927)

Comenzó a funcionar el 5 de Diciembre de 1927 y se cerró en el 1933. Se ignora las causas por las que se cerró.

Las fundadoras de Cuba fueron: la Madre Reynalda Berger, como primera superiora, y las Hermanas María de la Asunción Espínola, María de los Dolores Gómez, Gerarda Gutiérrez, Eufrosina Melgarejo, Margarita del Niño Jesús Acosta, Edelmira Núñez, Cristina Reyes, María de la Eucaristía Díaz y María Guadalupe Bernardette.

Un tiempo después llegaron otras Hermanas, entre ellas: María de los Dolores Carrillo, Magdalena de Jesús Espinosa, Carmen de Jesús Alonso, Teresa Díaz e Imelda María Flores.

Vocaciones Cubanas que tuvo la Congregación:

Hna. Esther - Carmen Alonso Fernández (de Güira de Melena); Hna. Carmen - Matilde Maderal (de Nueva Paz); Hna. María Concepción - María Fernández (de Nueva Paz); Hna. Dolores - Altagracia Alcalde (de Jaruco); Hna. Virginia - Rosa Alfonso Sosa (de Artemisa); Hna. Josefina - Reinalda Martínez García (de La Habana).

Himno al Beato Padre José María de Yermo y Parres
Cantado en los colegios de la Congregación Del Sgdo. Corazón de Jesús y de los Pobres

Entonemos mil himnos de gloria
En loor del gran Siervo de Dios
Exaltemos su insigne victoria
Con acentos de triunfo y honor (bis)

Padre Yermo, tu frente bendita
la corona de eterno laurel,
quien otorga la dicha bendita
a los héroes que exaltan la fe.

En la eterna mansión de los cielos
ya disfrutas de gloria sin par,
hemos visto colmado el anhelo
de mirarte elevado al altar.

Padre Yermo, los pobres y humildes
encontramos en ti su pastor,
una entrega total no se mide
tú les diste tu vida y tu amor.

Padre amante del pobre, del niño,
que supiste tu vida gastar
en rodear de ternura y cariño
al que vive sin techo y sin pan.

La salida de las hermanas. El éxodo

Las Hermanas permanecieron trabajando en los tres colegios hasta la última semana de Abril de 1961, durante la cual presentan los últimos exámenes y queda terminado el curso por orden del Departamento de Educación. "En sus largos discursos del 1ro. de Mayo, Fidel Castro da a conocer su plan de ataque a sacerdotes y religiosos, sobre todo extranjeros, expulsándolos del país."[97]

Al día siguiente, 2 de Mayo, son ocupados y confiscados todos los colegios y casas religiosas por milicianos. "Y Cuba sigue aislada, sin comunicación hacia el exterior, desde el desembarco de cubanos en Bahía de Cochinos y su lamentable fracaso", relata la Hna. Guadalupe Figueroa. "Cuando la persecución religiosa en México, habían llegado a Cuba algunas congregaciones religiosas, estableciendo sus colegios. En 1961 éramos más de 400 religiosas mexicanas."

Y prosigue la Hna. Figueroa: "Gracias al gobierno mexicano, a través de la Secretaría de Relaciones Exteriores, en combinación con la Embajada de México en Cuba, y por las insistentes peticiones de los familiares de las religiosas en México, la Compañía Mexicana de Aviación establece un vuelo semanal en el que podrían salir unas cien religiosas cada vez. Así, durante el mes de Mayo, fuimos saliendo las religiosas mexicanas hacia México. Nuestras religiosas cubanas habían

---

[97] Figueroa, Hna. Guadalupe Caballero, SSCJP, Archivos de la Congregación, Chihuaha, México, 1995.

salido ya desde Septiembre y Octubre de 1960 hacia México. En Enero de 1961 salen las últimas hacia los Estados Unidos."[98]

Recientemente, hace unos pocos años, los Obispos de Cuba han estado invitando a las Congregaciones Religiosas que estuvieron en la Isla, que regresen. La Congregación fue también invitada. La Superiora General hace poco visitó Cuba, como turista, con una Hermana que estuvo muy joven en Cuba. Aquella regresó con muchos deseos de que las Hermanas puedan, nuevamente, trabajar allá. En el momento en que se edita este libro, se hacen gestiones para su retorno.

Encuentro de antiguas alumnas de La Habana en el 1995

"En Jaruco y Nueva Paz, igualmente, recibieron recientemente a la Madre General con mucho festejo", relata la Hna. Caballero. En la casa de las Hermanas Pasionistas, que ya regresaron, se reunieron las ex-alumnas de La Habana, y las recibieron con mucho cariño. "Lo que más asombra de esas ex-alumnas", continúa la Hermana Caballero, "es la fidelidad al Señor, a la Santísima Virgen, a las enseñanzas que recibieron, a su fe, que han sostenido con mucha firmeza a través de esos años tan duros que han vivido y que siguen viviendo."

Y continúa el relato la Hna. María Rosario, O.P. desde su convento de Texas: "La Madre Bertoline nunca antes había estado en Cuba, pero decidió ir para visitar los colegios que allí tuvieron y ver a las ex-alumnas. El recibimiento fue apoteósico, hubo muchas personas que estaban esperándolas. Las llevaron al primer colegio que allí fundaron, al que le llamábamos el Castillito, que ahora es "Museo 10 de Octubre". Luego fueron al de Patrocinio 29. Allí les concedieron permiso para entrar y pudieron revisar el local. Después fueron al colegio de Nueva Paz, y allí las campanas de la iglesia redoblaron cuando ellas llegaron!

Las alumnas quieren que ellas vuelvan a abrir colegios en Cuba, cosa que no es posible debido al sistema de Cuba. Pero esto le dio mucho gusto a ellas y a la Madre que me escribió y me dijo que rezara, que quizás un día pudieran regresar y abrir una casa de oración para con sus oraciones servirles de apoyo a todas esas personas tan queridas y que desean tenerlas allá.

Por otro lado la visita ha dado lugar a que las ex-alumnas que quedaron en Cuba y que no se veían ni sabían unas de otras en todos estos 37 años, se volvieron a reunir, formando nuevamente la asociación de antiguas alumnas del Colegio Nuestra Señora de los Ángeles. Con motivo de esto se reúnen una vez al mes en la Iglesia de los Padres Pasionistas de la Víbora. Tienen allí misa y luego la reunión. Nunca se sabe de que y de quien se valdrá el Señor para que cosas buenas sucedan a pesar de la terrible situación por la que atraviesa nuestra Patria. A mi me han hecho miembro ilustre de la asociación y quieren que yo vaya!"

---

[98] Figueroa, Hna. Guadalupe Caballero, SSCJP, Correspondencia con la autora.

Testimonios

Hna. Guadalupe Caballero Figueroa, SSCJP
Comunidad de Chihuahua, México, 1993.

La influencia que ejercieron las Hermanas sobre las alumnas, con la educación religiosa fue grande, y que las alumnas, al formar hogares, fueron transmitiendo a sus hijos. Jaruco llegó a ser un centro de piedad, de vida cristiana muy auténtica. Lo mismo podríamos decir de Nueva Paz o de las alumnas de La Habana, pero en Jaruco fue muy notable este testimonio cristiano de todo el pueblo.

Además y sobre todo, su fe muy firme, sostenida y demostrada de todas (las Hermanas), salvo algunas excepciones, a pesar del clima de persecución sorda en que vivíamos, de la amenaza de los "G-2", que estaban listos para detener y encarcelar.

Fue también muy interesante que de la educación religiosa recibida, de la vida cristiana que vivían y de la gratitud tan grande que guardaban a sus maestras, no sólo las alumnas, sino también y muy especialmente, de los padres de las alumnas, demostrándola en las despedidas que nos hacían, en cada vuelo que salía hacia México, a pesar de los riesgos a que se exponían.

Y no solamente en estas despedidas demostraron su gratitud, sino siempre y muy notablemente, desde que fueron ocupados los colegios en los que en algunos hubo verdaderos atropellos, y en la solicitud y preocupación por sus maestras, por su seguridad, porque nada les faltara en aquellos días, a pesar de que sabían los riesgos que corrían en aquel ambiente de espionaje y denuncia en que vivíamos.

Fue realmente conmovedor oír los cantos, las porras, que desde la terraza del aeropuerto, hacían al grupo de las religiosas de su colegio, conforme iban saliendo del salón de la revisión, hacia el avión. Un grito unánime de todas era: "Se van pero volverán." Sólo Dios sabe si será...y cuándo podrá ser. Para la mayoría de las religiosas fue muy dura la salida de Cuba en estas condiciones, algunas de ellas tenían más de treinta años en la Isla. Algunas muy ancianas, enfermas, iban en sillas de ruedas, en camillas. En el aeropuerto de la ciudad de México había algunas ambulancias que las esperaban.

Pero sobre todo, dejaban a sus alumnas en aquel ambiente de tantos riesgos. El pesar de dejarlas como abandonadas, lo sentíamos todas. Nuestras oraciones las acompañen: que sean muy fieles a Dios Nuestro Señor, siempre, a la Santísima Virgen, a la Iglesia. Esperamos que así haya sido en estos años pasados, y siga siendo en los venideros y en la educación de sus hijos.

Marita Capestany de Herrera
A.A. Colegio Santa Ma. de los Ángeles, Víbora, Habana, 1931-1939

Ingresé en el colegio en el 1931 y me gradué de 8to Grado en 1939. Conocí a la Madre María de los Dolores que era del tiempo del Padre Fundador. Tengo muchos recuerdos buenos de aquella época, especialmente del cariño que le tuvimos a las Madres.

Creo que la formación religiosa que me dieron y los principios fundamentales que recibí allí es lo que más he valorado. Aquella educación me sirvió muchísimo en mi trabajo de maestra.

En el 7to y 8vo grados tuve una maestra que tenía una visión extraordinariamente moderna para lidiar con adolescentes, y a ella le debo un agradecimiento grande por lo mucho que influyó en mi formación y en mi futuro.

Sister María Rosario of the Precious Blood, O.P.
(Haydeé Luisa Fernández Dalmau)
A.A. Colegio Santa Ma. de los Ángeles, Víbora, Habana
(hoy Religiosa Dominica en Lufkin, Texas)

Estudié en el Colegio Santa María de los Ángeles en Patrocinio 29, Esquina a Poey en la Víbora. Entré en el año 1950.

De mis tiempos de alumna guardo grandes recuerdos, cosas que no son importantes para nadie pero que para mi lo son. Fueron años felices que se vieron interrumpidos por la Revolución (mi graduación fue en 1959), cosa que todos hemos sufrido.

Entré como religiosa en la Orden de Santo Domingo de Guzmán el 8 de septiembre de 1980. Hice mis votos perpetuos el 10 de Julio de 1986 en el Monasterio Infant Jesus de Lufkin, Texas.

Un sacerdote Dominico me dirigió a este monasterio y después de varias visitas confirmaron que aquí era donde Dios me quería para que dedicara mi vida a Él, consagrándome con los votos de obediencia, pobreza y castidad.

Comunidad de Santa María de los Angeles

La alumna
Haydee Luisa Fernández Dalmau

Colegio Sta. María de los Angeles
La Víbora, Habana

Colegio Santa María de los Angeles, 1934

Las Madres Carmen Jesús Alonso, María
Josefina, Magdalena de Jesús Espinosa, Bertha
María Montenegro, Sor María Asunción Espín,
María de Jesús Uranga, Margarita del Alba,
Edelmira Nuñez, Altagracia Alcalde, Dolores
Ganz, Hna. Francisca y Rosa de la Eucaristía

48

Orden de la Compañía de María
Nuestra Señora
Lestonnac

1926

Santa Juana de Lestonnac y la Compañía de María Nuestra Señora

Un día grabado ya en el tiempo de hace cuatro siglos, María buscó unas manos que, en su nombre, acudieran a llenar grandes vacíos de fe, de sentido, de cultura...y encontró las de una mujer. Las manos tendidas de Juana de Lestonnac se alargaron abrazando al mundo y a la Compañía de María. Desde entonces sigue buscando hoy esperanzas que hagan historia al repetirse.

Nace Juana, la primogénita de los Lestonnac-Eyquem de Montaigne, en Francia en 1556. En 1573 se casa con Gastón de Montferrand de quien enviuda 24 años después. A los 41 años, viuda y con cinco hijos, se ve frente al gobierno de una casa llena de responsabilidades, y piensa en su futuro. Cinco años más tarde cree llegado el momento de ver realizados sus ideales de juventud, abrazando la vida religiosa.

En el 1603 entra en el Cister de Toulouse. Tiene 46 años. María Nuestra Señora, acompañará su entrega total a Dios en este Monasterio de la Orden de San Bernardo. Pero la dureza de la vida conventual sobrepasa sus fuerzas y tiene que abandonarla. En su última noche en el Monasterio Dios se hace presente con su luz, y Juana vislumbra su futura misión: hay una juventud que se pierde por falta de ayuda...y es ella quien debe tender la mano.

Dos años después vuelve a Burdeos. Una peste azota la zona y Juana de Lestonnac atiende misericordiosamente a los necesitados. Este servicio la pone en contacto con otras jóvenes que se le irán uniendo, atraídas por su personalidad y sus ideales. Se pone al habla con los padres de Bordes y Raymond que trabajan con jóvenes en el Colegio de la Magdalena. A ellos también les preocupa la juventud femenina y ven en Juana la persona para atender esta necesidad. El proyecto va tomando forma: será una comunidad de mujeres apóstoles que armonizarán contemplación y acción en una entrega total a la educación de la mujer. María será el modelo de lo que quieren llegar a ser, y se llamarán "Hijas de Nuestra Señora".

En 1606 Juana redacta la Fórmula del Instituto, y ayudada por el Padre de Bordes, adapta las Constituciones de la Compañía de Jesús a una orden femenina, poniéndoles su sello personal. El 7 de Abril de 1607 Pablo V aprueba el Instituto. Nace así el primer Instituto religioso-apostólico con rasgos y organización adaptados a su carácter docente. Sus postulados son: la unión de vida contemplativa y activa; la espiritualidad mariana, y el fin apostólico según la concepción del carisma ignaciano. La vida no girará en torno al canto del Oficio Divino, sino a la educación de la juventud. La clausura y los edificios se adaptarán de manera de posibilitar la entrada de alumnas externas y hacer también posible la enseñanza gratuita.En 10 de Diciembre de 1610 hacen los votos las cinco primeras religiosas. La novedad atrae novicias y alumnas, y el Instituto va creciendo en Francia.

El 2 de Febrero de 1640 fallece Juana en Burdeos, a los 84 años. Para entonces en Francia están establecidas ya treinta casas de Nuestra Señora. Juana ha hecho realidad el proyecto que Dios le había confiado y ahora lo entrega cargado de futuro.

Hoy, tres siglos más tarde, las religiosas de la Compañía de María están extendidas por cuatro continentes. Sus comunidades realizan la misión de evangelizar como educadoras al servicio de una fe que invite a pensar, necesite orar, obligue a actuar, y dé frutos de justicia.

Fundación de las casas de la Compañía de María en Cuba

Aunque ya en 1771 la Compañía de María había recibido una invitación para trabajar en Cuba, no sería hasta los comienzos del siglo XX en que se establecerían en tierras cubanas. La persecución religiosa mexicana de 1926 fue el acontecimiento que permitió a la Congregación extender su campo de acción en Cuba. La Rvda. M. Provincial, María Cuesta, envió a dos de las religiosas como exploradoras quienes, al no encontrar las facilidades para fundar por el momento en la capital, como era su deseo, se dirigieron al interior de la Isla con tan pocos recursos económicos que sólo les alcanzó para llegar a Camagüey.

Encontrándose allí creyeron oportuno visitar de inmediato al Sr. Obispo, Enrique Pérez Serantes, quien las recibió con suma bondad y benevolencia, e inmediatamente les buscó hospedaje. Al día siguiente les propuso una fundación en Florida, un pueblo de Camagüey, que en aquella época contaba con unos 17,000 habitantes, rodeado de ingenios azucareros.

Colegio de Florida – Camagüey (1926)

Así ocurrió en el 1926 la primera fundación de la Compañía de María en la provincia de Camagüey. Las dos primeras enviadas fueron las Madres Guadalupe Rizo y Juana Vargas, quienes una vez hechos los primeros trámites para el establecimiento, dieron aviso a México, según lo convenido, para que fueran más religiosas a Cuba. De inmediato se embarcaron en Veracruz diez Hermanas: Luz Hermoso, como Superiora, y las Madres Ana María Caro, Ma. Guadalupe Guerra, Ana María Zimbrón, Isabel Lazcano, Guadalupe Aguirre, Ignacia Galván, Petrita Martínez, Consuelo Jaime y Ma. Esther Muro.

Fueron doce religiosas las pioneras para emprender en Cuba la obra de Juana de Lestonnac, su insigne fundadora, cuyo ejemplo y ardiente celo por la extensión del Reino, les animaba y ungía. Permanecieron en Florida hasta el 1961 en que el colegio, con una comunidad de 18 religiosas, fue confiscado por el régimen comunista.

Colegio de Holguín (1926)

El aquel mismo año de 1926 se encontraba de paso por Camagüey el Ilmo. Sr. Arzobispo de Santiago de Cuba, Monseñor Valentín Zubizarreta. Al enterarse de la presencia de las religiosas y de su obra, se propuso llevarlas a la provincia de Oriente. Les pidió una fundación en Holguín y otra en Puerto Padre, las cuales se llevaron a cabo más tarde.

Como fundadoras de la casa de Holguín fueron primeramente la Madre Juana Vargas y la Madre Lacroix. Luego llegaron las Madres Juana Santoveña y María Luisa Andrade. Monseñor Zubizarreta encargó la fundación a Monseñor José Fernández Lestón, párroco de Holguín, quien desempeñó ampliamente tal enc omienda.

Allí permanecieron las Hermanas hasta el 1961, como en los demás colegios de Cuba.

Colegio de Puerto Padre (1926-27)

Cumpliendo la petición del Arzobispo de Santiago de Cuba, en 1926 se hizo la tercera fundación en Puerto Padre. Pero este colegio solo duró unos meses, teniendo que cerrar en el 1927.

Colegio de Manzanillo (1927)

En Agosto de 1927 se cerraba Puerto Padre pero se abría en su lugar la casa de Manzanillo, donde fungía como párroco Mons. Francisco Garro, santo sacerdote que se volcó en detalles al preparar la fundación. El 22 de Agosto llegaron a Manzanillo las fundadoras: Isabel Aceves, María Isabel Lazcano, Guadalupe López, Elvira Muro y María Luisa Andrade. Permanecieron en Manzanillo realizando su labor de enseñanza hasta la intervención del colegio en 1961.

Colegio de La Habana (1927)

En Diciembre de 1927, y luego de superar no pocas dificultades, se logró llevar a cabo la tan deseada fundación en La Habana. Cabe mencionar que en esta fundación fue muy valiosa la intervención y ayuda de los Padres Jesuitas de la Iglesia de Reina, sobre todo la del Padre Camilo García, quien con toda verdad se le consideró como "padre y alma de la fundación.".

Para dicha tarea fue asignada la Madre Guadalupe Rizo, quien llegó procedente de Florida, Camagüey, acompañada de otra Hermana. Como primera Superiora se nombró a la R.M. María Cuesta, la cual al mismo tiempo era Provincial de México.

En 1935 el Colegio se encontraba situado en la Calle 27 y A, en el Vedado. Años más tarde se mudó para el exclusivo reparto Alturas del Country Club

Park de Marianao, ocupando un área de 55,000 metros cuadrados. Era un magnífico edificio dotado y construido conforme a las más modernas exigencias de la pedagogía. Contaba también con cafetería la cual dirigían profesoras de economía doméstica y dietética.

Este colegio quedó intervenido en el 1961.

Todos los colegios de la Compañía de María de Cuba impartían clases desde el Kindergarten hasta el Bachillerato, así como Comercio, Escuela del Hogar y clases de inglés, bordado, mecanografía, piano, pintura, y corte y costura.

La intervención y el éxodo

El 18 de Septiembre de 1960, y debido a los acontecimientos que se venían sucediendo ya en la Isla, se celebró en Florida, Camagüey, una junta de todas las Superioras de las casas de Cuba, organizada por la Rvda. Madre Provincial, con el fin de uniformarse en el reglamento, programas, textos de estudio, uniformes, etc. También se recomendó se prepararan los pasaportes, trajes seglares, selección de casas ofrecidas por personas amigas como refugio en caso de necesidad, así como poner a salvo lo más valioso, sobre todo lo de la capilla y la sacristía, pues la tempestad comunista se avecinaba. ¿Quién podría dudarlo ante los hechos?

En La Habana se preparaban pasajes. Las imágenes, vasos sagrados y muebles, desaparecían como por encanto buscando asilo en las casas que ofrecían mayor garantía. La Madre Provincial dio orden de tramitar los papeles necesarios para la salida de todas las religiosas en cuanto se terminara de arreglar la salida de las cubanas. Hubo que renovar casi todos los pasaportes de las religiosas mexicanas, porque estaban vencidos. La Confederación de Colegios Católicos informó que los colegios privados serían tomados por la fuerza, y que los alumnos y personal que se opusiera en cualquier forma a que se estableciera el Comité de Vigilancia y la Asociación de Jóvenes Rebeldes, serían puestos presos.

Intervención del Colegio de Manzanillo-1961

Relato de un Cronista

"En Manzanillo fue doloroso entregarle el colegio "viejo" al interventor. Convencida al fin la Madre Superiora de que era imposible quedarse allí, las antiguas alumnas se arriesgaron con valor a sacar, en unas cajas de zapatos, el cáliz, viril y los copones. También salvaron un Niño Jesús grande, el crucifijo del altar y alguna otra cosa. A las cuatro de la mañana nos levantamos, hicimos oración y a las cinco llegó el Párroco para darnos la Comunión. Apenas habían pasado diez minutos cuando se presentaron los milicianos del G-2. Nos dirigimos al aeropuerto. Despegó el avión y volamos sobre nuestro querido Manzanillo al que mirábamos por las ventanillas hasta perderlo de vista. En Camagüey tuvimos que hacer trasbordo. Al llegar a La Habana volvimos a sufrir registros de maletas. Allí nos reunimos con las comunidades de Holguín, Florida y La Habana".

Acontecimientos en el Colegio de Florida – 1961

Relato de un Cronista

"La vida en el colegio de Florida seguía feliz su curso ordinario a pesar de que en esas fechas las innovaciones de la Revolución comenzaban a invadir el campo escolar: elaboración de nuevos programas, sistemas, supresión de exámenes finales, promoción al grado inmediato superior, y la disciplina quedaba abolida. Las maestras estaban al día de las noticias por los medios de comunicación, pero había que darle a conocer al alumnado el nuevo plan de enseñanza del gobierno, y las exóticas costumbres escolares. Nuestras alumnas prefirieron, por su libre albedrío, seguir el orden disciplinario acostumbrado en todos los aspectos, todo al pie de la letra."

El 9 de Enero de 1961 se reanudó el curso escolar en el Colegio de Florida. El Año de la Educación se había abierto paso. Desde el primero de Enero millares de milicianos de todo sexo y condición ostentaban el uniforme verde olivo y el fusil y la cartuchera. El blanco de las preocupaciones del gobierno era la jerarquía Eclesiástica y las escuelas privadas. Estas eran catalogadas como centros de contrarevolución.

El 15 de Abril se presentó un joven con documentos legalizados para identificarse. Era el encargado de poner a salvo sacerdotes y religiosos. Para nosotras tenía siete casas en Camagüey. En Florida no deberíamos quedar por ser muy conocidas. Además el colegio estaba designado para trinchera del partido que cogiera la delantera. Nos lo advertían para que tomáramos medidas con tiempo.

El 17 de Abril, mientras las niñas en el Colegio de Florida se preparaban para ofrecer flores a la Virgen, los milicianos tocaron a la puerta, con fusil y ametralladora en mano. Canto y sonrisa se helaron en los labios. Todo era ansiedad y confusión...en dos minutos el colegio quedó vacío. "Quedamos solas y presas en nuestra propia casa. Unicamente teníamos permiso para salir a misa a la vista de ellos, y nos custodiaban continuamente. Al no encontrar nada, se fueron, pero unos días después agentes del G-2 se presentaron a hacer un registro en toda la casa. Dos días después recrudeció la persecución.

El Sr. Cura, contra toda costumbre, no había llegado a dar la Comunión. Nos supusimos que estaría incomunicado. Efectivamente, por teléfono nos llamó por la imposibilidad de salir ni de decir Misa. No había permiso para que nadie entrara en la iglesia. Los sacerdotes de las parroquias fuera de la ciudad los estaban reconcentrando en las prisiones de Camagüey. Ordenó que la Superiora diera la comunión. Sin esperar más se encendieron las velas, nos acercamos al altar, rezamos el confiteor, la Madre Superiora abrió el Sagrario, sacó el copón y arrodillada adoraba y lloraba como todas.

El 5 de Mayo se presentó la Interventora, la Dra. Celia M. de Machado. Estaba pálida, temblorosa y con los labios secos. Su saludo fue este: 'Aquí vengo a darles un mal rato. Uds. me perdonarán.' En el recibidor tomó asiento y explicó:

'Cuando recibí el nombramiento, me sentí impulsada a renunciar porque las estimo y les debo mucho; pero, estudiando la situación pensé: 'si no acepto pueden mandar a otra perona que las hagan sufrir más. ' Por eso resolví venir yo. Cumpliré este mandato tan duro y trataré de ser suave.' 'Bueno Madres, y Uds. que piensa hacer? ¿Qué prefieren, irse o quedarse?' —nos preguntó,— 'porque si gustan seguir en el colegio como maestras se les deja un apartamento. El gobierno les pasará una pensión como maestras del Estado. Eso sí, estarán sujetas a las leyes vigentes y al régimen revolucionario.' Pero respondimos: 'Nosotras no podemos aceptar; nuestra vida monástica no es compatible con el plan propuesto.' 'Está bien', —contestó ella—'entonces hay que levantar una acta donde conste que Uds. abandonan el colegio, se van porque quieren.' 'Lo queremos porque no hay otro remedio,' le dijimos. 'Lo siento, pero si no les conviene, que vamos a hacer?'

Pasó a dar lectura a la orden que debía seguir en la intervención y ponerla en obra. Pidió los libros de cuentas, los revisó, cogió lo que había en caja, lo colocó en un armario y lo selló. Los gastos diarios correrían por su cuenta: nos recomendó que no careciéramos de nada, que con toda confianza le pidiéramos lo que hiciera falta.

El 7 de Mayo fuimos a Misa como de costumbre, al salir se apiñaron en los bancos los conocidos para decirnos alguna buena palabra deseándonos toda clase de bendiciones. En la puerta del colegio se agolpaba la multitud. El patio del colegio estaba repleto de conocidas, antiguas y actuales alumnas. De varios modos demostraban su dolor, todos lloraban, la interventora, la secretaria, los milicianos y milicianas no sabían que hacer. Por fin la interventora mandó que todos se marcharan a las diez.

Decidimos salir en la madrugada del 11 de Mayo. Subimos a la capilla toda la comunidad. Unos minutos de oración en privado, al final rezamos el Te Deum para dar gracias a Dios por los beneficios recibidos en los 34 años allí pasados. Una mirada última al altar, a la imagen de la Inmaculada que se quedó allí como guardando el lugar sagrado...

Atravesamos las calles silenciosas y desiertas alumbradas por focos perezosos mientras la ciudad dormía. En esa tierra virgen a la luz del Evangelio, con dificultad habíamos abierto el surco para sembrar la semilla divina hacía 34 años. El Dueño la había hecho fructificar, la mies ya blanqueada estaba en sazón...y...¡dejarla en manos del enemigo...! En 1926, en pleno siglo de las luces, Florida sólo contaba 13 años de fundada ...no había sacerdote fijo, ni sagrario, una iglesia pequeña de madera, culto casi ninguno. Para ser alumna del Colegio Lestonnac había una condición indispensable: estar bautizada en la iglesia católica...meditando todo esto, casi mudas seguíamos la ruta a La Habana por la Carretera Central. La aurora tiñó los montes y las sábanas y asomó el sol irradiando calor y luz.

Llegamos al Colegio Lestonnac de La Habana. Todas reunidas, se mitigaban las penas con nuestras horas de solaz, contando los episodios de cada cual, cada casa tenía su historia con párrafos sobresalientes. El 13 de Mayo tuvimos la visita del Sr. Nuncio de Su Santidad. Llegó sin alborotos ni grandes anuncios. Saludó a la Comunidad que le pareció numerosa...y Cuba las perdía... mayor castigo no podía tener. Pero debíamos marchar... Así no podíamos quedar. Nos bendijo y se alejó dejándonos la paz y la confianza en el alma."

Sucesos en el Colegio de La Habana

Relato de un Cronista

"El segundo sábado de Abril a las seis de la madrugada hubo varios bombardeos en diferentes puntos, uno de ellos en Columbia, zona militar importante muy cerca del colegio de La Habana. Duró tres horas y desde que empezó nos pusieron presas e incomunicadas en el colegio. Se oía el rodar de los tanques por la avenida y desde la terraza se oía el desfile imponente y los disparos de los antiaéreos. Esos días tuvimos un registro.

En el colegio las visitas se sucedían para pedir oraciones, consejos, ayuda. ¡Que días aquellos! Con el fracaso de la invasión se desató una ola de terror espantoso. Se puso en prisión a media Cuba, porque sí, sin una razón. En el discurso del 1ro de Mayo, el Primer Ministro dijo que dentro de pocos días saldrían dos decretos: uno nacionalizando las escuelas privadas, y otro de expulsión a los sacerdotes falangistas, porque entre ellos y las escuelas estaban los focos de la contra-revolución. Que se daría una indemnización a las escuelas privadas no católicas que probaran no haber tenido alguna actividad contra el gobierno.

En Enero pudieron salir las madres cubanas. Por entonces recibimos una llamada de la casa de Holguín anunciando que a la mañana siguiente se unirían éstas a las de La Habana. Así se repartió el miedo y hubo otra vez ánimo para todo. El lunes siguiente por la mañana llegaron las de Manzanillo. Estamos seguras que la Divina Providencia nos reunió en la Habana para celebrar un 15 de Mayo especial. Tuvimos misa cantada en la que participamos las 78 religiosas de la Compañía de María en Cuba, y a la que asistieron las familias de nuestra alumnas y las antiguas. Fue emocionante cantar por última vez allí el himno del colegio, y oír los propósitos firmes de ser siempre dignas alumnas del Colegio Lestonnac.

En La Habana permanecieron todas las Madres hasta que poco a poco se fueron. El 30 de Mayo salieron las últimas religiosas mexicanas para su país. "Hasta luego", era la consigna de todos. Finalmente salieron las cuatro Madres españolas el 15 de Junio, en el vapor "Guadalupe". "Así acabó nuestra misión en tierra cubana" dice una religiosa. "Las españolas abandonábamos Cuba con el corazón partido de dolor, quedando envuelta la ciudad de La Habana en una nube negra, bastante simbólica, y mientras desde el muelle personas amigas nos despedían con afecto y dolor, algunos, muy pocos, nos despedían con gritos de odio. El 25 desembarcamos felizmente en La Coruña, donde fuimos recibidas con todo cariño."

Las herederas de su Fundadora, Santa Juana de Lestonnac y su Compañía de María, entregaron lo mejor de sí al servicio de la Iglesia Cubana, especialmente en el campo de la enseñanza y la educación de la niñez y la juventud. "Ahora es cuando esperamos el fruto de lo que sembró la Compañía de María durante los 34 años que permaneció en esa nación", dice el cronista. "A pesar de que muchas veces parecía que la siembra caía sobre tierra árida infecunda, antes de salir pudimos observar con satisfacción, el proceder y reaccionar de muchas de nuestra antiguas alumnas, así como las actuales, sobreponerse con valor a las ideas comunistas."

Emblema de la Compañía de María

Cruz del Apocalipsis o Cruz gloriosa que las religiosas de la Compañía de María llevan como insignia a partir de su primera profesión. Hace referencia a la señal grabada en la frente de los elegidos para indicar que son posesión de Dios.

Himno a Santa Juana de Lestonnac

Por la *Hna. María Guadalupe Aguirre Valdez*

Este himno fue cantado por primera vez en la ciudad de Florida, Cuba, el 15 de Mayo de 1949, en la Misa de la Parroquia por la canonización de la Santa Madre.

Fundadora de la Compañía
Fuiste tú Juana de Lestonnac
Bajo la égida fiel de María
Militaste con férvido afán
Militaste con férvido afán.

Lestonnac nombre Santo y querido
que hoy al Orbe cristiano venera
cobijadas bajo tu bandera
tras tus huellas queremos marchar
tras tus huellas queremos marchar.

Como tú a Jesús amaremos
y sabremos valientes luchar.
Como tú por Jesús triunfaremos
y Jesús nuestra vida será.

Y después que al destierro crucemos
cuando llegue el momento final
y al dintel de los cielos lleguemos
Madre tú nos saldrás a encontrar.
Madre tú nos saldrás a encontrar.

Fundadora de la Compañía...

Religiosas Cubanas en esta Congregación:

Georgina Ortiz	Milagros Olive
Julia Cordero	Josefina Flores
Nelia Díaz	Adela Frias
Alma Granda	Ana Niza Janner
Onelia Castro	Antonia Castillo
Delia Peruyera	Xiomara Mederos

El regreso

Al darse una mayor apertura a la Iglesia Católica a comienzos de los años 90, la Compañía de María regresó a Cuba para continuar su trabajo, pero esta vez de evangelización, no de enseñanza. En la actualidad hay cuatro religiosas trabajando en la Diócesis de Cienfuegos-Santa Clara.

"Al abandonar Cuba alguien dijo: 'Las casas de Cuba pasaron a la historia.' Es verdad, pasaron a la historia y entre ellas nuestra inolvidable casita de Holguín. Pero siguiendo el ejemplo de Cristo que no apaga la mecha que aún humea, así la caridad cristiana y más la religiosa, exige que sigamos pidiendo por estas casitas que el día de mañana resurgirán entre las cenizas, más radiante y luminosas, así como sale el oro del crisol."

Colegio de La Habana

Colegio de Holguín

Primera Comunión

Colegio de Manzanillo

Vista aérea del Colegio de La Habana

Comunidad del Lestonnac

Colegio de Florida

Alumnado de La Habana

49

Instituto de Damas Catequistas

1937

La fundadora

Dolores Rodríguez Ortega y Sopeña, la fundadora del Instituto de Damas Catequistas, nació el 30 de Diciembre de 1848 en Vélez Rubio, Almería, España. Ya desde joven quiere trabajar con el necesitado, y pone su empeño en el mundo del trabajo queriendo atraerlos con su apostolado. Así surge su Instituto cuya finalidad será: "Evangelizar a los hombres que no aman a Dios porque no le conocen, con preferencia el mundo del trabajo, uniendo a los distanciados socialmente para formar de todos una sola familia en Cristo Jesús."[99]

Movilizó a muchos ya que, como ella dijo, "Nuestro convento es el mundo entero, y nuestra celda el Corazón de Jesús donde platiquemos nuestro lenguaje de amor. Que nuestra conversación interior y unión con nuestro Señor no tenga interrupción mientras nuestras manos obran en la tierra."

En la actualidad el Instituto de Damas Catequistas desarrolla sus actividades en España, Italia, Chile, Argentina, Perú, Colombia y el Ecuador. Ahora veremos como fue su labor en Cuba.

Viaje a Cuba

En el 1870 el padre de Dolores pasa a Puerto Rico a formar parte de la Audiencia en ese país. Para allá marcha también la familia Sopeña. En el 1873 el Sr. Sopeña sería destinado a Santiago de Cuba. Entonces Dolores tenía veinticinco años. Llega a Cuba y se encuentra con una ciudad necesitada de apostolado, de instrucción y de religión. El RP. Goicochea, S.J., quien es su director espiritual, la encamina a trabajar en la catequización. En esto la ayudan Elvira, Caridad y Julia Puncet, tres hermanas santiagueras que dan un impulso a la obra con las escuelas dominicales. El resultado de estas escuelas fue tan grande que Dolores piensa en la fundación de una congregación religiosa. Mientras tanto queda su padre cesante en Cuba, y la familia debe retornar a Madrid en 1878. Corre el año de 1878.

En Madrid, Dolores continua su labor en las Diócesis de Barcelona, Cádiz, Málaga, Sevilla y Toledo. En Toledo encontró al que había sido Penitenciario de Santiago de Cuba, quien ya para entonces era Cardenal: Ciriano M. Sancha Hervás. Encontró Dolores en el Cardenal Sancha un consejero prudente que le ayudó, años más tarde, a redactar las Constituciones del nuevo Instituto.

En el 1900 realiza una peregrinación a Roma y se entrevista con el P. General de la Compañía de Jesús, al que expone sus planes de formar un Instituto. El Padre General le contestó: "La obra es ardua...pero para Dios no hay imposibles. Lo más difícil que considero es el personal...Tiene que pensar en esto y en si Dios le depara instrumentos para realizarlo."[100] Hora y cuarto duró esta

---

[99] Testé, Mons. Ismael, "Historia Eclesiástica de Cuba", pág. 829.

[100] Autobiografía de Dolores Rodríguez Sopeña, Bilbao, 1976.

conferencia. Pero antes de regresar a España, Dolores realiza un día de retiro en el Sepulcro de San Pedro y allí ve con luces bien claras la obra ardua que Dios le encomendaba. "De tejas abajo no contaba con elemento ninguno-dice Dolores-, pero, ¡qué día de retiro aquel! ¡Qué verdad tan grande es que Dios habla al alma sin sonidos de palabras!"

Regresó a España con su idea ya consolidada pero sin candidatas para llevarla a cabo. Se fue a Sevilla, realiza unos Ejercicios Espirituales con el P. Tarín a quien le expone también sus planes. Sale de los Ejercicios dispuesta a buscar las primeras compañeras y el lugar donde había de nacer la obra. Viaja a Madrid y se entrevista con el P. López Soldado quien le aconseja hable con el Cardenal Sancha, que ya la conoce de Cuba, y ha visto como ha formado la Asociación en Madrid. Va entonces a verlo a Toledo.

El Cardenal Sancha la ayuda con la construcción de una casa con siete habitaciones. "...yo empecé a amueblarla con 25 pesetas que tenía, pues a mi hermano no quería pedirle dinero porque no sospechase nada..." Dolores Béquer, una amiga de Madrid, vino a ayudarla y se quedó a vivir en la casa mientras Dolores buscaba en Madrid como habilitarla.

En Burgos habló con el P. Aramburu, S.J., quien le expresó que ese apostolado iba a terminar en una cosa muy grande. Se ofrece a darles unos Ejercicios en Loyola. El 17 de Septiembre de 1901 se lleva a cabo el retiro en la Casa de Loyola, y junto con un grupo de jóvenes: su hermana Martiria, María Monjón, Dolores Bécquer, Petra Ayala, Pepa Ayala, Teresa Segura, Carmen Moreno, Dolores Fernández y Dolores Navarra. El retiro terminó con el propósito de fundar el Instituto de Damas Catequistas. Las únicas que no se quedaron en él fueron Dolores Fernández y Dolores Navarra.

Fundación en Cuba

En el 1937, como fruto del Congreso Catequístico celebrado en La Habana, y por diligencias del Padre Hilario Chaurrondo, vinieron a Cuba las religiosas del Instituto. Traían consigo un extraordinario método para la enseñanza del catecismo, llegando a realizar una gran labor entre la población de la Isla. De aquellos años de trabajo nos queda el testimonio de una de las religiosas. Ella nos dice: "Todas las que estuvimos en Cuba, guardamos un recuerdo imborrable de aquella preciosa Isla, donde trabajamos con tanto entusiasmo por la gloria de Dios, y donde fuimos acogidas con tanto cariño por nuestros queridos cubanos. Las Secretarías de nuestras casas en Cuba quedaron deshechas, sobre todo la de Santiago de Cuba, al ser tomada la Casa por los milicianos."[101]

Sin embargo, el Instituto Catequista Dolores Sopeña regresó a Cuba, y hoy día trabajan 3 religiosas en la Arquidiócesis de Santiago de Cuba. Así ha podido

---

[101] Testé, Mons. Ismael, o.c.

perdurar la misión de su fundadora en tierra cubana. Dolores Sopeña, transportada por su ardiente caridad, visitó las cárceles, asistió a los leprosos, fundó asociaciones para ayudar a la clase trabajadora y con su ardiente celo fundó una asociación que hoy continúa en su labor de apostolado.

50

Merici Academy

1941

"Cortesía, Lealtad y Valor"

La Congregación

Entre 1470 y 1475, en la diócesis de Verona, Italia, y en el pequeño pueblo de Desenzano, nació Ángela Merici Biancosi. Siendo aún muy joven perdió a sus padres pero con gran temple y una fe arraigada, pudo seguir adelante en la vida. Vistió el hábito de la Tercera Orden de San Francisco de Asís y auxiliaba a los pobres, visitaba enfermos y prisioneros.

En aquella época Ángela visitó varias veces la ciudad de Brescia, y en el 1516 se mudó para allí, a una casa cerca del Templo de Santa Afra, donde vivió, primero sola, y despúes con una compañera. En aquella ciudad fundó un instituto seglar, el 25 de Noviembre de 1535. Ese día 28 jóvenes participaron de la misa en la Iglesia de Santa Afra. Al año siguiente, Ángela dicta la Regla a Gabriel Cozzano, miembro de la Curia episcopal, y el 8 de Agosto del mismo año la aprueba el Cardenal Cornere, Obispo de Brescia.

No habían pasado cinco años de la fundación cuando Ángela Merici muere, en Enero de 1540. Finalmente el 9 de Junio de 1544 el Papa Pablo III dió su aprobación pontificia a la fundación. Así Ángela puso en marcha la Compañía de Santa Ursula, la primera institución femenina de la Iglesia, dedicada a la enseñanza.

En 1566 un grupo comenzó a vivir en comunidad y este grupo se desarrolló como Orden Religiosa. Sin embargo, todavía hoy existe el Instituto Seglar.

Para su Orden religiosa adoptó el nombre de una mujer fuerte y llena de virtudes: Ursula, martirizada en el año 450, y se le llamó "Orden de Santa Ursula". No quiso que sus hijas espirituales llevaran su nombre, sino el de Santa Ursula, que le había fascinado desde su infancia. Por eso las hijas espirituales de Ángela Merici se llaman Ursulinas.

La obra seguiría creciendo, y con el tiempo, la Orden de Santa Ursula se iría extendiendo por varios países, y en su momento llegaría a Cuba. El 24 de Mayo de 1807 el Papa Pio VII canonizó a Santa Ángela de Merici.

Santa Ángela, mujer de frontera y vanguardia del Espíritu Santo, perteneciente a esa clase de hombres y mujeres que Dios suscita en la Iglesia y les invita a superar lo anteriormente establecido y aprobado, hizo nuevas formas de vivir la perenne juventud del Evangelio. Esta nueva manera de vivir el Evangelio la vemos hoy encarnada en cada religiosa Ursulina, en cualquier parte del mundo que se encuentre.

Llegada a Cuba

Ya en el capítulo 8 de esta obra, dedicado a las Madres Ursulinas, hablamos de la llegada de esta Orden a Cuba, en el 1803. Las Madres Ursulinas de Nueva Orleans habían venido a Cuba a principios del siglo XIX para abrir en La Habana un colegio para niñas, que sería el primero de esta clase en la Isla. Con el correr de los años el Colegio de las Ursulinas creció, y ya a mediados del siglo

XX, en el 1937 y siendo Priora la Madre San Juan, se fundó en el Colegio de Miramar una academia de inglés dirigida por Mother Claire Schackmann. Allí funcionó por espacio de 2 años.

Con motivo de la Segunda Guerra Mundial, muchas niñas cubanas que querían estudiar en los Estados Unidos no podían realizar sus deseos, y la academia de las Ursulinas no llenaba las necesidades existentes. Había necesidad de establecer un colegio católico de enseñanza inglesa. Las Ursulinas de Cuba, por aquel entonces, pertenecían a la Provincia Central de los Estados Unidos, hasta el año 1953, en que la Madre Thomas Voorhies fue nombrada Provincial de la Provincia Latinoamericana. Así fue enviada a Cuba de Nueva Orleans la Madre Thomas para fundar aquella academia de habla inglesa.

El Merici Academy

El 8 de Septiembre de 1941 Mother Thomas Voorhies, junto con dos religiosas Ursulinas Norteamericanas, las Madres Bernadette Daly y Cecilia Prudhomme abrían el "Merici Academy" en un local alquilado en la calle L y 19, en el Vedado. Poco después llegaría la M. Rita Connell. El claustro de profesores estaba encabezado por las maestras laicas Dras. María S. Quintero y María Marcos. En el 1942 llegó la Madre Berchmans Forgey quien se quedaría en Cuba hasta el cierre del colegio.

Cuando comenzaron, con 100 alumnas, ya tenían una lista de espera. Permanecieron en L y 19 desde 1941 a 1943, en que para poder acomodar al alumnado, que seguía en aumento, se mudaron a un edificio más amplio, en Línea y 6. Aquí estuvieron hasta el 1949, pues para el curso escolar del 1950 se había terminado de construir el hermoso y magnífico colegio del reparto Biltmore, para donde se mudaron definitivamente y donde llegaron a tener 300 alumnas, entre pupilas y externas.

Plan de enseñanza y actividades

Desde sus comienzos se utilizó en el Merici Academy el método directo de enseñanza. Las clases eran impartidas, en su totalidad, en inglés, excepto las asignaturas de Lenguaje, Historia y Geografía de Cuba, y Cívica que eran enseñadas en castellano, por maestras cubanas, según las leyes del país. Aquellas estudiantes que no podían seguir bien las clases en inglés, se les daba cursos intensivos de "Inglés Especial".

Además de la Primera Enseñanza, el Merici Academy ofrecía un curso de dos años de Secretariado; tres años de Comercio, y cuatro años de "High School". Desde sus comienzos la enseñanza en el plantel estuvo aprobada y reconocida por el Ministerio de Educación de Cuba, y el High School era acreditado por la U.S. Southern Association of Secondary Schools and Colleges (Asociación Americana de Escuelas Secundarias y Colegios del Sur).

En el Merici Academy había varias organizaciones y asociaciones, entre ellas: las Hijas de María, la Acción Católica Cubana, dirigida por el Hno. Victorino DLS; las Cooperadoras de la Juventud Obrera Católica. Se celebraba en el colegio la coronación de la Virgen, se tenían alegres fiestas de patinar, así como reuniones en la piscina del colegio, sin contar las tradicionales fiestas del Día de Acción de Gracias y de Navidad.

El éxodo

Cuando en Enero de 1961 los Estados Unidos rompieron relaciones diplómaticas con Cuba, las Madres Norteamericanas fueron ordenadas a salir del país. El colegio continuó funcionando bajo la dirección de la Srta. María Marcos y un Consejo de Directores hasta un triste día de Mayo de 1961, cuando las Madres Ursulinas en Estados Unidos recibieron desde Cuba un cable que decía: "Ángela (Merici) murió hoy con dignidad." El Colegio había sido confiscado.

La Asociación de Antiguas Alumnas en el exilio

Cuando la confiscación del colegio en el 1961, muchas alumnas cubanas fueron enviadas a Nueva Orleans y a otras ciudades de los Estados Unidos donde había colegios de las Madres Ursulinas, para terminar allí su educación.

A pesar del exilio, las antiguas alumnas mantuvieron el espíritu del Merici Academy en dondequiera que se encontraran. En el 1966 establecieron en Miami la 'Merici Academy Alumnae in Exile, Inc.', una asociación para tratar de reunir a las antiguas alumnas fuera de la Isla. Al principio había necesidad de crear un 'ropero' y un buró de empleos para ayudar a las que llegaban de Cuba. Después la Asociación de Antiguas Alumnas estableció una beca en el Miami Dade Community College para una estudiante de origen cubano.

Desde entonces anualmente llevan a cabo retiros, conferencias, obras de caridad, visitan casas de ancianos, y celebran otras actividades sociales. De gran importancia es la reunión anual en Miami, a la que vienen las Madres que fueron maestras en el Merici Academy de Cuba. También publican el boletín "Serviam" el cual sirve de vínculo de unión y comunicación.

Desde su fundación, la Orden de las Religiosas Ursulinas ha luchado por integrar en su trabajo de enseñanza a Jesús y María. Han sido madres espirituales de las muchachas que han tenido a su cargo en los colegios, en todas partes del mundo. La luz y la alegría llenan el corazón de la religiosa Ursulina. Así el lema "Soli Deo Gloria" (a Dios solo la gloria), sigue cobrando su significado. Ese fue el resumen de la vida de Santa Ángela de Merici y este es el propósito en la vida y en el trabajo de cada Ursulina hoy.

Himno del Merici Academy
"Ursuline"

Ursuline, to dear old Ursuline, we pledge our
endless love today.
Ursuline, forever Ursuline, though life may lead
us far away.
Lamp that lights the flame of all our hopes
and dreams.
Beacon bright that guides us onward with its beams
happy hours within your sacred walls
Cherished memories
Ursuline, to dear old Ursuline, we pledge our
endless love today
Ursuline, forever Ursuline, though life may lead
us far away
Alma Mater beautiful starlight ever shine
on our path to guide our faltering steps
Home at last dear Ursuline.

Merici Academy
"Learning Christ"

Teach me, my Lord, to be sweet and gentle
in all the events of life -
in disappointments,
in the thoughtlessness of others,
in the insincerity of those I trusted
in the unfaithfulness of those on whom
I relied.

Let me put myself aside
to think of the happiness of others,
to hide my little pains and heartaches,
so that I may be the only one to suffer
from them,

Teach me to profit by the suffering that
comes across my path
Let me so use it that it may mellow me,
not harden nor embitter me;
that it may make me patient, not irritable,
that it may make me broad in my forgiveness,
not narrow, haughty and overbearing.

May no one be less good for having come
within my influence. No one less pure,
less true, less kind, less noble for having been
a fellow-traveler in our journey toward
Eternal Life.

As I go my rounds from one distraction
to another, let me whisper from time to time,
a word of love to Thee, May my life be lived
in the supernatural, full of power for good,
and strong in its purpose of sanctity.

Emblema del colegio

El emblema del Merici Academy representa un campo de estrellas, que en el idioma heráldico significa alturas o zenit. Es hacia las alturas de los cielos que aspira llegar la comunidad Ursulina. En el emblema también aparece la cruz que simboliza que todos los herederos de Dios fluyen de la Redención que ha sido ganada por la sangre de Jesucristo.

En la base del emblema leemos la palabra "Serviam" que quiere decir: servir. Esta es la resolución de la comunidad Ursulina.

Testimonios

Sister Virginia Killam
Entrevista con la autora, Miami, 26 de Julio de 1994

Entré en la Orden Ursulina en el 1937, cuando tenía 17 años. Llegué a Cuba el 24 de Agosto de 1943; nunca lo olvidaré. Llegué en el tercer año de estar funcionando la Academia, y ya estaban localizadas en la casa de Linea. Fue una verdadera sorpresa cuando me enviaron a Cuba; no me lo esperaba. Ya yo sabía algo de español pues lo había estudiado en High School. Pero eso no me preocupaba, pues en el Merici se hablaba inglés. Estaba prohibido hablar español para que las alumnas pudieran aprender bien el inglés.

Teníamos dos cursos de "Special English", uno para las mayores, y otro para las más jóvenes. Fue, después de todo, una gran ventaja, pues cuando tuvieron que abandonar Cuba, muchas consiguieron trabajos muy buenos pues sabían muy buen inglés.

Una de mis alumnas, Sara Sánchez, llegó al primer puesto en el exámen de inglés en nuestra academia de New Rochelle. Las americanas creo yo, estaban avergonzadas de pensar que una cubana lo había hecho mejor que ellas. Eso indica el buen inglés que enseñábamos en Cuba.

En el Merici yo enseñaba Inglés y Literatura de High School. También enseñé dos años de Latin y dos de Lógica, pero siempre tuve todos los cursos de Inglés. Las clases no eran muy grandes, quizás unas 20 alumnas en cada una.

Teníamos dos capellanes en el colegio. Al principio a los Dominicos de San Juan de Letrán, que venían al colegio a decir Misa, y también los Agustinos Norteamericanos de El Cristo. Tambien en el Vedado (1941-50) venían los jesuitas del Colegio de Belén. Ya en el Biltmore eran sólo los Jesuitas, y por muchos años el Padre Aniano Escanciano, S.J. Los Agustinos también daban clases de religión en el colegio.

En el 1953 fui a Roma y cuando regresé en el 1954 me hicieron Maestra de Novicias, y tuve que aprender español a la fuerza. En el verano estudiaba en la Universidad de La Habana y después en Villanueva, mientras hacía mi doctorado. De conciliarios de las novicias estaban los jesuitas Nicéforo del Páramo, para las clases, y Paulino Valbuena, S.J., como confesor y director espiritual. Los dos eran magníficos sacerdotes, pero el P. Valbuena era excepcional.

Cuando nos fuimos, en Octubre de 1959, yo me llevé a las novicias para los Estados Unidos. Pero regresé varias veces a La Habana para asistir a reuniones. En cada viaje me llevaba alguna cosa, aunque todavía tenía la esperanza de que lo de Cuba se arreglaría...Mi último viaje fue el 30 de Abril de 1960...y ya no volví más.

Cuando intervinieron el Colegio ya yo no estaba allá. Las imágenes religiosas, los ornamentos sagrados y algunas cosas de valor se pudieron distribuir entre algunas familias de confianza. Los documentos se quemaron por miedo a que el gobierno tomara represalias... Yo perdí todos mis libros.

De aquella época quedan 2 o 3 religiosas que aún viven, pero ya muy ancianas. En Cuba tuvimos algunas vocaciones: Lourdes Suárez Gastón, Adriana Méndez Peñate, Esther Capestany, y 3 o 4 más que no perseveraron.

Guardo muy buenos recuerdos de aquellos años en Cuba. En el 1966 vine a Miami de México a fundar la Asociación de Antiguas Alumnas. Fue trágico oir las historias de lo que habían pasado en Cuba para salir. Aquellos años fueron verdaderamente traumáticos. En 1966 vine dos veces para organizarlo todo, y desde entonces vengo todos los años, gracias a las antiguas alumnas de Miami.

No he enseñado a niñas americanas desde 1943. Enseñé un semestre en Dallas, Texas, antes de salir para Cuba, así que toda mi experiencia de maestra fue en Cuba, y después en México. Yo me hubiera quedado en Cuba, pues cuando en 1953 se nombró a Mother Thomas, Primera Provincial de la Provincia Latinoamericana, que consistía de México, Venezuela y Cuba, yo me apunté para quedarme definitivamente en Cuba, porque yo ya conocía a Cuba muy bien, y me sentía bien allí.

Mother Thomas era una mujer dinámica, una gran educadora y una ferviente religiosa. Durante su vida religiosa fundó cuatro academias Merici: una en La Habana (la primera), otra en México, otra en Caracas, y otra en Maracaibo. Era una magnífica administradora.

En cada reunión de las antiguas alumnas las hacía rezar el "Learning Christ". Muchas antiguas alumnas aún tienen esta oración pegada en una pared de sus cocinas...pero todas nos la sabemos de memoria...

¿Qué si regresaría a Cuba? Pues, no creo que a mi edad lo pueda hacer. Tengo ya 73 años. Además, no se nos ha invitado aún...me alegra saber que las

Apostolinas, Teresianas y las de la Madre Teresa de Calcuta han regresado. Hace mucha falta, pero el país ha cambiado mucho. Yo he trabajado en Inmigración y he visto como llega la gente de Cuba... Pero, quien sabe...a lo mejor las cosas cambian y puedo volver. Me gustaría. Tengo una experiencia muy especial de aquellos años.

¡El espíritu del Merici...! La misión Ursulina dentro de la Iglesia es la educación, lo cual significa el desarrollo de la persona. Los esfuerzos de Santa Ángela Merici en favor de la mujer eran también para el fortalecimiento de las familias. Aunque en el colegio de la Habana había disciplina, era dentro de un ambiente de alegría y libertad. Las alumnas se graduaban ya preparadas para la vida y bendecidas con hermosos recuerdos.

Nuestro "espíritu de familia" permanece...¡es increíble! Me he encontrado con antiguas alumnas en España y en México, y después de 40 años aún conservan ese "espíritu": una fuerte espiritualidad balanceada con la actividad. Ese es el espíritu de nuestra Orden Ursulina.

Dra. María Marcos
Maestra Fundadora del Colegio de L y 19
Entrevista con la Autora, Julio 1993, Miami, Florida

Cuando abrieron el colegio en 1941, lo pusieron a mi nombre pues Mother Thomas no era residente cubana aún. Después, cuando obtuvo la residencia, se puso a su nombre. Pero cuando las madres abandonaron Cuba, en 1961, volvieron a poner el colegio a mi nombre. Así, el día que lo intervinieron, me llamaron (del Ministerio de Educación) a mi casa y me pidieron que me presentara en el colegio. Ellos querían que yo me quedara con el colegio, me decían que aquello iba a ser nuestro...Esto ocurrió a fines de Abril o principios de Mayo de 1961.

Ya para entonces el colegio estaba vacío. Cuando empezaron los problemas Mother Thomas llamó a los padres de las alumnas y les preguntó si querían que sus hijas continuaran los estudios en colegio americanos, que ella les conseguiría las visas, y así muchas se graduaron más tarde en los colegios de las Ursulinas en Estados Unidos.

Mother Thomas quería mucho a Cuba. Cuando la enviaron para allá a principios del 1940, ella llevaba otra idea de lo que sería Cuba. Cuando ya estuvo allí, y conoció a sus gentes, se encariñó mucho con los cubanos. La agasajaron siempre mucho y se sintió muy bien. La querían tanto que cuando se enfermó, los padres de las alumnas le costearon un elevador para que no tuviera que bajar escaleras, ya que la comunidad vivía en el tercer piso del colegio...Murió en el 1989. Había estado en Miami unos meses antes y ya estaba enferma, pero lo disimulaba muy bien.

Recuerdo que ya fuera de Cuba, después que Fidel Castro intervino el colegio, creo que después de 1970, Mother Thomas se fue a Cuba, a ver el Merici, a ver como estaba por fuera...La Asociación de Antiguas Alumnas de Miami le pagó el viaje...

En 1941, cuando comenzó el colegio, eran 2 religiosas y Mother Thomas. La Dra. María Quintero y yo encabezábamos a las maestras laicas, que éramos 6 o 7. Mi hermana, Graciella Marcos, fue seceetaria de Mother Thomas por varios años en el colegio, después de graduarse de Secretariado en el Merici.

Al principio yo enseñaba español en todos los grados. Después me quedé con primero, quinto y séptimo solamente. Y ya al final nada más que iba por las mañanas, y enseñaba quinto y séptimo grados. La Dra. Isabel Ugarte enseñaba el quinto también.

La Academia de la Calle Línea y 6 era una casa muy bonita, con un barandal que daba la vuelta. Era una belleza la casa. La familia Von Trapp fue al colegio a cantar una vez. Ellos vivían en la casa frente al colegio, que era una casa de huéspedes. Mother Thomas les daba desayuno todos los días, y en agradecimiento un día nos dieron un concierto en el patio del colegio.

El español que se aprendió en el Merici era tan bueno como el de los otros colegios de Cuba. Lo mismo el inglés. Estudiar inglés en el Merici era como estudiarlo aquí en los Estados Unidos.

El colegio significó todo para mi. Yo pasaba mañana y tarde en el. Trabajaba muy satisfecha, muy agasajada. Estuve de maestra los 20 años que existió el Merici en Cuba, desde el 8 de Septiembre de 1941 hasta Mayo de 1961... Recuerdo a las Madres Berchmans, Dolores, Ignatius, Virginia... con mucho cariño.

Comentarios de un grupo de Antiguas Alumnas del Merici en una velada celebrada en Coral Gables, Florida - Mayo de 1993

Silvia Mestre

El Merici era un colegio americano, por eso todas las asignaturas eran en inglés, a no ser Historia y Geografía de Cuba, gramática española y cívica. Todo lo demás era en ingles, y pasábamos de una clase en inglés a otra en español durante el transcurso del día.

Nuestro Dios no era un "Dios castigador", (como quizás enseñaran otros colegios). Nuestro Dios era divertido. Aquello (el colegio) era una extensión de la casa, de la familia...

Carmen San Pedro Domínguez

Fuimos las precursoras en muchísimas cosas. Las monjas nuestras eran muy avanzadas. Por ejemplo, a nosotras en el verano nos dejaban comulgar con manga corta y escarpines (cuando en los demás colegios no se podía)."

Cuando yo me casé recuerdo que fuí con mi esposo de la Iglesia para el Colegio a dejarle el ramo a la Virgen. Cuando llegamos al colegio parecía una guardia nacional, las monjas afuera con su hábito, esperándonos, y todo el colegio encendido, y nos acompañaron a la capilla...nos dieron un misal blanco precioso...

Monkey Díaz Moya de Collazo

Yo hice mi último año de pupila en el Merici, y me divertí como una loca detrás de Beba Bobes...

Mother Thomas era "una" en el siglo, no hay otra descripción. La queríamos nosotras y según fuimos teniendo novios y nos casamos, la querían nuestros novios y esposos también.

Dulce Rosado

Eran muy liberales (las madres), dentro de toda la disciplina que teníamos...era otro tipo de educación, mucho más ligera, mucho más alegre. Allí todo era estar alegre, con risas. Nos llevaron a la Familia Von Trapp, a Mojica. Vimos la entrada de la imagen de la Virgen de Fátima que salió de España y llegó a Cuba, y recorrió todos los colegios de la Isla.

Cecilia Goytisolo de O'Reilly

Ya en el exilio Mother Thomas me preguntó: 'En que colegio vas a poner a tu hija?'...Bueno, aquí no hay Merici, pero te recomiendo el Sagrado Corazón... Claro, ella había sido antigua alumna del Sagrado Corazón.

Martha Guardiola de Solórzano

Recuerdo al Hno. Victorino, que siempre nos ayudaba cuando necesitábamos compañero para una fiesta... por el comenzó la Acción Católica en el colegio.

En la clase de Cívica en el auditorium los viernes jurábamos la bandera cubana, cántabamos el Himno Cubano y después God Bless America.

Primera piedra del Colegio del Merici con Su Eminencia el Cardenal Arteaga

Merici Academy, Biltmore

Primer claustro de profesores en 1941
Colegio de L. y 19, Vedado:
Father Thomas osa, Mother Bernadette osu
Mother Thomas osu, Mother Cecilia osu
Mother Berghmans osu, Father Connery osa
Margarita Condom, María Quintero, Nenita Díaz
Moya, Silvia Lawton, Gloria Medina, Cristina
Crespo, Dulce María Fernández, Mara Marcos,
Lucía Villa, Lourdes Pesón y Virginia Medina.

Mother Thomas Voorhies, osv

Merici Academy
Linea y 6, Vedado (1943-49)

Silvia Armisen Olozaga, Yoyi Hidalgo de Galbán, Mother Virginia Marie, María Hoheisen Palenzuela,
Graciela Marcos Pino, Mara Marcos, y de pie, Dulcita Rosado, Silvia Garriga Sánchez y Chuni
Mestre, también de izquierda a derecha.

Almuerzo de la Asociación de Antiguas Alumnas.

51

Sociedad de Misiones Extranjeras
Misioneros Canadienses

1942

La fundación

La Sociedad de Misiones Extranjeras de los Padres Canadienses fue fundada por el Episcopado de Canadá en el año 1922, teniendo su Casa Madre en Montreal. En 1942 Monseñor Edgar Larochelle, Superior General de los Padres Canadienses de la Provincia de Québec, consultaba a la Congregación de la Propagación de la Fe y la imposibilidad de enviar misioneros a la China y a las Islas Filipinas debido a las circunstancias reinantes. Por ese motivo Mons. Larochelle pedía le guiaran sobre otro campo de apostolado a tomar. Enseguida le comunicaron que en América del Sur había gran necesidad de sacerdotes, y que les daban permiso para fundar allí.

Llegada a Cuba

Mientras tanto el Nuncio Apostólicio de Cuba, Monseñor Jorge Caruana se puso en comunicación con el Delegado Apostólico de Canadá y los invitó a venir a tierra cubana. "A consecuencia de la guerra del extremo Oriente, -relata Monseñor Marcelo Gerín Boulay, fundador de Cuba, "y a petición del entonces Arzobispo de La Habana, el futuro Cardenal Manuel Arteaga y Betancourt, un primer equipo misionero encabezado por el que suscribe, fue destinado a Cuba." [102]

El 8 de Octubre de 1942 el Superior General aceptó aquel ofrecimiento, y el 7 de Noviembre del mismo año llegaban a La Habana el Superior y sus dos acompañantes: los Padres Nereo Turcotte y Marcel Gérin. "En Cuba -explica Mons. Gérin- "el fin de la misión desde un comienzo fue el apoyo a las diócesis existentes para fortalecer sus cuadros, especialmente a través de la promoción intensiva de vocaciones eclesiales locales: laicales, religiosas y sacerdotales. Esa triple finalidad determinó en 1951 la creación de la Ciudad Estudiantil de Colón, formada de tres importantes sectores: el Colegio Padre Félix Varela, el Colegio La Inmaculada Concepción y el Seminario de San Alberto Magno."

Desde su llegada los Padres se trazan un objetivo: 1) formar catequistas que fueran a los pueblos impartiendo educación cristiana a los niños; 2) organizar los movimientos de Acción Católica. Pero la revolución comunista trastocaría innumerables cosas. Sin embargo, ellos permanecerían fieles a sus objetivos aunque adaptándose a las nuevas circunstancias.

"Sesenta y siete PME han pasado por Cuba (1942-1992), y todos han amado grandemente a la nueva patria de adopción", nos dice el P. Hubvert Laurin. "Muchos han tenido que regresar, producto del panorama político por su estado de salud, o de sus obligaciones como misioneros de la Congregación, y como

---

[102] Gérin Boulay, Monseñor Marcelo, Casa de Quebec, Canada. Correspondencia con la autora, 1993.

durante numerosos años fue casi imposible sustituirlos, en la actualidad no quedan más que una docena de ellos ayudando a la Iglesia cubana."

Isla de Pinos (1943)

Isla de Pinos fue el primer lugar ofrecido a los Padres para desarrollar su apostolado. Estos habían puesto como condición que se les diera un territorio grande donde pudieran vivir con menos gastos y más unidos en la piedad y comunicación fraterna. En Febrero de 1943 fue nombrado párroco de Nueva Gerona el P. Marcelo Gérin en sustición al P. Mokoroa, anciano sacerdote que la había regido hasta entonces.

En ese mismo año llegaron cinco Misioneros Canadienses más a la Arquidiócesis de La Habana: Georges Pelletier, Jacques de Charette, Jean Louis Michaud, Emile Morin e Ivan Belair. Esta abundancia de operarios hizo pensar al Sr. Arzobispo de la Habana en su promesa de un campo extenso y homogéneo. Como la parte de Batabanó que pensaba darles no reunía, por el momento, las condiciones ideales para aquellos hombres, pensó en el noreste de la provincia de La Habana.

Vicaría de Jaruco (1943)

En 1943 el Arzobispo de La Habana nombró, con títulos provisionales, a los Padres Juan Luis Michaud y Emilio Morín para Santa Cruz del Norte y San Antonio del Río Blanco. Poco después nombró al P. Jacques de Charette para Caraballo, quedando de esta manera cubiertas las parroquias de la Vicaría de Jaruco.

Provincia de Matanzas

El Sr. Arzobispo también ofreció las parroquias de Los Arabos y de San José de los Ramos. Tenían estos una población de unas 30,000 personas diseminadas en veinte pueblos y caseríos. De estos habitantes, sólo 88 tenían iglesia o capilla. Había, pues, necesidad de captarse a los habitantes e interesarlos en la salvación de sus almas. También era necesaria la cooperación de los padres de familia, y para ellos se estableció el Movimiento Familiar Cristiano.

Pero sin lugar a dudas, el catecismo sería la llave principal de todo. Pero, ¿cómo catequizar a los niños dispersos por tantos pueblos y en tan gran número? Los Misioneros Canadienses ofrecieron parte de la solución: las motocicletas serían su vehículo de transporte de un pueblo al otro.

La Escuela Técnica de Matanzas

En esta misma linea de promoción integral de los jóvenes, se sitúa la Escuela Técnica Obrera fundada en Matanzas por el P. Gerard Campagna con la ayuda entusiasta de la Juventud Obrera Católica, y con la colaboración de algunos ingenieros benévolos. Comenzando bajo los más prometedores auspicios, este proyecto-piloto parecía llamado a un gran futuro. Lamentablemente, como daba sombra a los de la 'hoz y el martillo', fue ahogado en la cuna.

Escuelas Parroquiales

Era también necesario llenar el vacío de la escuela laica, con la escuela católica. No sólo se debía educar a los alumnos, sino que era necesario formarlos en la educación cristiana. Los Padres Canadienses fundaron catorce escuelas de este tipo: siete en la Arquidiócesis de La Habana, y siete en la Diócesis de Matanzas, así como un magnífico Centro de Primera y Segunda Enseñanza en Colón con el nombre de "Padre Varela" del que hablaremos después. Trabajan así en seis parroquias: Colón, San José de los Ramos, Los Arabos, Manguito, Martí y Máximo Gómez. También se encargan de la Dirección del Seminario Diocesano San Alberto Magno, también en Colón.

Escuela Padre Félix Varela
Colón, Matanzas

Con la bendición especial de Monseñor Alberto Martín Villaverde, y la colaboración entusiasta de un equipo de jóvenes seglares, Mons. Gérin, siendo cura párroco de Colón, asumió la responsabilidad inmediata de esta fundación. Su tarea principal fue de conseguir los recursos necesarios y el personal adecuado para la realización del proyecto.

Gracias a Dios, tanto los católicos cubanos como los superiores de la Sociedad de las Misiones Extranjeras de Québec, acogieron con beneplácito el proyecto y le dieron su apoyo entusiasta. "Pero para mí - narra Mons. Gérrin- la clave del rápido y extraordinario desarrollo de la obra se debió al equipo promotor responsable de los comienzos: jóvenes aspirantes al sacerdocio, maestros y maestras que se comprometieron con las tareas de enseñanza, disciplina y formación de los planteles. Varios de esos pioneros emigraron a Miami con la llegada del comunismo y se encuentran todavía en esa capital de la Diáspora."

Y continúa Mons. Gérin: "Agustín Aleido Román, Romeo Rivas y Eugenio del Busto fueron los iniciadores. A este trío promotor se juntó pronto una pléyade de jóvenes entusiastas que se ganaron la confianza de los alumnos y de los padres de familia. También se logró la colaboración de religiosas misioneras para la primera enseñanza de niñas y el pensionado de jovencitas" (entre ellas, las Siervas del Santísimo Corazón de María - ver capítulo 55 de esta obra).

Otras comunidades femeninas respondieron también al llamado de los Padres: las Madres del Buen Consejo de Montreal, las Misioneras de la Inmaculada Concepción, las Hermanas de Jesús y de los Pobres y las Hermanas del Amor de Dios.

Arquidiócesis de La Habana

Trabajan los Padres Canadienses en seis parroquias de La Habana: Jaruco, San Antonio del Río Blanco, Caraballo, Hershey, Santa Cruz del Norte, Jibacoa y Casiguas, así como en siete escuelas parroquiales. También tienen a su cargo en La Habana la capellanía del Colegio de La Salle del Vedado hasta el 1961.

Diócesis de Camagüey

Los Padres Canadienses estaban a cargo de la Parroquia de Morón, en Camagüey.

Vocaciones cubanas

En el Seminario del Canadá los Padres Canadienses formaron a muchos sacerdotes cubanos que hoy trabajan al servicio de la Iglesia de Cristo. Fueron ellos: Romeo Rivas, Jesús Valladares, Carlos M. Hernández, Eugenio del Busto, Aleido Agustín Román (hoy Obispo Auxiliar de Miami), Justo Michelena, Domingo Cazón, Jaime Ortega (hoy Su Excelencia, el Cardenal Jaime Ortega Alaminos), Armando Martínez, Ernesto Perdomo, Reynaldo Pol y Manuel Machado.

Testimonios

En el cincuentenario de la llegada de los misioneros canadienses a Cuba 1942-1992

"Hacer Alianza con un Pueblo"

por *Francois Lapierre, p.m.e.*
Superior General

El pasado 22 de Abril tuvo lugar en Colón, Cuba, la "fiesta de los cincuenta años". El autor participó en ella. Al final de la celebración, Doña Elvira, de Los Arabos, se me acercó. Me pidió noticias del Padre Artemio y del Padre Roger, que trabajaron en aquella comunidad hace ya muchos años. Su mirada se tornó luminosa cuando le dije que estaban bien, y que ellos seguramente, habrían querido participar de la fiesta que acabamos de celebrar. Me tomó la mano por largo tiempo y sus ojos se humedecieron.

Como tantas otras personas, ella tenía que venir de Los Arabos, a pesar de las dificultades del transporte, para de esa manera mostrar su reconocimiento por la presencia de la Sociedad de las Misiones Extranjeras en Cuba.

Estaba allí también el jóven Daniel, de 17 años, bautizado algunos días antes en Pascua. Me dijo: 'He vivido la más bella semana de mi vida, la noche pascual, mi bautismo, y ahora esta fiesta de los 50 años.'

Hemos aprendido mucho en esta relación privilegiada, hemos recibido mucho del pueblo cubano que ha vivido una experiencia única en el curso de los últimos treinta años, una búsqueda difícil de justicia e igualdad. La fe del "pequeño resto", que ha visto derrumbarse una Iglesia y que ha sabido recrear comunidades humildes, constituye un ejemplo para nosotros que, en otra realidad, vivimos una experiencia semejante. Me vino a la memoria un versículo del evangelio de Marcos: "pero aquel que persevere hasta el final, será salvo." (Marcos 3,13). Existe una fecundidad misteriosa en la capacidad de durar; largos años de aparente inproductividad producen fruto de improviso. Esta fiesta de los cincuenta años me ha revelado el misterio de una Iglesia siempre frágil pero siempre capaz de conversión y de esperanza.

Los Padres Canadienses

por *Monseñor Jaime Ortega*
Arzobispo de La Habana

Fue de esta manera que se dieron a conocer en Cuba los sacerdotes de las Misiones Extranjeras de la provincia de Quebec, hace cincuenta años. La novedad de esos sacerdotes canadienses, de lengua francesa, que no inglesa, que usaban sotana blanca y viajaban en motocicleta, duró poco tiempo. Su estilo dinámico de trabajo pastoral, tanto en la provincia de La Habana como en la de Matanzas, vino a ser tema de conversación, tanto entre los católicos, como entre la gente de la calle. Se organizaron las parroquias, se crearon escuelas parroquiales y grupos de jóvenes. Había un testimonio de alegría y fraternidad en estos "Padres Canadienses", sacerdotes sencillos y cercanos al pueblo. Ellos establecieron en Colón, Matanzas, un colegio situado en la encrucijada de muchas parroquias. Los alumnos de las parroquias vecinas, transportados en autobuses escolares, acudían a este colegio primario y secundario que llevaba a la obtención del bachillerato. Para los que vivían más lejos había un internado. Las Hermanas Misioneras de la Inmaculada Concepción eran las que se ocupaban de los niños y de las muchachas.

Fue muy cerca de este colegio que el Obispo Alberto Martín, de feliz memoria, decidió fundar el Seminario Diocesano San Alberto Magno", que confió también a los P.M.E.

Este complejo de instituciones se llamaba "Ciudad Estudiantil Padre Félix Varela". Fue allí que tuve la oportunidad de estudiar durante los cuatro años de humanidades y filosofía. Después de eso fui a Montreal, para hacer mis estudios de teología, en el Seminario de Pont-Viau. Por eso yo afirmo que debo mi formación sacerdotal a los queridos "Padres Canadienses".

Cuando digo "formación sacerdotal" no me refiero solamente a la adquisición de conocimientos filosóficos, teológicos o pastorales, sino también a esta escuela de fe y de virtudes cristianas que he conocido junto a los P.M.E. En ocasión de nuestras reuniones de sacerdotes cubanos de la diócesis de Matanzas, hablamos a veces de nuestro tiempo de seminario en Cuba o en Canadá. Siempre mencionamos la atención especial de nuestros educadores a la vida espiritual, a la práctica del amor cristiano y a la verdadera caridad. ¡Como marcó todo ello nuestro sacerdocio!

La formación es la base sólida a la que volvemos siempre. En particular, la primacía del amor y sus frutos: la unidad eclesial, la alegría en el servicio, la misericordia y la comprensión en las relaciones de unos y otros. Y eso lo hemos aprendido en la escuela de oración, de amistad y de servicio a la Iglesia que fue nuestro Seminario.

Hará pronto trece años que el Papa me nombró Obispo de Pinar del Río. En esa ocasión el Pro-Nuncio me dijo: "Ese seminario ha dejado en Ud. algo especial." Pido al Señor que los años y la carga episcopal, ahora que soy cabeza de la Arquidiócesis de La Habana, no hagan disminuir ese tesoro recibido de mis hermanos P.M.E. Doy gracias a Dios por el bien que los Padres Canadienses han sembrado en nuestra Patria durante los últimos cincuenta años. ¡Que Dios los bendiga, queridos maestros y amigos!

Nota: Tres años después de escribir este artículo, Monseñor Jaime Ortega fue nombrado Cardenal de Cuba por SS Juan Pablo II.

Cincuenta años de presencia de los P.M.E. en Cuba
Una historia en dos tiempos

Por *Mons. Marcel Gérin, p.m.e.*
Los pioneros (1942-1960)

Habiendo sido pionero de la misión de Cuba con el P. Neree Turcotte, mi corazón ha quedado adherido a esta isla donde viví años inolvidables. Voy a señalar aquí algunos de los aspectos más sobresalientes de nuestro servicio al Evangelio en esta "Perla de las Antillas" durante los años que precedieron 'la gran perturbación' de 1961.

...en un clima de renovación y esperanza llegaron los primeros P.M.E. a Cuba, en Noviembre de 1942. Su visión y su tenacidad pastorales, junto a sus exigencias de vida común, los condujeron a evangelizar dos sectores abandonados : Jaruco, en la diócesis de La Habana, y Colón, en la diócesis de Matanzas. Al grupo inicial se unieron a continuación las religiosas de Nuestra Señora del Buen Consejo, las Hermanas Misioneras de la Inmaculada Concepción, y los Hermanos de la Caridad, todos de Québec.

¿En qué consistió el trabajo de nuestros pioneros en Cuba?

- En primer lugar, sus ovejas, aún las más alejadas, conocer su situación y sus necesidades, para elaborar después un plan de evangelización popular, asociando en el a los laicos —hombres y mujeres— debidamente motivados y entrenados para este fin;
- activar la formación cristiana y comunitaria de las familias por todos los medios disponibles: contactos personales, predicación, catequesis, escuelas, renovación litúrgica, Acción Católica, cultivo de las vocaciones, etc.;
- al mismo tiempo, mantener y restaurar, y a veces construir iglesias, capillas, centros comunitarios.

En suma, era el Concilio Vaticano II...antes de que se diera.

El Seminario de San Alberto Magno

Integrado a la Ciudad Estudiantil, el Seminario de Colón fue el primero en abrir sus puertas a los aspirantes que no habían estado en los seminarios menores tradicionales. Este semillero de vocaciones ha formado ya toda una pléyade de sacerdotes de nuevo cuño que se distinguen por su celo pastoral sin fronteras, no solamente en Cuba y en América Central, sino de un polo al otro del continente, desde Canadá hasta la Argentina. Dos de ellos pasaron a ser P.M.E.: Domingo Cazón (Argentina) y Jesús Valladares (Honduras). Otro resultó Obispo Auxiliar de Miami, Monseñor Agustín Román, y aún otro ha llegado a la sede arzobispal de La Habana, Jaime Ortega.

He aquí en resumen un balance de nuestro primer servicio a la Iglesia en América Latina. Del semillero de las Antillas habrían de salir enseguida otros pioneros de otras aventuras de fe magníficas y fecundas: Honduras, Chile, Perú y Argentina. Más tarde Sudan y más recientemente, el inmenso Brasil y su 'infierno verde': la Amazonia.

Cooperación intercomunitaria
Muchachos y muchachas extraordinarios

por *Roger DeMontigny, p.m.e.*

Mientras que el joven está lanzado hacia adelante, el hombre maduro mira por encima de sus espejuelos y ve las personas y las cosas que han venido a ser parte de sí mismo. Los recuerdos son más que una visita entre los muertos...Son esta rosa que tienes en la mano y te recuerda que en otro tiempo había sembrado una semilla. Los recuerdos son vivientes por lo que ellos provocan: sonrisas y lágrimas...Nuestros muchachos y muchachas misionan en todos los rincones del mundo. Los reencontraremos en Cuba.

Hablar de su trabajo en Cuba será bastante fácil. Evaluar su influencia y los frutos de su presencia será como medir y pesar la acción de Dios...¿quién se atrevería?

Las Hermanas Misioneras de la Inmaculada Concepción (MIC) son las que he conocido mejor. Ellas estaban en Los Arabos cuando yo llegúe en 1956. Las he visto de cerca. Por medio de la escuela ellas formaban cristianos mejor ilustrados y más fuertes en su fe; ellas llegaban a los padres; evangelizaban. Las MIC no perdían el tiempo. Con un vocabulario de dos o tres palabras se ponían a trabajar. De lunes a viernes: escuela. Sábado, catequesis en los poblados cercanos lo mismo que en la parroquia. Domingo, animación de las Misas, catequesis de niños, preparación de catequistas. ¿Tenías una pequeña coral? Las MIC se ocupaban de ella. Hábitos blancos, cinturón azul, velo negro, sudores empapándolo todo, pero alegría en los ojos y el corazón: nuestras muchachas estaban allá.

¡Ah! Iba a olvidar sus miedos. No miedos, sino verdadero terror durante los años de la guerra revolucionaria. Había motivos, pero ellas estaban allá: en Los Arabos, Manguito, Martí, Máximo Gómez, Colón. Un largo camino de sufrimientos en su fidelidad a Dios y al pueblo cubano concluyó en un despertar de bellas vocaciones.

En esta gran obra de evangelización, por la palabra pero sobre todo, por el testimonio, tomaron parte otras comunidades salidas de Québec y comprometidas en la diócesis de La Habana. Asi las Hermanas Siervas del Sagrado Corazón de María dirigían sus escuelas de San Antonio y Caraballo, y desde estos dos centros irradiaban los pequeños poblados de los alrededores. Verdaderas hormigas recorriendo calles y caminos, realizaron una labor de gigantes: acompañamiento de grupos de mujeres de Acción Católica, animación de la catequesis, visitas a los enfermos y a los viejos abandonados.

Con los cambios políticos que sabemos, su situación vino a ser más precaria a causa de su aislamiento. Entonces tomaron el camino hacia la capital y fueron acogidas por otra comunidad originaria de Québec: las Hermanas del Buen Consejo de Montreal, en el pueblo de Santa Cruz del Norte.

Las Hermanas del Buen Consejo son como la sonrisa de la Iglesia en un mundo trágico. Ellas también se ocupan de la catequesis y de otras actividades apostólicas...ellas han desarrollado su verdadero claustro en la calle, donde se sienten a sus anchas...siempre sonrientes, siembran aún la alegria y el optimismo en Santa Cruz del Norte, el Cenral Hershey, La Sierra y Jibacoa.

Al comienzo de los años 70, nuestro Hermano Yvan Bergeron, P.M.E., fundó en Colón el Instituto Secular de las Oblatas, ayudado por dos miembros de esta comunidad enviadas desde Trois-Rivieres. El Instituto se ha desarrollado rápidamente, reuniendo un gran número de jóvenes...su gran mérito es alentar y dar esperanzas a sus compañeros de trabajo.

En Jaruco, los Hermanos de la Caridad desarrollaron un trabajo evangelizador, tanto fecundo como indispensable para la juventud masculina de esta región. Yo viví solamente unos pocos meses con estos muchachos extraordinarios. Llegaron a Jaruco en Abril de 1961, precisamente unos días antes de la Invasión de Bahía de Cochinos. Quince dias después el gobierno nacionalizó las escuelas y los Hermanos perdieron su colegio, que habían construído con sus propias manos. El 15 de Septiembre habían desaparecido. Un grupo de milicianos los habían detenido a las 4 de la madrugada y conducidos a bordo del "Covadonga": eran expulsados.

A estas muchachas y muchachos de Québec, nuestro homenaje y nuestra gratitud.

Nota: Originario de St. Pierre d'Orleans, el P. Roger DeMontigny fue misionero en Cuba de 1953 a 1971. Desde 1974 trabaja en el Perú.

En Régimen Socialista (1960-1992)

Por *Yvon Bastarache, p.m.e.*

¡Mil novecientos sesenta! La era nueva se anuncia, deseosa de aportar profundos cambios, una nueva vitalidad, tanto en la Iglesia como en muchos países del mundo.

En Roma, es la hora del Concilio Vaticano II. En Africa, jóvenes naciones saborean ya su independencia. En Cuba, la revolución se encuentra siempre en luna de miel. Como una joven recién casada, orgullosa de su felicidad, la revolución celebra con júbilo su primer aniversario en el poder, dejando oir al mismo tiempo, a quienes quieren escuchar, que aspira a estar largo tiempo con las riendas del gobierno. Hoy, en 1992, ha llegado a los 33 años de existencia. ¡Toda una vida!

En todos los cambios políticos y sociales de envergadura, la Iglesia ha sabido siempre adaptarse y encontrar un nuevo camino pastoral al servicio del pueblo y del Reino de Dios. La Iglesia cubana no fue la excepción. Al llegar a Cuba en estos días, más de un turista es agradablemente sorprendido de saber y también de constatar que la Iglesia se mantiene viva en la Perla de las Antillas. Su cara y su presentación, sin embargo, han cambiado grandemente desde 1960. Al comienzo de la revolución contaba con más de 700 sacerdotes y dos mil religiosas. Con el curso de los años, por un motivo u otro, el número disminuyó a 135 y 200 respectivamente. Actualmente hay 219 sacerdotes y 329 religiosas. (Nota: estas son cifras del 1992).

Habituados a ejercer su acción pastoral en todas las esferas de la sociedad, la Iglesia Cubana de los años 60 se despertó una bella mañana 'guardiana' de la única fuerza que le quedaba: el templo cristiano. El templo vino a ser el único lugar autorizado para el culto, la reunión religiosa y la vida comunitaria. El sacerdote, que ya ocupaba un lugar de importancia en la Iglesia, tomó aún mayor ventaja. La vida y las necesidades del momento lo transformaron en 'hombre orquesta'. Responsable, a la vez, de seis, ocho y hasta diez comunidades cristianas de su mantenimiento espiritual y material, tenía que superarse en catequesis, canto, carpintería, plomería, electricidad...Un gran conocedor de todo; un experto en nada. Felizmente, estaban con frecuencia también las religiosas, agentes de pastoral como el, que le acompañaban. En ellas más de un sacerdote ha encontrado un apoyo y una ayuda preciosa para soportar el golpe.

En el momento presente nuestra Iglesia cubana cuenta en sus rangos con 25 religiosas y 10 sacerdotes canadienses de Québec, todos identificados con la patria cubana desde hace muchos años, caminando con ella en el don y la alegría del servicio. En nuestros corazones, sin embargo, surgió un gran grito: ¡cuanto nos gustaría ser mucho más numerosos en número para servir al pueblo y a la Iglesia cubana de la que tanto hemos recibido!

¿Donde nos encontramos en 1992? ¿donde estamos? ¿qué proyectos para el futuro nutren actualmente nuetra Iglesia cubana? Donde pone ella el acento en su pastoral? De una iglesia muy litúrgica, cultural, bien organizada sobre todo en la práctica de dos sacramentos: el bautismo y la eucaristía, ella se sitúa más y más al lado de los 'multiplicadores laicos' en su proyecto pastoral. Es ahora la hora de promover la formación de agentes laicos de pastoral, poniéndolos directamente en contacto con la Palabra de Dios.

Cursos especiales, un catecumenado bien organizado, celebraciones que gravitan alrededor de la Palabra, tienen lugar en estos momentos en las siete diócesis del país. Es algo bastante nuevo para nosotros en Cuba. Hasta ahora, para descubrir y comunicar con el Evangelio, había que pasar casi irremediablemente por la celebración eucarística: la misa. Pero un día nos dimos cuenta de que la Palabra tenía su propia fuerza de convocación y de conversión, sin estar necesariamente siempre ligada a la Eucaristía. Una nueva manera de hacer "Iglesia" acababa de nacer.

Si ayer hemos puesto todo en la Eucaristía para vivir, sostenernos en la acción, y hacer presente a Jesucristo en el mundo cubano, creemos que los próximos años aportarán todavía más vida, beneficios y bendiciones. Aún si hasta ahora el reemplazo de sacerdotes y religiosas ha sido bastante modesto, hay ahora una nueva generación de cristianos y cristianas que han conseguido una cierta cultura bíblica. Este amor por la Palabra está llamado a crecer, a crear raíces en el pueblo en el curso de los próximos años, pues hay un real deseo de conocer más del mensaje evangélico.

Gracias a la Palabra haremos un mundo siempre mejor, a la medida de Dios, un mundo más justo, más verdadero, más bello, más humano, más fraternal. ¡Que Dios sea alabado en su Eucaristía! ¡Que El sea igualmente bendecido en su Palabra liberadora ayer, hoy y mañana! ¡Juntos en un diálogo de amor, en marcha...hacia el año 2000! La vida está entre nosotros. Ella busca crecer y expandirse. Que Dios lleve a término lo que el prepara en cada uno de nosotros, en nuestro bello y maravilloso país que es Cuba.

Los curas no caen del cielo

por el *Presbítero Juan Manuel Machado García*

Dios da vocación a cada uno de sus fieles para que le sirvan tanto a El como al prójimo. Es también Dios quien nos llama, nos escoge desde el vientre de nuestras madres como a Jeremías, a Pablo de Tarso y a tantos otros, luego de que su Hijo se hizo hombre. Es también El, el Señor Jesús, quien nos invita a seguirle.

Por mi parte, no tengo la menor duda de que los intermediarios de los cuales se valió el Señor para mi llamado sacerdotal fueron los Padres de las Misiones Extranjeras, PME, a quienes llamamos en Cuba los "Padres Canadienses".

Nací y me crié en el batey de un central en el cual había una capilla donde asistía durante mi niñez para recibir clases de catecismo. Más adelante, el central cerró por los años 30 y la misma suerte corrió la capilla, quedándome sin hacer la primera comunión ni recibir la confirmación. Tenía algunos conocimientos de religión porque formaba parte de una familia cristiana y si bien es cierto que cuando visitaba a mis primos en Colón asistía los domingos a Misa y estaba consciente de la presencia de Cristo en la Eucaristía, no podía comulgar puesto que mi preparación cristiana era entonces incompleta.

Cuando llegué a la adolescencia comencé a trabajar en una tienda de mi pueblo. Fue allí donde conocí al P. Julián Vézina, PME. Venía enviado por Mons. Alberto Martín Villaverde, Obispo de Matanzas, auspiciador del trabajo de los Padres de las Misiones Extranjeras en Cuba. La labor del padre fue catequizar en esta "misión" con el propósito de levantar la pequeña comunidad dejada sin atención religiosa durante tantos años. Con gran placer ayudé al Padre Julián. Hubo numerosos bautizos y ratificaciones matrimoniales. Poco tiempo después el padre construyó una nueva capilla, la cual permanece funcionando en la actualidad.

Me encantaba el nuevo estilo pastoral de los Padres Canadienses, pero lo digo sinceramente, todavía el Señor no había tocado con certeza en la puerta de mi corazón. Algunos años más tarde me fui a trabajar a una tienda de otro central, en Tinguaro (mi Galilea, donde recibí el llamado del Señor). Fue entonces que erigieron una capilla confiada al cuidado de los padres que se encontraba en la parroquia de Colón. Sin la menor duda surgió en mi el deseo de ser cura, inspirado por el equipo sacerdotal de Colón que conformaban tres animosos PME: Marcel Gérin, Arthème Leblanc y Jean-Paul Guillet. Su fraternidad, su bondad, su sana alegría, su unidad en el amor cristiano que conquistaron completamente ya que no había conocido antes nada semejante. Su testimonio fue tan fuerte que no pude resistir el deseo de imitarles. Pero esto parecía imposible de efectuar pues contaba ya con más de veinte años y en nuestros seminarios no aceptaban lo que llamaban vocaciones tardías. Pero de hecho, Juan Bautista, Andrés, Felipe, se veían representados en el Padre Jean-Paul Guillet. Luego de completar mi educación cristiana, el Padre Guillet advirtió el cambio que se había efectuado en mí con el surgimiento de un nuevo espíritu apostólico. El Señor lo escogió para dar el golpe de gracia a mi vocación sacerdotal.

Monseñor Martín Villaverde, hombre de avanzadas ideas, decidió abrir en Colón un seminario diocesano donde se daba preferencias a las vocaciones tardías, o mejor dicho, a las más maduras. De esta forma se eliminó el obstáculo para la realización de mi sueño. Allí, en este nuevo seminario del cual el Padre Jacques De Charette fue su primer rector, comenzamos tres seminaristas: Romeo Rivas, Agustín Aleido Román, y yo. Luego se incorporaron Renaldo Pol (fallecido en Costa Rica), Eugenio del Busto, Cristián Baguer, Jesús Villaverde, Jaime Ortega (actual Cardenal de Cuba), Pedro García, Domingo Cazón y muchos más.

No obstante, no bastaba con sentirse "llamados", había que forjarse además en una sólida formación ya que los ocuras no caen del cielo.

De esta forma, la más hermosa labor de los PME en Cuba fue precisamente la sólida formación sacerdotal que nos brindaron los profesores y directores espirituales tanto en Colón como en Pont-Viau. Más si fallamos en algún aspecto, la responsabilidad no era de ellos sino nuestra, a nuestra poca receptividad a la gracia, que aunque no cambia la naturaleza humana, sí la perfecciona.

Todos los sacerdotes cubanos formados en las aulas de San Alberto Magno y en Pont-Viau están de acuerdo con mi sentir, y así lo hemos conversado frecuentemente entre nosotros. Unidos a todos aquellos que se han favorecido, y aún lo hacen, del ministerio de los Padres Canadienses, elevamos nuestras plegarias a Aquel para quien nada es imposible, con el fin de que bendiga a esta institución y les provea de la fuerza necesaria y de vocaciones suficientes para que puedan continuar con su hermosa y productiva misión en esta Isla, a la luz de la Fe.

(Monseñor Machado nació en Cuba en 1926. Es Vicario General de la diócesis de Matanzas y párroco de cuatro parroquias. Fue ordenado sacerdote en 1961.)

Piedras vivas, piedras parlantes

por *Georges Léger, presbítero*
(resumen del artículo)

La pastoral de la palabra consiste en adiestrar a grupos de cristianos, bien sean religiosos, diáconos o laicos, sobre la palabra divina, que a partir de textos escogidos tanto del Antiguo como del Nuevo Testamento, participan en cursos didácticos a la luz de la fe. Estos cursos se efectúan en siete encuentros y los catequizandos a su vez lo imparten a otros, y así sucesivamente. Esta experiencia se ha estado llevando a cabo en las diócesis de Matanzas, La Habana y Pinar del Rio. Este proceso de formación ha dado como resultado 350 misioneros de la palabra en un período de dos años (1990-92) los cuales se encuentran ejerciendo en las parroquias, capillas o en sus propios hogares. En la actualidad agrupan en la base cerca de 3,500 participantes que se dedican a aprender y luego predicar la palabra divina. Estas piedras vivas edifican en la actualidad en Cuba, junto a los ministros de la Iglesia, sólidas comunidades cristianas.

(El Padre Léger, nacido en Moncton, ha estado sirviendo como misionero asociado a los PME en Argentina (1967-70) y luego en Cuba, (1988-92).

Testimonio

Monseñor Agustín Aleido Román
Obispo Auxiliar de Miami
Estudió en el Seminario de San Alberto Magno, Matanzas, Cuba y en el
Seminario de Misiones Extranjeras, Pont Viau, Québec, Montreal, Canadá

El Seminario de San Alberto Magno nació de la idea del Señor Obispo de Matanzas, Mons. Alberto Martín Villaverde. Este quería hacer un seminario de vocaciones tardías con jóvenes que habiendo pasado por la Acción Católica y que habiendo terminado su bachillerato, hubieran demostrado su interés apostólico por el Reino de Dios.

Esta idea fue acogida por la sociedad de los Padres Canadienses que ya tenían esta experiencia en Canadá, y la llevaron a la realidad en Septiembre de 1951, al mismo tiempo que se creaba el Colegio Padre Varela en Colón, Matanzas.

Mi párroco, Manuel Colmena, en San Antonio de los Baños, me puso en contacto con el Sr. Obispo de Matanzas y bastó conocerlo y conocer su plan, para entusiasmarnos. El programa comprendía cursos intensos de Latín a la vez que se comenzaba la historia de Filosofía y otras asignaturas en español, y después se continuaba toda la materia en Latín. La Teología la hacíamos en el Seminario de Misiones Extranjeras en Pont Viau, en Montreal, Quebec, Canadá.

Los sacerdotes que dirigieron y enseñaron en el Seminario eran misioneros muy bien preparados y llenos de entusiasmo que contagiaban. Al mismo tiempo que se estudiaba, se hacía apostolado enseñando la religión en el Colegio Padre Varela que después de los dos primeros años se convirtió en la "Ciudad Estudiantil Padre Varela" —donde se construyó un colegio de niñas dirigido por las Madres de la Inmaculada Concepción y el Seminario de San Alberto Magno.

Fui ordenado sacerdote en Colón, Matanzas, el 5 de Julio de 1959. Fui nombrado párroco de Coliseo y Lagunilla el 15 de Agosto del mismo año. Después de la invasión de Bahía de Cochinos, fui nombrado párroco de Pedro Betancourt hasta que fuí expulsado a España, el 17 de Septiembre de 1961.

Recuerdo a los sacerdotes Carlos Ouelet, Marcel Gerín, Santiago de Charette, Juan Langlois, Gaston Pageau, Claudio Laguerre, Roger De Montigny, Pablo Guillet.

Tanto en Cuba como en Canadá y más tarde en Chile, donde trabajé con los Misioneros Canadienses, siempre vi a un grupo de sacerdotes que se adaptaban al lugar en que iban, y buscaban a todos para que conocieran, amaran y sirvieran a Dios sin jamás quejarse.

La labor de la Sociedad para las Misiones Extranjeras en Cuba hoy

En la actualidad trabajan 9 sacerdotes de las Misiones Extranjeras de Quebec: 4 en la Arquidiócesis de La Habana, 2 en la Diócesis de Matanzas y 3 en la de Pinar del Río.

Colegio
Sagrado Corazón

Colegio Padre Félix Varela en Colón, Matanzas

Mons. Agustín A. Román
Obispo Auxiliar
de Miami

Monseñor Marcelo Gerín

P. Emile Morin

52

Misioneras Siervas de la Santísima Trinidad

1948

Un poco de historia de la Congregación

La Congregación de Siervas de la Santísima Trinidad fue fundada en el 1868 por el Padre Tomás Agustín Judge, en South Boston, Massachusetts, Estados Unidos. Surge esta Congregación de la necesidad que ve el Padre Fundador de que los laicos participen activamente en el apostolado de la Iglesia. Con esto en mente comienza en el 1909 a hacer gestiones para fundar la Congregación de Misioneros Siervos de la Santísima Trinidad, compuesto por sacerdotes y hermanos, y las Misioneras Siervas de la Santísima Trinidad para religiosas.

Para esta última nombra el P. Judge a la Madre Bonifacia como la primera Custodia General de las Hermanas. Poco a poco se le van uniendo religiosas que reciben la misma formación centrada en: la caridad, la simplicidad, la prudencia, la humildad, el espíritu de sacrificio, y la paciencia.

Su trabajo en Cuba

En Cuba estas religiosas comenzaron su misión en La Habana, creando el "Cenáculo Misionero de San Lorenzo" en Marianao, el cual abrió en Octubre de 1948.[103] También trabajaron con los Padres Agustinos en la Parroquia de San Agustín, como veremos más adelante.

Colegio y Dispensario de San Agustín
Habana

Por la misma época que llegaron a Cuba, las Siervas de la Santísima Trinidad comenzaron a trabajar también en el Colegio San Agustín que dirigían los Padres Agustinos en la Parroquia de San Agustín, donde se educaban más de 400 niños pobres. Junto al colegio atendían las Hermanas un Dispensario en el cual eran auxiliadas por un grupo de voluntarias, y un equipo de médicos quienes, ofreciendo sus servicios gratuitamente, iban allí diariamente para atender a más de dos mil enfermos.

La autora no ha podido recopilar datos adicionales sobre esta Congregación Religiosa. Se tratará de ampliar el capítulo en una futura edición de esta obra.

---

[103] Testé, Mons. Ismael, "Historia Eclesiástica de Cuba". Vol. IV, pág. 834.

53

Misioneras de la Inmaculada Concepción

1948

Esta Congregación fue fundada por la Madre María Delia Tetreault en Montreal, Canadá, el 3 de Junio de 1902.

En el 1948 llegaron las Madres a Cuba y fundaron varios colegios en la provincia de Matanzas: en Los Arabos, Manguito, Martí, Recreo, en el Central Mercedes y en Colón.

Desgraciadamente la autora no ha podido hacer contacto con estas religiosas, algunas de las cuales laboran en Cuba actualmente. Hay 6 religiosas en la Arquidiócesis de La Habana, 3 en la Diócesis de Pinar del Río, 6 en la de Matanzas y 4 en la Diócesis de Holguín.[104]

Monseñor Testé en su "Historia Eclesiástica de Cuba", afirma que esta Congregación dio muchas vocaciones cubanas. La Hna. Sara Olga Pérez, cubana, tiene a su cargo la coordinación de todas las congregaciones religiosas que trabajan actualmente en la Isla.

Se tratará de ampliar la información de esta congregación para una futura edición de esta obra.

---

[104] Arquidiócesis de Miami, Datos de Archivo, 1996.

54

Siervas del Santísimo Corazón de María

1950

Nacimiento de la Congregación

Una misión de la Sagrada Familia existía ya en 1848, en el seminario de la calle de las Postas. Como sólo era una más entre tantas otras obras similares existentes en París, para poder diferenciarla de aquella se le llamó: "La Sagrada Familia del Espíritu Santo". Sería este el embrión del orfelinato que en 1860 fundara el Padre Jean-Baptiste-Francoise Delaplace, y por consiguiente, de la Congregación de las Siervas del Santísimo Corazón d e María. Es el Padre Lennurien quien, además de su aliento, da el nombre de Espíritu Santo a esta Sagrada Familia, creada bajo los auspicios de la Conferencia de Saint-Médard. La dirigiría hasta su partida a Roma en 1853, y no es sino hasta 1855 que el Padre Delaplace lo sustituiría.

La Congregación nació en Francia en Marzo de 1860 en la calle Lhomond, número 41, en París. Las Hermanas eran muy conocidas y apreciadas y su número aumentó hacia 1873. Su actividad estaba orientada hacia los niños, los huérfanos, las escuelas públicas, en conseguir auspiciadores, así como abrigo y alimento a los niños desamparados. También se ocupaban de la atención de los enfermos. Acosadas en Francia por la demagogia de los Ferry y de los Combe, tuvieron que marcharse hacia los Estados Unidos y el Canadá haciéndole frente a nuevas exigencias de conocimientos más sólidos, por lo que tuvieron necesidad de hacer hicapié en su educación.

La fundadora, la Madre Maríe de Saint-Sacrement (Marie Moisan), había enviado algunas Hermanas al Colegio de Saint-Michel en París. El P. Marsile, superior del Colegio de Bourbonnais en los Estados Unidos, de visita en esta ciudad, observó el magnífico trabajo de las Hermanas, y comprendiendo que las alabanzas que de ellas se hacían tenía fundamento, solicitó al P. Delaplace algunas de ellas para su Institución. El P. Delaplace no tomaba decisiones a la ligera. El rogaba y se hacía rogar. "La cuestión americana, escribía él, no deja de preocuparme. Considero que existirán muchas dificultades y problemas, ya que no contamos con el personal adecuado...¡pero la Santísima Virgen nos protegerá!"

Los servicios brindados por las Siervas del Santísimo Corazón de María debieron haber sido muy apreciados ya que tres años más tarde eran llamadas al Canadá. El presbítero que las solicitó para que se hicieran cargo de una escuela que el y sus feligreses acababan de construir, era el Abad L.M. Morisset, párroco de Saint-Ephrem de Tring, en la provincia de Quebec. Ese santo cura se dirigió al Cardenal Taschereau, el cual lo puso en contacto con el P. canadiense, M.E. Laberge, que residía en Bourbonnais-Grove. Ese le aconsejó que escribiera a la Madre Marie du Saint-Sacrament y le pidiese con carácter urgente, por lo menos seis Hermanas para enseñar a los alumnos de la parroquia.

Le ofrecía a la Madre vivienda para las religiosas que había sido construída recientemente. Las dos partes estuvieron de acuerdo, y el 9 de Octubre de 1892 cuatro fundadoras llegaron a Québec y el 12 eran recibidas en Saint-Ephrem. Las dos restantes llegaron a fines de Noviembre de aquel año. En el 1895 la Asociación de Colonos Franceses de la parroquia tomó la resolución de que el convento, el terreno sobre el cual se levantaba, y otros aledaños, se les entregaba en perpetuo usufructo.

Podemos decir que la Congregación responde fielmente a los postulados para los que fue fundada: asistir a las necesidades de los depsoseídos a través de diversas formas de apostolado y entrega, tanto en Francia como en Estados Unidos, Canadá, Cuba, Camerún o Argentina, donde hoy se encuentran.

Llegada de las Madres a Cuba

Monseñor Edgar Larochelle, P.M.E., visitó a la Madre Saint-Laurent, Superiora General de la Congregación, el 5 de Agosto de 1949 con el fin de solicitar algunas Hermanas que impartiesen enseñanza para trabajar en Cuba o Filipinas. El Consejo Provincial del Santísimo Corazón de María optó por abrir una misión en Cuba. El proyecto es acogido favorablemente por el Consejo General el 27 de Diciembre de 1949.

La Madre Saint-Laurent se dirigió a Monseñor Manuel Arteaga y Betancourt, Cardenal Arzobispo de La Habana, con vista a obtener autorización para abrir en su Diócesis una comunidad de la Congregación en Caraballo. El 8 de Marzo de 1950 Su Eminencia envía a la Madre General un decreto en el que autoriza la fundación de dicha comunidad para abrir una escuela parroquial en ese poblado en donde impartían educación cristiana a los niños y de esta forma contraponerse a la propaganda de las sectas protestantes.

Colegio María Auxiliadora – Caraballo (1950)

El 28 de Marzo de 1950 se realiza la fundación de una escuela parroquial en Caraballo. A continuación un extracto del convenio entre la Congregación y el P. Geoffroy, Superior Regional de los Padres de las Misiones Extranjeras:

> "La Congregación de las Siervas del Santísimo Corazón de María enviará, según sus posibilidades, religiosas capaces de hacerse cargo de las obras que el cura párroco de Caraballo le confíe según su criterio: escuelas parroquiales, jardines de la infancia, enseñanza del catecismo, preparación de catequistas, coral parroquial, Acción Católica, etc...; el párroco se responsabilizará con las obras parroquiales, y las religiosas con el derecho a administrarlas según sus reglas."

El contrato fue firmado por las dos partes el 25 de Marzo de 1950, y el 12 de Mayo llegan a La Habana las cuatro misioneras fundadoras: la Madre Ange-Marie (Candide Labonté), como Superiora, y las Hermanas Saint-Michel (Eva Béland), Marie-Marthe (Lucienne Caron) y Marie-de-la-Salette (Marguerite-Marie Hébert).

Estas son recibidas por los Padres J. Geoffroy, Paul-Emile Morin, Marcel Gérin y Georges Vaillancourt, todos de las Misiones Extranjeras, quienes las llevan hasta Caraballo, poblado situado a 40 kilómetros de La Habana. La Congregación se alojó en una casa situada al lado de la iglesia, donde les aguardaba una excelente comida.

Por la tarde hubo una recepción en el colegio. El salón principal estaba lleno de personas y un gran bullicio reinaba en él, haciendo imposible entender el saludo de bienvenida que les daban los alumnos de los diferentes grados. Resonaron los aplausos en el local y a continuación se dejó escuchar el himno a Nuestra Señora María Auxiliadora, patrona del Colegio, como de ahí en adelante se llamaría, "Colegio María Auxiliadora", y todos los colegios de Cuba.

El 11 de Septiembre concluyeron las obras en el Colegio y las aulas lucían muy bien a pesar de su modestia. Sobre las paredes recién pintadas, se colocaron crucifijos e imágenes de carácter religioso. También se pusieron fotos de los próceres de Cuba para así infundir en los jóvenes el amor y la devoción por la Patria. En el día de la matrícula se inscriben 43 varones y 47 hembras. Al día siguiente, a las 8:30 de la mañana. comenzaron las clases. Las Hermanas Ange-Marie y Marie-Marthe recibieron amablemente a los 90 alumnos. El programa se asemejaba bastante al empleado por ellas en el Canadá, pero la enseñanza de ciertas asignaturas como Historia, Geografía, Español y Cívica, sería confiado a distinguidos y competentes profesores laicos.

El 22 de Octubre un inspector visitó al párroco de Caraballo. Aquel le mostró los cuadernos de los alumnos, el horario y la planificación de las clases para el curso que ya había comenzado. El inspector quedó muy satisfecho con el plan de trabajo. Los padres también se mostraron contentos. "Era nuestro deseo satisfacer a todos -comenta una Hermana- sembrando confiadamente la Buena Nueva entre ellos".

Por este colegio pasaron unos 1,250 alumnos en sus nueve años de existencia. Quedó confiscado en 1961.

Colegio María Auxiliadora
San Antonio del Río Blanco (1952)

El 14 de Junio de 1950 el Padre Simeón Larochelle, párroco de San Antonio, manifiesta a las Hermanas de Caraballo su deseo de que una de ellas se ocupe de us escuela cuando se construya la nueva instalación. El 12 de Septiembre de 1950 la Hna. Saint-Michel se dirige a San Antonio, pueblo situado a unos cinco kilómetros de distancia. Ella, junto con la Srta. Hilda Pérez, enseñarían a 17 niños y 19 niñas que se habían matriculado de antemano. Al año siguiente se les unió Sor María de la Salette para enseñar el pre-escolar. Juntas las dos Hermanas harán el viaje en autobús desde Caraballo en espera de que se acondicionara un local para residir allí.

El 5 de Octubre de 1952 se celebró la bendición del Colegio de San Antonio. Hubo también un desfile por las calles del pueblo marchando con la banda de Caraballo. "Las banderas del colegio y de Cuba ondeaban sobre las cabezas de los alumnos que desfilaban marcialmente en sus uniformes, orgullosos de saludar la bandera cubana, mientras escuchaban el Himno Nacional con el cual dió inicio la ceremonia."[105] El gesto simbólico de cortar la cinta estuvo a cargo de la madrina del Colegio. El párroco procedió a continuación a la bendición de local, y al final de esta ceremonia, los más pequeños del curso preparatorio le ofrecieron a la madrina un bello ramo de flores. El acto concluyó con algunos discursos y la firma de testigos en el libro registro de eventos memorables del Colegio.

Dos años más tarde de la fundación del colegio, el 4 de Octubre de 1954, la comunidad de San Antonio, compuesta por la Madre St-Leopold, y las Hermanas María de Fátima y María Victorina, ocuparon una pequeña y hermosa residencia construída para ellas. De esta forma finalizaron los viajes diarios en autobús desde Caraballo.

El 16 de Diciembre de ese mismo año el Consejo General de la Congregación funda oficialmente la comunidad de San Antonio con un acto que fue refrendado por el Cardenal Manuel Arteaga.

Por el colegio de San Antonio del Río Blanco pasaron, en sus nueve años de existencia, unos 600 alumnos.

Colegio María Auxiliadora
La Sierra del Arzobispo (1952)

El Padre Wilfrid Rioux, P.M.E., párroco de Hershey, soñaba confiar los servicios de la parroquia de la Sierra del Arzobispo a las Siervas del Santísimo Corazón de María. El pueblo donde se encontraba la misma contaba con unos 1,400 habitantes y cerca de 500 niños en edad escolar. Habiendo hecho una solicitud al respecto a la Rvda. Madre Sainte-Eugénie, Superiora General, el párroco se alegró al saber que enviarían Hermanas para hacerse cargo de esta misión y se apresuró en comunicarlo a las de Caraballo para que compartieran esta alegría.

El Consejo General aprobó esta fundación el 15 de Septiembre de 1952, y fue refrendada por el Cardenal Manuel Arteaga, Arzobispo de La Habana. Los trabajos de construcción del colegio comenzaron en invierno y concluyeron el 15 de Agosto de 1952. Desde el 28 de Septiembre se instalaron las tres Hermanas seleccionadas para esta fundación: la Madre Saint-Michel (Eva Béland) como Superiora, y las Hermanas Joseph-du-Sacré-Coeur (Marie-Rose Paradis), y Marie-de-Fatima (Thérèse Tardif).

---

[105] Roy, Hna. Monique, SSCM, Archivista, recopilación de datos históricos, Comunidad de Québec, Canadá, 1993.

El inicio del curso escolar fue pospuesto por el Ministerio de Salud para el 1ro. de Octubre debido a una epidemia que afectó la zona. Ese día las inscripciones fueron pocas, solamente 25. En Noviembre fueron inscritos 40 alumnos más. La enseñanza pública era gratuita y los padres estaban acostumbrados a recibir libros y cuadernos gratis, por lo que el pago mensual del curso en el colegio de las Hermanas hacía que estos titubearan antes de matricular a sus hijos.

Por fin el 11 de Octubre de 1952 se llevó a cabo la bendición del Colegio de La Sierra por Su Eminencia, el Cardenal Arteaga, Arzobispo de La Habana. El Cardenal Arteaga llegó al colegio cerca de las 11 de la mañana acompañado por su secretario y un gran número de padres de las Misiones Extranjeras, así como Hermanos de la Caridad, Misioneras de la Inmaculada Concepción y Siervas del Santísimo Corazón de María de las comunidades vecinas.

En la puerta principal, aún cerrada, un alumno hizo entrega al padrino de la escuela de una bandera doblada para que la izara en el asta. Una corneta entonó las notas del Himno Nacional Cubano, y una niña hizo entrega a la Sra. Cresby, madrina del colegio, de unas tijeras para que cortara la cinta blanca a la entrada del edificio. Las puertas se abrieron y entraron su Eminencia y todos los presentes que se acomodaron en los bancos.

El P. Rioux ofreció sus respetos al distinguido prelado e hizo una relación de los gastos incurridos formulando esperanzas para el futuro. El Cardenal agradeció a los Padres de las Misiones Extranjeras su dedicación a la parroquia; a los administradores del central Hershey su ayuda monetaria de $5,000.00 para la construcción, y posteriormente deseó prosperidad y éxito a la naciente obra. Pasó entonces el Cardenal a bendecir cada una de las habitaciones y luego, antes de marcharse, se retrató junto con las religiosas que participaron en el acto.

El 12 de Octubre el párroco celebró la primera misa en la capilla del colegio, a la cual asistieron 72 personas, once de las cuales eran adultos. Esta capilla sirvió de lugar de culto mientras se terminaba otra. Se cantó además un Magnificat en acción de gracias por poder conservar el Santísimo.

Por el colegio de la Sierra del Arzobispo pasaron en sus nueve años de existencia unos 1,180 alumnos.

Actividades escolares

Durante el curso escolar se efectuaron actos religiosos, patrióticos y docentes en todos los colegios, con la participación de los alumnos de los tres colegios. Todos los viernes los alumnos participaban en un acto cívico, presidido por la bandera cubana sostenida por los más destacados. Luego de recitar poesías y saludar a aquella, se cantaba el himno nacional. Ante el estandarte se leía un informe sobre el trabajo realizado durante la semana.

También se celebraba el 12 de Octubre con una jornada patriótica para honrar la memoria de los cubanos que habían ofrendado sus vidas por la independencia. El 7 de Diciembre se decía una misa solemne por el descanso de las almas de los patriotas que habían perecido en la guerra contra España. A esta seguía un desfile ante los monumentos erigidos en el parque de la Iglesia y los alumnos depositaban coronas de flores naturales como homenaje de los cubanos a los héroes de la Patria.

El 24 de Febrero, fiesta nacional, era celebrada con solemnidad. Los alumnos marchando, desfilaban ante el monumento a José Martí, se pronunciaba un discurso por uno de los profesores, se ofrendaban flores, se saludaba la bandera y se cantaba el himno nacional. Era día de fiesta.

Igualmente se celebraba el 1ro. de Mayo, Día del Trabajo. Los habitantes de Caraballo se dirigían a La Habana para participar en los desfiles. En la parrouia, durante el ofertorio de la misa, los representantes de diversas organizaciones y de cada aula, presentaban a San José, patrono de los trabajadores, sus instrumentos de trabajo que eran colocados junto a los más hermosos cuadernos de trabajo de los alumnos.

Y finalmente se celebraba el 20 de Mayo, aniversario de la proclamación de la República de Cuba con entusiasmo en las distintas escuelas mediante actos cívicos por la mañana y actividades patrióticas por la tarde.

Otras actividades escolares

Fiesta del Árbol. El acto principal consistía en plantar un árbol. Los niños se reunían en el patio, y un profesor les hablaba sobre el significado de la actividad y comparaba la vida del árbol con la del hombre. Seguidamente se realizaban lecturas de los mejores trabajos de los alumnos sobre los árboles. El mayor de los jóvenes y la más pequeña de las niñas, plantaban tres pequeños y saludables arbustos en un hoyo abierto de antemano. Uno a uno, cada alumno lanzaba un puñado de tierra sobre las raíces de aquellos, simbolizando la unión que debe existir entre los alumnos del colegio. El acto se terminaba cantando todos el himno nacional y saludando la bandera. Una ceremonia similar se efectuaba en todas las escuelas.

También había exposición de trabajos manuales. Numerosas piezas de toda clase adornaban las paredes y mesas de la escuela, tales como: trabajos en madera, costura y bordados. Durante algunos días los padres podían apreciar el trabajo realizado por alumnos de todos los grados.

Acto de entrega de premios.- Era presidido por el Gobernador de la Provincia de La Habana. Se realizaba una brillante fiesta y los alumnos se desenvolvían en el escenario con gracia y sencillez, realizando actuaciones y bailes típicos. Seguidamente se procedía a la entrega de diplomas que les permitía pasar al grado superior, y se entregaban medallas montadas sobre cintas tricolor. El Gobernador, en un generoso gesto, ofrecía $20 al primer expediente de los tres grados superiores, y $5 al artista de su preferencia. Magnífica recompensa al trabajo realizado por los jóvenes estudiantes. Todos se marchaban contentos.

Otras actividades misioneras agrupaban a un gran número de niños y de adultos en los cursos de doctrina cristiana, en cursos de moral catequística, Cruzada Eucarística, la obra de las misiones y la Liga de Cadetes del Sagrado Corazón.

Himno de los Colegios Maria Auxiliadora de Cuba

Colegio María Auxiliadora
Donde venimos a estudiar
Corramos todos sin demora
para en la vida descollar
Y así, estudiando venceremos
a la ignorancia por doquier
y en sus aulas hallaremos
la forma amena de aprender
y que el estudio nos orienta
y nuestra vida ha de alcanzar
por el sendero noble y justo
de la cultura y la moral.

Acontecimientos que motivaron el abandono de la enseñanza en los tres colegios de Cuba

Los revolucionarios o fidelistas, realizaron durante 1961 una gigantesca campaña por todos los medios de difusión fomentando el odio en contra de los americanos. Todos los que no compartían su opinión, y así lo manifestaron, serían arrestados.

Los tres colegios fueron registrados por milicianos en busca de propaganda, pero no encontraron nada que pudiese comprometerlas. Las Hermanas continuaron enseñando hasta el 28 de Abril de 1961.

Fidel Castro, Primer Ministro, anuncia en un largo discurso el 1ro. de Mayo, que los colegios privados serán nacionalizados. El día seis, la Jefa del Departamento de Educación fue a nacionalizar el Colegio de San Antonio y presentó a la Sra. Eloa Berzo, doctora en pedagogía, como la nueva directora encargada. Claudicar era la única opción. La nueva directora efectuó durante dos días un inventario de todo lo existente.

En Caraballo y La Sierra, la directora colocó un sello en todas las puertas de aulas y locutorios, de modo que las monjas no pudieron utilizarlas. "Recibimos el ofrecimiento de continuar enseñando, a condición de someternos a los planteamientos del gobierno, o sea, la enseñanza comunista. Seríamos pagadas por el Ministerio de Educación, lo cual sería ventajoso para nosotras desde el punto de vista económico, pero no podíamos traicionar nuestra misión. Diez años atrás, cuando las autoridades religiosas de Cuba solicitaron el auspicio de nuestras obras, fue bajo el acuerdo de unir al programa de clases, la enseñanza de la religión católica."[106]

Habiendo sido suspendida la enseñanza en las aulas por las autoridades civiles, pudieron continuar impartiendo la doctrina en distintas casas e iglesias a todos los que querían continuar recibiendo educación cristiana. Respoondiendo a una solicitud del Nuncio Apostólico de estar el mayor tiempo posible al servicio de la Iglesia, seis miembros de la Congregación aceptaron continuar su estancia en tierra cubana para enseñar catecismo y formar catequistas, apoyando el apostolado de los Padres Canadienses con su presencia y coraje.

Las diez restantes fueron expulsadas y partieron el 16 de Mayo de 1961 junto a otros religiosos y laicos: 13 padres de las Misiones Extranjeras, 4 Hermanos de la Caridad, 21 religiosas de la Inmaculada Concepción, 5 Religiosas de Ntra. Sra. del Buen Consejo y 8 laicos.

Hermanas que trabajaron en los colegios de Cuba:

Hna. Ange-Marie (Candide Laboonté), 1950-61
Hna. Saint-Michel (Eva Béland) 1950-58
Hna. Marie-Marthe (Lucienne Caron) 1950-65
Hna. Marie-de-la-Salette (Marguerite-Marie Hébert) 1950 hasta el día de hoy
Hna. Charles-Eugéne (Marie-Thérése Fontaine) 1951-61
Hna. Marie-de-Fatima (Thérése Tardif) 1952-61
Hna. Evangéline Saindon (St.-Léopold) 1953-92
Hna. Lydia Bérubé (Paul-Emile) 1951-61
Hna. Laura Fortier (Paul-de-la-Croix) 1954-61
Hna. Marie-Paul Vachon (Thérése-de-la-Sainte-Face) 1952-61
Hna. Marie-Thérése Deroy (Marie-Victorin) 1954-61
Hna. Marie-Rose Paradis (Joseph-du-Sacré-Coeur) 1952-63
Hna. Jacqueline Doyon (Sainte-Yolande) 1955 hasta el día de hoy
Hna. Jeanne-Edith Roy (Marie-Agathe) 1956-61
Hna. Madeleine Lessard (Marie-Marcel) 1957-61
Hna. Anita Champagne (Jean d'Avila) 1958-83

Las Siervas del Santísimo Corazón de María en la Cuba actual

En la actualidad realizan en Cuba un trabajo pastoral diecinueve Siervas del Santísimo Corazón de María: 13 en la Arquidiócesis de La Habana; 4 en la Arquidiócesis de Santiago de Cuba y 2 en la Diócesis de Camagüey.

---

[106] Roy, Hna. Monique, SSCM, Québec, Canadá.

Viñetas de las fundadoras de Cuba

Sor Anita Champagne, nació en St. Pierre-de-Broughton el 27 de Noviembre de 1931 y falleció en Beauport, Canadá, en 1984. Misionera en Cuba durante 25 años, he aquí lo que resume la labor de Sor Anita: persona sencilla y discreta, que acostumbraba hablar poco de su vida. Sabemos que Sor Anita fue muy querida por todos los que la conocieron en Cuba, y que durante el tiempo que permaneció allá desplegó una incansable labor sin desfallecer un instante.

El clamor de los pobres encontraba eco en ella y desarrollaba una ingeniosidad y audacia poco comunes para acompañarlos y consolarlos. Su tesonera labor y su profunda fe en la Providencia la hacían encontrar los recursos necesarios para su comunidad en cualquier circunstancia por desesperada que esta fuese.

Sor Lunienne Caron, nació en Saint-Ephrem, Beauce, en 1910, y falleció en Canadá en 1988.

Su misión fue un llamado bien especial, y su estancia de 15 años en Cuba lo demuestra, pero es por la labor de toda su vida que Sor Lucienne muestra su celo en la propagación del Reino de Dios. Poseía un talento infinito que puso al servicio de los demás. De carácter sencillo y sereno, era feliz al poder contribuir con la felicidad de otros. Su alma de artista la hacía disfrutar de la música y la pintura y se emocionaba ante cualquier manifestación de belleza...

Sor Ange-Marie (Cándide Labonté), nació en Saint-Evariste en 1911 y falleció en Québec en 1978. Fue misionera en Cuba de 1950 a 1961. El Año Santo de 1950 vio a cuatro hermanas de las Siervas del Santísimo Corazón de María viajar hacia una lejana obra: Caraballo. A Sor Ange-Marie le proponen ser quien dirija la misma. Fuerte y valerosa en su desempeño, adopta la divisa del fundador: ¡Sólo Dios! y además: ¡Tu voluntad, Señor, no la mía!. En esta nueva fundación se multiplicaron las dificultades: clima, idioma, mentalidad, necesidades del país y de la misión, etc. Sor Ange-Marie se muestra firme, calmada y hacendosa. En todo momento hizo el bien. Los años de 1959-1961 fueron muy penosos para esta hermana, sumamente sensible.

Sor Saint Michel, nacida en Sillery, Québec en 1898 y fallecida en 1976. Bajo la protección del Espíritu Santo recorrió países y mares ganando corazones por el sólo don del suyo. Francesa entre los franceses, cubana entre los cubanos, africana entre los africanos, sirvió bajo distintas banderas sin perder su propia identidad. En todos los lugares fue siempre ella misma y en todas partes expandió el aroma de Cristo a través de su fé, su abnegación y su caridad.

En 1950 viaja hacia una tierra para ella extraña: Cuba. Se encuentra con la pobreza, el calor, las dificultades del idioma, una enseñanza impartida en condiciones difíciles. Sale adelante a pesar de su edad y los problemas cotidianos.

Los cubanos la adoran, ya que encuentran en la "Madre" un corazón enteramente consagrado a ellos, mas...he aquí un nuevo viaje. En 1958 Africa la reclama como directora para una escuela normal. En 1962 se encuentra agotada porque lo ha dado todo. Regresa definitivamente a Canadá donde vive sus últimos años enferma pero abrazada a la cruz, y así entrega su alma a Dios.

Foto de Marzo de 1952
Sor Lydia Bernabe, P. Landy, Sor Candide Labonte, Sor Marie Therese Dionne, Superiora General, Sor Marie Louise Bourque, Secretaria General, Sor Lucienne Caron, P. Emile Morin, pmc, Sor Eva Belard, Sor Marie Therese Fontaine, P.W. Rioux, pmc, P. Simeon Larochelle, pmc
Sor Marguerite Marie Hebert

Las 12 fundadoras de Cuba en 1955:
Sor Saidon, Sor Belard, Sor Lebrun, Sor Lebonte, Sor Girard, Sor Bernibe, Sor Fontaine, Sor Fortier, Sor Caron, Sor Vachion, Sor Tardif, Sor Hebert, Sor Deroy y Sor Paradis.

Colegio de La Sierra del Arzobispo

Sor Lucienne Caron, sscm

Fachada del Colegio María Auxiliadora de Caraballo

Sor Anita Champagne, sscm

Colegio de San Antonio del Río Blanco

Sor Candide Labonte, sscm

Sor Saint-Michel, sscm

55

Carmelitas Misioneras

1951

"Él me ha enviado."

La Congregación

Las Carmelitas Misioneras es una congregación religiosa fundada por el Beato Francisco Palau y Quer (Francisco de Jesús, María y José, O.C.D.) en 1860-1861, en Ciudadela, Menorca, España, para cumplir una misión peculiar en la Iglesia.

La congregación fue aprobada como Instituto de Derecho Pontificio por el Papa Pío X el 3 de Diciembre de 1907. Agregada a la Orden del Carmen Descalzo el 8 de octubre de 1906, y de nuevo el 28 de Marzo de 1911.

El fin específico de la Congregación en su formación actual es la educación cristiana, la asistencia en el campo de la salud, la actividad misionera, otras actividades de evangelización en el campo de lo social con atención preferencial a los pobres, la catequesis y la promoción de la vida espiritual.

Está presente en la actualidad en 30 países. Cuenta con 237 casas, y está dividida en 10 provincias, 1 viceprovincia y 3 delegaciones. Tiene 1,838 religiosas profesas, 112 novicias y 69 postulantes. Su Casa Generalicia se encuentra en Roma, Italia.

Llegada de las Madres a Cuba

Llegan las Carmelitas Misioneras a Cuba en 1951 y fundan primeramente un hospital infantil en Camagüey. Más adelante establecerían colegios. Las fundadoras de Cuba fueron las Madres: Guillermina Ferreras, Máxima Fernández, Laura Muru, Pilar Costell, Carmen Miguéliz, María Iciar Apraiz, Josefina Escudero y Teresa Esteban.

Colegio Virgen del Carmen – La Habana (1953)

El primer colegio que fundaron fue en La Habana, y se llamó "Virgen del Carmen". Este quedó inaugurado el 12 de Setiembre de 1953 y el 14 comenzaron las clases. Se encontraba en el barrio del Vedado, en el edificio de la antigua Nunciatura.

Las Madres fundadoras fueron: María Carmen Carbunies, Superiora, y las Hermanas Quintina Larraya, Delfina Díaz, Directora del colegio, y Piedad Sangrador.

El alumnado era de unos 200 alumnos.

Se cerró en 1961.

Colegio Virgen del Carmen – Vertientes, Camagüey (1953)

Se inauguró el Colegio Virgen del Carmen de Vertientes, el 5 de Octubre de 1953. Era un colegio parroquial y se encontraba situado al lado de la parroquia. Allí se impartía la enseñanza pre-escolar y elemental en todos sus grados.

A mediados de Septiembre de 1960, y siguiendo las normas dadas por el Ministerio de Educación, se abrieron cuatro aulas en un local cercano al Colegio para atender a la Secundaria Básica frecuentada por los alumnos de los dos colegios de Vertientes que estaban en posesión del certificado de sexto grado.

El alumnado era de unos 200 alumnos.

Se cerró en 1961.

Colegio Santa Teresita – Vertientes, Camagüey (1959)

El segundo colegio de Vertientes, el "Colegio Santa Teresita" quedó fundado el 9 de Septiembre de 1959. Este colegio se establece para atender a la población escolar de uno de los barrios pobres y alejados del centro del pueblo. Allí se impartía enseñanza primaria y elemental en todos sus grados.

El alumnado era de unos 175 alumnos. En la secundaria básica hubo 60 alumnos.

Bandera del Colegio

Blanca y marrón con el escudo carmelitano en el centro.

Conclusión

La Congregación de Carmelitas Misioneras ha ido enraizando el carisma en los grupos humanos desde La Plata y Santiago de Chile, hasta las Antillas y el Caribe. Han regresado a Cuba en 1988 donde hay cinco religiosas que trabajan en la Arquidiócesis de La Habana para acompañar al pueblo en sus esfuerzos por una vida más humana. Así el lema "El me ha enviado" se convierte, como ayer, en expresión profunda y convincente.

Testimonios

Hna. María Pilar Miguel, Secretaria General
Secretaría General, Roma, Italia, 1993

Es verdad que nuestra presencia en Cuba fue muy significativa y que la misión de las Carmelitas Misioneras dejó una impronta cristiana en niños y jóvenes que todavía perdura. La semilla sembrada sigue creciendo y dando fruto en el corazón de muchos cubanos, a pesar de las circunstancias que les rodean.

La mayoría de las páginas vividas por las Carmelitas Misioneras en Cuba no están escritas ni constan en ningún Archivo...pero hemos regresado a Cuba, en Agosto de 1988 al Vedado en La Habana. Su trabajo de colaboración en la misión social y pastoral de la Iglesia. Seguimos orando para que el Espíritu de Jesús mantenga viva la semilla de la fe en el corazón de los cubanos y de todos los hombres."

Casa-Colegio de Vertientes, 1953

Colegio Santa Teresita, 1960

Colegio Nuestra Señora del Carmen Vertientes

56

Congregación del Santísimo Sacramento
Padres Sacramentinos

1952

La Congregación

El fundador fue el Padre Pedro Julián Eymard Pelorse, nacido en Francia en 1811 y fallecido en 1868. Desde joven siempre demostró devoción por el Santísimo Sacramento, y esto lo impulsó también a hacerse sacerdote. Pero su famlia era pobre, y tenía que trabajar para ayudar a su famlia a subsistir. Por tanto no sabía como podría realizar su deseo. Los Padres Oblatos de María Inmaculada dieron una misión en el puebio de Julián y allí este se compenetró con ellos.

El fundador de los Oblatos le tomó afecto a Julián y así fue como se valió el Señor para que entrara Sacerdote en esa Orden, en el 1829. Pero en el convento casi que muere de una grave enfermedad y se ve obligado a dejar el noviciado para curarse. Un tiempo después ingresa en el Seminario de Grenoble y al fin se ordena sacerdote en 1834.

Después de varios años en el clero secular, en 1839 ingresa en el Noviciado de los Padres Maristas, donde permanece por 17 años sirviendo en esta Congregación.

Pero aún habría de cambiar más su vida. A mediados de enero de 1849 tuvo la oportunidad de visitar París, y acudió a la capilla de los Maristas en la calle de Montparnasse. Encontró allí al famoso pianista y compositor Hermann Cohen, quien se había convertido del judaísmo al cristianismo durante una bendición del Santísimo Sacramento mientras dirigía el coro de la Igiesia de San Valerio. Pronto los dos se hicieron amigos, haciendo crecer aún más en el Padre Eymard su devoción por el Santísimo Sacramento.

El P. Eymard vio una oportunidad de fundar una Congregación de sacerdotes con adoración perpetua al Santísimo Sacramento. La Santa Sede le concedió el permiso para comenzar la Congregación del Santísimo Sacramento. Con su primer compañero, el P. Cound Raymond de Cuers, se fue a la famosa Villa Chateaubriand en junio de 1856, y allí en una casa pobre, comenzaron a hacer vida en comunidad, ayudados por las religiosas del Convento del Buen Pastor.

El 29 de septiembre de 1856 se bendijo la humilde capilla y quedó abierta al público con la exposición del Santísimo Sacramento. Se redactaron las Constituciones y Reglas. Años después, el 6 de Enero de 1859, día de la Epifanía, recibió el P. Eymard el Decreto Laudatorio firmado por el mismo Papa. La Aprobación Canónica se efectuó el 3 de Junio de 1863.

SS Juan XXIII canonizó al Padre Pedro Julián Eymard el 9 de diciembre de 1962.

Llegada a Cuba

Llegaron los Padres Sacramentinos a La Habana el 6 de octubre de 1952. Su Eminencia, el Cardenal Manuel Arteaga, los destinó a trabajar en Arroyo

Naranjo, en La Habana, para que en el "Barrio Azul" desarrollaran su actividad evangelizadora y educativa. Los fundadores fueron los Padres Juan Arratibel y Martín Garmendía.

Un tiempo después llegaron dos Padres más y un Hermano. Como no tenían casa propia, por el momento tuvieron que hospedarse en una casa privada que les ofreció un matrimonio. Empezaron con nada pero a los dos años ya tenían diez centros catequísticos en la parroquia de Arroyo Naranjo.

Construyeron después una casa o convento en aquella área de Arroyo Naranjo, donde·estuvo residiendo la comunidad, compuesta por siete religiosos, por espacio de varios años.

Ei Padre Garmendía salió de Cuba el 21 de Julio de 1959, y un tiempo después salió el Padre Arratibel. Los demás Padres fueron enviados a España junto con los 133 sacerdotes y el Obispo, Monseñor Boza Masvidal, en el buque Guadalupe, en 1961, cuando la expulsión del clero y religiosas de Cuba.

Nota: La autora no ha podido hacer comunicación con la Congregación de loss Padres Sacramentinos. Se tratará de ampliar los datos para una futura edición de esta obra. La información que aquí aparece ha sido obtenida de la Historia Eclesiástica de Cuba de Monseñor Ismael Testé.

57

Instituto de Hermanas Carmelitas de la Caridad

1954

La Congregación

El Instituto de Hermanas Carmelitas de la Caridad fue fundado por Joaquina de Vedruna el 26 de Febrero de 1826 en la ciudad de Vic, en Barcelona. A los 16 años Joaquina se casó con Teodoro de Mas. Tuvieron 9 hijos quedando Joaquina viuda a los 33 años de edad. A los 43 se consagró al Señor fundando un instituto apostólico dedicado a la educación y a la santidad. el Papa Benedicto XV dio el Decreto de Introducción a la causa de su Beatificación y Canonización el 14 de enero de 1920. Con Pío XI, la Declaración de sus virtudes heroicas, el 16 de Junio de 1935. Pío XII la declaró Beata el 19 de Mayo de 1940 y Juan XXIII la propuso a la veneración de la Iglesia Universal en la canonización, el 12 de Abril de 1959.

En vida de la fundadora el Instituto se extendió por Cataluña, y en 1855 se hace la primera fundación fuera de la región, en Madrid. Las Hermanas se van estableciendo poco a poco por toda la geografía e spañola, con una disminución de los centros asistenciales y aumento de los docentes.

En 1912 el Instituto se establece en América del Sur. En el 1933 se inaugura el primer colegio en Italia. Más adelante la Congregación llega al Japón, se empieza a trabajar en América Central, luego en la India, en América del Norte, Inglaterra y el Congo Belga. En 1969 se establecen en Taiwan; luego en Filipinas, Guinea Ecuatorial, Gabón y Albania.

La oración, la caridad, la pobreza, la austeridad, la humildad y la alegría fraternal distinguieron a Joaquina de Vedruna y marcaron también la espiritualidad de los miembros de su Instituto.

Llegada a Cuba de las Hermanas

El Instituto de las Hermanas Carmelitas comenzó su apostolado en una de las poblaciones correspondientes a la provincia de Matanzas. En la ciudad de Cárdenas desplegaba su celo incansable el Rdo. P. Pedro Carbonell que fue el instrumento de que se sirvió la Providencia para traer a Cuba al Instituto.

El Obispo de Matanzas, Alberto Martín Villaverde, y el Padre Pedro Carbonell, párroco de Cárdenas, habían solicitado que las hermanas fueran a Cuba. En una carta del 1ro. de Agosto de 1954 el Padre Carbonell le dice a la Madre General:

"Motivan estas líneas al tratar sobre la posible fundación de las Carmelitas de la Caridad en esta tierra cubana. Ya están en Puerto Rico y en la República Dominicana. Un pasito más y las tendremos aquí en donde encontrarán un campo amplísimo para desarrollar todo su celo apostólico. Cuba necesita de más clero y más religiosos y religiosas. El neopaganismo, el espiritismo, el comunismo y el protestantismo están destruyendo las más caras esencias del Catolicismo heredado de los antepasados. La creación de varias escuelas parroquiales podrán ser un eficaz remedio a tanto mal. Realmente hay en nuestra ciudad varios colegios católicos y muy prestigiosos, pero así y todo los protestantes van cada día en aumento debido a que los colegios católicos son de pago y cuotas que no pueden pagar la inmensa mayoría de los niños de familias humildes, mientras que en los colegios protestantes tienen acceso todos los niños.

Si se determina a mandar a algunas de sus buenas Hijas, ya tengo preparada una casita muy próxima a la Parroquia y a la Escuela Parroquial. El plan es que el edificio de la actual Escuela Parroquial sea más tarde la gran Casa de las Religiosas, que atiendan a todas las Escuelas Parroquiales que se irán creando en un futuro.

Confiando en la Providencia Divina que no niega la comida a las aves del cielo ni vestido a las flores del campo, le aseguro que nada de eso faltará a sus Hijas que vengan a laborar por la gloria de Dios y bien de estas almas...Como es sumamente difícil conseguir religiosos para los varones, en estas tierras las Escuelas Parroquiales son mixtas, aunque casi siempre están separados en los grados mayores. En los últimos años se han fundado muchas escuelas parroquiales en nuestra Diócesis de Matanzas, casi todas ellas al cuidado de Religiosas Canadienses, y están dando un fruto magnífico.

Quiera el Señor que mi petición tenga el resultado apetecido y que las Hijas de la Beata Madre Vedruna compartan con los Hijos del Padre Claret esta porción de la viña del Señor."

Pedro Carbonell, C.M.F.
Párroco de Cárdenas

El Párroco de Varadero era un fervoroso misionero Hijo del Inmaculado Corazón de María, el Rdo. P. Ernesto Goyeneche, el cual, ayudado por otro religioso anciano de la misma congregación, atendía con su activísimo celo un extenso campo que comprendía Varadero con su Iglesia llamada de Santa Elvira, pero dedicada a la Asunción de la Stma. Virgen, y además otros seis poblados situados en los campos. En esta parcela de terreno irían a trabajar las Hermanas Carmelitas de la Caridad, sobre todo en la Escuela Parroquial de Santa Teresita.

Colegio Santa Teresita – Varadero (1954)

Llegaron pues las primeras religiosas a Cuba el 22 de Julio de 1954 para regentar la Escuela Parroquial de Sta. Teresita en Varadero. Contaba entonces con una matrícula de 580 alumnos que cursaban 1ra y 2da enseñanza. Allí desarrollarían su apostolado durante siete años sembrando la semilla de la fe en sus alumnos.

Escuela Parroquial Santa Teresita de Varadero

por el *R.P. Francisco Martínez, C.M.F.* (c. 1945)

El escritor o panegirista de Varadero no puede escapar a la tentación de hablar de la Escuela Parroquial "Santa Teresita del Niño Jesús". La magnitud de la obra nos seduce. Y los resultados obtenidos a lo largo de sus quince años de actividades escolares, se nos imponen como obra de primera categoría en la mejor de las playas cubanas.

En la actualidad una Parroquia bien organizada tiene la Iglesia y la Escuela Parroquial, como dos manantiales de donde surgen a raudales torrentes de ciencia y virtud, integrantes de el perfeccionamiento total del individuo. Esta necesidad no escapó a la clara inteligencia de aquel misionero claretiano —cuyo nombre resuena a gloria y triunfo en los oídos de todo varaderense o temporadista— Rdo. P. Magín Redorta, CMF. La comprendió en su totalidad. Y en su mente surgió la idea de la Escuela Parroquial "Santa Teresita del Niño Jesús". La idea era nueva en Cuba. Su realización supondría muchos afanes y dificultades. No importaba. Para el tesón del P. Magín y su celo por la felicidad de los moradores de Varadero eran poca cosa.

El 15 de Abril de 1940 alquilaba dos garajes habilitándolos para escuela. La matrícula subió a 100. El ensayo fue halagüeño y prometedor. Entonces pensó en dar cuerpo a la obra. Para ello creó el Patronato Escolar de Varadero. Su finalidad sería dirigir y amparar la obra. Este patronato asoció a lo mejor de la sociedad fija y temporadista de la playa. Y desde el primer momento descargó su responsabilidad en el régimen interno en la Srta. Julia Luisa Llera, cuya influencia personal se ha dejado sentir en toda la marcha de la Escuela.

En el año 1941 hay alza en la matrícula y resulta insuficiente el nuevo local alquilado. Ello hizo pensar en casa propia. Se adquirieron solares en donde se construyó, con la rapidez del rayo, la nueva escuela, que bendeciría el 25 de Abril de 1942 el Sr. Obispo de Matanzas.

Con la bendición de Dios y la generosidad de los Varaderenses la obra se consolida. Los nuevos locales y el menaje escolar didáctico permiten más eficiencia a la obra del maestro, lo que hace que el nombre de Varadero y de su Escuela Parroquial, se extienda por el exterior...

Unas líneas de loa merecida
(extracto del artículo)

por *Aristónico Ursa, C.M.F.*
Visitador de los Padres Claretianos, Habana 1955

Se me piden unas líneas para este número de la Revista que me place: **Las merece Varadero** con su playa mágica -tapiz inmenso tejido con plumas de pavo real-, suave en sus arenas inacabables, mansa en sus olas deliciosas, sorprendente en las irisaciones y reflejos del sol sobre sus aguas, con sus magníficos planes urbanísticos en marcha...**Las merece la Parroquia del Inmaculado Corazón de María**, única dedicada en Cuba al corazón maternal de la Madre de Dios y de los hombres...con sus escuelas parroquiales de Santa Teresita y de Camarioca. La primera con más de seiscientos alumnos de ambos sexos, primera y segunda

enseñanza, totalmente gratuita. Y la segunda, con unos cien alumnos de primera
enseñanza.

Las merece el grupo de excelentes Maestras de las escuelas parroquiales
dirigidas técnicamente por la Señorita Julia Luisa Llera, y siempre bajo la mirada
paternal y vigilante del Padre Párroco.

Las merece la comunidad de Madres Carmelitas, asidua colaboradora de
los Padres Claretianos en la Enseñanza de la Escuela de Santa Teresita y en los
múltiples Catecismos del Campo.

Colegio del Sagrado Corazón – Varadero (1957)

Más tarde, el 24 de Agosto de 1957, con la llegada de otras Hermanas a
Cuba, se hicieron cargo también del Colegio del Sagrado Corazón de Varadero.
No se formaron dos comunidades, sino que las Hermanas de la misma
comunidad atendían los dos colegios.

Situación en que quedaron las propiedades de la Congregación al salir de Cuba las Hermanas

Las autoridades eclesiásticas deseaban se mantuvieran todos los sacerdotes y
religiosos en sus puestos mientras pudieran ejercer libremente su misión. Al
ocurrir los acontecimientos de la semana del 17 al 23 de Abril de 1961, las
Hermanas, en vista de que la condición puesta por la Jerarquía había llegado,
decidieron abandonar la Escuela y regresar a España cumpliendo la orden de la
Rvda. Madre. En la imposibilidad de comunicar su decisión al Vicario Capitular
(que hacía las veces del Sr. Obispo por fallecimiento de éste) por hallarse preso,
junto con todos los sacerdotes de Matanzas, dejaron a la Srta. Directora el
encargo de hacerlo tan pronto como se restableciera el orden de las cosas. No
obstante, como durante el mes que pasaron hospedadas en las Reparadoras, el
Vicario Capitular fue puesto en liberta, la Superiora de la Comunidad dirigióle
una carta dándole cuenta de su determinación, y de los motivos que les había
obligado a ella.

Al salir de Cuba las Hermanas dejaron las pocas propiedades que tenían a
guardar, en el siguiente estado:

La casa del Colegio del Sagrado Corazón quedó en poder del gobierno al
incautarse de todos los centros privados de enseñanza. El mobiliario, propiedad
de la Congregación, consistía en unos 100 sillones con tablero, 8 mesas de
profesoras con sillas, 2 armarios vitrina, 10 mesas cuadradas, 40 sillitas de
párvulos, 2 mesitas de máquina de escribir, 1 máquina de escribir, 7 pizarras, 4
cofres, libros, repisas de adorno, etc. Todo esto quedó intervenido por el
gobierno.

Un sagrario, 2 copones, cáliz y patena, una imagen de Sta. Joaquina y ornamentos de Iglesia en casa de la Sra. Luis, tía de la Directora de la Escuela Parroquial. Una imagen de talla de la Virgen del Carmen, quedó en el altar de la Escuela. Los demás objetos fueron dejados a personas de confianza.

Regreso a Cuba (1993)

Después de más de 30 años de ausencia, el 4 de Octubre de 1993 regresaron a Cuba las Hermanas, y fueron asignadas a trabajar en Aguada de Pasajeros, Cienfuegos. En la actualidad hay cuatro religiosas desarrollando un trabajo pastoral asignado por los obispos cubanos, ya que el gobierno no les permite ejercer la enseñanza.

Testimonios

Madre Isabel García, Tarragona, España, 1994.
Fundadora del Colegio Santa Teresita de Varadero (1954-61)

Ahora ya han pasado muchos años, y yo no recuerdo los muchos detalles que se fueron sucediendo durante nuestra estancia allí; pues fui a los 33 años y ahora tengo 74... Sólo estuvimos 7 años, pero la labor realizada a lo largo de ese tiempo fue intensa. El año 1954 llegamos las seis primeras hermanas que nos establecimos en Varadero, Diócesis de Matanzas. Allí las seis regentábamos la Escuela Parroquial de Santa Teresita, que entonces tenía una matrícula de seiscientos o setecientos alumnos que cursaban primera y segunda enseñanza.

La escuela era mixta, y estaba patrocinada por un Patronato de señoras católicas. Al frente teníamos una Srta. Directora: Luisa Julia Llera, que al poco de marcharnos de Cuba murió. Era buenísima y ejemplar, y vivía con entusiasmo su vocación de maestra. Estábamos muy compenetradas con ella, y todas unidas trabajábamos con el mismo ideal y entusiasmo, en la formación espiritual de nuestros alumnos.

Gracias a Dios era muy consolador ver como la semilla que poco a poco sembrábamos en su corazón iba germinando. Más tarde, la directora, contenta y entusiasmada, aprovechando la visita de nuestra Provincial, pidió más hermanas, y antes de los tres años se nos agregaron cuatro más. Entonces fue cuando se fundó el Colegio del Sagrado Corazón en el mismo Varadero. Allí se trasladaban cada día tres hermanas que junto con otras profesoras, impartían la enseñanza general básica a aquellos alumnos, al mismo tiempo que iban sembrando la semilla de la fe en sus corazones.

Era admirable ver como a pesar del mal ambiente en que se veían rodeados aquellos muchachos, tanto los de la Escuela Parroquial como los del colegio, por la pobreza física y moral de sus familias, escuchaban con entusiasmo nuestras enseñanzas.

Había en Varadero una comunidad de P. Claretianos formada por solo tres, que además de atender a las dos parroquias, tenían a su cargo varios poblados, y nos pidieron que les ayudáramos también en su tarea pastoral. Entonces nuestra labor fue extendiéndose más y más. Los sábados y domingos que no teníamos clase, nos repartíamos por los poblados. No recuerdo el nombre de los que visitábamos, pero eran seis o siete. A cada uno dedicábamos dos horas. Era consolador ver la gran cantidad de niños y personas adultas que acudían. Algunos traían consigo a sus padres y hasta a sus abuelos. Muchas veces les presentábamos la catequesis por medio de diapositivas y filminas. También preparábamos las primeras comuniones de pequeños y adultos, y casi siempre les repartíamos ropita pues muchos venían medio desnudos.

Yo estaba tan satisfecha que pensaba: soy demasiado feliz, y temía que se me acabara esa felicidad. Y sí, llegó el final que recuerdo con nostalgia. Tuvimos que abandonar nuestra obra en el año 61 expulsadas por Fidel Castro. Unos días antes de marcharnos se llevaron presos a los Padres y nos privaron de la Misa. Entonces la Superiora nos daba la comunión. Luego vino nuestro momento, dejando a nuestros maestros y alumnos desconsolados y tristes. Después de algunos incidentes que vale más no recordar, y de estar detenidas 48 horas, nos alejamos de nuestra querida e inolvidable Cuba. Creo que todo nuestro sacrificio servirá para que esa semilla evangélica que fuimos sembrando en el corazón de nuestros queridos cubanos, no muera y madure en sus días.

María A. Soberón de Cordero
A.A. Escuela Parroquial Santa Teresita, 1941-46

Ingresé en el colegio en el 1941 y terminé en el 1946, en que pasé al Colegio del Apostolado para estudiar Maestra Hogarista. Las fundadoras fueron con el P. Magín Redorta, la Sra. Margot La Rosa, que fue la primera maestra en el garaje de su casa, de ahí pasamos a una casa más grande que le decíamos 'los mamoncillos' y se organizó el Patronato Escolar de Varadero.

Tengo muchos buenos recuerdos y fui premiada varias veces como alumna eminente. Después fui la maestra de arte desde el año 1949 hasta 1959.

He valorado todos los aspectos de la educación del colegio porque a pesar de haber sido alumna del Apostolado y reconocer que era maravilloso, en Santa Teresita me enseñaron a amar a Dios sobre todas las cosas y amar al prójimo, y aprendí lo que es la pobreza y cuantas cosas se pueden hacer para ayudarlos. No compartí con las Madres Carmelitas porque cuando ellas llegaron ya yo era profesora de la Escuela, pero si con la Sra. Llera, directora de la Escuela por muchos años y a quien consideré como a mi segunda madre.

En mi vida de exiliada he tenido un hogar con mis hijos, ya casados, y he trabajado en mi parroquia todo lo que he podido. Agradezco el amor por mi patria, Cuba, que me inculcaron, y espero que algún día el Señor nos conceda volver a esa querida Escuela.

Mirta M. Rodríguez
A.A. Sta. Teresita, Varadero 1940.

Soy fundadora del Colegio. Empecé en el garaje de Margot La Rosa, unos bancos y unas mesas largas...Así empezamos! Margot era muy buena con todos, así como el Rev. Padre Magín Redorta. Dábamos clases manuales, éramos felices, no teníamos mucho, pero era suficiente. ¡Que vida tan linda!

Lo que más he valorado ha sido el tesón del Padre Magín que el Día de los Reyes los sacaba (a los alumnos) a caballos, y a todos les daba un regalito de Reyes. Se pasaba el año guardando cositas para ese día, y como lo esperábamos nosotros! El Padre Magín nos hizo una conciencia muy buena a todos, y nuestra fe en Dios era muy arraigada.

Del garaje fuimos para 'los mamoncillos', después para Espinosa, y después para nuestra escuela nueva, "Santa Teresita". La verdad que ese Padre Magín tenía una voluntad de hierro!

Escuela Parroquial Santa Teresita del Niño Jesús - Varadero

Grupo de maestras y comunidad del Colegio Santa Teresita de Varadero

58

Congregación de Guadalupanas de La Salle

1955

La Congregación de Guadalupanas de La Salle

Este ha sido el primer núcleo femenino que surge de la espiritualidad de San Juan Bautista de La Salle. Se inició en México a mediados del 1944 y dirigidas por el Hno. Juan Fromental, religioso Lasallista. Esta comunidad se puso bajo la advocación de Nuestra Señora de Guadalupe y la inspiración de San Juan Bautista, e igual que los Hermanos de La Salle teniendo como patrono a San José.

Originalmente la Congregación de Guadalupanas de La Salle surgió para ayudar a las comunidades de los Hermanos, pero poco a poco, y con la renovación de la vida religiosa solicitada por la Iglesia, las Hermanas se fueron dedicando a otras obras apostólicas, como son la catequesis y la educación.

En el 1946 la autoridad eclesiástica de México autorizó la apertura del Instituto como "Pía Unión de las Hermanas de las Escuelas Cristianas de Ntra. Sra. de Guadalupe". Más tarde tomó el nombre de "Hermanas Oblatas Lasallanas Guadalupanas". El 15 de Mayo de 1959 la nueva Congregación fue afiliada oficialmente al Instituto de los Hermanos de La Salle.

Finalmente en 1968 en el Capítulo General de la Congregación, cambiaron el nombre por el de "Hermanas Guadalupanas de La Salle". Así seguía creciendo la familia Lasallista.

Llegada de las Hermanas a Cuba

El 27 de Junio de 1955 llegaron a Cuba ocho religiosas mexicanas para atender las Casas de Formación de los Hermanos en Santa María del Rosario. Como relata el Hno. Alfredo Morales, DLS, "el fin de este Instituto es el de "procurar educación humana y cristiana a niños, niñas y jóvenes, especialmente a los pobres, ya sea en obras dirigidas por el mismo Instituto, ya en instituciones donde puedan prestar su cooperación con idénticos fines, y también en obras de apostolado parroquial y, si las circunstancias lo exigen, asegurando el servicio doméstico en casas de religiosos y sacerdotes. Las Hermanas Guadalupanas de La Salle ven en su origen fundacional un señalamiento de Dios en cuanto al espíritu que debe animar toda su vida."[107]

Permanecieron en Santa María del Rosario por espacio de seis años atendiendo con abnegación y eficiencia las necesidades de aquel lugar y ayudando en la Escuela Gratuita. Salieron de Cuba y regresaron a México el 24 de Enero de 1961.

---

[107] Morales, Hno. Alfredo, DLS, "Espíritu y Vida: El Ministerio Educativo Lasallista", Tomo II, páginas 370 a 373, Enero 1990.

59

Religiosas de los
Santos Ángeles Custodios

1955

Invitación para ir a Cuba

Monseñor Pérez Serantes había pedido religiosas de la Comunidad de las Religiosas de los Santos Ángeles Custodios a España y les ofrecía escuela y una casa para la comunidad amueblada, así también les pagaba el viaje a las primeras religiosas. El Gobierno General de la Congregación estudió la propuesta y aceptó dicha fundación. El 10 de Junio de 1955 se daba la conformidad a la misma y se preparaba el viaje de las primeras religiosas.

Llegada de las fundadoras

El 8 de Septiembre de 1955 salieron dos Hermanas rumbo a Cuba. Eran ellas: la Hermana de votos temporales Evelyn (Rosario) Rivera Dávila, puertorriqueña, y la Hna. Hilaria Vallejo Abad, española. Unos días más tarde salía también para La Habana la que sería la primera Superiora de aquella comunidad, la Madre Sagrario Varela Hevia. Pero al retrasarse su llegada a la capital, el Sr. Arzobispo ordenó a las Hermanas que salieran para Oriente pues tenía que comenzar el curso escolar.

Colegio de los Santos Ángeles Custodios
Media Luna (1955)

Llegaron las Hermanas Rosario e Hilaria el 15 de Septiembre al poblado de Media Luna, e inauguraron la escuelita haciendo así la primera fundación en Cuba el 2 de Octubre de 1955. Ese mismo día se bendijo la casa de la comunidad. Días después llegó la Superiora, la M. Sagrario Varela Hevia.

La escuela de Media Luna, que comenzaba con 60 niños, era una escuela primaria en un ingenio azucarero. Los benefactores y colaboradores de esta fundación fueron la familia Núñez Battis así como algunas señoras de la ciudad.

El 29 de Mayo de 1957 se inauguró el edificio de un nuevo colegio y casa para la comunidad. El número de alumnos fue aumentando y ya tenían 150 entre párvulos y enseñanza primaria. Pero llegó el 1960, y como nos relata la Hna. María Aurora Morón, "habiendo ganado la revolución de Fidel Castro al parecer se apoderaron de los bienes de las señoras que eran las que ayudaron a la creación de esta escuelita, y las Hermanas no pudieron seguir con ella. Nos fuimos de Media Luna dejando esta fundación en 1960. Concretamente las Hermanas se fueron el 3 de Mayo de 1961 de la casa de la Comunidad."[108]

---

[108] Morón, Hna. María Aurora, Casa Generalicia, Madrid, 1994.

Colegio de Santa Lucía (1957)

En otra zona azucarera de la provincia de Oriente fundaron las Hermanas otro colegio parroquial, esta vez en Santa Lucía. Ofreció la fundación el párroco de Los Dolores, el P. Cristóbal Novoa García quien quería comenzar una escuela desde el Kinder hasta el 4to. grado de primaria. Igual que en Media Luna, el señor párroco también les ofrecía aquí una casa amueblada para la comunidad y el boleto de viaje a Cuba de las Hermanas.

Salieron éstas hacia La Habana el 28 de Octubre de 1957. Eran ellas: la Madre Amparo Aranda (española) como Superiora, y las Hermanas Sara Zaldívar (cubana) y María Luisa Luri (española). En aquellos momentos la Hna. Sara Zaldívar residía en Puerto Rico.

Pero esta escuela tuvo una duración de sólo dos años. Al enfermar la Superiora y no poder enviar más personal, se dejó esta casa el 28 de Agosto de 1959.

Colegio de Santa Lucía

Colegio de Media Luna

Comunidad del Colegio Santa Lucía
Madres Lara, Luisa Luz, Lapari y Amparo

Comunidad de Santa Lucía:
Amparo Aranda, María Luisa
Luri, Sara Zaldívar, fundadoras

Santa Lucía, religiosas y alumnos en camino a la Misa dominical.

60

Misioneros de los Sagrados Corazones de Jesús y de María

1957

La Congregación

La Congregación de Misioneros de los Sagrados Corazones de Jesús y de María fue fundada en una ermita de la montaña de Randa, en la Isla mediterránea de Mallorca, España, el 17 de Agosto de 1890. Nacían unos misioneros dedicados a la predicación popular itinerante. La vida y el influjo del Obispo Jacinto María Cervera fueron abriendo la Congregación a nuevos ministerios. Una adaptación de las Reglas, que data del 1895, pide a los misioneros que estén dispuestos a marchar a las "misiones vivas de Ultramar".

Con todo, pasó medio siglo sin que la Congregación saliera de Europa. La primera llamada se recibió del Obispo del Río IV (Argentina) para dirigir el Seminario que abría esta diócesis, de reciente creación. En el 1954 la Congregación se hizo presente en el Caribe, en la todavía deprimida Línea Norte de la República Dominicana, colindante con Haití, siendo su núcleo más significativo Montecristi. Y no sería hasta tres años más tarde en que llegarían a Cuba los Misioneros de los Corazones de Jesús y de María.

Colegio Sagrado Corazón de Jesús
Sagua la Grande (1957)

El Colegio Sagrado Corazón de Jesús había sido inaugurado en Sagua la Grande en el 1906 por los Padres Jesuitas, pero por razones mayores hubieron de dejarlo hasta que en Septiembre-Octubre de 1957 los Misioneros de los Sagrados Corazones se hicieron cargo de él. El Obispo de Cienfuegos también confió a la Congregación la parroquia de esta ciudad. Allí permanecieron hasta que "la Congregación lo entregó al gobierno de Fidel Castro en 1961, luego de la invasión a la Bahía de Cochinos. Nosotros solo tuvimos este colegio. Fue nuestro pie en la Isla, Perla de las Antillas."[109]

El alumnado era de unos 240 alumnos, todos varones. Poseía el colegio amplias y ventiladas aulas, campo de pelota, volleyball, basketball, balompié y cancha de tenis. También tenía laboratorios, bibliotecas científicas y recreativas; salón de actos, salas de música, y una magnífica iglesia.

Contaba con una Asociación de Antiguos Alumnos. En el 1958 esta estaba compuesta por: Sr. Leandro Pérez, Presidente, Dr. Juan Bayolo, Vice-Presidente, Dr. Manuel Hernández, Secretario, Sr. Marcelino García, Vice-Secretario, Dr. Luis Leorza, Tesorero, Sr. Andrés Díaz, Vice-Tesorero y el Sr. Mario Pesquera, Delegado de Deportes. Los vocales: Dr. Rubén Badía, Dr. Melquíades Martínez, Dr. Gastón Robau, Sr. Florentino Rodríguez, Dr. Manuel Amézaga, Sr. Luciano Martínez, Sr. René Mier, Sr. Rolando Fernández, Sr. Rafael González y el RP Guillermo Gayá M. SS. CC.

---

[109] del Val, P. Cándido, m.ss.cc., Vicario General, Madrid, 1993.

Conclusión

Desde aquel verano de 1957 hasta el 1961, la Congregación de Misioneros de los Sagrados Corazones de Jesús y de María estuvo al servicio del pueblo de Sagua, en doble vertiente: la pastoral directa, y la enseñanza. Los hechos de todos conocidos los obligaron a dejar el país. Pero la semilla misionera quedó sembrada, y hace augurar un retorno fructuoso.

Profesorado del Colegio, Curso 1958-59:

P. Juan Zubitegui, Prefecto
P. Vicente Elio
P. Juan Gea
P. Cándido del Val
P. José A. Macaya
H. Jesús Alegría
Sr. Marcelino García
Prof. Antonio Blanco (Educación Física)
Sr. Diego Pereira
Sr. Luis Espinosa
Dr. Justo Espinosa

Personal del Colegio:

Orestes Abreu (cocinero)
Osvaldo Castillo (ayudante del cocinero)

Rectores del Colegio de Sagua La Grande

P. Guillermo Gayá   1957-1959
P. Francisco Mestre   1959-1961

Himno del Colegio
por *P. Bartolomé Mateu M.SS.CC.*

Alentamos en el alma un fuerte anhelo,
de ser grandes por la ciencia y por la fe,
de tender como aves nuestro vuelo,
de ser firmes como roca siempre en pie;
de pasar por la vida como estrellas,
y dejar en pos nuestro claras huellas,
de virtud, de honor,
de hidalguía y de valor.

La Congregación hoy

En 1960 abrieron casa en Puerto Rico. Desde entonces realizaron en esta area del Caribe una tarea parroquial, de enseñanza, de formación a los religiosos y religiosas y de pastoral familiar y campesina.

En 1994 la Congregación ha vivido su segundo exilio. La guerra de Rwanda se ha vuelto implacable. Desde 1968 la Congregación realizaba allí su tarea evangelizadora. Pero tanto los nativos como los extranjeros han tenido que dejar este país centroafricano. Para seguir fieles a la llamada africana, el 11 de Julio de 1994 se aprobó una fundación en Yaundé (Camerún) para que los jóvenes misioneros rwandeses, que tuvieran que abandonar la casa de formación de Butare, pudieran seguir su formación en un ambiente africano.

Se ha concluido el estudio previo de la beatificación de cuatro misioneros y una señora viuda, que les brindó hospitalidad, asesinados en el Coll (Barcelona), el 23 de Junio de 1936. Su actitud religiosa, pacífica, merece ser reconocida como testimonio de reconciliación.

El proceso de canonización del Fundador, P. Joaquim Roselló i Ferrá, lleva buen camino. Es de esperar que merezca el reconocimiento de la Iglesia.

Testimonios

P. Cándido del Val, "Maestrillo"
Colegio de Sagua, 1957-1961

Llegamos por Septiembre-Octubre de 1957. Contexto? Plena guerrilla urbana y rural con Fidel Castro y sus comandantes y milicianos por la Sierra...Recuerdo las desigualdades entre unos pocos y la mayoría, y éso en todas las áreas, también la religiosa. Además, por lo que toca a la jerarquía católica, en buena relación con el Gobierno. Pero pronto la vi enturbiada por represiones. Por ejemplo, la Congregación Mariana de los Jesuitas de La Habana. Problema con otros católicos con sensibilidad social del momento.

Todo esto recuerdo que me hizo "repensar" mi vocación... Porque me supuso como un 'nuevo nacimiento' mi llegada a Cuba, a mis 21 años, con gran desconocimiento de la vida en general, por eso mismo debo anotar que tuve que re-ver mi continuación en la vida religiosa.

A continuación quiero anotar que, justamente éso, luego, fue mi principal argumento para mi vocación... Había visto tantas injusticias y linchamientos... que me dije: "lo mejor es que trabaje como sacerdote para el cambio que el mundo necesita.

Puedo añadir, que, como mi sensibilidad social era poca, o ignorante, materialmente hablando fueron los años mejores de mi vida. Lo pasé muy bien. Disfruté de todo el adelanto que mostraba y hacía gala el país. ¿La gente? Amable, simpática y cariñosa. Creo que crecí mucho.

Rafael E. Martínez
Antiguo Alumno 1956-61

Ingresé en el colegio en el 1956 y estuve allí hasta el 5to. grado en que Fidel Castro cerró el colegio. Recuerdo al Padre Paradas, jesuita, que era muy famoso en el pueblo. Fue maestro de Primer Grado de casi todos los profesionales de Sagua. El Hno. Parada se especializaba en sacar dientes y cobraba un peso por sacarlos...!

Las paradas por el pueblo de nuestro colegio eran muy divertidas. El Día del Rector tiraban caramelos desde un avión...!!! Hoy a los 44 años todavía me acuerdo de la instrucción religiosa que me enseñaron aquellos buenos padres. La educación fue tan buena que cuando llegué sin inglés a Miami pude pasar de 6to. grado gracias esta educación que traía de Sagua."

Me acuerdo que todas las mañanas llegábamos un grupo temprano para ver a quien escogían para ser monaguillo en la misa diaria. El P. Zubitegui escogía a dos y eso era un gran orgullo. También me acuerdo la última misa que dieron cuando Fidel mandó a los Padres para España. Nos registraron los milicianos con metrayetas (a niños de 10 años)...la misa fue de gran emoción y tristeza...

RP Guillermo Guyón Bauza, Rector

Claustro de Profesores

Colegio de Sagua Vista Aérea

Parada por las calles
de Sagua

Colegio Sagrados Corazones de Jesús y María

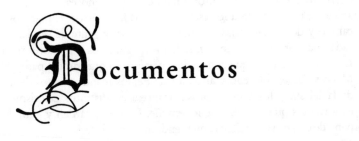

Documentos

Sínodo Diocesano de Santiago de Cuba (1681)

LIBRO PRIMERO

La enseñanza religiosa: obligación universal

Respectivamente no es menor obligación la que tienen los curas como vigilantes pastores, para enseñar la Doctrina Cristiana, que la que tienen los padres para sus hijos; los tutores para con sus menores; los padrinos para con sus ahijados; los amos para los esclavos; todos los dueños de ingenios y haciendas de campo y demás personas que tienen esclavos, y gente de servicio y a los tutores, cada uno por lo que le toca enseñen a sus súbditos y menores todas las noches la Doctrina Cristiana, que consta de 4 partes: ...la oración del padre Nuestro, el Ave María y Salve; el Credo y artículos de Fe, los mandamientos de la Ley de Dios y de la Iglesia y los Sacramentos... impresa en distintos catecismos aprobados...y exhortamos que por ellos se les enseñe. Lo cual guarden y cumplan debajo de la pena de cargo de conciencia que tendrán de no hacerlo.

LIBRO PRIMERO – TITULUS PRIMUS
CONSTITUCIÓN VIII

Los maestros y maestras de niñas les enseñen la Doctrina y envíen los domingos los niños a las parroquias

Siendo igual la obligación de enseñar la doctrina cristiana a los padres de familia, dueños de esclavos, con las que tienen los maestros de las escuelas y maestras de niñas, mandamos a los susodichos que con todo cuidado enseñen a los niños y niñas la doctrina cristiana por el catecismo del Padre Ripalda u otros de los aprobados, y no por los formados o inventados por ellos, ni les den a leer sonetos profanos, ni novelas, ni libros de comedias.

Y a los maestros de dichas escuelas, que todos los domingos y demás días que los curas de las iglesias parroquiales les avisaren, envíen a todos los niños a dichas iglesias, para que los examinen en la Doctrina y le tomen cuenta della, y reconociendo no saberla, los multen en 1 ducado. Si no obstante la monición (sic) que les dieren no lo hicieren y si estuvieren omisos en enviar los niños a su cargo a la Doctrina, por tercera vez que faltaren después de amonestarlos, los priven de los oficios de maestros, cuya determinación y aplicación dejamos al arbitrio y dictamen de los párrocos y nuestros vicarios.

LIBRO PRIMERO-CONSTITUCIÓN IX

Que los maestros de escuela sean personas de buena vida y costumbres, y aprobados por el ordinario

Por cuanto conviene, que los que se hubieren de ejercitar en tener escuelas públicas, y enseñar la Doctrina cristiana a los niños, sean de buena vida y costumbres, para que hagan su oficio con el fervor que se requiere, y aprovechen sus discípulos con su buena Doctrina y ejemplo: establecemos y mandamos, que todas las personas que hayan de tener dichas escuelas para enseñar la Doctrina cristiana, sean virtuosos y conocidos por de buena fama y costumbres: los cuales fuera de la licencia que han de tener de la justicia real, para poder poner escuela han de obtener licencia y aprobación del juez ordinario de su distrito: el cual los examine en la Doctrina cristiana, oraciones y principales misterios de nuestra santa fe católica; y por el contrario se prohibe que ninguna persona, sin la dicha aprobación y examen, ponga escuela pública.

CONSTITUCIÓN XI, LIBRO III-TÍTULO I

Los libros como armas

Bien se reconoce que así como los soldados deben ir prevenidos para la guerra con armas, así los clérigos de todas Ordenes, que lo son de la Iglesia, para pelear contra los vicios y pecados, deben estar armados con la suficiencia para desterrar la culpa de los corazones de los fieles y engendrar en ellos virtudes.

Y así amonestamos y mandamos, a todos los clérigos de nuestro Obispado, tengan por lo menos en sus estudios y aposentos algunos libros morales en que continuamente estudien...

Representación al Monarca solicitando la reforma de los estudios

Padre José Agustín Caballero
14 de septiembre de 1796

Señor:

Uno de los objetos sobre los que ha puesto su mira la Sociedad Patriótica de La Habana, es el establecimiento de una escuela de gramática castellana. A imitación de los antiguos griegos y romanos, que no contentos con el uso, aspiraban a perfeccionar su idioma por medio del arte, aspira también la Sociedad a que la juventud americana instruida metódicamente en los fundamentos de su lengua, llegue algún día a hablarla con dignidad y elocuencia. A fin de aventurar su proyecto, consultó primero el dictamen del público, haciéndole ver por medio de un impreso los vicios notados en su pronunciación y escritura, y simultáneamente dirigió oficios políticos a los superiores de las casas de estudio para que los preceptores de latinidad se tomasen el trabajo de interpolar algunos rudimentos de la gramática castellana con los de la latina.

El público leyó con agrado esta especie de tentación que contenía el impreso; y los superiores contestaron a una, reconociendo las ventajas de la solicitud; bien presentaron el inconveniente de carecer de la facultad necesaria para alterar por sí solos el plan de estudios; inconveniente que ellos mismos prometieron allanar con el tiempo.

Algunos, como el Padre Rector de la Universidad y el Prelado de S. Agustín, señalaron un día en cada semana para dar las precitadas lecciones; y aquel añadido en su respuesta deseaba ver establecida en sus aulas una cátedra especialmente destinada a la enseñanza del idioma nativo, por lo que quedaba dispuesto a suscribir con la Sociedad la instancia que pareciese conducente al logro de este objeto. Uno y otro Superior hubieran ya hecho comunicar a la juventud muchas de esta lecciones, si la escasez de ejemplares por donde enseña, no hubieran malogrado sus esmeros.

La Sociedad no puede omitir al representar a S.M. que sólo el Director del Colegio Seminario ha probado como superfluo el establecimiento de la enunciada cátedra. Los fundamentos de su negativa no parecieron al Cuerpo Patriótico digno de suspender las gestiones que había iniciado; pero por si acaso ella no hubiera sabido apreciarlos, quiso que se acompañase reverentemente la misma respuesta original del Director con esta representación.

Tan felices antecedentes han excitado los deseos de la sociedad, y animándola a perfeccionar el proyecto tratado de exigir una cátedra especial donde se enseña el conocimiento radical de nuestra lengua. Más ella sabe muy bien que las ventajas que se propone no son asequibles sin el poderoso y eficaz influjo de S.M. Mientras los exclarecidos antecesores de V.M. los Sres. D. Fernando y Doña Isabel, no dispensaron su soberana protección a este ramo de literatura española, no comenzó a pulirse entre nosotros el lenguaje nacional, y no hubiera tomado el alto puesto de perfección con que se le ha visto en la última mitad de la centuria corriente, si el augusto padre de V.M. Q.G.H. —no hubiera acogido bajo su Real patrimonio las tareas del Cuerpo literario que tan útilmente se ocupaba y todavía se ocupa en limpiarle y perfeccionarle.

Estos datos, Señor, suministrados por la experiencia, hacen creer a la Sociedad que mientras V.M. no interponga su mano Soberana, la América carecerá de un taller adonde los jóvenes se conduzcan a conocer el valor de nuestra lengua, sus bellezas y sus primores. Y las repetidas pruebas que V.M. nos pone a la vista de ser digno heredero del trono, de las virtudes y de los laureles del siempre augusto padre de V.M. le dan sobrado motivo para esperar que V.M. llevando adelante el empeño que por casi tres siglos han tenido los gloriosos antecesores y progenitores de V.M. en perfeccionar el idioma español. V.M. accederá a su solicitud, gracia que ella reconocerá y aclamará como una gloria que reservó el cielo para la época afortunada del reinado de V.M.

Los fondos con que ha de entretenerse esta escuela, es objeto de mucho momento para que pudiera la sociedad, haberlo alejado de sus especulaciones. Ella no ha encontrado en su caja lo que requiere el proyecto para plantificarse por eso ha expendido sus miras hacia afuera, y solo se ofrecieron a su consideración los cuerpos de la Universidad y del Colegio Seminario. Aquella siente actualmente en sus fondos un atraso increíble al cabo de 58 años de fundación; éste por el contrario, cuenta una existencia física de pesos tan considerable, como lo demuestra el adjunto documento que respetuosamente incluyo, franqueado a petición de la misma Sociedad. Se agrega, que siendo la propuesta de la sociedad en beneficio de la juventud, a cuya instrucción son destinados sus fondos, no se ofrece incompatibilidad alguna con sus cátedras, ni el costo de que quedaría recargado podría serle gravoso, siempre que esta nueva cátedra corriese la misma suerte de las otras de gramática latina, a saber; quinientos pesos anuales; casa y comida, erogaciones de poca cuantía, atendiendo el valor de su arca y el aumento que necesariamente va a recibir.

En esta virtud, Señor, la Sociedad Patriótica suplica a V.M. en la forma más rendida, se digne mandar crear una nueva cátedra, dotarla de los indicados fondos, y acogerla bajo la Real sombra e inmediata protección de V.M. Así me ha mandado lo represente humildemente, y así lo ejecuto gustoso exaltado a los pies del trono de V.M.

Habana y Septiembre 14 de 1796. A los Reales pies de V.M.

Señor Dr. Caballero.

Memorias de la
Real Sociedad Económica de la Habana

25 de Enero de 1817

En cumplimiento del encargo con que V.S. y VSS se han servido honrarnos, de visitar, inspeccionar e informar acerca de las escuelas de niñas de esta ciudad, debemos decir que hemos evacuado los dos primeros preciosos encargos, pasando personalmente a todas las escuelas designadas en el plano que nos remitió el amigo Secretario con oficio de 4 de diciembre próximo, réstanos, pues, solamente cumplir con el último que dividiremos en tres partes. 1o. Estado actual de la enseñanza del bello sexo en la Habana, 2o. Necesidad de mejorarla, de organizarla y de sistematizarla, 3o. medios de ejecutar esta última empresa. Pero antes de emprender el análisis de cada uno de estos puntos, nos permitirán V.S. y V. SS. que guiados de un verdadero patriotismo, ni paliemos ni ocultamos de ninguno de los males que hemos tocado. La confianza conque nos ha honrado una tan ilustrada y sabia Sociedad, exige de nosotros esta franca confesión, pues que en ello estriva el remedio que trata de aplicarse. El político más fino se equivoca cuando no procede sobre hechos ciertos.

1o. Estado actual de la enseñanza del bello sexo en La Habana y de su educación

Después de haber hecho el examen más riguroso en cada una de las escuelas, de los puntos de su enseñanza, preguntando a la mayor parte de las niñas, según su capacidad, aquellos rudimentos triviales que podrían estar a su alcance, hemos formado la idea general, que la enseñanza de las niñas se halla en bastante atraso. Si exceptuamos dos establecimientos dignos de la más alta consideración, cuales son el de las monjas Ursulinas, y el del colegio de San Francisco de Sales, hallaremos a los demás en general, (pues siempre hay algunas excepciones), en un estado de tal abatimiento, que es necesario que la Sociedad ponga todo su esmero en darles un impulso que les saque del mismo estado en que yacen. De las cincuenta llamadas escuelas que se numeran en el plano que hemos tenido a la vista, debemos de traer ante todo treinta por lo menos en que no se enseña sino a leer y a rezar por un método rutinero, que lejos de presagiar adelantamientos, hace que las niñas queden paralizadas en unos conocimientos estancados de las que con dificultad pueden aprovecharse en lo sucesivo. Algunas hay buenas, pero son muy pocas.

En cuanto a la doctrina cristiana, que es la piedra fundamental de la educación de todo hombre, vemos que se enseña por el Ripalda, casi maquinalmente o como puede enseñarse a un loro. En varias llamadas escuelas hemos preguntado cuantos Dioses hay, y porque el catecismo de que se usa no hace esta pregunta, no han sabido contestarla muchas jóvenes, ni aún alguna maestra. Tal es el efecto de ese estudio de memoria, cuando no se hace al entendimiento que tome una parte muy activa en lo que se la encomienda. Pues esto mismo nos ha sucedido con otras muchas preguntas que hemos hecho; y de aquí es que nos hemos visto en la necesidad de preguntar por el libro que se enseña, bien cerciorados de que de otra suerte no podíamos hacer examen alguno.

Pero ni puede ser de otra manera, porque en general las maestras son ignorantes, sin principios y sin educación, y que acaso se hallan en una absoluta incapacidad de razonar sobre estos asuntos. Parecerá esta proposición una paradoja; pero confesamos con rubor y con sentimiento, que hasta ahora no ha habido uno que vele sobre la enseñanza de las niñas, que se han erigido en maestras algunas pobres negras que no tienen otro modo de sustentarse con alguna descendía; algunas desdichadas viudas que han quedado en la desolación por muerte de sus maridos, y en fin todas las que sabiendo la doctrina y conociendo las letras del abecedario, han querido vivir decentemente y con honor, convirtiéndose en Minervas de la juventud. Ni han tenido que sufrir un examen para ocupar un puesto de tanta influencia, ni se han velado por la pública autoridad acerca de su conducta moral ni han sido jamás visitadas. Admirémonos, pues, de que en tal abandono no hayan izquierdeado en medio de la corrupción del siglo, estos semilleros de la primera enseñanza.

Por lo que toca a la lectura hemos hallado que sigue el método ordinario de deletrear; pero al mismo tiempo hemos tocado varios vicios tan generalizados, que parece dependen de un errado sistema. 1o. A ninguna niña se le enseña el valor de las comas, puntos etc. de donde nace que generalmente, no solo no pueden entender lo que leen; pero ni tampoco los que las oyen. 2o. Ninguna regla relativa a la acentuación ni a la cantidad de las palabras o sílabas. 3o. Ninguna idea de la gramática castellana. 4o. Un tono sin inflexión ni modulación que es el propio monótono. La leyenda de nuestras niñas es el martillo de un herrero. Este vicio depende de que en una escuela de cuarenta o cincuenta niñas, todas leen y deletrean a un mismo tiempo; cada una trata de esforzarse lo más posible, y de aquí resulta una algarabía que produce las más tristes consecuencias. Por otra parte, en ninguna escuela hemos encontrado división de salas o cuartos, en que por ejemplo estén los que deletrean y las que leen. Enseñan las maestras, pues, maquinalmente. Y pudieran darse principios generales que fuesen igualmente útiles a todas las niñas, cuando se hallan en distintos escalones o con distintos adelantos? No crean V.S. y V.SS. que estas aserciones son efecto de una idea formada a la presura. Hemos examinado a las que deletrean, a las que leen en libro (como vulgarmente se dice), y a las que lo hacen en cartapacio o proceso; y solo hemos exigido de cada una, aquella muestra de lo que estaba o podría estar a su alcance.

Se ha dicho y repetido mil veces que el modo más fácil de hacer que progrese un joven en cualquiera carrera, es hacerle suavemente que se complazca en los principios, que halle un deleite en vencer aquellas pequeñas dificultades que poco antes le parecían insuperables, y conducirle así de uno a otro objeto más complicado o más difícil. Pero que gusto podrán tomar por la lectura estas niñas cuando se les pone en las manos unos libros (que parece son el patrimonio de toda escuela), fijos, áridos y los menos adaptables a la comprehensión (sic) de su corta edad? Cuando el espíritu ha tomado una vez un interés decidido por un episodio, o cuando se ha movido su curiosidad que pretende conocer algún suceso de los muchos que el Criador le presenta a cada instante, ya está andando más de la mitad del camino, y ya el joven en su lectura no necesita ni de premios ni de castigos, para que se aplique y haga progresos admirables; pero por el contrario, cuando se cansa y se fastidia por la aridez de lo que emprende, con dificultad se le hace pase la valla de los rudimentos. Si hacemos la aplicación de estos principios a la práctica, hallaremos la necesidad de procurar a nuestra juventud unos libros agradables y útiles, que les sirvan de atractivos para emprehender la lectura a otras obras de más jugo. ¿Quién no ha visto a infinitos jóvenes mirar a un libro como aún enemigo que turba su tranquilidad? Y quien no ha observado, que cuando en la niñez se forman estas ideas, se fortifican en la pubertad y se fixan (sic) en la vejez? Ha señores! no debe descansarse en este punto hasta que se corte de raíz un mal tan terrible como descuidado, pues, un asunto de tanta importancia no debe dexarse (sic) a la ventura o al acaso.

Ocurren con frecuencia algunas voces o exóticas, o desconocidas por los niños. Nadie les expone su significado, ni acaso la mayor parte de nuestras maestras tienen idea de que hay un diccionario de la lengua. Si el más erudito necesita ocurrir muchas veces a esta pura fuente para fixar (sic) la verdadera significación de una palabra, ¿cuánto más no necesitará una maestra inexperta e ignorante, que no sabe otra lengua que la que la enseñó su nodriza? Hemos tocado también este defecto que no podemos menos de manifestar.

En la lectura está envuelta la declamación; de suerte que es imposible leer bien sin declamar bien. La monotonía ocupa el lugar que deben tener aquellas inflexiones que dan un nervio y una alma a lo que se lee: así es que cuando leemos bien se hacen nuestras las ideas del autor, y a medida que nuestro entendimiento se persuade de ellas, crece nuestro afán y nuestra curiosidad. El sistema contrario envuelve infinitos males, que creemos excusado exponer a la alta comprehensión (sic) de la Sociedad. Ya, pues, hemos observado arriba que se lee de carretilla, que la lectura que hemos notado es como un martillo de un herrero, y así debemos anunciar esta falta, y presentar sus resultados para que no se olvide este grande vehículo de la enseñanza primaria.

¿Qué no podríamos decir de los inmensos defectos de la pronunciación? No hay una escuela en que se enseñe a pronunciar distintamente, 'poyo y pollo, y ayo, halla, casa, caza, benéfico, venéfico'. Estos defectos han sido reconocidos por todos los sensatos. La falta de una buena enseñanza ha hecho que se generalicen de tal manera, que casi es muy difícil desarraigarlos; pero si nunca se empieza, nunca se hará cosa alguna.

Nada tendremos que decir acerca de la escritura, porque si se exceptúan las Ursulinas y el Colegio de Niñas, apenas hay cuatro en que se enseñe a escribir. Ya antecedentemente hemos dicho cuales son las maestras en general, aunque deben exceptuarse algunas que merecen toda la atención por sus excelentes cualidades, de las que nos reservamos hablar cuando V.S. y V.SS. dispongan. Así creemos excusado hablar una palabra más, porque el buen juicio alcanza cuanto pudiéramos exponer.

Se enseña también en la mayor parte, a coser y a bordar. En el Colegio de Niñas hemos visto obras excelentes, y en general hallamos que estos ramos están en el mejor pie, a nuestro modo de entender. Necesidad de organizarla, mejorarla y sistematizarla.

Es tan grande el poder que causa en un joven las primeras ideas que adquiere en su infancia, que ellas son las que la determinan en lo sucesivo a ser un buen vecino, o ser una escoria de la sociedad. Cuanto, pues, debe velarse acerca de este interesantísimo punto, lo determina el mayor o menor interés que se tome en el bien estar y felicidad de la sociedad en que vivimos. Engendrados, nuestras madres, de ellas recibimos las primeras luces, estas nos determinan en lo sucesivo.

Al abogar por la ilustración de las mugeres (sic), no hacemos sino desear que la niñez reciba las ideas más correctas. Se hallan de tal manera ligados estos puntos, que raras veces vemos que los hijos de madres necias e ignorantes (cuando reciben de ellas la primera educación), sean sabios o ilustrados; al paso que observamos diariamente que la ignorancia del padre ni se transmite al hijo, ni le sirve de obstáculo en el desenvolvimiento de sus luces. Con efecto, señores, en los cuatro primeros años de nuestra edad, quién nos dirige? ¿de dónde nacen aquellas inclinaciones que el vulgo cree naturales? Estamos bien persuadidos que todos los seres que rodean a un niño, son tanto agentes que le engañan; pero por lo mismo que la madre es un ser que nunca le abandona, debe tener el primer influjo. Fácil es, pues, deducir que si esta madre es sabia, si tiene un buen juicio por lo menos, si se halla libre de ese cúmulo de preocupaciones y vaciedades que son los eternos tiranos de su entendimiento, hará de su hijo una tierna planta bien dirigida y cultivada. No vemos a un hombre con arrugas en su frente, que rehúsa dormir a solas por temor de los duendes o bruxas (sic)? No vemos a otro que ni se atreve a pasar en una noche obscura por el frente de una iglesia o cementerio? Pues no adquirió estas ideas cuando su juicio estaba fortalecido. Desde la cuna le acompañan hasta el sepulcro estos vanos temores. Las madres tienen en su mano la felicidad o la desgracia del género humano. Se desatenderá, pues, su educación? Miraremos con el mismo abandono que hasta aquí, la enseñanza de las que han de renovar el mundo?

Todos los que en los últimos tiempos han declamado contra los desnaturalizados que entregan sus hijos a una nodriza, han convenido que mejor harían entregarlos a una cabra o a una loba. Fúndanse en que siendo las nodrizas generalmente de la clase ínfima del estado, vierten un terrible veneno en los líquidos del tierno niño, y en que desprovistas de educación, de principios, de moral, y llenas por otra parte de preocupaciones, las más groseras, las perpetúan en sus hijos de leche. Ilustremos al bello sexo, y desde entonces los males serán menores...

Tales son los resultados de nuestros trabajos y meditaciones. Creeríamos haber hecho una traición a la patria y al cuerpo sabio que nos ha honrado, si hubiésemos paliado u ocultado los males que con toda franqueza hemos expuesto. Si por este medio, puede lograrse que se más feliz la mitad de la Habana, tendrá este pueblo un motivo más para estar reconocido a los sabios gefes (sic) que la gobiernan, y al ilustre cuerpo que se desvela por la expansión de las luces, que es origen de todo género de virtudes y de felicidades. Entretanto nuestros trabajos serán coronados si V.S. y V.SS. se dignan aprobar nuestra buena intención. Habana y enero 24 de 1817. Vicente María Rodrigo - Ldo. Justo Vélez.

En junta ordinaria celebrada en 25 de Enero de 1817.

25 de Noviembre de 1817

Confiado este ramo por la real Sociedad de Amigos del País a una sección de sus miembros, presidida por el Sr. director intendente de ejército, D. Alejandro Ramírez, se demostró desde los principios de su instalación el vivo interés que tomaba, no solo porque nuestra juventud adquiriese mayores conocimientos de los que comúnmente se enseñaban en las escuelas de primeras letras, sino también porque el estudio de ellos se facilitase de un modo adecuado a la capacidad de los niños, y al objeto esencial de su correcta y temprana instrucción. Siguiendo fervorosamente este plan, procuro entre otras medidas conducentes a su logro, averiguar el estado de dichas escuelas, la capacidad de sus maestros, y las buenas o malas circunstancias que los distinguían. Tuvo presentes en estas disposiciones las escuelas establecidas para las niñas, considerando que para que lleguen a ser buenas madres, y representen en el trato social aquella importancia que la naturaleza las ha dado entre los demás seres, es necesario cuidar oportunamente de su cristiana e ilustrada educación. Con estas precisas miras nombro tres comisiones para que en conformidad de lo prevenido en los estatutos de dicha real Sociedad, aprobados por S.M. visitasen, inspeccionasen y propusiesen a la Sección lo conveniente al intento según el resultado de sus observaciones; compuestas la primera para las escuelas de intramuros de los señores D. Juan Bernardo O'Gavan y D. Alfonso de Viana; la segunda para las de extramuros de D. José Antonio de la Ossa y D. Jorge Lazo de la Vega, y la tercera para las de niñas, de D. Vicente María Rodrigo y D. Justo María Vélez. El público ha visto que no han sido estériles estos trabajos con respecto a la juventud masculina, por las noticias que se le han dado en el Diario del gobierno del resultado de los exámenes que hasta aquí se han recibido. Resta ahora que también se imponga del feliz éxito que van produciendo por lo que hace a la femenina.

Estaba la enseñanza de ésta, si no abandonada, al menos atrasada en gran manera; y sin hacer agravio a algunas maestras de ejemplar conducta y acreditado esmero por el adelantamiento de sus discípulas, es preciso confesar que sus conocimientos, excepto los de costura y bordado, estaban bastantemente reducidos. La Sección que conocía estas verdades comprobadas por los informes de su comisión, no menos celosa del bien público, deseaba ansiosamente poner término a tanto descuido; y ya sea por los pasos directos que ha dado para lograrlo, o ya porque habiéndoles hecho notorias sus excitaciones, han estimulado a algunos genios eficaces y emprendedores, ha tenido la noble satisfacción de que se le hubiese ofrecido un examen público de niñas, y de haber hallado en su escuela un plantel de enseñanza delicado y nada vulgar.

Trátase de la escuela de Dña. Victoria Adela Legrás, que ha poco más de un año la estableció bajo el título de Santa Isabel, con licencia del Superior gobierno, previo el examen y apoyo de dicha Sección de Educación.

Ya se dijeron en el Diario del 15 del corriente los especiales motivos que la Sección tuvo para que el examen se verificase el 16, que esta ciudad celebraba a su Santo Patrono, y ahora se añade que en su consecuencia concurrió a la escuela a las diez de la mañana de dicho día, autorizada por el mencionado Sr. su presidente, intendente de ejército, D. Alejandro Ramírez, a quien acompañó su señora esposa, Dna. María de las Mercedes de Villaurrutia, dando con su presencia mayor importancia al acto, y con su agrado, confianza y desembarazo a las niñas, que siempre se hallan mejor con las personas de su sexo.

Procediese al examen dando principio por la doctrina cristiana en que todas se manifestaron instruidas, según su respectivo genio y edad. Siguiose la lectura con igual resultado. Presentáronse las planes que habían escrito, y se hallaron también con corta diferencia, arreglados principios de este arte. Continuóse la gramática castellana, y manifestaron con sus acertadas respuestas en la ortografía, analogía y sintaxis, su ventajoso aprovechamiento, sobresaliendo en este arte Da. Agueda Montoto. El propio acreditaron tener en el idioma francés las niñas Da. Pascuala Mendive y Da. Adela Legrás, especialmente la primera de edad de 10 años, que después de haber dejado al Sr. Presidente satisfecho de su inteligencia en el examen que por si mismo hizo de ambas cuando antes de dar principio al baile la noche del siguiente día, con mucha oportunidad y buena pronunciación. Igual desempeño acreditaron en diversas operaciones aritméticas que resolvieron con puntualidad, siendo las más de números quebrados en las cuales escribieron con tino los diferentes signos matemáticos que correspondían a cada caso. Exhibieron varias flores que habían bordado con bastante propiedad, notándose la misma en varios ensayos de dibujo que presentaron, obsequiando cortésmente con algunos a la Sra. Intendenta. Y por último salieron a explicar en el globo la Geografía dos niñas nombradas Da. Pascuala Mendive, y Da. Josefa Legrás, desempeñándose con tanto acierto en la demarcación de las principales partes de la esfera, y otras sobre que particularmente fueron preguntadas, que dejaron muy complacida a la concurrencia en general, y en particular a la Sección que notó en estas dos niñas toda la instrucción que cabía en la corta capacidad de sus pocos años.

No quedaron menos contentos los concurrentes de la singular viveza y buena disposición con que Da. Tomasa de Basibe y Caro, de cinco años de edad, se desempeñó en la doctrina cristiana y lectura, teniendo además tal conocimiento de los números, sin saber aún formarlos, que leyó con prontitud y propiedad diferentes cantidades que al efecto se escribieron, animándolas también con la misma facilidad y acierto.

Concluido el examen, se procedió a la aplicación de premios. Consistían estos en unas bandas de tafetán de color oro que se tuvo por preferente, blanco y azul con flecos de lo mismo, y en su centro el escudo de las armas de esta ciudad, que es el que usa la real Sociedad, con la siguiente inscripción simétricamente colocada a sus lados y parte inferior, **La aplicación premiada por la Real Sociedad Económica de la Habana**, conteniendo la superior, unas el número 1o. y otras el 2o., para distinguir en dos clases el mayor y menor mérito del aprovechamiento de las niñas. Y es de advertir que el costo del tafetán y del trabajo de manos ascendente a cincuenta y dos pesos, lo donó a la Sección el socio D. Marcos Sánchez Rubio, que fue encargado por ella de este punto, así como también lo hizo el socio D. José de Arazoza de los derechos de imprenta, y de doce ejemplares del resumen en verso de la Historia de España, que se entregaron a la Directora de la escuela para que los repartiese entre las niñas que no obtuvieron banda, y a su juicio fuesen más acreedoras a esta grata aunque pequeña demostración.

Consignados que fueron los referidos premios a las niñas que a continuación se expresaran, se cometió su distribución a la Sra. Intendenta, no tan solo por el exclusivo derecho que para ello la daban su sexo y distinguido carácter, sino más especialmente porque las mismas niñas los recibirían de su mano con mayor júbilo y aprecio. Así se observó en el semblante de cada una, cuando dicha Sra. llena de afabilidad las fue poniendo muy oficiosa las mencionadas bandas, atravesándoselas desde el hombro derecho al costado izquierdo, y formando al propio tiempo los correspondientes lazos, ciñendo además las cabezas de las dos primeras con unas guirnalda de flores a cada una que al efecto estaban preparadas, agasajando a todos con tiernos cariños, y diciéndolas que no desmayasen en su aplicación para hacerse merecedoras de mayores recompensas.

Y a fin de que sirva de satisfacción a las niñas interesadas y a sus padres respectivos, como asimismo de estimularlas de otras escuelas, y de noble emulación a las demás maestras para procurar igual instrucción a sus discípulas, se publica esta noticia, prometiéndose la Sección del pundonor que supone en dichas maestras, que no dejaran frustrados sus desvelos y esperanzas. Habana 25 de noviembre de 1817.

Juan Nepomuceno de Arocha, Secretario

12 de Diciembre de 1818

Educación pública en las casas religiosas

La Comisión nombrada por el Excmo. Sr. Presidente, Gobernador y Capitán General de esta isla, y el Illmo. Sr. Obispo Diocesano para conferenciar con los prelados de los conventos de regulares, y con las superioras de los monasterios de religiosas de esta ciudad, a fin de ejecutar el establecimiento de escuelas dispuestas en la real cédula de 20 de octubre de 1817, hace saber al público con acuerdo de las mismas autoridades —Que se practicaron todas las diligencias oportunas para dar cumplimiento a la disposición soberana en beneficio de la educación cristiana y civil de la infancia desvalida, habiéndose prestado los prelados y superioras, no solo con obediencia y prontitud, sino con generosidad y demostrando el más ardiente deseo de que se realicen las paternales intenciones del Rey dignamente explanadas en la misma cédula de la materia.— Arreglado y aprevenido ya todo lo conducente según consta del expediente instruido se abrirán las escuelas en el mes de enero del ano próximo, el día que se designe por el Diario del gobierno, para los niños en los conventos de Santo Domingo, San Francisco, San Agustín y la Merced, y para las niñas en los monasterios de Santa Clara, Santa Catalina y Santa Teresa. Fuera de la ciudad de la Habana habrá también las mismas escuelas caritativas en todos los pueblos de este obispado donde haya conventos de regulares. Los padres u tutores de los niños y niñas ocurrirán desde luego a los respectivos prelados conventuales o a las superioras de los indicados monasterios para tratar de su admisión en el orden conveniente.

En todas las escuelas se enseñará con esmero, eficacia y el mejor método a leer, escribir, contar, la gramática y ortografía castellana, los rudimentos de nuestra santa Religión y las reglas de una buena educación. En las de niñas, además de esta instrucción elemental, se les aplicará también a las labores propias de su sexo, y con particularidad a la costura. Se suministrarán gratis a los niños y niñas los artículos necesarios para leer escribir, según las facultades de los conventos, y atendidas con prudencia las circunstancias particulares de cada individuo que reclame la caridad religiosa. Los prelados y superioras de un modo edificante, han anticipado sus ofertas generosas a las insinuaciones de los comisionados. Estarán las escuelas abiertas y en ejercicio todos los días del año, exceptuándose los de fiesta aunque sean de una cruz, la tarde de los jueves en Santa Clara, y la de los sábados en Santa Catalina.

Empezarán desde las ocho hasta las once de la mañana y desde las dos hasta las cinco de la tarde. En los monasterios se cerrarán las puertas destinadas para la entrada de niñas una hora después de las que se han señalado, es decir, a las nueve de la mañana y a las tres de la tarde, y no se volverán a abrir hasta el momento en que hayan de restituirse a sus casas. Serán admitidas las niñas en los monasterios de que hayan entrado en los cinco años de edad hasta la de doce cumplidos, y al efecto exhibirán su partida bautismal. Cada período de enseñanza para cada niña durará cuatro años cuando más. Las que hayan llenado este termino saldrán para ser reemplazadas por otras. En cada monasterio habrá un libro formal en poder de la superiora, donde se asiente el día en que entra la niña, su edad y el nombre de sus padres. Concurrirán las niñas a la escuela con limpieza, con un vestido modesto, y con la posible uniformidad. Las superioras harán en este interesante articulo las exhortaciones y prevenciones que sean conducentes para que sus alumnas acrediten hasta en sus trajes que reciben la educación fundamental en un santuario de vírgenes consagradas a la Religión y a sus santos ejercicios. Las niñas no irán solas desde sus casas al monasterio. Las acompañará una persona que merezca la confianza de sus padres hasta que la madre receptora sea entregada de ellas para introducirlas en el salón de la escuela. Con igual cuidado y vigilancia se verificará la salida, los religiosos y las madres, a cuyo cargo están las escuelas, tendrán particular cuidado de inquirir los motivos de las fallas que advirtieren en sus discípulos a fin de que sus padres tomen la providencias que convengan en beneficio de la educación de sus hijos.

Los dos actuales comisionados en calidad de curadores quedan encargados por las respectivas autoridades de visitar todas las mencionadas escuelas siempre y cuando lo juzguen oportuno, contribuyendo del modo posible a su perfección, procurando la uniformidad en el método de enseñanza, designando los libros elementales que convenga adoptar y conferenciando y acordando con los prelados y superioras todos los artículos que consideren dignos de reforma. El público ilustrado de la Habana no necesita que se le explique ni recomiende la utilidad de tales establecimientos caritativos, digno fruto de los cuidados paternales de nuestro amado Soberano. Son inmensos los bienes que resultan a la sociedad entera de que por este medio la educación primaria y radical se mejore, se difunda y generalice en todas las clases y en ambos sexos. La educación proporciona al hombre su deplorable suerte, o las virtudes consoladoras para soportarlas con resignación y templanza. Hace conocer desde muy temprano las sendas del bien y del mal, inspirando amor a la virtud, y aborrecimiento al vicio. La educación, en fin, desnuda al hombre de su natural ferocidad, y lo convierte en un ser sociable, compasivo, tierno y benéfico. Si se atiende al sexo débil bajo que dirección más santa podrían ponerse las niñas? Unas vírgenes consagradas al Señor que conocen muy bien el mérito de la caridad cristiana, son las madres que se ocuparan en la educación de la tierna infancia. Ellas abren generosamente sus claustros, el asilo de las virtudes, a fin de que transpiren y se comuniquen al siglo por medio de las hijas que van a adoptar y a dirigir en la edad más delicada y más suceptible de todas impresiones.

La Comisión al dar cuenta de haber desempeñado con la posible exactitud el noble encargo de los ejes comitentes, ha considerado que no sería fuera de propósito hacer alguna breve insinuación para indicar siquiera la necesidad y la importancia de las escuelas primarias y caritativas de ambos sexos prevenidas por el magnánimo corazón del Soberano, recomendadas muy especialmente por las dos autoridades inmediatas, la civil y eclesiástica, y planteadas el mayor agrado y una eficacia ejemplar por los prelados y las superioras de las casas religiosas de este obispado.

Habana 2 de diciembre de 1818.

José Ricardo O'Farrill - Juan Bernardo O'Gavan.

¿Latín o castellano?
una agria discrepancia habanera

Dr. Manuel González del Valle
Cátedra de Texto Aristotélico de la
Universidad de La Habana a 27 de Febrero de 1826

"No es igual a todo el mundo Roma. Los países se alejan por los mares, territorios intermedios, costumbres, climas y otras circunstancias siempre dignas de consideración. La capital del Universo de la época de las Leyes Decenvirales y de Justiniano no tenía las mismas disposiciones que hoy. Ni todas las ciencias nacieron allí, y la perfección no es propiedad exclusiva de los romanos.

El Soberano nos manda en nuestro idioma S.M. que no ha sometido la facultativa a las antiguas leyes de Roma, y si el sabio Rey Don Alfonso, cuyo nombre en Jurisprudencia jamás se pronuncia sin veneración, adoptó disposiciones de aquel pueblo, ya nos dio en el famoso Código de las Partidas, con el lenguaje sonoro de Castilla, lo más digno e importante.

Si es necesario conocer las épocas reinantes de la legislación romana, podría destinarse una cátedra para el estudio de su historia, o dedicar una asignatura, al efecto, al principio de cada curso..."

Para ilustrar con la experiencia habanera su argumentación, se refería González del Valle a la otra cátedra que servía en la Real Universidad:

"La cátedra de Texto Aristotélico cuenta hoy 50 alumnos de asistencia, 10 que estudian Filosofía en esta Real y Pontificia Universidad y los demás en el Real Colegio de San Carlos. No hay dotación. Las lecciones se dan por un libro en latín que da el nombre a la clase. Los únicos días de enseñanza son los jueves de 7 a 9 de la mañana. Porción de tiempo me ha hecho conocer que tal cátedra sirve para sumisión de los estudiantes de Filosofía a la Universidad, pues no adelantan cosa alguna de utilidad porque su asistencia es de ceremonia hasta lograr certificación, sin la cual no hay pase a la admisión de examen para bachilleres.

El intervalo siempre interrumpido de las lecciones periódicas cuando no hay día feriado en la semana. El orden agradable por su claridad y sencillez de la clase del Colegio de San Carlos. El adelanto en mejores doctrinas, les hace muy penoso retrogradar a las que, por mi oficio, tengo que explicar. Quisiera guardar silencio sobre los particulares, pero las esperanzas de mejora me animan a reflexiones llenas de sinceridad.

El insigne maestro de Alejandro, el famoso Aristóteles, ha escrito con aplauso, y su nombre merece lugar distinguido de respeto en la Historia de las ciencias, pero la verdad sea dicha. Muchos siglos de distancia nos separan de sus doctrinas. La crítica ha fallado contra los compiladores de sus obras y cada generación abre camino en las ciencias que debe adelantar la siguiente. ¡Cómo se ha extendido el campo de Filosofía! Sus ramas que más han enriquecido y auxilian las artes, el comercio y la industria no fueron conocidas por el Estagirita. La época de sus glorias tenían gusto por la complicación misteriosa de las palabras, contiendas, divisiones, sutilezas, y en nuestros días la exactitud y la claridad ideológicas hacen el orden dominante.

Convendrá, pues, volver útil la cátedra con estudios de Lógica, Moral y Física con los mejores adelantos que hoy tienen. El idioma de los Cervantes, como nativo, es más útil y fácil para adquirir los conocimientos. La lengua de Cicerone tiene su cátedra. Soy muy amante de sus bellezas y su uso siempre me ha complacido. Pero todo no nació ni se perfeccionó en Roma, y por desgracia cada ciencia tiene su diccionario de palabras exclusivas que vician la hermosura genuina de latín. Lo que conviene es facilitar, y si al trabajo de adquirir una lengua se une la pena y cuidado de un lenguaje extraño no se consigue tan feliz resultado en el estudio.

El que entiende el latín sabrá que su mayor hermosura y elegancia consiste en el hipérbaton, orden distributivo de las palabras que no sigue enlace ideológico. La premura de los reclamos que me hacen Vuestras Señorías para la contestación no me permiten toda la meditación que deseara en punto tan importante. Dios guarde a Vuestras Señorías muchos años.

La educación de los cubanos en Estados Unidos: una polémica interminable

Arango y Parreño, 1828
General Gutiérrez de la Concha, 1850

Entre los distintos momentos en que la presencia de los jóvenes cubanos en Estados Unidos movería a condenación de España, fijaría la de 1828 en que se le pide a Arango y Parreño una información, y después en la década de 1850 la denuncia del General Concha, quien veía en la educación norteamericana de los jóvenes cubanos un gravísimo peligro para la sujeción de Cuba a España.

Ante la prevención de los funcionarios de Fernando VII escribía Arango y Parreño:

"...Conviniendo también en que deben evitarse los males que pueden resultar de permitir que salgan a recibir una educación democrática los que nacieron en esta Isla, para vivir y morir en el gobierno monárquico que ha hecho su felicidad, debo decir, sin embargo, que a mí me dan más cuidado, y causan más sobresalto los niños que aquí se educan. Los primeros son poquísimos, porque además de ser corto el número de los que pueden hacer semejantes gastos, no todos gustan de separarse de sus hijos enviándolos a país extranjero, y entre los que se determinan a tomar ese partido, los más, o vuelven sin saber otra cosa que danzar y hablar inglés, o hallan en la administración y conservación de sus bienes un poderoso freno. ¿Pero cuál es el que tiene el resto de nuestra juventud, su casi totalidad, quedándose en la Isla?

La mayor parte procede de las clases necesitadas y medias, esto es, de las que en todo tiempo estuvieron más dispuestas a entrar en revoluciones, y no habiendo otro preservativo contra esa propensión y el influjo de las opiniones reinantes que el de una educación conforme al interés del Estado, es una verdad dolorosa que, lejos de haberla aquí, se llega a la pubertad o a la edad de los peligros sin otra doctrina (hablo en general) que la que puede esperarse de estudios tan mal montados, de tan fatales ejemplos, y de la superficial lectura de alguno de los muchos libros peligrosos que por desgracia tenemos.

Lo peor es que en este estado vemos al mayor número quedarse en la ociosidad, a muy pocos dedicarse, sin preparación alguna, al ministerio del Altar, y a muchos, muchísimos, solicitar y obtener con poco o ningún estudio el eminente derecho de disponer de la vida, del honor y la fortuna de sus demás compatriotas.

Y en tal supuesto ¿puede ponerse en duda lo que por este lado tiene que temer el Gobierno? Es bien sensible y notoria nuestra inmoralidad, especialmente en el foro; y así como nadie puede atribuirla a los que se han educado en los Estados Unidos, nadie negará tampoco que es muy poco de temer la influencia que sobre la muchedumbre deben por fuerza ejercer los que, por haber seguido los nuestros malos estudios, se hallan en posición de ser directores de todas las conciencias y todos los intereses."[110]

En la década de 1850 escribía el Capitán General de la Isla, José Gutiérrez de la Concha:

"...si en Cuba se desatendió la instrucción primaria, lo que respecto a la secundaria elemental ha acontecido y acontece es todavía mas lastimoso. Esta parte ha sido y permanece aún entregada a la industria particular, y el Gobierno ni antes ni después del plan de estudios 1842 creó ningún establecimiento de esta clase...De donde ha nacido que, ya porque los colegios particulares no correspondiesen a las exigencias de las familias, o ya porque les resultase demasiado cara la educación de sus hijos, muchos han enviado y envían aún éstos a los colegios extranjeros y especialmente a los de la vecina Unión Americana, con grave perjuicio de los sentimientos de familia y de nacionalidad, y con no menos daño del país al que en general vuelven con nuevos hábitos, ideas y afecciones peligrosas.

En ilustración del Gobierno, como en beneficio de Cuba, me ha de ser lícito traer aquí el elocuente testimonio de los valientes oficiales de nuestro ejército que acompañaron al cabecilla Agüero en sus últimos momentos. Agüero se admiraba de las atenciones y generosos consuelos que aquellos, a porfía, le procuraban, y ellos le han oído lamentarse de la causa de su extravío y perdición, expresando en términos tan claros como sentidos. Agüero se había educado en los Estados Unidos y había aprendido a odiar a los españoles, para él no había ni bien ni dicha posibles, ni hombres honrados, leales y generosos sino entre los republicanos federales."[111]

Leví Marrero, en su gran obra, "Cuba, Economía y Sociedad", añade:

"Entre las instituciones donde cursaban estudios jóvenes cubanos figuraba el St. John College establecido en Fordham, New York, y el St. Mary's de Baltimore. El internado costaba 2,000 dólares anuales. Muchos jóvenes miembros de la burguesía cubana estudiaban en París o iban allí después de cursar estudios en Estados Unidos. Los padres se interesaban también en que aprendiesen lenguas modernas y cursasen estudios orientados hacia las principales actividades mercantiles. Así un hacendado sugería al tutor que designara para su hijo, en E.U., que eliminara el latín de su programa, pues era su propósito que aprendiese inglés y francés."

---

[110] Arango y Parreño al Secretario de Estado y del Despacho de Gracia y Justicia, La Habana, 24 de Mayo de 1828, Archivo General de Indias, Santo Domingo, 1570.

[111] Gutiérrez de la Concha, J., "Memorias sobre la Isla de Cuba", 1853, págs. 63-64.

Arango planifica, por encomienda real, la abolición de la Universidad de San Gerónimo

31 de agosto de 1828

"No es menester entrar en el fondo de los expedientes, basta ver con atención esa triste y fiel pintura para quedar convencido de que lo mejor nos falta y que lo que tenemos es de malísima especie. Más claro: que nada hay en realidad de Ciencias naturales y exactas, nada de Literatura nacional ni extranjera; nada de Historia, Geografía y Cronología; y que valiera más que no hubiese escuelas de Latinidad, Filosofía, Jurisprudencia y Teología, pues a ellas debemos tanta escasez de buenos Ministros para el Altar, y tan grande abundancia de malos médicos y peores letrados. Siendo lo más doloroso que después de estar desiertas las clases de Teología, y repletas las de Medicina y Leyes, ni siquiera se observan las pocas y malas reglas que contienen los Estatutos de la Universidad, y estamos tan familiarizados con su continua infracción que vemos con indiferencia lo que de lejos parecerá increíble: esto es, que se gradúan de Doctores los que un año antes estaban en la Guía de Forasteros como cirujanos romancistas; que se incorporen de médicos los que eran oficinistas; que haya abogados que no han estudiado latín, y lo que es más, Doctores y pretendientes a judicaturas superiores que no han pisado las aulas.

Es verdad que tanto escándalo, y las consecuencias horribles que se ven y se toleran en nuestro monstruoso foro, se podrían haber minorado o contenido mucho si las Autoridades encargadas de calificar la aptitud de ese enjambre de aspirantes a la fatal licencia de curar y de abogar hubieran usado de su oficio con toda severidad; pero eso probará cuando más, que la audiencia del Distrito y el Protomedicato de la Isla han contribuido al desorden, y que cuando se trata del remedio deben también reformar sus funestas facultades. Pero ¿quién podrá negar que la causa principal de este grandísimo mal consiste en nuestros mal organizados y corrompidos estudios?

...No debo temer, por tanto, los gritos ni las intrigas de los interesados en que subsista el desorden. Lo que temo, y temo mucho, son las dificultades que hay para poner en planta el grande y costoso plan que S.M. ha aprobado para las ricas y antiguas Universidades de la Península, faltándonos todo, todo; es decir el edificio, los grandes fondos que son indispensables, los maestros, los estímulos y hasta el suave clima que también se necesita para tanta aplicación.

Todo lo que esta Universidad tiene para sus aulas son cuatro o cinco piezas bajas, húmedas e indecentísimas, con otra de igual especie que sirve para lo que por irrisión se llama Biblioteca pública. Todo sujeto al alojamiento de tropas...

Por lo que toca a fondos sólo se nos presentan 18,000 o 20,000 duros... producto de la parte que ha tomado de los grados esta Universidad en los... 94

años que cuenta de vida; y aún esa pequeña suma está por ver todavía, porque no se halla arraigada; dándola por cierta su rédito no pasará de la mitad de lo que se necesita para la dotación de una cátedra y se acercarán a 30 las que son indispensables...

En cuanto a maestros, ¿podremos confiar la nueva enseñanza, al menos en algunos ramos, a los que no han recibido otra que la que se quiere destruir? Y si para evitar ese escollo pedimos que de la Península se remitan escogidos, ¿podríamos estar seguros de que así se verifique? ¿Esa clase de profesores se prestarán a nuestros deseos abandonando su hogar y arrostrando tantos riesgos? ¿Tendrán en la Zona Tórrida las fuerzas, la aplicación que tenían en la Templada?. La aplicación, repito, para llamar la atención sobre la diferencia indicada de circunstancias y estímulos, porque además de ser cierto que ni maestros ni discípulos pueden sufrir aquí las mismas horas de estudios que se tienen en Europa, es evidente también que al paso que acá tenemos otros medios de hacer fortuna o de ganar la vida, falta para la carrera literaria el principal estímulo que es de estar a la vista de nuestro Supremo Gobierno.

...La esencia de las Universidades consiste en establecer para todos la enseñanza universitaria, haciéndola pública y sujeta a buenas reglas. Es muy útil reunir en un edificio sus diferentes estudios, pero cuando no se puede conseguir esa ventaja no puede, por lo accesorio, renunciarse a lo esencial. Y pues aquí no tenemos un edificio público de que poder echar mano, y para construirlo de nuevo se necesitaría por lo menos la inmensa cantidad de 300,000 duros y 8 o 10 años de tiempo, es preciso conformarse con la separación de escuelas que se propone en el proyecto de Estatuto...Esta separación no es penosa para maestros y discípulos, porque exceptuando la enseñanza de Clínica y Anatomía, todo lo demás se reúne en el Colegio de San Carlos y en el Convento de Predicadores, que casi están unidos, pues sólo hay entre ellos una manzana intermedia, pero para ello es preciso hacer en el Seminario la obra que se explica...en el plano que se acompaña...

Libres ya del embarazo de la falta de edificio, se presenta otro mayor, que es la de los cuantiosos fondos que se necesitan para la formación y sostenimiento de esta Universidad...sin embargo de ser tan considerables los auxilios que nos proporciona el celo de este Prelado (Espada), se necesita de pronto la cantidad de 83,000 pesos para hacer en el Colegio Seminario la obra proyectada, reparar las piezas que proporciona el Convento de Predicadores, comprar los libros más precisos para la biblioteca, completar el Gabinete de Física y el Laboratorio de Química, adquirir los demás muebles que la Universidad necesita y pagar transportes y otros gastos, en los cuales no se han comprendido los que exige la enseñanza de Anatomía porque de ellos...se hizo cargo este Intendente...En el documento de gastos y arbitrios se proponen los medios de reunir todos los fondos que son necesarios para la formación y subsistencia de la Universidad en términos de que probablemente quede un sobrante para establecer los estudios que faltan o para empezar a proteger la enseñanza de primeras letras, especialmente en el campo...

En cuanto a maestros, poco tengo que añadir...Es una verdad incontestable que la futura suerte de esta Universidad o los resultados de su reforma dependen absolutamente de las buenas o malas calidades de sus fundadores, y me parece que con las decentes dotaciones que van a tener estas cátedras, no sería difícil encontrar en la Península los hombres que necesitamos, creyendo también que no se aventuraría el acierto en la elección si allá se hiciesen las mismas oposiciones que exige el plan...

Doy por supuesta la abolición de la Universidad que tenemos, porque considero imposible que deje de hacerse así, sabiéndose lo que en ella pasa y viéndose sus Estatutos, y creo también, como lo dije antes, que por el solo hecho de haber nombrado V.M. una comisión para establecer aquí el Plan de Estudios adoptado para la Península, quedó decretada la abolición de una Universidad que nada tiene de lo que en él se exige. Y estoy persuadido de que en semejantes casos ningún privilegio vale. ¿Cómo podrá alegarlo el Convento de Predicadores no habiendo dado otra cosa para este establecimiento que unas pocas y malas piezas...y habiendo estado disfrutando por el espacio de 96 años de todos los empleos de Universidad y de una cuarta parte de sus productos?...Parece por el contrario que en retribución a esos goces, está obligada en justicia a contribuir con algo de sus cuantiosos bienes para una obra que, por su descuido, se ha hecho tan necesaria...

Siempre he pensado que con buena organización, nada es mejor para la educación de la juventud que los Colegios cerrados, especialmente en esta Isla, donde tanto hay que temer del roce con los esclavos, pero de pronto no puede hacerse otra cosa que aumentar en el Seminario de San Carlos 14 o 16 becas, que es el número de niños que pueden alojarse en el tercer piso del nuevo edificio proyectado...Sobre esto he pedido a Cuba (Santiago) y Puerto Príncipe las noticias necesarias, más temo que me suceda con ellas lo que con las que anteriormente pedí sobre Universidad y escuelas primarias. Tengo puesta la vista en un edificio que hay en Guanabacoa, y que por su tamaño y la muerte de su poderoso dueño, puede conseguirse con mucha baratura; en cuyo caso tal vez se lograría establecer por contratas, como el Gobierno desea, en tan oportuno paraje, un colegio de educación secundaria.

...Debiera concluir este informe, como nada más me ocurre que decir sobre la educación de blancos que es a lo que la comisión se contrae, pero ¿podré yo olvidar, me podré desatender de la de los negros o gente de color? Teme nuestro Supremo y paternal Gobierno...y teme con mucha razón, que pueda perderse esta Isla por la mala educación de sus habitantes blancos, ¿y qué no son más temibles los de color que hay en ella? ¿Subsistiremos siempre olvidados de esa parte, la más considerable de nuestra población? El arreglo de ese gran negocio en todas sus relaciones, es decir, en la fraudulenta, y en todo respecto perjudicial, introducción de negros. Tratamiento de esclavos y goces que deban tener los libres de color, es el que más interesa a la seguridad de Cuba, a cuya vista crece la grande población de Santo Domingo y se aumenta la de Jamaica que tan cerca se halla de obtener la misma o aproximada situación, según se asegura en la copia del informe secreto que acaban de dar a este Consulado...dos hacendados que envió a aquella Isla. Yo no cumpliría con los deberes de habanero, español y Consejero de S.M. si dejase de aprovechar esta ocasión para repetir los clamores que comencé a dar hace 30 años y he repetido en diferentes épocas como se manifiesta en el expediente que imprimí en Madrid el año de 1814 y en otra representación que hice el 1816, y es parte de otro expediente de Estado de que puede dar noticias mi compañero el actual Fiscal del Consejo de Indias Don Juan Gualberto González."

Arango al Secretario de Estado y del Despacho Universal de Gracia y Justicia. La Habana, 31 de Agosto de 1828, Archivo General de Indias, Santo Domingo, 1.570.

José de la Luz y Caballero

"Instruir puede cualquiera; educar, sólo quien sea un evangelio vivo"

José de la Luz y Caballero opinaba que en el hogar se formaba la conducta moral del niño y así se ayudaba al maestro cuando llegara el momento dado. Consideró que la educación moral era lo vital de la escuela primaria, y recalcó que para su cumplimiento era necesario no sólo enseñar, sino también "educar" los conceptos y sentimientos morales.

Para Luz el objetivo de la educación moral era ayudar en la tarea de formar hombres capaces de servir a la Patria y creía que la base de este trabajo radicaba en la labor de la escuela primaria:

"Atendamos de preferencia a este semillero de plantas tiernas y delicadas que más reclama nuestro cultivo, si queremos ver algún día árboles robustos y frondosos, bajo cuya sombra pueda tranquila redimirse la Patria."[112]

Consideraba la educación primaria como "la piedra angular del edificio."

Pero quizás su mayor logro en la utilización de los métodos de educación estuvo en las charlas que desarrolló en el Colegio El Salvador y que denominó "charlas sabatinas". A ellas asistían alumnos y profesores, así como los trabajadores de la escuela y muchos vecinos del barrio extendiéndose su labor educativa a toda la comunidad. Esta actividad constituía, según Manuel Sanguily y Enrique Piñeyro, su "verdadera cátedra" y que desde ella improvisaba un "sermón laico" durante 25 o 30 minutos tomando por lo general, como puntos de partida, algunos versículos de los Evangelios. Un alumno suyo dijo en aquella época que Caballero era "como la voz de la Patria". Aquel maestro que exhortaba a vivir de acuerdo a las prácticas de Cristo, utilizó aquellos "sermones" como medios para enseñar conducta moral y patriotismo, inculcando a los alumnos y trabajadores su responsabilidad social.

José de la Luz y Caballero ocupó el puesto de vicedirector primero y de director después de la Sociedad Patriótica de Amigos del País. Según Bachiller y Morales, su lema era, "obrar como se debe, y hablar como se obra."

Trabajó porque La Habana tuviera una buena biblioteca: "Quiero que la biblioteca llene las necesidades de todas las clases y profesiones de modo que desde el teólogo y el jurisconsulto hasta el carpintero y el albañil encuentren en ella lo que busquen para ilustrarse en su ciencia o en su arte. No se diga que como

---

[112] Informe sobre el proyectado Ateneo, en Diario de La Habana, pág. 2, Febrero 3, 1833.

la biblioteca la formaron los literatos se olvidaron de los artesanos, que es la clase que más necesita de formarse así en lo material de su oficio como en lo moral para la conducta."

Así logró sus propósitos. Cuando culminó su labor de dirección en la Sociedad, la Biblioteca de La Habana contaba con excelentes colecciones para satisfacer a todos los gustos.

"Calle el amor propio y triunfe la voz de la patria, y entonces y sólo entonces —afirmó Luz— podremos decir que habremos hecho todos...verdaderos sacrificios por la causa de la educación."

"Educación para todos"

Domingo del Monte
1836

"Mientras nos falte la enseñanza hasta el corazón de la masas populares nada habremos hecho con tener aisladamente discretos abogados, hábiles oficinistas, amenos literatos y alguno que otro insigne matemático especulativo o naturalista consumado; bueno es todo eso, y de ello deriva la patria honra, y aún puede dar provechos; pero no es comparable con la ventaja inmensa que sacará el país con que la mayoría de sus hijos supiese medianamente leer, escribir, contar, los principios usuales de su hermoso idioma y algunas nociones de geografía, subiendo de punto la utilidad si a esto se allegase la convicción íntima de los principios mas sanos de la religión y la moral."

El Colegio de Tomás Estrada Palma
en Central Valley

por *José Martí*
Periódico "Patria", 2 de Julio de 1892

"Rodeado de montes, por sobre cuyas mansas curvas o súbita eminencia corre el cielo, está, a las puertas de Nueva York, un valle feliz, cultivado a mano por cuáqueros prósperos e hijos de alemanes donde un cubano edificador levanta a puño, lo mismo que a hijos, a los discípulos que le vienen de los pueblos de América, a prepararse para el estudio de las profesiones útiles. Aquel hombre a quien aman tiernamente los alumnos que le ven de cerca la virtud; aquel compañero que en la conversación de todos los instantes moldea y acendra, y fortalece para la verdad de la vida, el espíritu de sus educandos; aquel vigía que a todas horas sabe donde está y lo que hace cada alumno suyo, y les mata los vicios, con la mano suave o enérgica que sea menester, en las mismas raíces; aquel maestro que de todos los detalles de la vida saca ocasión para ir extirpando los defectos de soberbia y desorden que suelen afear la niñez de nuestros pueblos, y creando el amor al trabajo, y el placer constante de él en los gustos moderados de la vida; aquel educador que sólo tiene la memoria como abanico del entendimiento, sino que enseña en conjunto, relacionando unas cosas con otras, y sacando de cada vez todos los orígenes, empleos y derivaciones, y de cada tema toda su lección humana. Que compone sus ideas correctamente en castellano, en inglés, y en francés, y estudia algebra, y sabe medir los campos y sembrarlos; aquel cubano de años ágiles y orden ejemplar, puntilloso y constante, que gobernó ayer una república y hoy gobierna su colegio afamado con todas las enseñanzas y las prácticas necesarias para el bienestar independiente del hombre trabajador en la dignidad republicana, es el patriota que a la vez de su pueblo dejó el señorío de su hacienda y el calor de una madre adorada, por la batalla y el peligro de la revolución; es el criollo fundador que hace pocos años salió de su castillo de España, el garete del destierro, sin más riqueza que la salud de su mente y el poder de su corazón, y hoy compra, para su familia feliz y la familia de sus educandos, un noble edificio, con lago y con bosque, que en el corazón del monte yanqui ostenta un noble cubano: es Tomás Estrada Palma.

El peligro de educar a los niños fuera de la patria es casi tan grande como la necesidad, den los pueblos incompletos o infelices, de educarlos donde adquieran los conocimientos necesarios para ensanchar su país naciente, o donde no se les envenene el carácter con la rutina de la enseñanza y la moral turbia en que caen, por la desgana y ocio de la servidumbre, los pueblos que padecen en esclavitud. Es grande el peligro de educar a los niños fuera, porque sólo es de padres la contínua ternura con que ha de irse regando la flor juvenil, y aquella constante mezcla de la autoridad y el cariño que no son eficaces, por la misma justicia y arrogancia de nuestra naturaleza, sino cuando ambas vienen de la misma persona. Es grande el peligro, porque no se ha de criar naranjos para plantarlos en Noruega, ni manzanos para que den frutos en el Ecuador, sino que el árbol deportado se le ha de conservar el jugo nativo, para que a la vuelta a su rincón pueda echar raíces. Hábitos podrán faltarle porque el español no nos crió para servirnos de nosotros mismos, sino para servirle; y nuestra fatiga por ir cambiando de sangre, con el heroísmo indómito y progreso visible del más infeliz de nuestros pueblos, sólo podrá echársenos en cara por el extranjero desconsiderado e ignorante, o por el hermano apóstata.

El mismo lenguaje extraño que equivocadamente se mira sólo como una nueva riqueza, es un obstáculo al desarrollo natural del niño, porque el lenguaje es el producto, y forma en voces, del pueblo que lentamente lo agrega y acuña; y con el van entrando en el espíritu flexible del alumno las ideas y costumbres del pueblo que lo creó. Un país muy poblado y frío, donde la agria necesidad aguza y encona la competencia entre los hombres, crea en éstos costumbres de egoísmo necesario que no se avienen con la franqueza y desinterés propios e indispensables en las tierras abundantes, donde la población escasa permite aún el acercamiento y grata obligación de la vida de familia.

El fin de la educación no es hacer al hombre nulo, por el desdén o acomodo imposible al país en que ha de vivir; sino prepararlo para vivir bueno y útil en él. El fin de la educación no es hacer al hombre desdichado, por el empleo difícil y confuso de su alma extranjera en el país en que vive, y de que vive, sino hacerlo feliz, sin quitarle, como su desemejanza del país le quitaría, las condiciones de igualdad en la lucha diaria con los que conservan el alma del país.

Es espectáculo lamentable el del hombre errante e inútil que no llega jamás a asimilarse el espíritu y métodos del país extranjero en grado suficiente para competir en el con los naturales que lo miran siempre como extraño pero que se ha asimilado ya bastante de ellos para hacerle imposible o ingrata la vida en un país del que se reconoce diferente, o en el que todo le ofende la naturaleza inflada y superior. Son hombres 'sin brújula, partidos por mitad, nulos para los demás y para sí', que no benefician al país en que han de vivir y que no saben beneficiarse de el. Son, en el comercio arduo de la vida, comerciantes quebrados.

Y este peligro de la educación de afuera, sobre todo en la edad tierna, es mayor para el niño de nuestros pueblos en los Estados Unidos, por haber estos creado, sin esencia alguna preferible a la de nuestro país, un carácter nacional inquieto y afanoso, consagrado con exceso inevitable al adelanto y seguridad de la persona, y necesitado del estímulo violento de los sentidos y de la fortuna para equilibrar la tensión y vehemencia constantes de la vida. Un pueblo crea su carácter en virtud de la raza de que procede, de la comarca en que habita, de las necesidades y recursos de su existencia y de sus hábitos religiosos y políticos.

¿A que adquirir una lengua, si ha de perturbar la mente y quitarle la raíz al corazón? Aprender inglés, para volver como un pedante a su pueblo, y como un extraño a su casa, o como enemigo de su pueblo y de su casa? Y eso es el colegio de Estrada Palma: una casa de familia donde bajo el cuidado de un padre se adquieren los conocimientos y prácticas útiles del Norte sin perder nuestras virtudes, carácter y naturaleza. Eso es el Colegio de Estrada Palma: la continuación de la patria y el hogar en la educación extranjera. Allí no cambian el corazón por el inglés, y entran en la vida nueva del Norte por las virtudes que lo mantienen, y no, como en tantos otros colegios, por los vicios que lo corroen; allí completan su cultura nativa con nuestra lengua y nuestra historia, a la vez que aprenden lo bueno y aplicable de la cultura del Norte; allí se preparan, con el beneficio de una educación paternal, y de una enseñanza de pensamiento, a estudiar las carreras especiales en los colegios adonde el educando, hecho ya a la libertad trabajadora y decorosa, no cae en la tentación de la libertad descuidada y excesiva; allí es tal vez el noble rincón de monte adonde únicamente pueden nuestros padres mandar en salvo a sus hijos. Y esta es la verdad y ha de decirse.

El 28 de Junio cerró su curso el Colegio de Estrada Palma...y cuando el coro cantó la despedida, la despedida en inglés, como los ejercicios todos de la escuela, era para visto por los pensadores generosos, bajo aquel dosel de banderas libres, el grupo donde cantaban la virtud y la gloria, americanos del Norte y de México, yucatecos y centroamericanos, hondureños libres y cubanos que lo aprenden a ser. Se levantó, en nombre del pueblo, el reverendo del lugar, y en nombre del pueblo saludó al colegio que lo honra, y al hombre virtuoso que educa a sus discípulos como a hijos que 'emprende la educación de sus hijos para que sean hombres buenos, útiles y libres', a Tomás Estrada Palma."

Eusebio Guiteras

por *José Martí*
1892

"En su casa de patriarca humilde, al pie de la iglesia donde iba a buscar de contínuo, con la fe de la imaginación, el consuelo y reposo que escasean en la vida, ha muerto, lejos de su patria, el matancero amado, el maestro Eusebio Guiteras. En sus libros hemos aprendido los cubanos a leer: la misma página serena de ellos, y su letra esparcida, era como una muestra de su alma ordenada y límpida: sus versos sencillos, de nuestros pájaros y de nuestras flores, y sus cuentos sanos, de la casa y la niñez criollas, fueron, para mucho hijo de Cuba, la primera literatura y fantasía. En Cuba tenía él perpetuamente el pensamiento, siempre triste; y había algo de amoroso en sus modales, un tanto altivos en la mansedumbre, cuando recordaba los tiempos prósperos del colegio de La Empresa, donde el ayudó a criar tan buena juventud, o se evocaba a los Suzartes y Peolis y Mendives, que fueron tan amigos suyos, o decía el de la amistad piadosa de Raimundo Cabrera, y de Gabriel Millet, que con la visita y los regalos criollos pusieron en su vejez un rayo de sol, o con la mano apagada iba volviendo las hojas de aquel álbum de autógrafos que guarda escondidas páginas de Plácido y de Milanés, y cartas y firmas de lo más honrado y fundador de Cuba. ¡Ah! que culpa tan grande es la de no amar y mimar, a nuestros ancianos!"

Ecos de un discurso

Después de algunas consideraciones acerca del Premio de
Constancia y la importancia de sostener la Federación con elementos
preparados en Colegios Católicos, el Hno. Victorino dijo el 11 de
Febrero de 1945, durante el acto celebrado en San Francisco:

"Ahora bien, si los jóvenes educados en los colegios católicos, forman con
sus Grupos respectivos, los cimientos y el armazón del edificio federado, es
preciso completarlo y terminarlo con la conquista de la otra juventud,
principalmente estudiantil que se agrupa en Institutos, Academias, Escuelas de
Comercio o Técnicas, públicas y privadas... El campo Universitario será mucho
más fácil de trabajar, si logramos primero esas conquistas en la Segunda
Enseñanza.

Conquistar aisladamente a un estudiante de Instituto o Academia es cosa
relativamente fácil, pero debemos aspirar a la conquista de colectividades, y para
ellos hemos de poner en práctica la fórmula repetida por R. Pattee:
"Presentación, Penetración, Perseverancia"... Lo que se traduce como sigue:
Conquistar a dos o tres individuos, persuadirles de nuestros ideales y procurar
que ellos mismos formen al núcleo de otros compañeros...El espíritu de
compañerismo y de colectividad, cierta semejanza de gustos, la frecuentación casi
diaria, harán esas conquistas mucho más fáciles y rápidas.

Claro está que estos procedimientos son de mucho más alcance y de muchas
responsabilidades, pero los creo necesarios para una obra de extensión y
conquista, y en esto debe desarrollarse la iniciativa y el espíritu de apostolado de
los que ya recibieron mayor preparación en los Colegios Católicos...

Nuestra juventud federada es católica, pero no olvidemos que es cubana.
Procuremos que se desenvuelva en un ambiente cubano, es decir, dentro de las
posibilidades de las circunstancias cubanas. Podemos conocer y admirar lo que
hacen los jóvenes de otros países, también podemos imitar lo que sea posible,
pero no debemos imponer métodos o prácticas que resultan excelentes en teoría,
pero que no son realizables en nuestro ambiente...

Y conservemos el optimismo, a pesar de todo. Mucho se ha logrado, aunque
hay aún mucho que hacer; pero repitamos las palabras con que nos bendijera el
Santo Padre: "Siempre más, siempre mejor."

Juventud Católica Cubana, Abril de 1945.

Publicado en el Boletín Lasallista "1905", Miami, Florida.

La enseñanza en Cuba en los primeros 50 años de independencia

por la *Dra. Mercedes García Tudurí*
La Habana, 1952

Enseñanza universitaria

Durante más de 2 siglos fue la Universidad de La Habana la única institución de este tipo radicada en Cuba. Fundada por la orden de los Predicadores en el siglo XVIII mediante un Breve del Papa Inocencio XIII, fue objeto como todas las instituciones coloniales, de reformas importantes al cesar la soberanía española. En 1946 se funda en La Habana, con carácter privado, la Universidad Católica de Sto. Tomás de Villanueva, y posteriormente se organiza en la ciudad de Santiago de Cuba un centro de esta clase, denominado Universidad de Oriente.

Todas estas fundaciones, que evidencian la impresionante evolución experimentada por nuestro país en los últimos años, tienen su base legal en la Constitución de 1940, que dispuso en su artículo 54: "Podrán crearse Universidades oficiales o privadas y cualesquiera otras instituciones y centros de altos estudios. La ley determinará las condiciones que haya de regularlos."

Enseñanza privada

La Orden No. 4 de 1902 marcó el inicio de la reglamentación de las escuelas privadas. "Después de la publicación de la presente Orden —dice el preámbulo— no será considerada como establecida legalmente ninguna escuela privada que no haya sido autorizada por el Secretario de Instrucción Pública, o por el Superintendente de Escuelas de la Isla."

A pesar de los tiempos difíciles de la última década de siglo XIX y de las dos primeras del XX, nuevos colegios privados abrían sus puertas. Las Religiosas del Apostolado del Sagrado Corazón de Jesús, fundaba en 1892 un plantel en La Habana. El Apostolado que es hoy una de las mejores instituciones de su clase, donde se ofrecen primera y segunda enseñanza, y enseñanzas del Hogar y especiales, contaron con una matrícula de cerca de 600 alumnos y un edificio excelente. En el 1894 las Hnas. de la Caridad del Sgdo. Corazón abren un colegio, el Sagrado Corazón de Jesús en la ciudad de Pinar del Río, que hoy funciona con una capacidad de 250 alumnos; y al año siguiente, la propia Orden funda en La Habana otro de igual nombre dedicado a la enseñanza primaria y a la de especiales materias para un alumnado de 200 niñas.

En los años 1896 y 1897 la Orden del Apostolado realizó nuevas fundaciones en Marianao y en Cárdenas, que hoy funcionan como colegios primarios y secundarios con una capacidad de 200 y 300 alumnos respectivamente. En el 1899 las Hijas de las Caridad de S. Vicente de Paúl inician tareas docentes en el pueblo de Bejucal, fundando el colegio Santa Susana; y al año siguiente el de Ntra. Sra. de la Caridad de Güines. En ese mismo año las Madres Dominicas Americanas abren la American Dominican Academy of Our Lady Help of Christians, que hoy ofrece enseñanza primaria y High School con una capacidad para 700 alumnas; también en ese tiempo la orden de las Oblatas de la Divina Providencia comienza a enseñar en el colegio Ntra. Señora de la Caridad en La Habana. En 1901 los Padres Agustinos fundan en esta ciudad el Colegio San Agustín, que ofrece enseñanzas especiales, primaria y Comercio, teniendo una capacidad de 500 alumnos. Y en 1902, por último, los Hermanos Maristas inician sus tareas en Cuba abriendo el Colegio Champagnat de Cienfuegos que hoy imparte a más de la primera y segunda enseñanza, enseñanzas especiales y Comercio, teniendo capacidad para 600 alumnos. Ese mismo año dos colegios seglares de gran prestigio —el Santo Tomás de Aquino y El Ángel de la Guarda— abren sus puertas en Manzanillo y La Habana respectivamente, el primero dedicado a la enseñanza primaria; y el segundo a esta enseñanza así como a la secundaria, Secretariado, Comercio y enseñanzas especiales, contando hoy con un alumnado de 380 niñas.

La Constitución de 1940

Al aprobarse el 21 de Febrero de 1901 y promulgarse en 20 de Mayo de 1902 la Constitución de la República, se dio base constitucional a la libertad de enseñanza. "Toda persona —decía en el segundo párrafo del artículo 31 del Título IV— podrá aprender o enseñar libremente cualquier ciencia, arte o profesión, y fundar o sostener establecimientos de educación y de enseñanza; pero corresponden al Estado la determinación de las profesiones en que exija títulos especiales, de las condiciones para su ejercicio, la de los requisitos necesarios para obtener títulos y la expedición de los mismos, de conformidad con lo que establezcan las leyes."

Al poner en vigor la Constitución del 1940, se estableció la Sección II del título V exclusivamente dedicada a los asuntos de la cultura, y se define lo que se puede considerar el ideario de la enseñanza cubana:

"Toda enseñanza pública o privada estará inspirada en un espíritu de cubanidad y de solidaridad humana, tendiendo a formar en la conciencia de los educandos el amor a la patria, a sus instituciones democráticas y a todos los que por una y otra lucharen."

Declara la enseñanza oficial laica, y agrega con respecto a los centros en que se lleva a cabo la docencia privada: "estarán sujetos a la reglamentación e inspección del Estado; pero en todo caso conservarán el derecho a impartir separadamente de la instrucción técnica, la educación religiosa que deseen."

Como una limitación a dicha docencia privada, se determina que la enseñanza de la literatura, historia y geografía cubanas, así como la cívica y la constitución, serán impartidas por profesores cubanos por nacimiento y mediante textos de autores que tengan esa misma condición. Y por último crea el Consejo Nacional de Educación y Cultura que estará encargado de fomentar, orientar técnicamente e inspeccionar las actividades educativas, científicas y artísticas de la Nación, debiendo ser oída su opinión por el Congreso en todo proyecto de Ley que se relacione con materias de su competencia.

En cuanto a la enseñanza superior, no hubo en la República centro alguno que tuviera rango universitario —fuera de la Universidad de la Habana— hasta el año 1946, en que se funda en Marianao por los Padres Agustinos la primera institución de esta clase de carácter privado, con el nombre de Universidad Católica de Santo Tomás de Villanueva. La Constitución de 1940 autoriza específicamente la creación de esos centros en su artículo 54: "Podrán crearse universidades oficiales o privadas y cualesquiera otras instituciones y centros de altos estudios. La ley determinará las condiciones que hayan de regularlos."

La Universidad Católica de Santo Tomás de Villanueva fue fundada y dirigida por la comunidad de los padres Agustinos de la rama norteamericana que mantiene en E.U. otras universidades. Contaba en La Habana con 5 magníficos edificios de varias plantas fabricados exprofeso donde se instalan sus siete facultades, dos de ellas en inglés, pues se trata de una institución bilingüe. Dichas facultades son: Filosofía y Letras, Educación, Derecho, Ciencias Comerciales, Ingeniería Química y Mecánica, Bachelor of Arts y Bachelor of Science en Economía. Cuenta además con una escuela de Sicología, un Departamento de Idiomas, otro de Artes domésticas; y durante Junio a Agosto una escuela de verano. Tiene una gran biblioteca pública, laboratorios, museos, etc.

A este plantel concurren hombres y mujeres pues es un centro coeducacional, cooperando a su dirección un cuerpo de consejeros y benefactores. En el curso de su fundación 1946-47, la matrícula fue de 7 alumnos; ascendiendo esta en el curso 52-53 a cerca de 600 jóvenes. Sus profesores suman en el 1958, 60, entre titulares y auxiliares y son, salvo los que pertenecen a las facultades de inglés, cubanos y graduados en nuestro país.

Comprenden dichos planteles alrededor de 25,000 alumnos casi la tercera parte de los que tendrían en el año 42-43, en que la matrícula de las escuelas privadas alcanzó la cifra de 71,077 según el Censo de 1943. Esa desproporción se debió a que en el año 34 todavía atravesaba el país una aguda crisis económica.

En los primeros 25 años fueron los grandes colegios religiosos los que más progresaron. Fue con posterioridad que abrieron más planteles laicos debido a la iniciativa de profesores cubanos aparecieron en mayor número, estimulados por el éxito que alcanzaban los fundados por las órdenes religiosas, principalmente.

Según los datos estadísticos suministrados por la Confederación de Colegios Cubanos Católicos, las escuelas católicas de Cuba ascendían en el año de 1949, en toda la república, a 245, de acuerdo con la enseñanza a que se dedicaban...

Queremos hacer una mención especial de la Sociedad Económica de Amigos del País, que regenta una serie de escuelas magníficas casi todas creadas por donaciones y legados de particulares. Las más notables de estas instituciones son: Instituto San Manuel y San Fernando, fundado en 1886 por legado de Francisco del Hoyo y Junco; Instituto Zapata, uno para niños y otro para niñas, creados en 1873 por legado del doctor José Salvador Zapata; Escuela Redención que data de 1905, por legado de Gabriel Millet; Colegio Pío El Santo Ángel, que se inicia en 1886 por donación de la Sra. Susana Benítez Vda. de Parejo; Instituto La Encarnación, situado en Limonar, creado en 1891 por disposición testamentaria de Basilio Martínez y González, y otra que con el mismo nombre y origen se crea en Marianao; Fundación del Maestro Villate, denominada Escuela Elemental de Artes Liberales y Oficios, creada por disposición testamentaria de D. Gaspar Villate en 1906; Conservatorio Santa Amelia, etc.

Todas estas instituciones imparten instrucción gratuita diaria a más de 1,000 niños.

Al finalizar el curso de 1942-43, según el Censo de 1943, estaban autorizadas para funcionar legalmente en el territorio de la República 587 escuelas privadas con una matrícula de 71,077 alumnos. La enseñanza primaria oficial en 1952 comprendía 550,000 niños y la privada de esta clase 71,077, sin contar los contingentes de la secundaria y la superior, habría que resumir que Cuba celebraba sus 50 años de independencia con optimismo por el gran progreso de sus instituciones docentes.

Tomado de la Historia de la Nación Cubana, Tomo X, Libro 2, Editorial Historia de la Nación Cubana, S.A., La Habana, 1952.

En torno a la enseñanza en Cuba durante la República

por *Medardo Vitier*
Diario de La Marina, Habana, 1954

Líneas de Contorno

El presente trabajo no es histórico, aunque necesariamente me refiero a períodos de la enseñanza durante medio siglo de República, sobre todo al impulso dado por la primera Intervención Norteamericana a la Escuela Primaria. También menciono la creación de nuevos centros docentes. El estudio histórico sistemático se ha hecho ya, y sus contenidos se conocen mucho más que los puntos a que ciño mis observaciones. Por ejemplo, el Libro II del Tomo X de la **Historia de la Nación Cubana** trata en general de la enseñanza. Es un excelente recuento escrito por la profesora, doctora Mercedes García Tudurí.

De modo que estas páginas mías no gravitan hacia los datos. Consigno los indispensable con las ideas que me propongo acentuar. El gobierno de L. Wood, o sea el de la Primera Intervención, dejó en Cuba dos servicios positivos: el de la Escuela Pública y el de la Higiene. En materia escolar, primaria, dos pedagogos que pronto el país supo estimar, lo reorganizaron todo. Me refiero a Alexis E. Frye y M. Hanna. Frye ocupó la Superintendencia General, y el segundo fue Comisionado de Escuelas.

Lo primero, como resultado de la Orden Militar No. 368, de 1900, fue crear 3,000 aulas. Por supuesto que no había maestros para desempeñarlas. Hubo necesidad de efectuar exámenes anuales para contar con suficiente número de maestros. Se editaron **Manuales**, escritos por autoridades, en las varias materias del Programa. Los ejercicios de los examinandos se calificaban de modo que podían obtener primero, segundo y tercer grados.

Naturalmente, aquello originó en ciudades y poblaciones de todas las provincias buen número de academias privadas que durante meses, antes de los exámenes oficiales, preparaban a los aspirantes. Este episodio ocupó por años la atención de la Secretaría de Instrucción Pública, como entonces se denominaba.

Por otra parte, se organizó oficialmente la Escuela de Verano, destinada a acrecentar la eficiencia de los maestros Consistía en la labor del conferenciante y en las clases prácticas que se daban. Recuerdo que los maestros en ejercicio y muchos otros que no lo eran asistían con interés y entusiasmo a las sesiones de la Escuela de Verano. Me tocó presenciar todo aquello y aún participar. Yo me examiné pocos años después de inaugurada la República, a la edad mínima que se requería: dieciocho años. Salvo la Gramática y la Aritmética, todo lo estudié solo, como pude. Obtuve noventa puntos, cifra mínima para el título de tercer grado, que era el máximo. Desde entonces me relacioné con el naciente magisterio, formado en su mayoría por personas muy jóvenes. Había maestros de edad madura y aún avanzada. Eran, por lo general, los directores de Academias que presentaban sus grupos de alumnos (aspirantes) a exámenes. A Matanzas, a Cárdenas, por ejemplo, iban profesores de La Habana, procedentes de centros secundarios o de la Universidad. El cuadro se completaba con aquellos maestros que la República encontró formados, no pertenecientes a la promoción joven. Había casos de maestros jóvenes, de reciente título, obtenido en los exámenes mencionados, a quienes se designaba entre los conferenciantes.

Bello albor de la escuela primaria fue aquella etapa de formación. El ánimo era de aliento. No he visto después tanta fe entre los hombres. No sé la causa. Puede explicarse quizá por haber coincidido la actividad pedagógica, la reorientación inicial de la enseñanza con la instauración de la República. La confianza en que la educación nos haría aptos para la ciudadanía, era general. Cuando la gente cree, todo su trabajo se ilumina y aligera. No evoco rostros desalentados, sino personas de optimismo creador. Una lección para ilustrar como debe darse un acontecimiento.

Desde luego, el factor de la reorientación escolar explica parte del fenómeno. Se cancelaba la vieja escuela colonial de métodos anacrónicos. Se suprimían las lecciones de memoria, el verbalismo, el papel pasivo del alumno, la gente se familiarizaba con los centros primarios que hasta las prostimerías de la colonia se limitaban a las escuelas llamadas municipales. Justo es recordar que algunas hubo de excepción, como la de Rafael María de Mendive, el suave poeta, maestro de Martí.

Toda una innovación en la metodología, aulas en todas partes y cierta confianza virgen, entera, en el primer decenio de la República, explican en algo, las luces de esperanza que ardían en los ánimos. Sin embargo, la nueva didáctica no podía originar el entusiasmo, porque los maestros recién graduados, no conocían la tradicional. Ellos empezaron con la corriente pedagógica que encauzaron los guiadores norteamericanos mencionados. Algunos, sí, recordaban las prácticas de antaño.

La fe, la confianza de que hablo tenía, según pienso, otras fuentes, a más de lo apuntado. Cerca espejeaba el resplandor de la contienda del 95, con sus peripecias de gloria, sus héroes, sus ejemplos de virtud. ¿No parecía natural que lo puro y grande se perpetuara en la vida civil? Esto y acaso una ilusión de juventud aportaron la sustancia espiritual de aquel júbilo, de aquella fe escolar que se enardecía en todos los actos, así de las Escuelas de Verano como de la labor ordinaria de los maestros. Las **exposiciones** eran frecuentes. Acá y allá, "sabatinas", fiestas, noticias de algún método en boga, y en todas partes, culto patrio de tono fervoroso.

No puede atribuirse a lo que he llamado "ilusión de juventud". Generaciones jóvenes hemos tenido después en el magisterio, a partir, por caso, de los primeros graduados de las Escuelas Normales, fundadas, las primeras, en 1915.

He conocido buen número de normalistas y doy testimonio de su eficiencia y su nobleza. Pero los tiempos han sido otros. Las realidades públicas han desvanecido mucho el aroma de los orígenes, aunque científicamente la preparación haya sido superior. La fe no se aprende. Nos viene de lo histórico, de lo religioso, de lo patrio, en ondas que nadie logra concentrar ni medir. Períodos hay propicios a esa actitud del espíritu. Otros parecen reacios a creer en el conjunto de verdades —o dígase valores— determinantes de la cultura humana. Las vicisitudes políticas del país han tenido resonancia, nada edificante, en la Escuela cubana. A pesar de todo, contamos hoy con un magisterio apto, laborioso, cumplidor que no es pequeña realidad. Ni el ambiente de la política al uso ni la parte (considerable) desaprensiva de la sociedad son factores de aliento para el maestro. Se le pide mucho, y en más de un sentido, se le deja solo, como si todo en la comunidad no fuera solidario y orgánico.

En cuanto a centros docentes, las sucesivas Administraciones del país han creado gran número: Escuelas Normales, nuevos Institutos de segunda enseñanza, Escuela del Hogar, Normal de Kindergarten, Instituto Nacional de Educación Física. Escuela de Artes y Oficios, Centros Tecnológicos, Hogares Campesinos, Escuelas de Periodismo, de Artes Plásticas, de Comercio, Escuelas Técnicas Industriales de Rancho Boyeros, Escuela Aeronáutica de San Julián (Pinar del Río).

Se han fundado universidades autónomas en Oriente, Las Villas, Pinar del Río. También otras privadas, como la de **José Martí** y la Católica de Villanueva. Ha sido evidente el empeño de dotar al país de instituciones educacionales que satisfagan la diversidad de las vocaciones, den "carrera para vivir" a la juventud y atiendan a necesidades sociales.

La finalidad real y la eficacia de los mencionados centros motivan una observación. No en todos los casos es loable su fundación. No siempre es mejor el gobierno que más crea, a este respecto. No concreto. Ya lo hice alguna vez, con honradez y con la ojeriza de personas a quienes de ningún modo aludía. En efecto, he meditado el asunto, y reitero lo innecesario de determinados centros, señaladamente por razones demográficas. A veces un noble interés local y el apoyo político determinan tal o cual fundación, sin un previo examen técnico del caso, según la provincia y la población de que se trate.

Hay que tener en cuenta el número de habitantes del país y prever el de graduados. Por otra parte, la aptitud del profesorado ha de considerarse con seriedad. En lo tocante a los alumnos, no está bien retenerlos durante los años reglamentarios y otorgarles después un título poco menos que inútil en la realidad. Todo esto, dicho así sin más razonar, que ello sería largo, es vicio de aquellas creaciones hechas por modo inconsulto, con el solo motivo del lucimiento externo, aparente. Tal o cual interés satisfecho no justifica excesos. Además, de lo apuntado, existe al lado fiscal de los hechos. la República ha cedido demasiado a peticiones bien intencionadas, pero carentes de estudio. En distintos períodos gubernamentales se han establecido centros nuevos que no se han dotado en el Presupuesto, sobre todo en los casos de patronatos. Nada hay contra un patronato que labore por una realización necesaria. Al contrario, merece alabanza. El vicio está, a más de las fallas indicadas, en que el Estado, en ocasiones, no puede positivamente atender todo lo de reciente fundación. "Oficializar", se dice. Pero sólo debe oficializarse lo que se necesita de veras y puede consignarse entre los gastos de la Nación. Eso es lo cuerdo. Lo demás pertenece a la actitud desaprensiva.

María Luisa Dolz y la educación de la mujer

por *Fernando Portuondo*
1955

María Luisa Dolz y Arango nació en La Habana el 4 de Octubre de 1854. Era una adolescente apenas cuando empezó a dar clases en el Colegio Nuestra Señora de la Piedad. En 1876 obtuvo el título de maestra primaria elemental, y al año siguiente el de maestra de instrucción primaria superior. No tardaría en ponerse al frente de un colegio propio: en 1879 compró el colegio Isabel la Católica que desde las prostimerías del siglo habría de llevar el nombre de su directora.

Las tareas de dirigir y administrar el colegio y dar algunas clases en el mismo, no iban a impedir a María Luisa Dolz, como a un individuo cualquiera, continuar la obra de su propia educación. Por el contrario, sus responsabilidades de maestra la espolearon a estudiar incesantemente y así obtuvo en 1888 el diploma de bachiller, en 1890 el de licenciado en Ciencias Naturales, y en 1899 el de doctor (que así se expresaba por rutina estatuaria) en las mismas disciplinas.

"La transformación de un niño —dirá— no se obra de relámpago...tenemos que esperar pacientes y tranquilos las eflorescencias graduales paulatinas de sus sentimientos e ideas...El tiempo es el factor esencial en toda obra educativa."

En su colegio enseñaron en distintas épocas hombres de la talla de Enrique José Varona, Carlos de la Torre, Rafael Montori, Santiago de la Huerta, Adolfo Aragón, Lincoln de Zayas, Ramón Meza, Luis Baralt, Pablo Desvernine, Armando Menocal, Alfredo Aguayo y Salvador Salazar, y mujeres como Mercedes Matamoros, las Bellino, Casal, Graff, Red Alba y tantas otras cultísimas y enamoradas de su trabajo.

Ellas no esperaron que desapareciera María Luisa Dolz para rendirle homenaje digno de sus méritos, y en 1924 se lo ofrecieron en la Academia de Ciencias con todo el rango de una apoteosis nacional. En aquella ocasión, la última en que la extraordinaria mujer iba a hablar en público, dió su ultima lección, que si no era necesaria a quienes se habían formado junto a ella, debiera estar siempre presente en la memoria de educadores e intelectuales que pretendan alzarse a la altura en que ella señoreó. Dijo entonces:

> "Pienso que si el cielo me ha otorgado un cerebro que alberga alguna idea, una voluntad que supo encauzarla e impulsarla y una energía que venció las barreras del camino, esos dones no han sido para mi orgullo ni para mi

envanecimiento, sino para que los devolviera en beneficios a la sociedad en que convivo."

Homenaje de la Ciudad de La Habana en el Centenario del Nacimiento, 4 de Octubre de 1954, Municipio de La Habana, Oficina del Historiador de la Ciudad.

Tomado de "María Luisa Dolz, la liberación de la mujer cubana y la educación", Estudios de la Historia de Cuba, Editorial Ciencias Sociales, La Habana, 1955.

Función y destino de la escuela privada en Cuba

por *Marino Pérez Durán*
Diario de la Marina de La Habana, Julio de 1957

Frecuentemente se sostiene que la Escuela Privada realiza una labor útil a la sociedad, porque alivia la enorme tarea del Estado en la preparación de la niñez y de la juventud. Esto es cierto, pero conduce a conclusiones equivocadas. Hilaire Belloc explicaba cómo es posible falsear un juicio histórico sin decir propiamente una mentira. Por ejemplo, si nosotros, para responder a una pregunta acerca de la personalidad de José Martí, contestamos que se trata de un ilustre poeta hispanoamericano, precursor del modernismo, estamos diciendo cosas ciertas; pero como ésas no son las facetas sobresalientes de la personalidad del Apóstol de nuestra Independencia, hacerlas resaltar de ese modo constituye una evidente desfiguración de la verdad, que equivale a una falsedad histórica.

La afirmación de que el Estado no puede prestar por si mismo el servicio público de la enseñanza, es indiscutible. Ni aún los poderosos Estados Unidos, con sus presupuestos astronómicos, podrían resistir la erogación que representa este servicio. Nuestro país —supongamos— tiene un millón doscientos mil niños en edad escolar. Calculando a razón de un maestro por cada treinta niños, se necesitarían cuarenta mil maestros solo para la enseñanza primaria común, sin aludir a los problemas de distribución del magisterio en zonas extensas de escasa población. Añádase después el personal de las enseñanzas especiales, el de las escuelas vocacionales y el de la enseñanza secundaria. ¿Se puede resistir esa nómina?

Todo esto se ve bien claro; pero afirmar que la escuela privada tiene su razón de ser nada más que en la necesidad de suplir esta deficiencia, es un modo de desfigurar la verdad y mentir sin mentir, como antes refería.

Las familias cubanas, las madres cubanas sobre todo, saben bien que la educación de sus hijos es cosa que les incumbe a ellas directamente y (¡gracias a Dios que las madres cubanas son así!) no estarían dispuestas a ceder al Estado más que una limitada función fiscalizadora. Esta es la razón por la cual la escuela privada prospera en todas partes, a pesar de los centros oficiales que se han construido recientemente, a un alto costo y con suficiente dotación, y a pesar de la calidad no discutida del magisterio público.

En la cuestión educacional hay que contar con la escuela privada. Y las cosas mejorarían mucho, aún en la escuela oficial, si este punto de vista se tuviera presente por todos y en todo momento.

La responsabilidad

En los países donde se respeta la dignidad de la persona humana, el derecho de educar, que al mismo tiempo es un deber de los más sagrados, queda en manos de los padres, respecto de sus hijos. La función del Estado es tutelar y supletoria; protege a la familia en el cumplimiento de sus fines y la suple cuando éstos no se cumplen.

Esta es la saludable verdad de los pueblos libres, en la enseñanza como en toda otra actividad de la vida social: libre empresa para mejorar la calidad en la libre competencia e inspección del Estado para salvaguardar el bien común. Pese al aflojamiento de las costumbres, la familia es todavía en Cuba una institución fundamental. Los doscientos y tantos mil niños que cursan estudios de primaria en las escuelas privadas de la nación, atestiguan el celo de los padres en busca de la educación que quieren para sus hijos.

Compárese la situación de las escuelas privadas y públicas con la de clínicas y hospitales. Proliferan en Cuba las clínicas privadas, aumentan sus ingresos y mejora la calidad de sus servicios; y el Estado, atento a la salud pública, mantiene sus hospitales —con deficiencias similares a las de las escuelas públicas—, trata de aumentar su número y brinda en lo posible atención gratuita a las clases necesitadas. Pero nadie pretende eliminar las clínicas, saturar de hospitales los rincones de la República y convertir a los médicos en hombres a sueldo del Estado. Y si de esto se tratase, claro se diría —llamándolo por su nombre— "socialización de la medicina", esto es, aplicación de una medida socialista, que difícilmente encajaría dentro del marco liberal de nuestra organización social y política.

Es interesante meditar en esta similitud de ambos servicios públicos. Salubridad y enseñanza tienen —y deben tener— manifestaciones y consecuencias sumamente parecidas. Ambas se refieren a la salud, bien del cuerpo o del espíritu. Pero, en tanto una está claramente definida y comprendida en su naturaleza y funciones, la otra ha quedado sujeta a una serie de confusiones y diferencias de criterio, que han interrumpido su normal desenvolvimiento. La libre iniciativa en el desarrollo de las sociedades humanas es un principio que está en la entraña misma de los Estados democráticos. En una empresa que requiere la consagración de sus servidores, como es la enseñanza, se incurre, sin embargo, en la contradicción de negarla enfáticamente. Nunca hemos experimentado lo que ocurriría a ese mismo magisterio público, si estuviese organizado en instituciones privadas con protección oficial, donde el estímulo del propio éxito operara sobre el entusiasmo de los maestros e influyera en el resultado de su labor.

La subvención del Estado se aplicaría a un número indeterminado de becas totales y a ostensibles disminuciones en la pensión, proporcionadas al nivel económico de la población escolar posible, o sea, a la vecindad correspondiente a la ubicación de la escuela. El efecto benéfico de tal inversión de los fondos públicos, sería doble: por una parte, el magisterio podría incrementar sus ingresos con el producto de las pensiones, justamente en la medida de la calidad de su esfuerzo, con lo que resultaría automáticamente mejor retribuido quien mejor lo mereciera; y por otra parte, se encontraría un mayor interés por parte de las familias. Esto es interesante: en la organización de nuestras escuelas parroquiales se ha experimentado que aquéllas que exigen a sus alumnos una modesta pensión (a veces irrisoria), encuentran mayor cooperación familiar que las que son enteramente gratuitas, sin duda por aquello de que cada cual aprecia lo que le cuesta, porque le cuesta.

Todo esto, sin embargo, parece remoto en sus posibilidades reales. Nuestros políticos más demócratas se muestran en esto celosamente estatistas. La función obligatoria de dar enseñanza gratuita a quien carece de ella, se confunde con la absorción por el Estado de toda la educación nacional. Y la Escuela Privada, puesta a la defensiva, tiene que conformarse con salvar su derecho a la vida.

Los grandes colegios

Dentro de la escuela privada cubana, el sector de los grandes colegios es el menos numeroso, aunque el más representativo. Solamente una proporción exigua del número total de escuelas privadas resistiría esta calificación, un poco imprecisa. La mayor parte de los grandes colegios pertenecen a instituciones religiosas. Apoyados en una larga tradición de servicios a la sociedad cubana, ellos alzan sus majestuosos edificios como verdaderos monumentos a la cultura nacional. Otros colegios seglares —cuyo auge en los últimos años ha sido pro-digioso— se han unido a este grupo.

Sobre los grandes colegios recae la atención de la sociedad cubana: de los que los consideran en su justo papel de formadores de lo mejor de nuestra juventud; y la de aquellos implacables detractores que no vacilan en atacarlos despiada-damente. Su labor educadora se concentra, principalmente, en la formación de la adolescencia; esa difícil edad que constituye la etapa crítica en el desarrollo de la personalidad.

Cierto experimentado director de colegio respondió una vez a la pregunta de un padre confuso y preocupado, con una frase breve y elocuente. La conducta de su hijo, ofrecía para este padre síntomas desconcertantes: solía tener preten-siones de hombre mezcladas a típicas reacciones infantiles.

— "¿Qué tiene mi hijo?" —preguntaba este padre angustiado—, "¿qué debemos hacer con él?".

— "Quince años" —fue la respuesta del educador—, "déjelo Ud. crecer."

Educar: vigilar el desarrollo de la personalidad, perfilar el carácter; formar la mente inquieta, sedienta de saber y de cultura; frenar la conciencia, contener el ímpetu, impedir las desviaciones; crear un muro de contención a ese afán impulsivo del espíritu juvenil; y todo ello sin dañar las fuentes secretas de las grandes y nobles iniciativas, sin imprimir la propia naturaleza humana, sin deshacer lo que la Providencia ha puesto en cada ser...Esa es la gran tarea de los educadores, y de ella están conscientes los directores y maestros de las escuelas privadas.

Alguna vez se ha dicho, con más ignorancia que malicia, que "cuesta un ojo de la cara educar a un hijo". Tal vez esta opinión no ha medido cabalmente la total hondura de la función educadora. Quizás muchos padres no quieran aceptar la lógica proporción que en el total de sus gastos merece la preparación integral de su hijo. Acaso no se tenga una idea acertada de la índole especialísima de estas "empresas" que son los centros de educación.

La Iglesia Católica en la República

por *Juan Emilio Friguls*
Diario de la Marina, La Habana, Julio de 1957

Los once lustros que van desde el tránsito de la Colonia a la República (1902) a nuestros días, señalan para el catolicismo cubano, en lo cuantitativo y cualitativo, una progresión que ha venido a robustecer las esencia espirituales de la Patria, gestada políticamente como Nación a la sombra protectora de la advocación mariana de la Caridad del Cobre, como estuvo alumbrada en su Descubrimiento por el signo de la Cristiandad, gracias a la visión y al celo apostólico de una reina ejemplar: Isabel la Católica.

El año inaugural de nuestra vida republicana no sobresalía precisamente, por su vigor religioso....el cuadro de aquellos días de principios de siglo: el liberalismo por una parte; la reacción masónica por otra, la tibieza de la mayoría de los fieles, que mostraban escasa preparación religiosa, mantenían a la Iglesia en un plano secundario, con una inercia que en muchos casos llegaba hasta el interior de los propios templos. La labor de los fieles quedaba reducida a un ropero antoniano, o a una clase doméstica de Catecismo, a cargo siempre de piadosas mujeres. La iglesia quedaba como ritual y como costumbre para los días solemnes de la existencia: bautizo, boda, entierro.

A mediados del 1903 la vida eclesiástica comienza a ampliarse con la erección de dos diócesis: Pinar del Río y Cienfuegos; a la que sigue en 1912 la fundación de otras dos diócesis, la de Matanzas y la de Camaguey que hace ascender a seis el número de ellas, aunque La Habana y Santiago de Cuba tienen rango arzobispal...

El Venerable Episcopado Cubano está integrado, a la hora de redactar esta líneas —julio de 1957— por las siguientes figuras: Su Eminencia el Cardenal Manuel Arteaga Betancourt, Arzobispo de La Habana, que fue creado Cardenal presbítero de la Iglesia en el Consistorio de Diciembre de 1945; Monseñor Enrique Pérez Serantes, Arzobispo de Santiago de Cuba; Monseñor Eduardo Martínez Dalmau, Obispo de Cienfuegos; Monseñor Alberto Martín Villaverde, Obispo de Matanzas: Monseñor Evelio Díaz Cía, Obispo de Pinar del Río; y Monseñor Carlos Riu Anglés, Obispo de Camagüey, el último nombramiento episcopal de la Santa Sede en Cuba y que data de Febrero de 1949.

En conjunto, 209 parroquias en las seis Diócesis; 245 casas religiosas (conventos y congregaciones), de ellas 87 masculinas y 158 femeninas, siendo la última congregación en establecerse en Cuba la de los Padres Mercedarios que en este 1957 han regresado de nuevo a la Isla, después de largos años de ausencia...

La actividad docente de la Iglesia en la República está representada por 52 colegios de varones y 110 de niñas, con una matrícula aproximada de cuarenta mil alumnos, entre hembras y varones, agrupados en una Confederación de Colegios Cubanos Católicos, bajo cuyos auspicios se celebró en La Habana, en Enero de 1954, el V Congreso Interamericano de Educación Católica que se clausuró con un Mensaje de Su Santidad Pío XII. Y aunque la obra de la docencia católica cubana es tema que recoge otro trabajo de este magazine, no puede silenciarse en este breve recuento del panorama católico nacional en los últimos 55 años, el aporte dado a la cultura cubana por dos planteles católicos que ya han alcanzado la centuria: el Colegio de Belén de los padres Jesuitas, y las Escuelas Pías de Guanabacoa, en cuyo seno se creó además, la primera Escuela Normal. Y en el orden de la enseñanza superior, tampoco podemos dejar a un lado una de las glorias de la Iglesia Cubana en los últimos años: el haber fundado la primera universidad privada de la República —la Universidad de Santo Tomás de Villanueva, de los Padres Agustinos, edificada en el Reparto Biltmore.

Iniciativa y obra del dinámico agustino Padre Lorenzo Spiralli, O.S.A., a quien se deben también algunos de los principales templos capitalinos, la Universidad de Villanueva, fue fundada en Octubre de 1946, desenvolviéndose desde entonces a un ritmo acelerado de progreso que la coloca hoy entre las mejores universidades privadas de Hispanoamérica, progreso que ha consagrado la misma Santa Sede al otorgarle su erección canónica, cuyo Decreto de la Sagrada Congregación de Seminarios y Universidades recibió oficialmente el pasado 28 de junio, conjuntamente con la proclamación del Cardenal Manuel Arteaga como su primer Gran Canciller.

Este aporte católico a la cultura universitaria no es nuevo en la historia cubana, cuya primera Universidad —la bicentenaria de La Habana— fue también obra de una congregación religiosa, la de los Padres Dominicos, en el año 1728, tradición que en este año de 1957 se afinca más en la fundación de dos nuevas universidades católicas: la de Belén de los Padres Jesuitas, y la de los Hermanos de la Salle, ambas en La Habana, y cuyo funcionamiento ha sido ya aprobado por el Ministerio de Educación.

Hacia la conciencia nacional:
el Presbítero Félix Varela

por *Juan J. Remos*
1958

El pensamiento cubano alcanza por primera vez su elaboración y su expresión genuina con la insigne personalidad del Pbro. Félix Varela (Habana 1787-San Agustín, Florida, 1853). Un sentimiento de limpia y definida cubanía aflora con su palabra y con su actitud. Es uno de los grandes maestros de la cultura cubana y ponderado rector de la conciencia nacional. Como dijo su discípulo Luz y Caballero en felicísima frase, 'fue el primero que nos enseñó a pensar', y fue además, el primero que proclamó el separatismo como el camino indeclinable para alcanzar la plenitud de derechos a que Cuba debía aspirar. La filosofía, la didáctica, el ensayo, el periodismo, concretaron las actividades de su intelecto. El sacerdocio dispuso en él del más fiel servidor de las esencias católicas, y lejos de hallar incompatibilidad entre su fe y la ciencia, la armonizó y obtuvo eficaces logros. Acaso su clara virtud religiosa lo hizo más puro y vehemente patriota. Su verbo, ungido de saber y de fe, resonó en el templo, en la cátedra, en el parlamento, enalteciendo siempre la verdad de sus convicciones y manteniendo ardorosamente el aliento de su credo. En su vida ejemplar y en su obra fecunda están los cimientos de una patria que es el primero en cotemplar soberana, pero libre de prejuicios y de sentimientos oscuros y torpes.

El Seminario de San Carlos le acogió primero como discípulo en el aula del Pbro. Caballero y después como maestro, de cuyas enseñanzas habrían de surgir brillantes seguidores, que alcanzarían justa notoriedad, como el citado Luz y José Antonio Saco. Las cátedras de filosofía, derecho constitucional y economía política serían los vehículos por los que llegaron a la generación de 1820 sus doctrinas forjadoras de una cubanidad enterada, reflexiva, de conciencia valiente, desterrando el predominio del escolasticismo, dando paso a la concepción sensualista, afirmándose en la razón y en la experiencia como bases de la función pensante. Practicó el eclecticismo (esbozado por su maestro Caballero) y sostuvo que 'hallándose más remotas las causas de los errores, buscamos la verdad'. Las huellas de Locke, de Reids, de Leibnitz, de Gasendi y principalmente de Condillac, se advierten en la fase de su ideario que corresponde a las tendencias experimentales; pero en lo metafísico su propia especulación es la que impera. Introdujo los estudios de la física experimental, fundando el primer gabinete de esta materia. "Nuestro objeto principal, decía, es el estudio del espíritu humano no para descubrir su naturaleza, sino para conocer sus operaciones, observar con qué arte se combinan y cómo debemos conducirlas, a fin de adquirir toda la naturaleza de que somos capaces." Libros diversos recogieron su pensamiento filosófico: Instituciones de Filosofía Ecléctica (1814), Apuntes Filosóficos (1818) y Lecciones de Filosofía (1818-1820), en cuatro tomos.

Su espíritu reformador no se detuvo en lo filosófico: se extendió a todo cuanto fue objeto de su conocimiento y de su dedicación; se extendió a lo didáctico, a lo social y a lo político. En lo didáctico se propuso aplicar métodos que respondieran no solamente al espíritu de la ciencia, sino a las necesidades urgentes de su pueblo; por eso no fue un mero teorizante, sino un creador de juventudes que orientó inspirado en la realidad que palpaba; y así nació aquella generación que espigó instruida por su sabiduría e inspirada en su doctrina cubanísima. Abogó por la economía de conocimientos, reduciéndolos a lo sustancial; erudición fundamental y claramente explicada. "Los que enseñan no son más (a su juicio) que compañeros del que aprende. El verdadero maestro del hombres es la naturaleza." Convencido de que todo hombre posee innatas las valencias de su personalidad definitiva, es necesario impulsarlas por el maestro, procurando darle una dirección acertada.

Muy unidas estuvieron sus ideas didácticas a las sociales, porque sabía que para lograr la independencia consciente y responsablemente, era imprescindible educar a su pueblo; a ello ha de responder, como veremos en breve, la finalidad primordial de la más literaria de sus obras: sus Cartas a Elpidio. Y no olvidó a la mujer en su visión de conjunto: ella habría de ser instruida también en la ciencia, pues la considera intelectual y moralmente igual al hombre. Era forzoso preparar debidamente a la mujer si se deseaba una patria con nobles y sanos principios: "El primer maestro del hombre es su madre, y esto influye considerablemente en su educación". Este concepto, que nos luce natural, era avanzado y muy liberal en su tiempo. No dejaba de advertir la importancia del arte en la modelación de los pueblos, y, amante de la música como era, y hasta músico (tocaba el violín), fundó la primera sociedad filarmónica de Cuba.

En lo político se proyectó con amplio espíritu liberal. Inicialmente, Varela concibió una reforma autonomista, en lo cual pesaba sin duda el intercambio de ideas que sostuvo con su maestro, el Pbro. Caballero. Enderezado a este fin, presentó cuando fue Diputado a Cortes, en 1823, su proyecto de Instrucción para el Gobierno Económico-Político de las Provincias de Ultramar, que tendía a establecer un estatuto, al que habrían de atemperar su conducta los Capitanes Generales, evitando sus excesos y dando a las colonias una vida de derecho constitucional, a la vez que se definían en el preámbulo las diferencias fundamentales entre España y sus posesiones de América, teniendo en cuenta para ello las condiciones de clima, población, estado económico, costumbres e ideas. El proyecto prosperó en las Cortes; pero no produjo entonces la reacción de Fernando VII, que dio al traste con el status, y los diputados tuvieron que huir. Varela logró escapar por Gibraltar y arribar a los Estados Unidos de América. Establecido allí, las experiencias sufridas y el ejemplo norteamericano fueron transformando su pensamiento hasta convertirlo en un convencido separatista. Se entendió con quienes conspiraban en México Colombia, rechazó hasta las posibilidades de la anexión de Cuba a los Estados Unidos y proclamó como único ideal que su patria se constituyera por sí sola, cono la amistad de los demás pueblos hermanos, sin faltar el de la gran nación, a la que admiraba; pero sin nexo alguno que mermara la soberanía cubana. Atacó asimismo el tráfico de esclavos, de cuya abolición se declaró partidario.

Fundó en Filadelfia **El Habanero**, papel político, científico y literario, en 1824, que continuó en Nueva York, en 1825. Su circulación fue prohibida en Cuba y su editor y redactor perseguido, por lo que el P. Varela no regresó a su tierra nativa, permaneciendo en la urbe norteamericana, donde alcanzó altas dignidades en la Iglesia y fue muy querido por su incesante gestión piadosa, estableciendo asilos para huérfanos y viudas. Hubo un católico filántropo que compró un templo expresamente para que el P. Varela oficiara en él. Fue vicario General de Nueva York y se le honró por el Seminario de santa María de Baltimore con el título de Doctor en Teología honoris causa.

El Habanero constituyó su más vigoroso palenque en pro de la libertad de Cuba. Sus secciones patrióticas están pletóricas de conceptos sobre la legítima aspiración cubana y de fuerte fustigación contra los que no laboran por ella...

Como vemos en las "Cartas a Elpidio", Varela se ha esforzado por atender esencialmente la constitución espiritual de su pueblo; quiso formar una conciencia muy cubana, pero sin perder de vista su íntima formación, alentando la fe religiosa. Católico y católico ferviente y sincerísimo como era, lógico es que procurara infundir la fe católica en el pueblo cubano; pero es conveniente dejar sentado bien claro que, no obstante su creencia y el ardor con que la defendió siempre, abogando por su legitimidad en la organización nacional, admitía ideas como las de una moral social, la laicidad del Estado y la libertad de conciencia; con lo cual daba una prueba fehaciente de su amplitud de criterio. Pensó, por encima de todo, en la efectividad de la virtud, a la que consideró el sostén de la patria.

Muchas veces se ha repetido la pregunta: '¿quién fue Elpidio?' Para algunos fue su discípulo José María Casal; para otros, fue José de la Luz y Caballero. Nosotros pensamos más bien en una concreción del pueblo de Cuba; nos inclinamos más bien a creer que trató de personalizar en este personaje imaginario a sus compatriotas, que en muchos aspectos eran discípulos de sus ideas. Porque en Cuba, el rectorado de Varela no lo recibieron sólo quienes escucharon su enjundiosa palabra en el Seminario, sino cuantos en su tiempo alentaron la preocupación cubana; eso lo fueron sólo José Antonio Saco y Luz y Caballero...;el profesor de filosofía de la Universidad, Manuel González del Valle (1802-1884); el excelente orador forense, catedrático de derecho político y de filosofía en el Seminario, sustituyendo a su maestro, colaborador del Diccionario Salvat, Nicolás M. Escovedo (1795-1840); el brillante publicista, comentador de palpitantes asuntos de actualidad, José Agustín Govantes (1796-1844), en fin, otros más que no sólo denotan la magnífica savia del gran maestro y patriota, sino un pueblo que se abre al concepto de su personalidad propia, y que va plenamente hacia la conciencia nacional.

Tomado de **Proceso Histórico de las Letras Cubanas**, Ediciones Gadarrama, S.L., Madrid 1958.

La enseñanza privada

Monseñor Enrique Pérez Serantes
Arzobispado de Santiago de Cuba, 1959

Los católicos todos, como un solo hombre, y lo mismo todo ciudadano que sepa anteponer el bien común a ideologías sectarias y trasnochadas, hora es ya de que se apresten a defender sus derechos, sacudiendo el sopor harto prolongado, que permite al enemigo sembrar la cizaña en su campo. Cuando los intereses supremos están amenazados, deber es de todos empuñar las armas para defender los sagrados valores de la libertad, del bienestar y de la paz.

Nos expresamos así, porque estamos oyendo decir que la enseñanza privada, la que no cuesta nada al Estado, y que nuestras Universidades, en primer término la de Villanueva, un regalo valiosísimo para Cuba, están seriamente amenazadas sólo porque así se le antoja a los enemigos de la enseñanza privada y a los enemigos de Villanueva.

A estos gratuitos guerreros hay que añadir con dolor los que, presentándose como heraldos del Evangelio, prefieren que nuestros niños y los jóvenes nuestros crezcan sin instrucción religiosa a que se la impartamos nosotros en la escuela pública, vulnerando de esta manera los derechos indiscutibles de los padres de familia, muy dueños de elegir la escuela de sus hijos. Que así discurran masones y comunistas y los laicistas de todos los cuadrantes, a nadie puede llamar la atención, porque de esos árboles no se pueden esperar otros frutos; pero que así se expresen oficial y solemnemente los que dicen que tienen por misión inculcar el Decálogo y enseñar la doctrina de Cristo en todas partes, inclusive en las escuelas, eso es en verdad inconcebible.

Para decir las cosas con claridad, el enemigo que se combate es uno solo, el único al cual teme el comunismo en el mundo.

La guerra es, pues, contra la enseñanza religiosa en la escuela pública; la guerra es contra toda escuela católica hasta la más elevada, la Universidad de Villanueva. El catolicismo, ése es el enemigo.

Podrá decirse que ¿ser alumno de una escuela católica entraña un peligro para la sociedad?

¿Acaso por haber pasado por una escuela católica hay temor de que nuestros jóvenes sean menos cultos o menos varoniles?

Responda por nosotros el Dr. Fidel Castro, alumno de Dolores y de Belén.

Lo dicho adquiere una importancia especialísima si se tienen en cuenta las siguientes consideraciones:

Según los datos que tenemos a la mano hay en Cuba aproximadamente 1,500,000 niños de edad escolar.

De estos niños unos 800,000 no han sido matriculados: éstos, según las estadísticas conocidas, están al margen de la enseñanza.

Siendo esto así, lo que procedería sería tratar de aumentar el número de escuelas, dando facilidades a los que quisiesen imponerse la labor de la instrucción y la educación de nuestra niñez; pero cuando menos, no impedir, no estorbar que esta labor se realice, no combatiendo la enseñanza privada. Esto sería lo que también el sentido común y el amor a la niñez cubana aconsejarían; pero así no piensan los fieles devotos de los dogmas del laicismo. Nunca a los enemigos de Cristo y de su Iglesia se les ha ocurrido pensar como Dios manda.

-0-0-0-0-

Fuera de unos 100,000 niños quizá menos que más, que reciben instrucción religiosa en las escuelas privadas, los demás, 1,400,000 crecen al margen de los principios que estimamos con sobrada razón rectores de la vida.

Crecer sin religión es un mal de proporciones tan gigantescas, que espanta. Lo que los moralistas y sociólogos honrados, lo que las estadísticas que tratan acerca de la delincuencia infantil nos enseñan con relación a las actividades de esta falange de ciudadanos y ciudadanitos espiritualmente famélicos, eso lo sabe todo el mundo, como sabe igualmente que un país no necesita otro enemigo para destruir su vitalidad, porque sabe que para eso esa carcoma del laicismo basta.

Quisiéramos se nos dijera a quiénes estorba o perjudica que los niños adquieran conocimientos religiosos, captando ya desde la más temprana edad los principios de la más alta filosofía de la vida, asimilando paulatinamente las severas y rígidas normas de la moral cristiana, la que hace caballeros a los hombres y pudorosas a las mujeres, la que sirve para que el hombre no necesite de la fuerza armada para el recto uso de su libertad, para ser dueño de sus actos, respetuoso y sumiso a la ley, en fuerza de la ley que lleva grabada en su corazón y en su conciencia, temerosos de Dios y de su sanción eterna.

Eso a nadie perjudica y a todos favorece. En cambio, los que entienden de delincuencia infantil, los que conocen los caminos de la criminalidad saben perfectamente bien que el índice más bajo de delincuencia infantil la dan los países en los que la formación religiosa, iniciada en el hogar y continuada en la escuela, ejerce decisiva influencia en esa edad; y después, cuando el niño pase a ser adulto, o sea, toda la vida.

De pasada diremos que el Estado cubano en virtud de la misma Constitución está obligado a enseñar a nuestros niños las fuentes de la moral cristiana.

Por respeto, muy mal entendido, a una insignificante minoría, se está incurriendo en el absurdo, hijo de un despotismo irritante, de privar a los niños católicos de la enseñanza religiosa, que les es propia y a la que tienen plenísimo derecho.

Los que rechazan los sapientísimos dogmas de la Iglesia, se aferran al dogma insostenible, ridículo y arbitrario y aun tiránico del laicismo, llevado a la trágala a todos los sectores de la vida de la nación. Por este procedimiento, que pugna con la libertad y el recto uso de la democracia, se anulan los derechos de los padres de familia a elegir la educación, en nuestro caso cristiana de sus hijos, y los otorgan al Estado, haciéndolo padre y maestro de todos los niños, cuando en realidad su función en este caso es la de ayudar a los padres en la educación de sus hijos, completando o supliendo, cuando fuere necesario la del hogar.

Conducta honestísima del Estado y muy equitativa sería la de amparar y aun subvencionar, como en muchos Estados se hace, la misma enseñanza religiosa privada, pues no hay que olvidar que los padres que mandan a sus hijos a escuelas privadas contribuyen con sus impuestos al sostenimiento de la enseñanza.

Pensando en esta inquina contra la escuela católica, se nos ocurre formular algunas preguntas:

¿A quiénes puede estorbar la Universidad de Villanueva, y a quiénes pueden estorbar o perjudicar nuestras escuelas católicas?

No estorban a la Universidad civil del Estado, porque ésta harta tarea tiene con sus 18,000 alumnos, que van siempre en aumento, y tanto, que ya constituye seria preocupación para no pocos el gran número que en breve plazo llamará a sus puertas sin que se les puedan abrir.

Esta Universidad, lo mismo que las otras privadas, no estorban al Estado, porque no le cuestan nada; son ellas un regalo para el Estado y un alivio.

Tampoco estorba nuestra Universidad de Villanueva a maestros y alumnos, porque sirve, cuando menos, de estímulo provechoso para aquéllos y para éstos.

Pues si no estorba nuestra Universidad Católica, si por los mimos motivos no estorban nuestros Colegios católicos; si sirven, y de eso no hay duda, déjenlos en paz y no pierdan tiempo combatiéndolos.

Que es cara la Universidad Católica. No lo sería si estuviese subvencionada. En todo caso, no es éste asunto que interese a los que no la frecuentan, y lo es sólo de aquellos que, pudiendo estudiar sin pagar, tienen gusto en pagar por estudiar. Esto es interesante y brinda buena materia de estudio.

Los padres que mandan sus hijos a Villanueva, muchos de los cuales seguramente se sacrifican económicamente llevándolos allá, por algo lo harán, y quizá no sea muy difícil averiguar por qué. En todo caso, los amantes de la libertad, bueno fuera que empezaran practicándola, no urgando en este asunto, que repetimos, no es de su incumbencia.

Llama poderosamente la atención que en una Revolución que a costa de tanta sangre, de tantos sufrimientos y de pérdidas de todo género, tan grandes, se ha hecho para conquistar la libertad, se quiera desconocer y aun atacar el derecho a la libertad tan sagrada y fundamental como es la que tienen los padres de familia para escoger la escuela que estimen mejor para sus hijos. ¿Será que hay algunos tan atrasados de noticias que piensen que la Revolución no ha salido aún de la Sierra Maestra, de la Sierra Cristal o del Escambray? ¡Cuidado con eso!

La Universidad de Villanueva, lo mismo que todos nuestros centros docentes, responden a una manifiesta necesidad, la misma que satisfacen los centros docentes similares en otros países, empezando por Estados Unidos, donde hay tantas Universidades y Colegios privados, muchos de los cuales son católicos. Respetar y aún apoyar decididamente Universidades y Colegios católicos significa respetar y apoyar los derechos individuales, representa una labor constructiva en cualquier país, máxime si ha peleado denonadamente por sus libertades. Nuestros enemigos harán bien en olvidarnos y no pretender dar lecciones a los que tienen derecho pleno a ser maestros. Y, por si alguno no ha asimilado bien el manjar de la democracia, piense que para merecer el título de demócrata es preciso haber aprendido primero la lección del respeto a su prójimo y a no meterse donde no les llaman.

Dejando ya a un lado a nuestros enemigos, que no tienen nada de constructivos, queremos dirigirnos ahora al Jefe de la Nación, y al Líder máximo de la Revolución, para decirle con el mayor respeto y la más alta estima.

Primero Al pedir que se permita estudiar nuestra religión a nuestros niños en las escuelas públicas, no pedimos una limosna, **pedimos justicia.**

Segundo Al pedir que a la Iglesia se le respeten sus Colegios tal como han funcionado hasta ahora, no mendigamos un favor: **pedimos justicia.**

Tercero Cuando pedimos que se respete nuestra Universidad Católica, sólo pedimos se nos reconozca un derecho, sólo **pedimos justicia.**

Cuarto Cuando pedimos se nos reconozca nuestro derecho a enseñar en la forma expresada, no pedimos algo que signifique un privilegio, o algo que pueda interpretarse como meter la hoz en mies ajena: solo pedimos se nos deje ejercer el derecho de servir a Cuba en la mejor formación de sus ciudadanos en nuestras escuelas religiosas así primarias, como medias y superiores.

Decimos además que la Revolución no habrá triunfado totalmente mientras haya en el país sectores **irredentos**, como lo serían ciertamente éstos que denunciamos de la falta de libertad, que la Iglesia necesita y demanda para el ejercicio pleno de sus funciones en bien de la patria, y que los padres de familia reclaman para educar debidamente a sus hijos.

Mientras la región del espíritu, el sector de las almas, no sea redimido, no podrá con verdad decirse que se ha obtenido el triunfo completo de la Revolución, siendo cosa averiguada que Revolución, que se haga a espaldas de los derechos de Dios, lleva en sí misma el sello del fracaso; y en verdad nos dolería que esto ocurriera, más bien deseamos se consolide.

Esperamos que el nuevo Régimen, conquistado por el esfuerzo de todos, pero en primer término por el vigor, el esfuerzo y el apoyo de los católicos, el mayor número de los combatientes y simpatizadores de la Revolución, habrá de tener en cuenta los derechos de la Iglesia, que son los de Dios, que demanda lo suyo sin detentar lo de nadie, así como los derechos que tienen nuestros educandos a que se rompan de una vez las cadenas tiránicas del laicismo.

Escribimos hoy a ciencia y paciencia del mal efecto que suponemos habrán de producir nuestras palabras en ciertos sectores de incomprensión y de tradicional intransigencia, sencillamente porque nos debemos a la verdad: y, porque, por defenderla, ningún mal nos habría de parecer demasiado grande, y lo preferiríamos a callar cuando debemos hablar.

Escribimos así, casi sin tiempo para hacerlo porque nos debemos enteramente a Dios y a Cuba, y por estos dos amores esperamos, con el auxilio de lo alto, que nadie ni nada podrá desviarnos de nuestro propósito ni del camino real y tradicional del triunfo, porque es el camino trazado por la mano de Dios.

Pedimos, pues, todos a nuestro buen Dios esos bienes que anhelamos. Pidámoslos por mediación de nuestra excelsa Patrona.

Santiago de Cuba, 13 de Febrero de 1959

† ENRIQUE, Arzobispo de Santiago de Cuba

Después del Congreso Católico Nacional

Monseñor Enrique Pérez Serantes
Arzobispado de Santiago de Cuba, Diciembre, 1959

Instrucción religiosa

Por lo que toca al otro campo, el de la Enseñanza Religiosa, por tratarse de algo que no admite demora, bueno es saber que para impartir instrucción religiosa y ayudar a educar cristianamente sólo a los 400,000 niños de edad escolar, que hay en esta Archidiócesis, además de los maestros que ya tenemos, necesitamos alrededor de 6,000 Religiosas, maestras católicas o catequistas que en Escuelas parroquiales, o en Centros Catequisticos organizados lleven los conocimientos básicos de la cultura cristiana a esos niños, privados en su inmensa mayoría del rico y sabroso manjar de la formación integral, la religiosa, que no debiera seguir siendo patrimonio de un puñadito de privilegiados, muchos de los cuales más tarde escasas pruebas dan de haberse hecho dignos de tan singular favor.

Este apostolado, que debiera ser practicado en el hogar, doloroso es reconocer que se está haciendo más necesario a medida que la influencia de los tiempos nuevos hace que muchas madres, harto desarticuladas, no lo practiquen, olvidando o ignorando que la madre es por naturaleza, por voluntad de Dios, la primera e insustituible maestra de sus hijos en la escuela del hogar, de donde han de salir con la estructura moral de lo que habrá de ser en el futuro.

Quiera Dios que sean muchas, siquiera las jóvenes, tantas como se necesitan, que sientan la vocación a este género de magisterio, dentro o fuera del claustro. Sepan todas que Dios está continuamente llamando, porque su Iglesia necesita este Ejército de troqueladoras de la conciencia cristiana, para provecho de la sociedad.

Santiago de Cuba, 24 de Diciembre de 1959

† **ENRIQUE**, Arzobispo de Santiago de Cuba

Ley de nacionalización de la enseñanza

Junio de 1961

Artículo 1. Se declara pública la función de la enseñanza y gratuita su prestación. Corresponde al Estado ejercer dicha función a través de los organismos creados al efecto con arreglo a las disposiciones legales vigentes.

Artículo 2. Se dispone la nacionalización y por consiguiente se adjudican a favor del Estado cubano, todos los centros de enseñanza que a la promulgación de esta Ley sean operados por personas naturales o jurídicas privadas, así como la totalidad de los bienes, derechos y acciones que integran los patrimonios de los citados centros.

Artículo 3. La nacionalización y consiguiente adjudicación a favor del Estado cubano de los centros de enseñanza que se ordena en el artículo anterior, se llevará a efecto a través del Ministerio de Educación, facultándose al Ministro del Ramo para dictar las resoluciones necesarias a fin de incorporar esos centros al sistema educacional de la Nación y en general para el cumplimiento de lo que por la presente Ley se dispone.

Artículo 4. El Ministro de Educación determinará a cuáles de los propietarios de los centros de enseñanza comprendidos en la presente Ley se abonará por el Estado la indemnización en la forma, cuantía y plazo que fijare, en atención a que sus propietarios, operadores o profesores no hayan actuado contra los intereses de la Revolución y de la Patria.

Artículo 5. Se exceptúa de lo dispuesto en esta Ley a los Centros de Enseñanza que por el número de alumnos, o por número de profesores o por su naturaleza especial no deban ser comprendidos en la misma de acuerdo con lo que a tal efecto determine el Ministro de Educación.

Por Cuanto: La función de la enseñanza es un deber a cargo del Estado Revolucionario que éste no debe delegar ni transferir.

Por Cuanto: La enseñanza debe impartirse gratuitamente para garantizar el derecho a todos los ciudadanos a recibirla sin distinciones ni privilegios.

Por Cuanto: La enseñanza, en todos sus niveles, debe estar orientada mediante la integración unitaria de un sistema educacional que responda cabalmente a las necesidades culturales, técnicas y sociales que impone el desarrollo de la Nación.

Por Cuanto: En muchos centros de enseñanza se explotaba por sus propietarios a los que en ellos trabajaban como maestros y empleados, en contradicción con las ideas cardinales de nuestra Revolución Socialista y de las proclamadas por la Asamblea General Nacional del Pueblo de Cuba en la

"Declaración de La Habana" en la que se condena la explotación del hombre por el hombre.

Por Cuanto: Es evidente y notorio que en muchos centros educacionales privados, especialmente los operados por órdenes religiosas católicas, los directores y profesores han venido realizando una activa labor de propaganda contrarevolucionaria con gran perjuicio de la formación intelectual, moral y política de los niños y adolescentes a cargo de los mismos.

Por Cuanto: A estos centros privados de enseñanza sólo tenían acceso alumnos pertenecientes a las clases acomodadas lo cual además de contravenir el principio de gratuidad de la enseñanza, favorecía la división de clases y fomentaba el privilegio.

Por Cuanto: La Revolución Cubana se encuentra empeñada en la tarea de poner todos los medios de la educación y la cultura al servicio de todos los niños y jóvenes cubanos, sin distinción ni privilegio.

Por Tanto: En uso de las facultades que le están conferidas, el Consejo de Ministros resuelve dictar la siguiente

Disposición final

En uso del Poder Constituyente que compete al Consejo de Ministros se declara la presente Ley parte integrante de la Ley Fundamental de la República, la que así queda adicionada.

En consecuencia, se otorga a esta Ley, que comenzará a regir a partir de su publicación en la GACETA OFICIAL de la República, fuerza y jerarquía constitucionales.

Por Tanto: Mando que se cumpla y ejecute la presente Ley en todas sus partes.

Dada en el Palacio de la Presidencia, en La Habana, a 6 de Junio de 1961.

Gaceta Oficial de la República de Cuba, Primera Sección.
Año LIX, La Habana, Miércoles 7 de Junio de 1961. Tomo Quincenal, Número XI, Número Anual 109, 4 secciones, pp. 10657-10658.

Plantar Árboles

por el *P. José Luis Hernando*
1984

Siempre me impresionó el gran respeto que había en aquel pueblo por un árbol. El árbol grande, un olmo añoso, muy viejo. Su tronco era tan grueso que cinco personas uniendo sus manos no lograban abarcarlo. Aquel famoso árbol había acompañado por cientos de años la historia de la villa, había presenciado, acogedor y silencioso, el tranquilo transcurrir de sus vecinos. Ante él tuvo que desviar su curso la nueva carretera, aquella extraña curva era como una inclinación de respeto ante el viejo árbol...Para lograr todo esto se necesitaron cientos de años. Hoy, en nuestros barrios, plazas o casas no plantamos demasiados árboles, pensando que un día todo el mundo se inclinará ante ellos con respeto. El constante cambiar de barrio y de vecinos hace que pocos árboles logren tener o hacer historia. La mayoría de ellos están siempre expuestos al riesgo del trasplante o de ser molidos. Lo práctico y lo útil valen mas que la Historia. El árbol de aquel pueblo me hace pensar en el dicho aquel en que se basan la disciplina y la educación de la niñez: "De pequeño el árbol se endereza..." Si se deja crecer torcido, imposible remediarlo después.

Educar, orientar, encaminar a un ser humano es mucho mas difícil que plantar árboles o que ayudarles a crecer derechos. Educar es tarea de años que dura siglos. Que gana el respeto y la admiración de aquellos que se encuentran con una persona educada y preparada. No importa la clase social, los títulos o las Universidades a que haya asistido. Lo importante es ser árbol firme y fecundo, contra el que no pueda nada, sino más bien todos le admiren y le respeten. Hay un refrán chino que tiene una gran sabiduría: "Si planeas algo para un año, planta arroz. Si tus planes son para diez años, planta árboles. Pero si estás planeando algo que dure siglos, educa hombres y mujeres."

Educar hombres y mujeres

Educar no es una tarea fácil, pues supone tiempo, ciencia y paciencia. Hoy, más bien, nos gusta plantar arroz, algo que nace y crece rápido, algo que no supone mucho esfuerzo y atención. Queremos ver enseguida las flores y los frutos. Vivimos en la sociedad de "lo instantáneo". Todo tiene que ser "instant", al momento. Este es un síntoma de inmadurez e infantilismo. Queremos las cosas "ya", "ahora"...Y si no se logran nos sentimos molestos, con derecho al pataleo o a la protesta. Nos interesa principalmente lo que brilla, lo que suena, lo que se ve, lo que sirve, lo que resuelve. Nuestros planes no son para que duren siglos. Hasta las mismas construcciones arquitectónicas nacen con los años contados. Su destino será caer un día bajo una espectacular y preparada explosión de dinamita. La pregunta inmediata ante cualquier carrera, profesión, oficio, puesto de trabajo o misión...es siempre la misma: ¿Para qué sirve? ¿Cuánto se gana? Tal parece que sólo lo útil sirve y solo el dinero suena. No cabe duda que muchas veces estamos recogiendo los tristes frutos de muchas siembras precipitadas y superficiales. Plantamos árboles, les vemos nacer, pero a la hora del crecimiento les dejamos solos. No hay compromiso, ni planificación a largo plazo, ni continuidad, ni sentido de pertenencia o dedicación. Nos gusta cambiar, probar, conocer otro ambiente. Somos apresurados "arroceros" que viven a cielo descubierto, complacidos en los frutos rápidos y aparatosos del menor esfuerzo. No nos preocupa lo pasajero, lo superficial o lo infantil de nuestros planes. Vivimos sin más ambiciones ni más sueños.

Donde Dios te plantó, debes florecer

En los momentos difíciles, cuando rendirse, dejarlo todo o echarlo a rodar sería lo más fácil y cómodo, entonces he pensado muchas veces en la verdad de esta frase: "Donde Dios te plantó, allí debes florecer". Una llamada a la perseverancia y la esperanza...Una frase bonita y hasta poética, pero...¡Como cuesta el aceptar que Dios nos pueda plantar o trasplantar, o llamar y guiar por diferentes lugares y responsabilidades! Cuesta echar raíces, cuando preferimos seguir con nuestra vocación de arroceros ligeros. Cuesta pensar que sea cierto eso de que Dios me plantó aquí...cuando los frutos que se cosechan son cansancio, disgusto o fracaso, al menos aparentes...Pero seguir ahí, soñando y trabajando, sembrando y esperando, con tiempo y con paciencia...es irse preparando para florecer, para dar frutos buenos y fecundos. El que tiene planes para siglos busca lo que está más allá de las fronteras humanas, busca la eternidad. Es acercarse a Dios Creador, que nos creó y nos educa y ama. Educar es hacer de un niño(a) un hombre, una mujer...Es tanto como crear, es plantar un ser humano ayudándole a crecer, a ser un árbol, con raíz, firme y fecundo. Donde estás, lo que tú eres puede convertirse en árbol fecundo y en huerto florido, si haces verdad aquello de "DONDE DIOS TE PLANTÓ, ALLÍ DEBES FLORECER".

Los maestros cubanos

por el *Dr. Leví Marrero*
1986

Hay oficios de poder y dominio que demandan títulos arrogantes: emperador, caudillo, césar, máximo líder, tras los cuales han escudado temporalmente su insolente crueldad o su vanidad fatua personajes destinados al oprobio y al olvido final. En el otro extremo encontramos oficios de entrega y de servicio, identificados por denominaciones modestas, que la humanidad se ha encargado de exaltar para los siglos y milenios. Ningún otro título tan humilde, como el de maestro, ha alcanzado mayor relieve: maestro llamaron a Sócrates, los jóvenes atenienses, cuando el mundo griego inauguraba nuestra civilización occidental: maestro llamaron a Nuestro Señor Jesucristo, sus discípulos, quienes, como apóstoles, llevarían su mensaje de redención a los hombres dispersos en los continentes y las islas.

Nuestro pueblo, infortunado y traicionado una y otra vez, ha relegado al olvido a sus falsos guías del pasado, como relegará mañana a quienes hoy lo martirizan y denigran; pero ese mismo pueblo seguirá llamando maestros a quienes le abrieron el camino hacia la verdad, edificando su conciencia civil de cubanos.

Maestro fue, para la primera generación que tuvo conciencia cabal de su cubanía, el presbítero Félix Varela, defensor de la independencia y enemigo de la esclavitud; cubano que vivió largamente en el destierro para morir en él. Condenado a muerte en ausencia por la España embrutecida bajo la autocracia de Fernando VII. Varela, la santidad de cuya existencia será un día reconocida por la Iglesia, cuyos anales universales honra, como honra nuestra historia y nos honra a todos los cubanos que amamos la independencia, la libertad y la justicia.

Maestro fue José de la Luz y Caballero, quien enfrentó serenamente al sanguinario O'Donnell en los días tenebrosos de La Escalera, porque quiso probar con riesgo de muerte que más que con la palabra se era un evangelio con el ejemplo vivo. Aquel hombre de voluntad férrea, cuerpo débil y palabra persuasiva forjó, con solo predicar el amor a la justicia, a la sabiduría y a la verdad, una legión de dirigentes que en 1868 figuraron entre los iniciadores de una década heroica de la cual emergería, a pesar de la derrota transitoria, un nuevo pueblo que destruyó de facto la esclavitud secular y dejó abierta la trocha hacia la meta de la independencia a la que se llegaría 24 años más tarde.

Maestro fue el título que, con sabiduría candorosa y profunda, designaron a Martí los humildes obreros de Nueva York y la Florida, pobres, sin éxitos materiales que festejar, pero si asistentes asiduos a los actos que sostenían encendida la fe en la Patria, antes que a saraos suntuosos, ajenos a sus afanes, pues se reconocían desterrados y no emigrados económicos. De la prédica de aquel maestro, su maestro, y del cercén de sus jornales miserables, salieron los fondos que costearon los primeros barcos y las primeras armas del '95.

Maestro fue, para mi generación, el sucesor de Martí en el periódico Patria, Enrique José Varona, quien debió ocupar en su día la presidencia de la República, a la que no le llamarían los cubanos, movidos hasta la exaltación por la hazaña guerrera, olvidando que el maestro Martí había advertido muy a tiempo, que un pueblo no se manda como se manda un campamento.

Don Tomás Estrada Palma víctima de errores políticos más ajenos que suyos, pero honesto hasta su muerte pobre, maestro humilde en tierra ajena, trasciende a cualquier imputación anacrónica con su sentido de servicio como gobernante y con su proyecto básico en un momento en que los patriotas victoriosos en el campo militar centraban justamente la devoción popular ante la hazaña bélica: "La república necesita más maestros que soldados" Nadie pareció oírle.

La historia no es, como muchos creen, solo biografías de las grandes figuras, o sucesión de hechos de armas, ni cambios de gobiernos. La historia real de los pueblos es algo más complejo, porque complejas son las sociedades en su existencia material y espiritual. Para utilizar una expresión reciente del admirado escritor cubano Gastón Baquero, la historia es como una sinfonía. Para ejecutarla no bastan solistas máximos, pues cada instrumento aún el más humilde, contribuye a la majestad sonora del conjunto. Y si sabemos apreciarlo, o sólo escucharla, debemos no olvidar esta diversidad entrelazada que está ahí, en la música como en la historia, aunque nos sea difícil o imposible identificar a los ejecutantes, más allá de las grandes figuras.

Conocemos bien y honramos a los grandes educadores cubanos. Uno de ellos, en el presente siglo, fue el Dr. Alfredo M Aguayo, nacido en esta isla hermana, cuyo nombre nos convoca en este acto enaltecedor. Pero yo quisiera mencionar también a riesgo de robarles unos minutos, a algunos de esos maestros que nos precedieron, no todos muy conocidos, y cuya presencia histórica honramos hoy aquí, al honrar al maestro cubano como símbolo.

En la Cuba pobre de los primeros años coloniales, disminuida trágicamente la población indocubana y abandonada la Isla por muchos de los europeos que marcharon al Continente tras la quimera del oro, surgiría la primera generación criolla. En su casi totalidad eran mestizos, pues los españoles arrebataron a los arahuacos sus mujeres, nuestras lejanas abuelas. Entre estos criollos de primera generación se alzaría el primer reclamo cubano por la libertad y la justicia. Lo había hecho ya el Padre Las Casas, agraviado aún en nuestros días por no pocos escritores de su patria, quienes parecen no perdonarle su desgarrado grito en favor de los indígenas americanos. Lo seguiría el cubano a quien los más viejos entre nosotros —¿por qué el eufemismo de envejecientes que a nadie engaña? Aquí presentes recordarán al retomar en la memoria, siempre nostálgica, uno de los libros de lectura de nuestro respetado —maestro de maestros ante todo— Ramiro Guerra, quien le llamará el primer maestro cubano: Miguel Velázquez, hijo de un familiar del colonizador Diego Velázquez, y de una joven taína. Educado en España, —era legalmente español— el joven religioso, al regresar a su nativo Oriente para servir en la Catedral, frente a la lamentable conducta de los primeros gobernadores, —ya empezaban—, dictaría para los siglos su denuncia, primera admonición de una cubanía que se autoidentificaba: triste tierra, como tierra tiranizada y de señorío.

Su denuncia y clamor por la justicia poseen un valor que trasciende los siglos. El joven presbítero se rebelaba contra el señorío, institución feudal que daba al propietario y señor de la tierra poderes de vida o muerte sobre quienes la habitaban, y que sobreviviría en España hasta su abolición por las Cortes de Cádiz en 1811. El señorío, de facto, podemos decirlo sin faltar un ápice a la verdad, existió en Cuba durante el siglo XIX y ha regresado a la Isla, de hecho también, desde hace un cuarto de siglo.

Aislada y escasa, la población del primer siglo cubano se arraigó pronto a su tierra. Se le llamaría entonces por los españoles, gente de la tierra, denominación ya definitoria. No pocos entre ellos fueron sacerdotes. En las actas de los cabildos son mencionados algunos clérigos como maestros. También aparecen otros que hicieron profesión laica del magisterio. El maestro primario no merecía mayor atención. Las primeras letras y los primeros números eran problema de los padres y a los maestros se pagaba pobremente. Hubo más interés en la enseñanza de segundo nivel, como preparación para el sacerdocio. Antes de que los conventos estableciesen oficialmente estudios de latín, un patricio bayamés, Francisco de Parada, legó valiosas haciendas y cuantioso ganado para sostener una escuela de gramática, o sea, de segunda enseñanza, centrada en el latín. El legado fue pésimamente administrado. En los años 30, radicado en Santiago de Cuba, más de una vez me visitaron campesinos bayameses para denunciarme el mal manejo de las tierras de Parada, en manos de geófagos, casi cuatro centurias después. Pero esto es lamentable historia. Lo que queda vigente es la preocupación ilustrada de uno de los oscuros fundadores de Cuba.

En uno de los más antiguos padrones de población de la Habana (1582) eran calificados como vecinos principales 48, quienes —la honra castellana lo dictaba—, no trabajaban. Entre los vecinos que vivían de su trabajo —y por lo tanto carentes de prestigio—, figuraba un maestro de escuela en condición singular. Recordemos su nombre: Martín Hernández de Segura.

Nuestra profesión sería en Cuba, durante siglos, casi anónima y mal pagada. ¿Cuándo no lo ha sido? Pero, a pesar de ello, indispensable. En el siglo XVII vendría a tener Cuba su primer maestro titulado, Sebastián Calvo de la Puerta, miembro de una de las familias fundadoras, con raíces en el Cádiz del Quinientos, había optado por la enseñanza. No faltaban entre los suyos personajes ricos, poderosos miembros de la oligarquía habanera. Quiso Calvo que su condición de maestro fuese reconocida, y en 1648 se dirigió al Cabildo informando:

"Me he ocupado teniendo escuela pública enseñando en ella doctrina cristiana, leer, escribir y contar y buenas costumbres, procurando aprovechar a los discípulos a satisfacción de los padres de familia. Pretendo ocurrir ante S.M. en su Real Consejo de Indias para que, siendo servido, me habilite de maestro de dicha enseñanza."

El Cabildo acreditaría textualmente, su capacidad y suficiencia, pues de su escuela

"han salido muchos y buenos escribanos, lectores y contadores a satisfacción de toda la ciudad."

Con la lentitud de las cosas de palacio, 13 años después decidió el Rey titularlo, autorizándolo además para que fuese quien examinase en lo adelante a los aspirantes a escoleros, denominación que se daba entonces con frecuencia, a los maestros primarios.

Sobre estos maestros fundadores he escrito bastante y he de ahorrarles tiempo; más pecaría ante mi si no destacase la labor de algunos otros maestros de este medioevo cubano. La comunidad de los frailes bethlemitas que se dedicaba a reponer en su hospital a los convalecientes, daban en su escuela anexa educación gratuita, y aún regalaba textos y material escolar a los niños más pobres de La Habana, que figuraban entre sus 600 alumnos, en los años previos a la ocupación británica. Sería injusto olvidar el democratizador y dedicado Padre Juan de Conyedo, párroco de Santa Clara, mi pueblo, constructor de la Iglesia donde me bautizaron, (derribada para ensanchar el Parque Vidal, en 1923), y quien fue ascendido a medio racionero de la Catedral de Santiago de Cuba, lo que significaba un alto reconocimiento como eclesiástico y una vida material menos agobiante. Nostálgico de sus fieles, de sus alumnos y de su patria local, sintiéndose como escribiría, forastero en tierra extraña, decidió regresar a Villaclara, renunciando a su salario suficiente. Ya había otros párrocos en su lugar, pero Conyedo nada solicitó; vivió feliz y pobrísimo hasta 1762, enseñando a sus pequeños hasta el día final de su vida.

Como síntesis de toda una época y de una conducta cubana y cristiana, recordaré lo que sobre el Padre Conyedo escribió Manuel Dionisio González, el más cuidadoso e informado de los micro-historiadores del Ochocientos Cubano:

"En la época de su importante magisterio fue generalizándose la educación que bajo su patrocinio desinteresado no se limitaba a ciertas clases; todos participaban del bien de la enseñanza, así el pobre como el acomodado, tanto el blanco como el de color. La sociedad en que vivió vio brotar después, del seno de ella, muchos hombres útiles."

La educación primaria, hasta 1898, estuvo a cargo de los empobrecidos ayuntamientos, de la Iglesia, a la que la Corona usurpaba más del 70% de lo que recaudaba en impuestos destinados al culto, y de la Sociedad Económica de Amigos del País, mal vista y sin apoyo oficial. El gobierno colonial aportó poco o nada. Cuando en 1867 los impuestos recaudados anualmente en Cuba excedían los 21 millones de pesos fuertes o dólares, más del 60% era dedicado al ejército de ocupación y a la marina, y a pagar deudas y servicios en España, la Universidad de La Habana recibía menos de 80,000 pesos anuales y los dos seminarios, en total, 5,200 pesos.

Creo interesante comparar estas cifras con otras relativas a los gastos presupuestados en 1867, un año antes del estallido de La Demajagua: Mientras el presidente del Consejo de Ministros de España y el presidente del Tribunal Supremo de Madrid cobraban 6,000 pesos fuertes —dólares— anuales cada uno, el Capitán general de Puerto Rico, percibía 25,000.

En 1899, no es de extrañar, más del 64% de la población cubana era reconocida como analfabeta, considerando alfabetizados todos los niños que asistían a las escuelas. La población total era entonces de 1,500,000 personas. Sobre esta lamentable situación se comenzó a actuar intensamente desde 1899, con eficaz ayuda norteamericana, que sería mezquino desconocer. La República comenzó con la concepción democrática de la educación gratuita para todos. En esta tarea participaron inicialmente como maestros habilitados millares de jóvenes. Y más tarde vendrían los normalistas, primer título profesional que recibieron con orgullo muchos de entre ustedes. En 1959, con una población que cuadruplicaba en exceso a la de seis décadas antes, el analfabetismo, que en muchos casos era residual y en otros originados en nuestro pecado de olvidar la población dispersa de los campos más distantes, se había reducido al 23%. Solamente Argentina y Uruguay tenían una proporción menor de analfabetos en América Latina; Cuba estaba al nivel de Chile y Costa Rica. La UNESCO, que certificara estas cifras, informaba la existencia en Cuba de 50,000 educadores graduados, miembros de los colegios profesionales establecidos por ley.

Y el reconocimiento más significativo para los maestros que lucharon por superarse profesionalmente en medio de condiciones ingratas casi siempre, fue el de que ya en 1940, como lo reconocería la UNESCO en 1960, todos los maestros cubanos, a nivel primario y secundario, poseían títulos profesionales de escuelas Normales o universidades. Era Cuba el único país latinoamericano —se subrayaría entonces—, que había alcanzado tal logro.

Queridos compañeros maestros: podemos sentirnos satisfechos tanto por nuestra ejecutoria en la Cuba republicana como por haber revalidado fuera de la patria nuestra profesión a lo largo de un cuarto de siglo. No seremos ricos, porque ningún maestro lo fue, ni lo es, y si alguno heredó fortuna, como nuestro don Pepe de la Luz, la entregó con su vida a su noble vocación; pero dentro del drama personal de cada uno de nosotros, maestros cubanos del exilio, brilla una modesta pero confortadora luz; hemos sido fieles a nuestra condición de educadores, no hemos abandonado ni a los jóvenes cubanos, ni a los jóvenes de las tierras que nos han acogido. Y orgullosamente sabemos que no hemos renunciado a ser cubanos, ni hemos dejado de servir a Cuba, aún lejos de ella, seguros de que la Cuba eterna volverá a ser un día la tierra de todos los cubanos.

(Palabras del Dr. Leví Marrero en el acto conmemorativo del Día del Maestro organizado por la Asociación de Educadores Cubanos, en San Juan de Puerto Rico, en 1986)

Publicado con permiso del autor. Tomado de su libro **Escrito Ayer - Papeles Cubanos**, Ediciones Capiro, Puerto Rico, 1993.

La Escuela Cubana y la fe religiosa

Arquidiócesis de La Habana
Febrero, 1990

La Voz del Obispo. En el mes del Catecismo.

Como Pastor de la Arquidiócesis de La Habana es frecuente que escuche de los párrocos de la ciudad o del campo un relato parecido a éste: "la Catequesis iba muy bien, el grupo de niños era constante, se habían incorporado nuevos niños enviados por sus padres, pero la maestra habló en la escuela y dijo que los niños no debían ir a la Iglesia o simplemente preguntó en clase quiénes iban a la iglesia y algunos levantaron la mano, otros se sintieron atemorizados. Los padres de algunos niños dicen que los seguirán enviando, otros padres sienten temor... Resultado, el domingo pasado faltaron varios niños, incluso de los interesados y entusiastas". Bueno, mis oídos ya conocen estas historias hasta la saciedad, pero jamás podré habituarme a ellas.

¿Qué lleva a los maestros a actuar de ese modo? ¿Una pasión antireligiosa personal? Esto podría darse en algún caso, pero no en tantos casos. ¿Orientaciones precisas recibidas para aplicarlas en cada oportunidad? Estoy casi seguro de que no se dan instrucciones para que el maestro actúe directamente en forma negativa sobre los niños que van a la iglesia. En repetidas ocasiones y en diversos lugares los maestros y maestras han sido llamados al orden por haber obrado de este modo. Además, las autoridades competentes nos han reafirmado una y otra vez que no se dan orientaciones de este tipo, sino todo lo contrario. ¿Por qué siguen entonces produciéndose con abrumadora frecuencia y monotonía situaciones como las que describí mas arriba?

Al analizar en conjunto estos hechos se descubre que no es ni la súbita inspiración, ni una precisa orientación lo que genera esas actuaciones de los maestros, sino de la formación ideológica que ellos han recibido. Si el maestro ha aprendido que para ser un humano realmente desarrollado, evolucionado, moderno, es necesario tener una visión materialista del mundo, está pensando también que, como educador, entre sus deberes fundamentales está el de formar niños y niñas con una conciencia materialista, "científica" de la realidad. Así me lo expresaba una de las maestras de una escuela cercana a este Arzobispado que fui a visitar personalmente el mes pasado para interesarme sobre lo que había sucedido con algunos niños del catecismo de la Catedral. Al decir a los maestros que me atendían que hogar, iglesia y escuela deben colaborar para que el niño crezca armoniosamente, me respondió una de las maestras en forma categórica: "nosotros no podemos ayudar a la religión porque, al contrario, debemos lograr que los niños tengan una visión materialista del mundo."

Ahí está la clave del problema. El maestro se halla siempre en una situación de doble compromiso. Probablemente ha recibido una orientación para que no haga de la cuestión religiosa un conflicto con los niños que frecuentan la iglesia; pero por otra parte en la formación académica recibida, en círculos de estudios, en cursillos o reuniones se insiste en que el maestro, que es el formador de las nuevas generaciones, debe luchar porque los niños tengan una concepción llamada "científica", materialista del universo. Se comprende entonces como los maestros colocados en un perenne conflicto de intereses, cometen con tanta frecuencia un desliz.

Aún cuando la queja llega a niveles superiores y los educadores implicados son amonestados por sus expresiones o maneras de actuar en el caso determinado de un niño católico, los maestros sienten que la llamada al orden consiste en no utilizar tales o cuales métodos, pero quedará siempre incólume el principio ideológico de que debe seguir luchando contra las "ideas religiosas". Porque hay que remontar más alto, hasta la Plataforma Programática del Partido Comunista de Cuba y la Constitución de la República, documentos en los que se afirma en el primero, como competencia propia del Partido, la lucha para formar a las nuevas generaciones en las concepciones materialistas "científicas" acerca del mundo y en el otro, la aspiración del Estado a que esto llegue a ser realidad para el conjunto de la sociedad.

Es evidente que el maestro experimenta que tiene, como formador, más que un deber, un mandato del Estado y del Partido para educar en esos conceptos ateos-materialistas a la nueva generación y que, dentro de esa lógica trate de impedir que los niños acudan a otras fuentes en donde puedan recibir otra visión del universo, referido en este caso a la trascendencia, a Dios.

Por eso las preguntas que tenemos que hacernos no se refieren solamente al ámbito escolar, sino van más allá: ¿puede el Estado optar oficialmente por una visión determinada del mundo que excluye a Dios y a la religión para formar en ella a todos sus ciudadanos? ¿puede la escuela llamarse laica, o sea, sin ninguna referencia a lo religioso, si tiene de hecho en su programa de educación que luchar por erradicar las "ideas religiosas" de los niños? Evidentemente, estas preguntas son meramente retóricas, porque la respuesta, tanto ustedes como yo, la sabemos: NO.

Si no llegamos en nuestro análisis hasta aquí, si no se plantea esta concepción político-filosófica fundamental para cuestionar su validez, no será posible salvaguardar los derechos del niño y de todo ciudadano a vivir según su fe en Dios y su concepción del mundo. Casi injusto me parece apostrofar al maestro que, en un exceso de celo, trata de impedir que los niños "vayan por caminos torcidos". En último término está cumpliendo con lo que él estima su deber.

Las responsabilidades hay que encontrarlas más arriba, en conceptos plasmados en documentos muy serios, pero no imposibles de ser sometidos a revisión. En una palabra, todas mis preguntas pueden resumirse en ésta: ¿Tiene una organización socialista del Estado que casarse necesariamente con el ateísmo como parte integrante de su programa oficial? También sé la contestación de esta pregunta, pero la dejo sin respuesta, pues aquella que tendría valor de ley para cambiar las situaciones descritas, no depende de mí.

Con mi bendición,

† Jaime, Obispo.

Tomado de **Aquí La Iglesia**, Boletín mensual no. 26, Arquidiócesis de La Habana, Febrero de 1990.

Varias manos mecen la cuna

por *Orlando Márquez*
Arquidiócesis de La Habana,
Septiembre de 1995

Hace unos días vi nuevamente a mis hijos cargar sus mochilas con libros y libretas, vestir uniforme rojo y blanco y dirigirse —después de dos meses de vacaciones, durante los cuales sólo pudieron disfrutar de unas horas de mar y sol y de breves pero buenos ratos en familia— al deteriorado edificio de lo que fue una magnífica escuela pública de barrio.

Es casi inevitable el recuerdo de mis años escolares desde aquellos primeros en Ciudad Libertad: inolvidables con mi tiránica maestra "makarenko" durante los cuatro primeros años, repitiendo con cada "reglazo" su nombre y apellidos para que no lo olvidáramos, lo que se ha cumplido.

Recuerdo que éramos millares en aquel complejo de edificaciones que había albergado la más importante fortaleza militar en los años anteriores a la revolución: Columbia. Los cuarteles se habían convertido en escuelas, también Columbia, rebautizada como Ciudad Escolar Libertad. Recuerdo también que con cierta frecuencia, en la tarde, nos quedábamos solos, no sabíamos por qué, eran los momentos del juego fuera de control, o de "broncas", o de expandir el vocabulario con aquellos compañeros de aula que por su edad deberían haber estado en nivel secundario, pero que hasta esa fecha no habían asistido a una escuela. Y en medio del apogeo estudiantil, sin avisar, aparecía la inolvidable "makarenko" rugiendo y vociferando, esgrimiendo sus reglas y dejándola caer de vez en cuando sobre los más rebeldes.

Entiendo que una de las más nobles y provechosas acciones que pueda emprender un Estado es precisamente la educación. Ya algunos países europeos tenían establecida la enseñanza primaria obligatoria en el siglo XIX, los frutos los recogen hoy. Un pueblo instruido lleva en si los códigos del progreso social, aunque en ocasiones el contexto no permita la explosión del progreso. Hoy en Cuba es obligatoria la enseñanza hasta el noveno grado. Cuantos recursos se dispongan para la educación, cuanto esfuerzo se haga por mantener este nivel o superarlo merece reconocimiento. Yo lo aplaudo. Lo aplaudiría más, pero no todo es para ser aplaudido. No sólo debo aplaudir, como simple espectador de un drama en el cual no tiene participación alguna. No. Expongo entonces algunos criterios.

J, es una joven de 15 años, fue el primer expediente en su graduación de 9no. Grado. J no estudiará el preuniversitario porque para ello tendría que ir becada a un Instituto Preuniversitario en el campo y sus padres, con el derecho que les asiste, no quieren que sea así. Ellos, como cualquier padre y madre buenos, quieren lo mejor para su hija, quieren que llegue a la Universidad, sea profesional y prepare su futuro, y se duelen y sufren cuando niegan ésa posibilidad, porque consideran que lo mejor para su hija **no está** en la beca. Por si fuera poco, J tampoco desea estar en la beca. El preuniversitario urbano resultó imposible. Ni las cartas ni las entrevistas resolvieron algo. Nadie pudo defender sus intereses, porque el sistema educacional vigente, tal como está concebido, no da más alternativas, ni más opciones, o el preuniversitario becado o el técnico medio.

T, es un joven de 16 años, también ha terminado los estudios secundarios. El no es primer expediente, tal vez sea uno de los últimos expedientes. A él no le preocupa, él solo quiere aprobar, no quiere altas notas, él sabe que le atrapará el servicio militar antes de pisar un aula universitaria. La universidad es para él como un viaje a la luna, y el preuniversitario resulta una pérdida de tiempo. "Más valen dos o tres años de técnico medio, al menos ya tengo un oficio cuando sea reclutado", así piensa.

La educación es una inversión sumamente costosa para cualquier país, máxime cuando se universaliza —como es nuestro caso— y no hay que pagar dinero por ella. La inversión en educación no se recupera en dos, tres o cinco años. Cuando un país invierte en educación en un niño desde los 5 años hasta los 18 años, se hace una inversión a largo plazo, para el futuro del país, para el progreso del mañana. Es un error en este caso confundir los medios con el fin. El fin no es tener las escuelas llenas, el fin es que cada ciudadano tenga efectivamente el derecho a estudiar y crecer como persona, por un lado, y por otro, contar mañana con la capacidad intelectual de aquellos que asisten hoy a las escuelas. Esa sería la verdadera riqueza de este país.

Al entrar en la adolescencia, el estudiante necesita sentir desde entonces confianza en el mañana, no un mañana que le asegure un puesto de trabajo donde podrá estar insatisfecho, garantizando así índices bajos de desempleo, el joven estudiante no quiere ni necesita que piensen por él, antes bien, él quiere y necesita el desafío y probarse a sí mismo.

Necesita creer que el futuro es palpable y que todo esfuerzo hecho hoy le garantizará el éxito mañana. El necesita sentir que el futuro se acercará o se escapará, en la medida en que él aumente o disminuya su esfuerzo de hoy. Pero si el adolescente percibe que el futuro le ha sido programado, si se da cuenta que no hay más de una opción, el futuro pierde para él todo su encanto, al entrar en la juventud su sueño ha comenzado a envejecer. Si esto ocurre, no sólo pierde él como persona, pierde también el país. Es evidente además una fuerte desorientación vocacional, explicable tal vez por esa incertidumbre hacia el futuro, sin embargo, cualquier intento de apoyo o estímulo por parte de los adultos podría resultar positivo.

El preuniversitario internado es una posibilidad de estudio, quizás la mejor para algunas familias, pero no para todas, no debe ser la única opción, debe haber otras opciones, un hombre sin opciones ha llegado al umbral de la frustración, las consecuencias de la frustración son desastrosas y lo invertido durante tantos años podría perderse, de hecho se ha perdido y se sigue perdiendo en muchos casos.

Los padres no poseen escuelas, deben enviar a sus hijos a escuela estatales, pero la política educacional no debe desestimar los intereses de las familias, la aceptada y proclamada "cédula fundamental de la sociedad". La política educacional debe tener en cuenta que no todos los padres están contentos con el preuniversitario interno o con los 45 días de escuela al campo —criterio éste que comparten muchos campesinos—. La interpretación del concepto martiano no ha sido muy feliz. ¿No habrá otras formas de combinar el estudio con el trabajo?

Cualquier Estado o gobierno, de corte centralizado o no, dirige la política educacional hacia aquellos objetivos que considera de su interés y establece prioridades. Pero establecer prioridades no debe significar establecer métodos que impliquen exclusiones forzosas. Muchos jóvenes logran acomodarse con dificultades a las propuestas únicas que se dan hoy, para otros ésa es precisamente la propuesta ideal; pero hay otro grupo, considerable también, que no acepta esta propuesta: no deben ser olvidados. No todos podrán ser técnicos, graduados de preuniversitario o profesionales, pero deben estar dadas las condiciones para que todo aquel que tenga capacidad para serlo lo alcance.

Un mínimo de intuición nos permite pronosticar que se acercan días en los cuales pesará más la capacidad intelectual, técnica o profesional, que aquellos canones que miden hoy la "actitud" u otros aspectos, para ocupar determinadas plazas. La aptitud irá ganándole espacio a la actitud, y no actuar en consecuencia desde ya, sería una falta de previsión lamentable.

La mano de los padres no es la única que mece la cuna, por cuanto no depende solamente de ellos la educación de sus hijos. Los que gobiernen y trabajen mañana en el país serán la obra de varios responsables.

Yo "meceré la cuna" de la mejor forma posible, mientras los acompaño, con mi esposa, a la escuela o cuando hacen sus tareas en casa, mientras me pregunto también ¿qué podrá hacerse para que ése edificio, donde aprenden hoy en compañía de otros niños, llegue a parecerse otra vez a una escuela?

Tomado de "Palabra Nueva", Arquidiócesis de La Habana, año IV, número 39, Septiembre de 1995

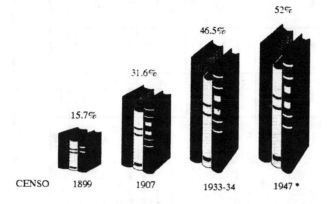

ASISTENCIA A ESCUELA ELEMENTAL

(Edad escolar 5 - 17 años)

52%

46.5%

31.6%

15.7%

CENSO   1899   1907   1933-34   1947 *

* 12% asiste a escuelas privadas de Congregaciones Religiosas

ESCUELAS DE INSTRUCCION PRIMARIA EN CUBA,
SUS ALUMNOS Y MAESTROS EN 1851.*

ESCUELAS SUPERIORES	Comisiones Provinciales			
	HABANA	TRINIDAD	CUBA	TOTALES
Privadas				
De niños ...	—	—	1	1
Total de niños ...	—	—	1	1
CONCURREN				
Blancos.				
Niños ...	—	—	100	100
Total de niños ...	—	—	100	100
ELEMENTALES COMPLETAS				
Públicas.				
De niños ...	19	—	4	26
De niñas ...	14	3	1	15
De ambos sexos ...	—	—	1	1
Total de escuelas ...	33	3	6	42
CONCURREN				
Blancos.				
Niños ...	1,519	207	289	2,015
Niñas ...	741	—	29	770
De color,				
Niños ...	—	—	—	44
Niñas ...	—	—	—	23
Total de color ...	—	—	—	67
Total general niños ...	2,260	207	318	2,852
Privadas,				
De niños ...	13	3	1	35
De niñas ...	7	1	2	10
De ambos sexos ...	5	1	2	8
Total de escuelas ...	43	5	5	53
CONCURREN				
Blancos.				
Niños ...	2,045	237	71	2,353
Niñas ...	357	66	171	594
De color				
Niños ...	—	—	—	3
Niñas ...	—	—	—	5
Total de color ...	2,402	303	242	8
Total general niños ...				2,955

ESTADO DE LAS ESCUELAS GRATUITAS DE INSTRUCCION PRIMARIA,
ELEMENTAL Y SUPERIOR, COSTEADAS POR FONDOS MUNICIPALES
SEGUN LOS PRESUPUESTOS DEL AÑO 1858.

JURISDICCIONES	ESCUELAS			Costo total de Sueldos y Materiales
	de hembras	de varones	total	Pesos fs.
Bahía Honda	4	1	5	2,700
Baracoa	4	—	—	410
Bayamo	4	2	6	4,600
Bejucal	5	1	6	3,000
Cárdenas	9	1	10	4,000
Caney	1	—	1	410
Cienfuegos	9	—	9	5,670
Cobre	1	—	—	1,560
Cuba	9	3	12	8,100
Guanabacoa	8	—	8	5,041
Guanajay	8	1	9	4,200
Güines	8	1	9	6,036
Guantánamo	2	1	3	1,918
Habana	29	28	57	29,160
Holguín	2	1	3	3,696
Jaruco	5	1	6	2,400
Jiguaní	4	—	4	2,024
Matanzas	5	2	7	8,000
Manzanillo	3	1	4	2,600
Nuevitas	9	2	4	1,722
Pinar del Río	9	2	11	6,040
Puerto Príncipe	7	2	11	9,758
Remedios	7	1	8	5,520
Sta. Mª del Rosario	4	4	8	3,496
Sagua la Grande	6	1	7	3,207
San Antonio	5	1	6	3,200
San Cristóbal	4	—	4	1,752
Santiago	6	3	9	2,800
Sancti Spíritus	6	1	7	5,554
Trinidad	8	—	8	3,976
Tunas	2	—	2	8,800
Villa Clara	6	—	6	4,560
TOTALES	193	59	252	156,910

Habana 29 de mayo de 1858.—El Secretario de Gobierno
Miguel Suárez Vigil.—Vto. Bno., *Concha.*

Tomado de Antonio Bachiller y Morales, "Apuntes para la
Historia de las Letras y de la Instrucción Pública en la Isla de
Cuba", La Habana, 1859.

ALUMNOS PENSIONADOS POR EL GOBIERNO MUNICIPAL EN LA ESCUELA NORMAL ESTABLECIDA EN ELCOLEGIO DE LAS ESCUELAS PIAS DE GUANABACOA EN EL AÑO 1858.

JURISDICCIONES	ALUMNOS		Costo
	que han ingresado	que deben ingresar	
Habana	2	4	1,440
Matanzas		3	720
Cienfuegos		2	480
Trinidad	1	1	480
Cárdenas		2	480
Villa Clara	2		480
Pinar del Río		2	480
Sancti Spíritus	2		480
Remedios		1	240
Sagua la Grande		1	240
San Antonio		1	240
Guanajay	1		240
Bejucal		1	240
Santiago		1	240
Sta. María del Rosario	1		120
Güines		1	240
Jaruco		1	240
San Cristóbal		1	120
Bahía Honda	1		120
Guanabacoa		1	240
Cuba	2		480
Puerto Príncipe	2		240
Bayamo		1	240
Manzanillo	1		240
Holguín		1	240
Tunas			80
Jiguaní	1		80
Nuevitas			80
Baracoa		1	120
Guantánamo			120
TOTALES	14	26	9,600

Habana 29 de mayo de 1858.—El Secretario de Gobierno, *Miguel Suárez Vigil.*—Vto. Bno., Concha.

NIÑOS DE 5 A 15 AÑOS CONTRIBUYENTES Y POBRES QUE ASISTIAN EN CUBA A LOS ESTABLECIMIENTOS DE INSTRUCCION PRIMARIA EN EL 1851.

NIÑOS DE 5 A 14 AÑOS EXISTENTES EN LA ISLA	Comisiones Provinciales			TOTALES
	HABANA	TRINIDAD	CUBA	
Blancos.				
Niños	24,727	17,915	10,470	53,102
Niñas	22,776	16,413	8,403	47,592
De color				
Niños	7,699	6,584	5,865	20,149
Niñas	7,257	5,998	5,213	18,468
Total general	62,449	46,910	29,952	139,311
NUMERO DE NIÑOS BLANCOS Y DE COLOR QUE ASISTEN A LA ESCUELA				
Blancos contribuyentes.				
Niños	3,562	1,480	617	5,659
Niñas	1,524	727	431	2,682
Blancos pobres				
Niños	2,187	463	391	3,041
Niñas	844	76	60	980
Total de blancos	8,117	2,746	1,499	12,362
Total de color	88	74	412	574
Total general	8,205	2,820	3,410	12,936
NIÑOS DE 5 A 14 AÑOS DE LAS POBLACIONES				
Blancos.				
Niños	11,200	8,755	2,982	22,946
Niñas	10,518	9,014	2,594	22,126
De color				
Niños	5,168	4,369	2,447	11,984
Niñas	4,916	3,865	2,395	11,176
Total	31,811	26,003	10,418	68,232

ESTADISTICA DE 1851

ELEMENTALES INCOMPLETAS	Comisiones Provinciales			TOTALES
	HABANA	TRINIDAD	CUBA	
Públicas.				
De niños	26	8	3	37
De niñas	6	3	—	9
De ambos sexos	4	2	2	8
Total de escuelas	36	13	5	54
CONCURREN				
Blancos.				
Niños	1,026	397	109	1,532
Niñas	138	91	19	293
De color				
Niños	—	—	—	48
Niñas	—	—	—	3
Total de color				51
Total general niñas.	1,209	484	128	1,876
Privadas.				
De niños	47	53	16	116
De niñas	45	26	8	79
De ambos sexos	19	3	11	33
Total de escuelas	111	82	35	228
CONCURREN				
Blancos.				
Niños	1,159	1,101	439	2,699
Niñas	1,087	647	272	2,006
De color				
Niños	—	—	—	316
Niñas	—	—	—	132
Total general niños.	2,246	1,748	711	5,153
Total de establecimientos de instrucción primaria	223	103	52	378
Total de niños blancos y de color que asisten a las escuelas	8,295	2,820	1,911	12,936
Maestros	—	—	—	240
Maestras	—	—	—	138
Total de maestros.	—	—	—	378

JOVENES PENSIONADOS POR LOS FONDOS MUNICIPALES DE LA ISLA PARA ESTUDIAR ARQUITECTURA EN MADRID SEGUN EL PRESUPUESTO DEL AÑO 1858.

JURISDICCIONES	pensionados	COSTO	
		pensión	pasaje
Bayamo	1	282	—
Cuba	2	720	336
Güines		236	—
Guantánamo	1	180	—
Habana	4	1,440	560
Jiguaní		200	—
Manzanillo	1	180	—
Puerto Príncipe	1	520	—
Sta. María del Rosario	1	270	—
Trinidad	1	1,000	—
TOTALES	12	5,028	896

Habana 29 de mayo de 1858.—El Secretario de Gobierno, *Miguel Suárez Vigil.*—Vto. Bno., *Concha.*

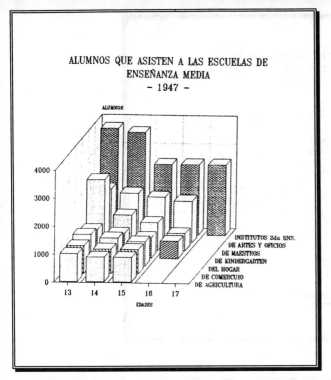

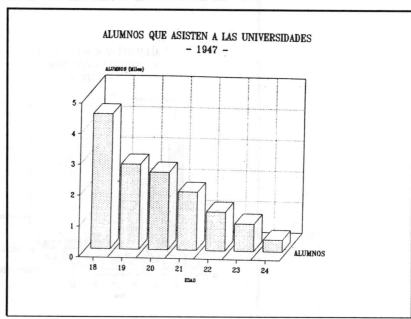

Tomado del "Atlas de Cuba" de Gerardo Canet, Harvard University Press, 1949.

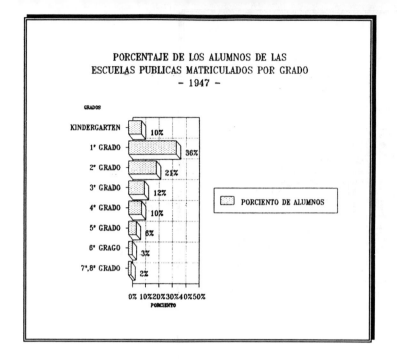

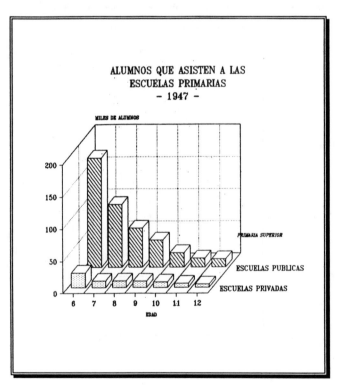

Tomado del "Atlas de Cuba" de Gerardo Canet, Harvard University Press, 1949.

Alumnos Matriculados
en la Enseñanza Primaria
1947

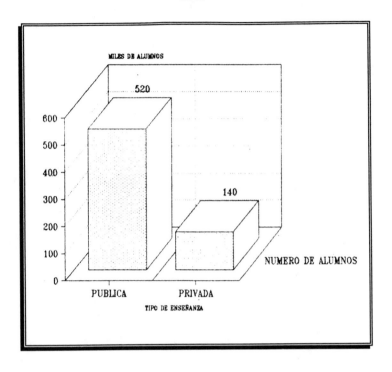

Porcentaje de la Población que asiste
a las escuelas públicas
1947

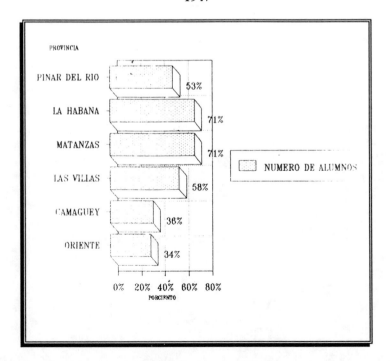

"Saber leer es saber andar. Saber escribir
es saber ascender. Pies, brazos, alas, todo
esto ponen al hombre los primeros
humildísimos libros de la escuela."

José Martí

Lista de colegios católicos en Cuba desde 1582 hasta 1961

Padres Franciscanos
Santa María de los Ángeles de Bayamo (1582)
Escuela del Convento de San Francisco (Habana)
Escuela del Convento de la Vera Cruz (Sancti Spiritus) (1716)
Escuela del Convento de San Antonio (Guanabacoa) (1719)
Escuela del Convento de Santa Ana (Puerto Príncipe) (1736)
Escuela Franciscana de Matanzas (1743)
Escuela Ntra. Señora de Lourdes (Trinidad) (1761)

Padres Dominicos
Universidad de San Jerónimo (La Habana) (1728)
Colegio Parroquial del Vedado (1920)
Escuela Parroquial de Santa Rosa
Escuela Parroquial de Santa Catalina
Escuela Parroquial de Santo Domingo
Escuela Parroquial de Jesús Obrero
Academia Católica de Ciencias Sociales (1919)
Escuela del Convento de Bayamo (1735)
Escuela del Convento de Sancti Spiritus (1804)
Escuela Bartolomé de las Casas (Cienfuegos) (1907)
Escuela parroquial de niñas Santa Cruz y Prado (1910)
Escuela parroquial de niños Santa Elena y Prado
Escuela de Comercio (Cienfuegos) (1900)
Escuela Azucarera (Cienfuegos) (1909)
Escuela de Agrimensura (Cienfuegos) (1909)
Escuela Parroquial de Trinidad

Escuelas Laicas
Colegio del Apostol Santiago, Habana (1607)
Colegio de San Ambrosio (Habana) (1689)
Colegio San Francisco de Sales (Habana) (1693)
Colegio Santa Inés (Habana) (1699)

Padres Belemitas
Escuela de Belén (1704) Habana
Colegio de Belén (Santiago de Cuba) (1758)

Compañía de Jesús – Jesuitas
Colegio San José (Habana) (1724?)
Colegio de Camagüey (1750)
Colegio de S. Ignacio de la Compañía (Habana) (1816)
Colegio de Belén de La Habana (1854) y Marianao (1925)
Colegio Sagrado Corazón de María (Sancti Spiritus) (1862)
Colegio de Monserrat (Cienfuegos) (1880)
Colegio del Sagrado Corazón (Sagua) (1907)
Colegio de Dolores (Santiago de Cuba) (1911)
Escuela Electromecánica (1941)

Padres Capuchinos
Colegio de Bayamo (1913)
Colegio de San Antonio de Padua (Cruces) (1924)
Colegio de Santa Clara (1949)
Colegio Academia de San Juan (San Juan de los Yeros) (1954)
Colegio-Academia Cristo de Limpias (1958)

Madres Ursulinas
Colegio de La Habana (1804)
Colegio de Puerto Príncipe (Camagüey) (1817)

Hijas de la Caridad de S. Vicente de Paúl
Colegio de San Francisco de Sales (1855)
Colegio La Milagrosa (Guanabacoa) (1857)
Colegio S. Vicente de Paúl (Matanzas) (1865)
Colegio-Asilo S. Vicente de Paúl (Cerro) (1872)
Colegio La Inmaculada (Habana) (1874)
Colegio La Domiciliaria (Habana) (1886)
Colegio de Belén (Santiago de Cuba) (1895)
Colegio Jesús María (Habana) (1901)
colegio La Milagrosa (Matanzas) (1902)
Colegio Ntra. Señora de la Caridad (Güines) (1903)
Colegio Sagrado Corazón de Jesús (Güira de Melena) (1915)
Colegio La Santa Infancia (S. Antonio de los Baños) (1916)
Colegio-Asilo Hijas de María (Santiago de Cuba) (1900)
Asilo Menocal (Cerro) (1914)
Asilo y Creche del Vedado (1919)
Asilo Creche Mina Truffin (Habana) (1918)
Academia San José (Nueva Gerona, Isla de Pinos) (1926)
Colegio Ntra. Sra. de la Caridad (El Cristo, Oriente) (1954)
Colegio Cervantes (Baracoa) (1958)

Padres Paúles
Colegio del Sagrado Corazón (1892)

Instituto de María Inmaculada - Claretianas
Colegio de María Inmaculada (Santiago de Cuba) (1853)
Colegio de Baracoa (1875)
Colegio de Palma Soriano (1922)
Colegio de La Habana (1947)
Colegio de San Luis (Oriente) (1950)

Religiosas del Sagrado Corazón de Jesús
Colegio del Sagrado Corazón (Habana) (1857)
Colegio del Cerro (1877)
Colegio de Sancti Spiritus (1863)
Colegio de Tejadillo (1888)
Colegio de Santiago de Cuba (1911)

Padres Escolapios
Academia Calasancia (Habana) (1815)
Liceo Calasancio de Puerto Príncipe (Camagüey) (1836)
Escuela de Bayamo (1845)
Escuela Normal (Guanabacoa) (1857)
Colegio de Guanabacoa (1866)
Escuelas Pías de San José de Calasanz (San Rafael, Habana) (1904)
Colegio del Pilar (Cerro)
Colegio de Cárdenas (1910)
Colegio Virgen de la Merced (Pinar del Río) (1910)
Colegio del Vedado (1930)
Colegio Ntra. Señora de Fátima (Víbora) (1930)

Hijas de la Caridad del Cardenal Sancha
Casas en Gibara, Guantánamo, Holguín y Camagüey (c. 1869)

Hermanas del Amor de Dios
Colegio Santa Isabel (Habana) (1871)
Colegio de Guanabacoa (1874)
Colegio Santa Rosalía (Santa Clara) (1885)
Colegio de Remedios (1909)
Colegio Ntra. Señora de la Caridad (Palatino) (1925)
Colegio Ntra. Señora del Pilar (Habana) (1928)
Asilo de Niños Pobres Colón (Matanzas) (1935)
Colegio de San José de las Lajas (1952)
Colegio del Central Francisco (Camagüey) (1953)

Colegio de Fomento (Santa Clara) (1953)
Colegio de Santa Cruz del Sur (Camagüey)(1954)
Colegio Usera (Santa Clara) (1954)
Colegio de Ranchuelo (Santa Clara) (1955)
Colegio de Campo Florido (Habana) (1955)
Colegio Lugareño (Camagüey) (1955)
Colegio de Cumanayagua (Las Villas) (1957)
Colegio de El Cotorro (Habana) (1957)

Misioneros del Inmaculado Corazón de María (Claretianos)
Colegio de Palma Soriano (Oriente) (1919)
Colegio de Varadero (Matanzas) (1940)
Colegio de Cárdenas (Matanzas) (1952)
Colegio de La Habana (1949)
Colegio de Santiago de Cuba (1957)

Hermanas de la Caridad del Sagrado Corazón de Jesús
Colegio del Sagrado Corazón de Jesús (Pinar del Río) (1895)
Colegio del Sagrado Corazón de Jesús (Habana) (1898)
Colegio Asilo San José (Mijala, Cárdenas) (1917)
Colegio Santa Rosalía (Palatino) Habana (1932)

Religiosas del Apostolado del Sagrado Corazón de Jesús
Colegio de La Habana (1892)
Colegio de Marianao (1896)
Colegio de Cárdenas (1897)
Colegio de Cienfuegos (1903)
Colegio de Sagua la Grande (1910)
Colegio de Caibarién (1914)
Colegio de Sancti Spiritus (1915)

Congregación de Ntra. Sra. del Stmo. Rosario – Dominicas Francesas
Colegio de Cienfuegos (1895)
Colegio de La Habana (1903)
Escuela Gratuita de Santa Catalina de Sena (Habana)
Colegio de San Miguel de los Baños
Colegio de Fomento (Las Villas) (1932)
Colegio de La Esperanza (Las Villas) (1936)
Colegio de Trinidad (?)

Padres Pasionistas
Colegio San Pablo de la Cruz (1900)
Colegio de Holguín (1936)

Padres Trinitarios
Colegio de la Stma. Trinidad (Cárdenas) (1898)
Colegio de la Stma. Trinidad (Lawton) (1952)

Padres Benedictinos
Colegio St. Joseph's (Nueva Gerona, Isla de Pinos) (1900)

Dominicas Americanas
American Dominican Academy (Habana) (1900)
Colegio Ntra. Sra. del Rosario (Cienfuegos) (1908)

Oblatas de la Divina Providencia
Colegio Dulce Nombre de María (Habana) (1900)
Colegio San José (Cárdenas) (1908)
Colegio Ntra. Señora del Carmen (Santa Clara) (1910)
Colegio La Inmaculada (Camagüey) (1924)
Mother Consuella Clifford Academy (Marianao) (1943)
Mother Mary Lange School (Santiago de Cuba) (1957)

Padres Agustinos
Colegio San Agustín (1901)
Escuela Gratuita del Cristo (1945)
Universidad de Sto. Tomás de Villanueva (1946)

Colegio El Ángel de la Guarda
Colegio de La Habana (1887)

Hermanos Maristas
Colegio Francés (Cienfuegos) (1903)
Colegio de Remedios (1908)
Colegio Sagrado Corazón (Caibarién) (1914)
Colegio Francés de Párraga (1915)
Colegio Champagnat (Víbora) (1918)
Colegio Champagnat (Camagüey) (1936)
Colegio de Ciego de Avila (1926)
Primaria del Colegio Champagnat (Cienfuegos) (1929)
Academia Champagnat del Cerro (1933)
Colegio Champagnat (Santa Clara) (1933)
Colegio de Holguín (1954)

Hermanos de La Salle
Colegio de Idiomas y Comercio San Juan Bautista De la Salle (La Habana) (1905)

Colegio de La Salle (Vedado) (1910)
Escuela El Niño de Belén (Habana) (1905)
Orfelinato-Escuela San Vicente de Paúl (Habana) (1906)
Colegio La Natividad (Sancti Spiritus) (1907)
Colegio San Julián (Güines) (1907)
Colegio Ntra. Señora de la Caridad (Santiago de Cuba) (1908)
Escuela Gratuita de San Diego de los Baños (Pinar del Río) (1914)
Colegio Sagrado Corazón (Sagua) (1914)
Colegio San Antonio Abad (San Antonio de los Baños) (1914)
Colegio Sagrado Corazón (Guantánamo) (1914)
Colegio San Cristóbal (Regla) (1915)
Academia de La Salle (Habana) (1915)
Escuela Gratuita Anexa al Colegio de La Salle (Vedado) (1916)
Colegio San José (Marianao) (1918)
Colegio de la Salle (Marianao) (1941)
Colegio de La Salle (Palatino) (1948)
Escuela Gratuita Santa María del Rosario (1945)
Universidad Social Católica San Juan Bautista de La Salle Habana) (1957)
Colegio de La Salle (Manzanillo) (1958)
Escuela Gratuita de San Vicente (Santiago de Cuba) (1959)

Misioneras Corazón de María
Colegio Inmaculado Corazón de María (Pinar del Río) (1911)
Colegio Corazón de María (La Habana) (1920)
Colegio Hispano Americano (Colón, Matanzas) (1926)
Colegio Ntra. Señora de la Caridad del Cobre (Banes) (1947)
Colegio Inmaculado Corazón de María (Cabaiguán) (1951)
Colegio Inmaculado Corazón de María (Guayos) (1953)
Colegio Inmaculado Corazón de María (San Juan y Martínez) (1954)
Colegio Inmaculado Corazón de María (Pina-Morón) (1954)

Esclavas del Sagrado Corazón de Jesús
Colegio-Talleres ACI, Luyanó (Habana) (1921)
Colegio de Miramar (1949)

Benedictinas de Pennsylvania
Academia de St. Joseph's (Nueva Gerona, Isla de Pinos) (1912)

Madres Escolapias
Colegio Ntra. Señora de los Dolores (Guanajay) (1912)
Colegio Ntra. Señora del Sagrado Corazón (Artemisa) (1913)
Colegio-Asilo La Milagrosa (Casablanca) (1913)
Colegio Ntra. Señora del Buen Consejo (La Habana) (1917)

Colegio del Cerro (Habana) (1929)
Colegio Ntra. Señora del Buen Pastor (1929)
Colegio María Encarnación (Cárdenas) (1920)
Colegio Sagrado Corazón de Jesús (Morón) (1921)

Hijas Misioneras del Calvario
Colegio la Sagrada Familia (Luyanó) (1916)
Colegio El Cotorro (Lawton) (1935)

Hermanas de San Felipe Neri (Filipenses)
Colegio Ntra. Señora de Lourdes (1914)
Colegio Santa Catalina (1921)
Colegio El Apostolado (Madruga) (1925)
Colegio Inmaculada Concepción (Matanzas) (1955)
Colegio El Buen Pastor (Puerto Padre, Oriente) (1955)

Compañía de Santa Teresa de Jesús
Colegio Ntra. Sra. del Carmen (La Habana) (1915)
Colegio Teresiano de Camagüey (1915)
Colegio Teresiano de Santa Clara (1915)
Colegio Teresiano de Guantánamo (1915)
Colegio Teresiano de Ciego de Avila (1916)
Colegio Teresiano de Cienfuegos (1926)
Colegio Teresiano Saratoga-Camagüey (1953)

Congregación de Jesús María
Colegio de la Calle Reina
Colegio de Jaguey Grande
Colegio de San Antonio de las Vegas
Colegio de San Miguel del Padrón

Religiosas del Verbo Encarnado
Colegio de Camajuaní (1916)
Colegio de Trinidad (1916)
Colegio de Cruces (1916)
Colegio Santa Isabel de las Lajas (1916)
Colegio de Cienfuegos (1917)
Colegio Ntra. Señora del Rosario (Trinidad) (1920)
Colegio de Encrucijada (1937)
Colegio Ntra. Señora de la Caridad (Victoria de las Tunas) (1946)
Colegio Ntra. Señora de Fátima (Habana) (1947)
Colegio de Manatí (Victoria de las Tunas) (1951)

Religiosas de María Inmaculada
Academia de La Habana (1916)

Padres Salesianos
Institución Inclán (Víbora) (1920)
Colegio Don Bosco (Santiago de Cuba) (1921)
Colegio Dolores Betancourt (Camagüey) (1919)
Colegio San Juan Bosco (Guanabacoa) (1926)
Noviciado Sto. Domingo Savio (Arroyo Naranjo) (1954)
Colegio Salesiano San Julián (Güines) (1936)
Colegio San Juan Bosco (Víbora) (1949)
Colegio Rosa Pérez Velasco (Santa Clara) (1956)

Religiosas Pasionistas
Colegio La Inmaculada (Habana) (1916)
Colegio Nuestra Señora de los Remedios (Sabanilla del Encomendador) (1916)
Colegio Ntra. Señora de los Ángeles (Unión de Reyes) (1918)
Colegio Ntra. Señora de Guadalupe (Santa Fe) (1947)

Hermanas Capuchinas de la Divina Pastora
Colegio Divina Pastora (Bayamo) (1921)
Colegio Divina Pastora (Marianao) (1947)

Salesianas (Hijas de María Auxiliadora)
Colegio Dolores Betancourt (Camagüey) (1922)
Colegio de Nuevitas (1926)
Colegio Compostela (Habana Vieja) (1930)
Colegio La Vigía (Camagüey) (1935)
Asilo San Juan Bosco (Sancti Spiritus) (1936)
Colegio Santa María Mazzarello (Camagüey) (1936)
Colegio de Guáimaro (Camagüey) (1936)
Asilo-Granja Ntra Señora de la Caridad (Lawton) (1936)
Colegio de Santiago de Cuba (1936)
Colegio María Auxiliadora (Víbora) (1937)
Colegio San Juan Bosco (Habana) (1937)
Colegio María Auxiliadora y Aspirantado y Postulantado (Santiago de las Vegas) (1937)
Colegio Santa Teresita (Sancti Spiritus) (1942)

Mercedarias Eucarísticas
Colegio Eucarístico (Placetas) (1925)
Colegio Eucarístico La Purísima (Habana) (1926)

Colegio Eucarístico del Vedado
Colegio Eucarístico de Marianao (1950)
Colegio Eucarístico (Camajuaní) (1941)
Colegio Eucarístico Santa Teresita
(Central Preston, Oriente) (1958)

Hijas Mínimas de María Inmaculada
Colegio de Cruces (1925)
Colegio Santa Isabel de las Lajas
Colegio de Aguada de Pasajeros

Siervas de San José
Colegio Ntra. Señora de la Asunción (Habana) (1926)
Colegio San José (Placetas) (1944)

Compañía de María (Lestonnac)
Colegio de Florida (Camagüey) (1926)
Colegio de Holguín (1926)
Colegio de Puerto Padre (1926)
Colegio de Manzanillo (1927)
Colegio de La Habana (1927)

Siervas del Sagrado Corazón de Jesús y de los Pobres
Colegio del Sagrado Corazón de Jesús (Nueva Paz, Habana) (1926)
Colegio Sagrado Corazón de Jesús (Jaruco) (1927)
Colegio Santa María de los Ángeles (Víbora) (1927)
Colegio de Güira de Melena (Habana) (1927)

Ursulinas Norteamericanas
Merici Academy (Habana) (1941)

Misiones Extranjeras (Padres Canadienses)
Escuela Técnica de Matanzas (1942)
Escuela Padre Varela (Colón) (1942)

Misioneras Siervas de la Santísima Trinidad
Colegio y Dispensario de San Agustín (Habana) (1948)

Carmelitas Misioneras
Colegio Virgen del Carmen (Habana) (1953)
Colegio Virgen del Carmen (Vertientes) (Camagüey) (1953)
Colegio Santa Teresita (Vertientes) (Camagüey) (1959)

Misioneras de la Inmaculada Concepción
Colegio de los Arabos
Colegio de Manguito
Colegio de Martí
Colegio de Recreo
Colegio del Central Mercedes
Colegio de Colón

Siervas del Stmo. Corazón de María
Colegio María Auxiliadora (Caraballo) (1950)
Colegio María Auxiliadora (San Antonio del Río Blanco) (1952)
Colegio María Auxiliadora (La Sierra del Arzobispo) (1952)

Congregación del Santísimo Sacramento (Padres Sacramentinos)
Escuela Parroquial de Arroyo Naranjo

Hermanas Carmelitas de la Caridad
Colegio Santa Teresita (Varadero) (1954)
Colegio Sagrado Corazón (Varadero) (1957)

Religiosas de los Santos Ángeles Custodios
Colegio de los Santos Ángeles Custodios (Media Luna) (1955)
Colegio Santa Lucía (1957)

Misioneros de los Sagrados Corazones de Jesús y de María
Colegio Sagrado Corazón de Jesús (Sagua) (1957)

Bibliografía

Agudo, Fray Isidoro, Archivero General de los Capuchinos, Notas Históricas de Cuba, Roma, 1994.

"Alborada", Revista de la Asociación de Antiguas Alumnos Colegio La Divina Pastora de Cuba, Junio 1989 y Nov. 29-30, Miami, Florida.

Album de las Bodas de Plata de la Primera Casa Fundada, Colegio Dolores Betancourt, Camagüey, 1922-47.

Alegre, Francisco J., SJ, "Album Centenario del Quincuagésimo Aniversario de la Fundación en la Habana del Colegio de Belén de la Compañía de Jesús", Habana, 1904.

Alonso, Sor Hilda, Apuntes Históricos y Conversación con la autora, Miami, 1995.

Álvarez, Jose Ceferino, al Rey, La Enseñanza Primaria, Madrid, 10 de Agosto de 1816.

Álvarez, P. Jesús, "Historia de las RR de María Inmaculada, Misioneras Claretianas".

Amengual, P. José, Superior General, Misioneros de los Sagrados Corazones, "Resumen Histórico de la Congregación", Madrid, 1994.

Amengual, P. José, Reseña Histórica de la Congregación, Madrid, 1994.

American Dominican Academy Herald, 1ro de Noviembre de 1950.

Anuario Internacional Pasionista 1992, Curia General de la Congregación de la Pasión, Roma, 1992.

Archivos Congregación Capuchinas de la Madre del Divino Pastor, España, 1994.

Archivos de la Casa General de la Compañía de María, Roma.

Archivos de la Compañía de Santa Teresa de Jesús, Roma.

Archivos de la Congregación de Capuchinas de la Madre del Divino Pastor, España, 1994.

Archivos de la Congregación de Esclavas del Sgdo. Corazón de Jesús, Curia General, Roma.

Archivos de la Congregación de los Santos Ángeles Custodios, Casa Generalicia, Madrid.

Archivos en la Inspectoría Salesiana de las Antillas, República Dominicana.

Archivos de las Ursulinas, Colegio Merici de La Habana, Dallas, Texas.

Archivos en la Casa de la Compañía de María, México, D.F.

Archivos en la Casa General Filipense, Madrid.

Archivos Siervas de San José, Roma 1994.

Arrate, Félix de, "Llave del Nuevo Mundo y Antemural de las Indias Occidentales", Fondo de Cultural Económica, México, 1949.

Arroyo, Anita, "José Antonio Saco, Su Influencia en la Cultura y en las Ideas Políticas de Cuba", Ediciones Universal, Miami, 1989.

Asociación de Antiguas Alumnas del Merici de Cuba

Autobiografía de Dolores Rodríguez Sopeña, Bilbao, 1976.

Autobiografía de la Madre París, Página 131.

Autobiografía de la Madre París-Cuaderno Autobiográfico, 1842-1857.

Azcona, Ma. Teresa RA, "Una Historia de Esperanza, Religiosas del Apostolado del Sagrado Corazón de Jesús, en su Primer Centenario, 1891-1991", Madrid, 1990.

Bachiller y Morales, Antonio, "Apuntes para la Historia de las Letras y de la Instrucción Pública en la Isla de Cuba", Tomo I, Academia de Ciencias de Cuba, Instituto de Literatura y Lingüística, La Habana, 1965.

Bau, P. Glasary, "Historia de las Escuelas Pías en Cuba durante el primer siglo de su establecimiento 1857-1957", Brugay y Co., Habana, 1957.

Bernaola de S. Martín, Pedro C.P., "Album Histórico de los Pasionistas de la Provincia de la Sagrada Familia", México, 1933.

Boletín de la Asociación de La Salle, Mayo 1981, Agosto 1981, Miami, Florida.

Boletín de La Salle, Especial Extraordinario, Año XXV, Nov-Dec. 1992.

Boletín de la Salle, Año XXIV, Julio-Sept. 1991, Miami, Florida.

Boletín de la Asociación de Antiguos Alumnos De La Salle, Enero-Marzo, 1992, Miami, Florida.

Boletín de los PP Capuchinos 1955-58, Números 1-5, 1956-58.

Boletines Lasallistas 1905, Números 113 y 120, Miami, Florida, Mayo y Diciembre, 1995.

Botta, P. Ángel, Casa Generalizia Salesiana, Roma.

Breve Estudio Histórico de la Congregación Misioneras Corazón de María, Archivos de la Congregación, Roma, 1993.

Caballero Figueroa, Hna. Ma. Guadalupe, Archivos de la Congregación de Jesús y de los Pobres, Chihuaha, México.

Capett, Sister Griselda, FMA, "Onwards in the Course of a Century", Daughters of Mary Help of Christians, St. Paul's Press, Bandra, Bombay, 1972.

Carmelitas de la Caridad, Archivos, España.

Carrocera, Cayetano de, "Cincuenta Años de Apostolado de los PP Franciscanos Capuchinos 1891-1941", Caracas, 1941.

Castagno, Madre Marinella, Superiora General Hijas de María Auxiliadora, Roma, Italia.

Católica Dominical, Suplemento del periódico "Información", La Habana, 24 de febrero de 1952.

Cepeda, FA cmf, "La Sierva de Dios María Antonia París y la Congregación de las Religiosas de Enseñanza de María Inmaculada", Madrid, Ediciones Ibéricas, 1928.

Chaurrondo, P. Hilario, "Las Hijas de la Caridad en Cuba", La Habana, 1933.

Cobelo, Armando F. y Mena, César A., "Historia de la Medicina en Cuba", Vol. I, Ediciones Universal, Miami, 1992.

Conti Díaz, Hna. Teresa civ, Mares Buñuelos, H. Silvia Estela, cvi, "100 Años de Anunciar la Encarnación del Verbo Encarnado en México 1894-1994, Año Jubilar", Segunda Parte, 1929-49, México, 1995.

Covadonga, Sor L., Madrid España, Notas de la Historia de la Congregación.

Crónicas de la Congregación de Hijas de María Auxiliadora, Santo Domingo, R.D.

Cueva, P. Dionisio, "Relato de los Colegios Escolapios de Cuba", sin fecha.

Darias, Sor Francisca, San Juan de Puerto Rico, Notas Históricas y folleto "Vivió para Servir", Enero-Junio 1994, Religiosas del Amor de Dios.

de Bustamante, Manuel R., "Los Himnos Lasallistas", Boletín de La Salle, Miami, sin fecha.

de Santa Mónica, Sor, "La Enseñanza Primaria", La Habana, 8 de Agosto de 1814.

de la Pezuela, Jacobo, "Diccionario Geográfico, Estadístico, Historiado de la Isla de Cuba", Madrid, 1863-66.

de la Torre, Hna. Cecilia, Datos Históricos, Santo Domingo, R.D., 1993.

del Castillo, Hna. María Guadalupe, Mercedarias Eucarísticas, San Antonio Texas, correspondencia con la autora, 1993-96.

del Rincón, Hna. Consuelo mcm, Secretaria General, Misioneras Corazón de María, Recopilación Histórica y correspondencia con la autora, Roma, 1993-96.

del Val, P. Cándido, Vicario General, Misioneros de los Sagrados Corazones, datos históricos, Madrid, 1993.

Decome, P. Gerard SJ, "La obra de los Jesuitas Mexicanos durante la Época Colonial 1572-1767", México, 1941.

Diario El Mundo, La Habana, 26 de Febrero de 1940.

Dumas Chancell, Mariano, "Guía del Profesorado Cubano para 1848", Matanzas, 1868.

"El Boletín", Asociación de Antiguas Alumnas de las Esclavas de

Miramar, Miami, Florida, sin fecha.

"El Camagüeyano", revista del Municipio de Camagüey en el Exilio, Abril, 1976, Miami, Florida.

El Nuevo Herald, Entrevista con la Madre Mary Bernadette Scheerer, Miami, 30 de Enero de 1996.

Erviti, Antonio J., "La Escuela Niño de Belén", Boletín de la Fraternidad de los Antiguos Alumnos de La Salle, La Habana, circa 1944.

Escauriza, Hna. Asunción, Esclavas del Sgdo. Corazón de Jesús, Correspondencia con la autora, Wyncotte, Pa, 1996.

Escoto, Augusto, "Contribución a la Historia de la Primera Orden Franciscana en la Isla de Cuba", 1918.

Escuelas Pías de Guanabacoa, Memoria del Curso 1912-1913, Imprenta la Universal, Habana, 1913.

Estrella, Madre Consuelo, Inspectoría Salesiana de las Antillas

"Exalumno", órgano de la Asociación Antiguos Alumnos Salesianos de Güines, Cuba, Isla Verde, Puerto Rico, sin fecha.

Fernández, Fray José M. OP, Trinidad, Agosto, 1994.

Fernández, Sister Rosario, OP, Datos y fotos históricas. Monastery of the Infant Jesus, Lufkin, Texas.

Fontaine, Hna. Marie Thérése, sscm, Siervas del Stmo. Corazón de María, datos históricos en la comunidad de Montreal, Canadá, 1993.

Fraga, Hna. María del Carmen, Archivos en la Casa General, Tlalpan, México, 1995.

Franco, Sor Theresa, Comunidad Salesiana de Haledon, New Jersey, Datos Históricos.

Fray Antonio del Rosario a D. Joaquín Oses, Carta del 28 de Marzo de 1813.

Freire, José A., "Episcopologio de la Catedral de Santiago de Cuba", Crónicas Cedularias.

Frías Lesmes, P., "La Provincia de España de la Compañía de Jesús desde 1863 hasta 1914", Bilbao-Deusto, 1915.

Foz y Foz, Madre Pilar, Compañía de María, Correspondencia con la autora, Roma, 1993.

García, Enildo, "Tres Directores Lasallistas", Boletín Lasallista 1905, Número 909, Miami, Junio, 1993.

García, Hna. Isabel, ccv, España, 1994.

García Hna. Isabel, Archivos de España de la Congregación de Carmelitas de la Caridad.

García, Madre María Dolores, Casa General Filipense, Madrid.

García, Hna. María Magdalena, Madres Pasionistas, Casa de Lares, Puerto Rico.

Geiger, Maynard, OP, "Biographical Dictionary of the Franciscans in Spanish Florida and Cuba, 1528-1841", Patterson, N.J., 1940.

Golderós, Hna. Inés rmi, Documentos en la Casa Generalicia, Roma, 1994 y 1995.

Gómez López, Hna. Laura, cfp, Comunidad Madres Pasionistas de México, 1993.

González, Hna. Margarita, Datos Históricos en la Casa Provincial de Castilla, España.

Heaney, Sr. Jane Frances, OSU, "A Century of Pioneering - A History of the Ursuline Nuns in New Orleans 1727-1827", Louisiana, 1993.

"Historia de la Compañía de Santa Teresa de Jesús", España, sin fecha.

"Historia de las Madres Escolapias en Cuba, 1911-1961", España, sin fecha.

"Historia de la Nación Cubana", Editorial Historia de la Nación Cubana, S.A., Tomos I, II, III, VII y X, La Habana, 1952.

Huerta Martínez, Ángel, "La Enseñanza Primaria en Cuba en el Siglo XIX (1812-1868)", Sevilla, 1991.

Kelly, RP John, Recopilación de datos Históricos, St. Thomas University, Miami, Florida, 1994.

Kelly, Sister Marta Marie, O.P., Notas Históricas, Elkins Park, Pennsylvania, 1994.

Killam, Mother Virginia Marie, OSU, Entrevista con la autora, y notas históricas, Ursuline Convent, Dallas, Texas.

"Lazo de Unión", órgano de las Ex-Alumnas y Alumnas Salesianas de las Antillas. Año XXII, números 137-138, Arroyo Apolo, Habana, Julio-Agosto, 1954.

Leroy y Gálvez, Luis F., "La Universidad de La Habana-Síntesis Histórica", La Habana, 1960.

"La Vida Ejemplar de un Hombre de Excepción" - Homenaje de la Asociación de Antiguos Alumnos del Colegio Bartolomé Las Casas, Cienfuegos, Cuba, Diciembre 10, 1951.

"Libro de las Fundaciones", Compañía de Santa Teresa de Jesús, Roma, Italia.

Lozano, Juan M. cmf, "Con mi Iglesia me Desposaré", Madrid, 1974.

McCarthy, RP Edward, Pérez Cabrera, Dr. José Manuel, Condom Cestin, Dra. Margarita, "Universidad de Santo Tomás de Villanueva, Contribución a la Historia de sus 10 Primeros Años", La Habana, 1956.

McDonagh, Sister Kahleen, Secretaria General, Cong. del Verbo Encarnado, Corpus Christi, Texas 1994.

Marbach, Sister M. Stephana, Archivos Comunidad de Victoria, Texas, 1994.

Marcos, Dra. Mara, entrevista con la autora, Miami, Florida, 1996.

"Mariana Lola y su Colegio El Ángel de la Guarda", Miami, sin fecha.

Marrero, Leví, "Escrito Ayer", Editoral Capiro, República Dominicana, 1992.

Marrero, Leví, "Cuba Economía y Sociedad", Vol. II, VII y XIII, Madrid, 1974.

Martha, Sister, "The American Dominican Academies, Vedado, Cienfuegos, La Coronela 1901-1961", Elkins Park, PA., Abril, 1979.

Martín, Purificación, Hna. Madres Josefinas, Madrid, 1994.

Martín, Hno. Rafael, Christopher Columbus High School, Notas de Archivo, Miami, 1993.

Maza, Manuel, P., SJ, "Desiderio Mesnier, un sacerdote y patriota cubano para todos los tiempos, Apuntes Biográficos de Desiderio Mesnier Cisneros", Catedral Metropolitana de Santiago de Cuba, Noviembre, 1982.

Memoria del 75 Aniversario Maristas-Cuba 1903-1978, Miami, Florida, 1978.

Memorias de la Real Sociedad Económica de La Habana, años 1817 y 1818.

Mena, César A. y Cobelo, Armando F., "Historia de la Medicina en Cuba", Vol. I, Ediciones Universal, Miami, 1992.

Menal, Pilar, ccv, Casa Generalicia, Religiosas de la Caridad, Roma, 1994.

Menéndez Tarróntegui, Sch P., Hna. Laura, Archivos de la Comunidad Escolapia de Chatsworth, California.

Mercedarias Eucarísticas, Archivos de la Congregación, México y San Antonio, Texas.

"Merici Biltmore", folleto conmemorativo, La Habana, 1950.

Mestre, Silvia, entrevista con la autora, Miami, Florida, 1994.

Miguel, Hna. María Pilar, Carmelitas Misioneras, Datos históricos en la Casa Generalicia de Roma, 1992.

Miret, Germán, Recopilación de datos históricos Lasallistas, Miami, Florida, 1994-96.

Molina Martínez, Miguel Ángel y González Martín, Marcelo, Diccionario del Vaticano II, Biblioteca de Autores Cristianos, Madrid, 1969.

Molina Vda. de Venet, Siomara, Datos Históricos, Miami, Florida, 1993.

Morales, Hno. Alfredo DLS, "Espíritu y Vida: El Ministerio Educativo Lasallista", Tomo II, pág. 370-73, Enero, 1990.

Morales, Hno. Alfredo DLS, "Itinerario de los Hermanos de La Salle en el Distrito de las Antillas, 1905-1975", Editorial Amigo del Hogar, Santo Domingo, República Dominicana, 1978.

Moreno, Carmen Aguabella Vda. de, Apuntes y fotos históricas Filipenses, Miami, Florida, 1994.

Morón, Hna. María, Congregación de los Santos Angeles Custodios, Madrid, 1994.

Nieto Ponciano, "Historia de las Hijas de la Caridad desde sus orígenes hasta el siglo XX", Tomos I y II, Biblioteca de San Vicente de Paúl, Madrid, 1932.

Noriega, Jaime Pérez, "Educadores de la Santa Iglesia Católica", sin fecha.

Noriega, Sister Maris Stella, Datos Históricos de las Madres Oblatas, Baltimore, Maryland, 1994.

"Nuestra Tradición Pedagógica", Documentos Pedagógicos Escolapios, No. 2, Roma, 1989.

Nuestro Mensajero, Boletín de la Asociación de Antiguas Alumnas, Años 78-79 y 89-90, Miami, Florida.

Oblate Sister of Providence, Archivos de la Congregación, Our Lady of Mt. Providence Convent, Baltimore, Maryland.

Orberá, J.M., a la Madre Ma. Antonia París, 7 de diciembre 1872, JM OC.

Otaola, A. Garmendía de, SJ, "Don Jerónimo Mariano de Usera y Alarcón, Misionero y Fundador de los Religiosas del Amor de Dios", Zamora, 1970.

Peiró, Trinidad, cmdp, "Fiel a Dios y Fiel a los Hombres", Barcelona, 1993.

Piacentini, R., CS rp, "Un Enclave de la Divine Majesté, FJB Delaplace", Siervas del Santísimo Corazón de María, Marzo, 1952.

Piélagos, Fernando, CP, "Dolores Medina, Fundadora de las Hermanas de la Pasión", México, 1989.

Piélagos, F., C.P., "Cien Años de Presencia Pasionista en Cuba", Zaragoza, 1991.

Piélagos, P. Fernando, C.P., Curia Generalicia, Datos de las Madres Pasionistas en Cuba, Roma, 1994.

Piélagos, Fernando CP, "Raíz Evangélica", México 1989, págs. 172-73.

Pla, Madre Josefa mcm, Testimonios y Notas Históricas, Casa Madre Misioneras Corazón de María, Olot, Gerona, España, 1993-94.

Portuondo, Fernando, "Estudios de la Historia de Cuba", re-editado por Editorial Ciencias Sociales, La Habana, 1986.

"Presencia en Cuba, Provincia Sagrada Familia, Apuntes, Datos y Crónicas-Testimonios para una Historia, Misioneras Corazón de María", Roma, 1995.

Ramírez, Margarita rmi, Archivos, Notas y Entrevista con la autora, Miami, Florida, 1994.

Regina, Hermana, rmi, Archivos de la comunidad Claretiana de Delray Beach, Florida, 1994.

Religiosas de los Santos Angeles Custodios, Archivos Casa Generalicia, Madrid, 1994.

Remos, Juan J., Proceso Histórico de las Letras Cubanas, Ediciones Guadarrama, S.L., Madrid, 1958.

Revista Lumen, Año VII, Numeros 42-43, Oct, Nov. y Dic., Barcelona, 1952.

Revista Bohemia, Año 40, Número 48, La Habana, 28 de Noviembre de 1948.

Revista "Lourdes" en el Exilio, Asociación de Antiguas Alumnas, Año 22, Diciembre, 1993.

Revista "Maristas", Noventa Aniversario 1903-1993, Miami, Florida, Noviembre, 1993.

Revista "Mensajero del Corazón de María", Habana, sin fecha.

Rodríguez, Hna. María Elena, RA, Nuestro Escudo, Guaynabo, Puerto Rico, sin fecha.

Rodríguez León, OP, Fray Mario A., "Breve Historia de la Orden de Predicadores en Cuba", La Habana, 1993.

Román Duarte, Hna. Belkis, Capuchinas de la Madre del Divino Pastor, Barcelona, España.

Romero López, Francisco, "Madre Filomena, Historia de una Religiosa", La Habana, 1955.

Roy, Hna. Monique, sscm, Archivista Congregación de Siervas del Santísimo Corazón de María, documentos en la casa de Quebec, Canadá, 1993.

Saéz, José L., SJ, Notas Históricas, Santo Domingo, 1993.

Salinero, Valentín, SJ, "Nuestra Senda", Santander, 1957.

Sánchez, Dulce María, RA, "Apuntes Para Una Historia, En Memoria de la Benefactora María del Carmen Zozaya Vda. de Benjumea", Caibarién, 1956.

Sánchez, P. José Carlos, Notas Históricas de los Padres Paúles, Miami, Florida, 1994.

"Santa Juana de Lestonnac y la Compañía de María Nuestra Señora" Ediciones Fleurus, Bry-Sur-Marne, Cedex, Francia, 1990.

Serrano Cos-Gayón, P. José María. Secretario Inspectorial, Correspondencia con la autora, Santo Domingo, República Dominicana.

Shelahani No. 2, Edita Casa General de Roma, Carmelitas Misioneras, Badalona, Barcelona, 1992.

Siervas de San José, Archivos, Roma, 1995.

Sister Mary Robert, OSB, Benedictine Sisters of Pittsburgh, Pennsylvania, Archivos de la Congregación, 1996.

Sociedad Económica de Amigos del País, La Habana, 1816.

Testé, Mons. Ismael, "Historia Eclesiástica de Cuba, Tomos I, II, III y IV, España, 1974.

The Catholic News, Volumen XV, Número 23, La Habana, Febrero, 1901.

The Power of the Hills, Benedictine Sisters, Boerne, Texas, Vol. II, Marzo, 1991.

Tovar, Hna. Adoración, Sch.P., Correspondencia con la autora, 1994.

Tudurí, Dra. Mercedes García, "Resumen de la Historia de la Educación en Cuba; su evaluación, problemas y soluciones del Futuro", Revista Exilio, Número Extraordinario, Miami, Florida, Invierno 1969-Primavera 1970.

Tudurí, Dra. Mercedes García, "La Enseñanza en Cuba en los primeros 50 años de Independencia", Historia de la Nación Cubana, Libro 2, Tomo X, Editorial Historia de la Nación Cubana, S.A., La Habana, 1952.

Un Domine Habanero del Siglo XVIII, Revista de la Universidad de La Habana, Nos. 8 y 9, Tomo III, Pág. 72, 1935.

Valdés, Madre Martha mcm, Secretaria General Congregación de Clewiston, Florida, 1993.

Vaz, Madre Teresa, "Relación Global de la Congregación en Cuba", Madrid, 1994.

Velasco, Encarnación, rmi, Correspondencia y Archivos, Roma, 1994.

Vélez, Hna. Amalia, Curia Generalicia, Esclavas del Sgdo. Corazón de Jesús, Roma, 1996.

Vigo, Hna. Catalina mcm, Testimonio-Entrevista, Miami, Florida, 1993.

Viñes, Benito, SJ, "Introducción a Investigaciones relativas a la Circulación y Traslación Ciclónica en los Huracanes de las Antillas", Editorial Cubana, Miami, Florida, 1993.

Vitier, Medardo, "Las Ideas en Cuba", Tomo I, Editorial Trópico, La Habana, 1938.

Wright, Irene, "Historia Documentada de San Cristóbal de la Habana en la primera mitad del siglo XVII", The McMillan Company, New York, 1910.

COLECCIÓN FÉLIX VARELA
(Obras de pensamiento cristiano y cubano)

❶ 815-2   MEMORIAS DE JESÚS DE NAZARET, José Paulos
❷ 842-X   EL HABANERO, Félix Varela (con un estudio de José M. Hernández e introducción por Mons. Agustín Román
❸ 833-0   CUBA: HISTORIA DE LA EDUCACIÓN CATÓLICA 1582-1961 (2 vols.), Teresa Fernández Soneira

COLECCIÓN CUBA Y SUS JUECES
(libros de historia y política publicados por EDICIONES UNIVERSAL):